LE THÉÂTRE RACONTÉ

aux jeunes

DU MÊME AUTEUR
CHEZ LE MÊME ÉDITEUR :

- HISTOIRE DU THÉÂTRE dessinée (avant-propos de Jean Dasté). De la préhistoire à nos jours, tous les temps et tous les pays. (5 prix nationaux).

- GUIDE DES PROMENADES THÉÂTRALES A PARIS
Histoire des théâtres parisiens actuels et disparus, et des divers lieux théâtraux de la capitale.

ANDRÉ DÉGAINE

LE THÉÂTRE RACONTÉ

aux jeunes

NIZET
37 510 . St Genouph

ISBN : 978-2-7078-1290-2

I

LE TEMPS DU SERVICE PUBLIC

21 SIÈCLES : DU -Vè AU XVIè

Le théâtre est né au Vème siècle avant Jésus-Christ, en Grèce.
Nous venons juste de quitter le XXème siècle... Cela fait donc 25 siècles que le théâtre existe.
Or, pendant les 21 premiers siècles, pendant 21 siècles sur 25, il s'est déroulé en plein air :

LA GRÈCE

ROME

LE MOYEN ÂGE

Qui dit plein air, dit entrée gratuite.
Qui dit entrée gratuite, dit subvention.
Qui dit subvention, dit service public.

Pendant 21 siècles, le théâtre a été offert gratuitement à la population par les autorités dans un but de divertissement mais aussi d'enseignement.

GRÈCE ANTIQUE

Pour comprendre pourquoi le théâtre est né en Grèce au –Vᵉ siècle, il faut se reporter 3 siècles en arrière : au –VIIIᵉ siècle.

DE FAIBLE SUPERFICIE (le cinquième de la Gaule), la Grèce Antique est divisée en une multitude de petits Etats farouchement indépendants : les "Cités", qui sont toutes des monarchies héréditaires.

Une Cité, c'est une ville avec la terre cultivable autour et ses villages.

LE –VIIIᵉ SIÈCLE, c'est celui d'Homère et de la création des Jeux Olympiques... L'économie est florissante. Mais, soudain, les familles nobles des principales Cités s'entendent pour renverser les rois et prendre le pouvoir.

DANS QUEL BUT ? S'enrichir! Ces familles nobles possèdent le sol et elles entendent le louer aux paysans à des prix prohibitifs.

Un roi est toujours un juge (on peut se plaindre

Homère, le poète aveugle (et mythique) de "l'Iliade" et "l'Odyssée".

LES JEUX OLYMPIQUES :
(Dès –776)

Les jeunes filles assistent aux Jeux, pas les femmes mariées. Depuis qu'**Orsippos**, en –720, avait perdu son pagne en gagnant une course, les concurrents se présentent nus.

au roi). Plus de roi, plus de juge ! On peut faire alors ce que l'on veut... Exploiter sans vergogne plus faible que soi.

D'OÙ GRANDE MISÈRE POPULAIRE immédiate. Et qui dit misère populaire dit : apparition de sectes, de religions étranges. Ainsi, on a vu arriver, aux portes des villes, de curieux voyageurs bizarrement accoutrés :

Longs cheveux couronnés de lierre. Peaux de faon tachetées sur le dos. Vastes tuniques serrées à la taille par des serpents vivants. Des sandales aux pieds. À la main, une lance terminée par une pomme de pin. Ils se disent les Bacchants et les Bacchantes, adorateurs du dieu Bacchos.

LE CORTÈGE DES BACCHANTS ET DES BACCHANTES, "fidèles" et prêtres du dieu Bacchos.

BACCHOS EST LE DIEU DU VIN et de la végétation printanière. "Grand" dieu à l'égal de ceux de l'Olympe, il entend séjourner sur terre, parmi les hommes. Il se veut fraternel et consolateur envers eux.

Mais il peut se montrer redoutable et cruel si l'on repousse son culte. Tel est le vin aux effets opposés : un petit coup de vin, ça console... mais des populations entières peuvent être ravagées par l'alcoolisme.

DIEU "ANARCHISTE", BACCHOS inquiète. On cesse le travail pour célébrer l' "orgie rituelle" (son culte) sur une colline boisée hors de la ville ... où les Bacchants ont entraîné la population.

Son culte ? Des cris ("io, evohé Bacchos"), des chants (en son honneur), des danses frénétiques ... après absorption du vin. Et on accuse les Bacchants de terminer leur cérémonie par un sacrifice humain : celui d'un enfant.

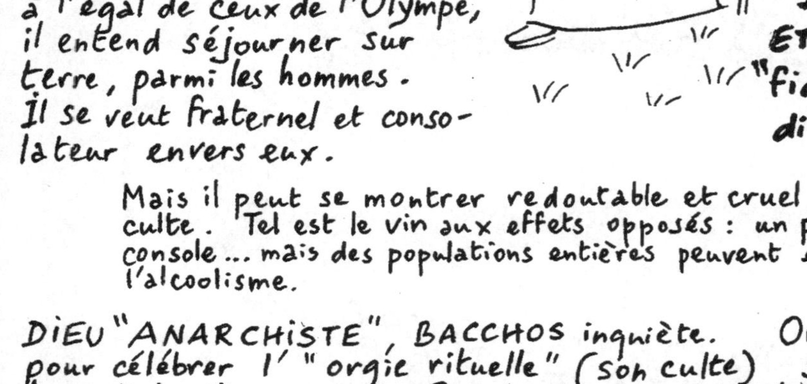

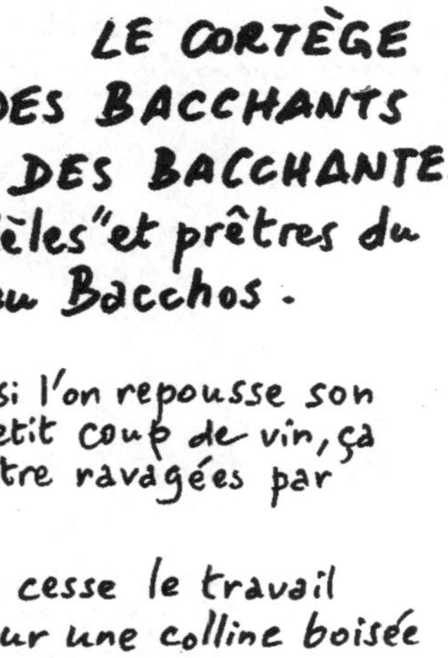

Est-ce vrai ? Est-ce faux ? En tout cas, la pomme de pin terminant la lance des Bacchants symbolise la tête du sacrifié.

LA GRÈCE PREND PEUR ... D'autant plus que les femmes des villes (au lieu de rester enfermées dans leurs maisons « à l'orientale ») participent à ce culte des plus douteux. Et que la nouvelle religion se répand dans les campagnes ...

Mais c'est précisément là qu'elle va devenir plus civique et évoluer jusqu'à aboutir ... au Théâtre.

CHANT DU BOUC

AU MILIEU DE LA "PLACE À DANSER" en terre battue du village, on dresse une borne. Elle sera l'autel de Bacchos. Avant chaque cérémonie, on commence par y sacrifier ... un **bouc**, animal familier du dieu (et qu'on assimile au dieu lui-même).

PUIS, APRÈS ABSORPTION DU VIN, tout le village (jeunes et vieux, femmes et enfants) tourne autour de l'autel, dans le même sens, en chantant et en dansant. C'est le « CHANT DU BOUC » qui se dit, en grec, **tragoedia**. La Tragédie a donc précédé le Théâtre !

COMME CE "CHAOS TOURNOYANT" vire à la confusion, on imagine de faire tourner une quinzaine de gars du village, le reste de la population regarde. Il y a déjà spectacle.

EN L'HONNEUR DE BACCHOS, les "tourneurs" chantent en chœur. Ils deviennent des choreutes.

Mais il s'agit de rendre grec ce dieu venu d'Inde. Un choreute, plus inspiré par le vin que les autres, saute sur l'autel et devient le coryphée, chef du chœur. D'un geste, il arrête un temps la rotation des choreutes et se met à inventer, à haute voix, la légende grecque de Bacchos. De jour en jour, les coryphées se succèdent... et la légende s'élabore. La voici :

Bacchos est né des amours de **Z**eus, le dieu principal grec et de **S**émélé, jeune princesse de Thèbes. (**Z**eus est un dieu-"Don Juan", chaque Cité voulant avoir une princesse séduite par lui... « Pourquoi pas nous ? »).

Mais **Z**eus a un problème : s'il se montre à un humain au naturel, "dans tout son éclat", l'humain en question est réduit à l'état de cendres. **Z**eus doit donc visiter ses "conquêtes" sous la forme d'un oiseau de luxe (le cygne !) ou d'une pluie d'or. Pour Sémélé, les rencontres ont lieu simplement dans l'obscurité.

Alors, **H**éra la jalouse, épouse de **Z**eus, suggère à la naïve **S**émélé de faire jurer à **Z**eus "sur le Styx" (fleuve des enfers) qu'il accédera à sa demande quelle qu'elle soit. **Z**eus, très amoureux et omnipotent, jure, sans se douter que **S**émélé souhaite le voir « au naturel ». Lié par son serment, **Z**eus s'exécute. **S**émélé est réduite en cendres... Mais, au milieu des cendres, **Z**eus aperçoit un embryon. (**S**émélé était enceinte — vous l'avez deviné — de **Bacchos**). **Z**eus se fend la cuisse avec son glaive, y glisse l'embryon, coud le muscle avec un fil d'or. Et voilà le petit **B**acchos en couveuse artificielle dans la cuisse de son père.

Au bout de 9 mois, on coupe les fils d'or. Naissance de **B**acchos. (C'est lui qui est "sorti de la cuisse de Jupiter" selon l'expression populaire, **J**upiter étant le **Z**eus des Romains !). Surgissent des géants, les **T**itans (des dieux anciens ennemis de Zeus). Ils déchiquètent le bébé et jettent les morceaux aux 4 coins de l'Univers. **Z**eus fonce, récupère les morceaux, reconstitue son fils... et le ressuscite ! Méfiant, il le cache dans la vallée de **N**ysa (ombreuse, fraîche, pleine de sources et de ruissellement) et le confie aux **N**ymphes et aux **S**atyres (petits dieux secondaires de la végétation) qui vont l'élever dans la douceur et la joie de vivre.

Dès lors (tout en gardant son nom de Bacchos), il deviendra **Dionysos**, "le Zeus de Nysa".

Sous l'œil bienveillant du vieillard **S**ilène — toujours entre deux vins et chevauchant son âne — **D**ionysos grandit en s'amusant.

Dionysos, c'est la grappe de raisin. Pour qu'elle grossisse, il faut de l'eau (la vallée de Nysa), de la chaleur (l'éclair foudroyant Sémélé). On doit "tailler" les ceps (l'agression des Titans) : les moignons tragiques d'une vigne "taillée" témoignent d'une souffrance... Et d'une souffrance utile aux hommes : sans la taille, le cep ne donne rien.

Devenu adulte, **D**ionysos part sur les routes pour répandre son culte qui est d'abord l'enseignement de la greffe des vignes sauvages. En chemin, il recrute ses disciples, les Bacchants et les Bacchantes, qui s'habillent tous comme lui : on croit le voir partout.

Lors des "orgies rituelles", le « merveilleux » surgit. On raconte que si les Bacchants frappent un rocher de leur lance, il se couvre de miel et une source de lait en jaillit. C'est l'aspect bienfaisant du dieu... Mais malheur à qui repousse son culte, il sera rendu fou et finalement décapité. Tel le roi Penthée (de Thèbes), cousin de Dionysos.

TOUT CELA EST RACONTÉ, dans le Chant du Bouc, le **coryphée** improvisant les couplets. Le **chœur**, martelant le sol de ses pas, tourne en lui répondant par le refrain. Exemple (inspiré des "Bacchantes" d'Euripide) :

CORYPHÉE
1

Fécondeur d'une mortelle,
Zeus de son éclat l'occit.
Dans le muscle de sa cuisse
Il coud l'embryon divin.

CHOEUR
(REFRAIN)

Io Evohé, Io Bacchos !
Dionysos, nous t'adorons !
(Bis)

CORYPHÉE
2

Dionysos sorti de Zeus
Les Titans le déchiquètent.
Plongeant au séjour des morts
Il ressuscite son fils.

CHŒUR
— au refrain —

CORYPHÉE
3

Aux satyres et aux nymphes
Il porte le bel enfant
Qui grandit dans les délices
De Nysa aux eaux qui courent.

CHOEUR
— au refrain —

CORYPHÉE
4

Né du feu, nourri par l'eau,
Bacchos mûrit tel la grappe.
Bientôt s'élançant enfin
Il part prêcher son délire.

CHŒUR
— au refrain —

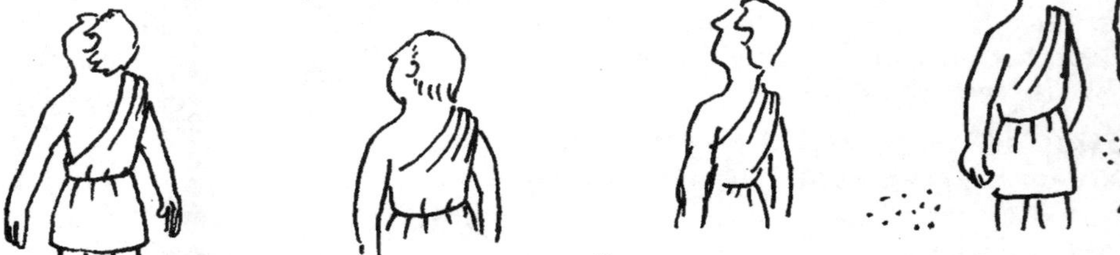

AU – VIIe SIÈCLE, ON AJOUTE une table à côté de l'autel. La "partie" du coryphée s'hypertrophie. C'est le Dithyrambe.

"Dithyrambe" signifie "né 2 fois" et c'est un des autres noms de Bacchos-Dionysos (né, <u>une première fois</u>, lors du foudroiement de sa mère et, <u>une seconde fois</u>, lors de sa sortie de la cuisse de son père). Aujourd'hui, c'est devenu un substantif signifiant "longues louanges".

Les coryphées successifs, à l'aise sur leur table, élaborent toute une saga du dieu.

Ainsi, sur mer, capturé par des pirates, Dionysos les change en dauphins…
Et bien d'autres aventures. ⟶

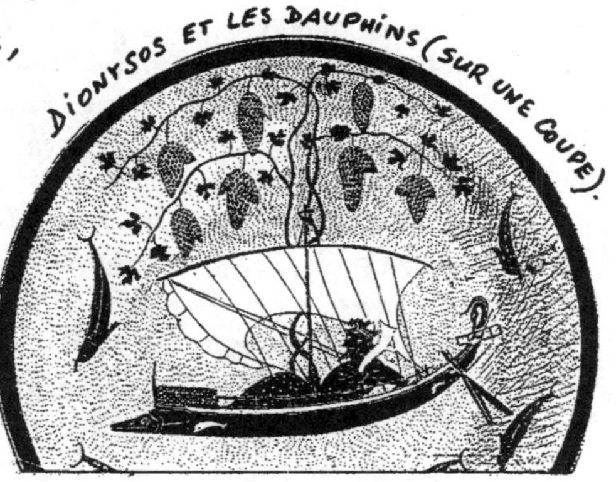

LES VILLAGES RIVALISENT d'ingéniosité. On imagine, par exemple, de transformer les choreutes en satyres, compagnons du dieu.

Les satyres sont des "êtres" hybrides : "hommes" au-dessus de la ceinture, "boucs" au-dessous. Difficile de donner aux choristes des pattes de caprins. On les dotera donc simplement de queues de chevaux symbolisant leur animalité.

AUTRE INNOVATION CAPITALE : certains villages font venir de la ville des "conteurs de rue" professionnels pour en faire des coryphées. Au répertoire de ces conteurs : <u>les légendes autour de la Guerre de Troie et les légendes autour de la famille d'Oedipe</u>. (Les sujets de <u>toutes</u> les tragédies futures).

LE CHANT DU BOUC cesse d'avoir pour unique sujet le "Fils de Zeus et de Sémélé".
Les vieux grecs s'étonnent et s'indignent.
Mais, dans l'ensemble, la population est ravie.

Les conteurs virtuoses ont vite fait d'adapter leur répertoire au nouveau moyen d'expression qui leur est offert.

Certains villages deviennent fameux pour la qualité de leurs "spectacles".

THESPIS

AU DÉBUT DU -VIᵉ SIÈCLE, le conteur-coryphée **Thespis** (né en -590) invente le masque en **stuc** (chiffons collés) et, par là même, la notion d'**acteur** incarnant un personnage. Il ne raconte plus, il joue.

Au lieu de dire : « Agamemnon, pour avoir les vents favorables au départ des troupes grecques embarquées à l'assaut de la ville de Troie, doit sacrifier sa fille Iphigénie... Il en est fort affecté. »

Thespis dit : « Je suis Agamemnon ! Je dois partir à l'assaut de Troie ! Mes troupes sont sur les bateaux ! Hélas, les vents sont contraires... Il me faut sacrifier ma fille bien-aimée Iphigénie ! Quelle horreur ! »

CHANGEANT DE MASQUE, il peut incarner successivement plusieurs personnages. Le Théâtre semble-t-il est né à ce moment-là. (Près d'un siècle avant sa naissance "officielle".)
Cet homme, dont on sait si peu de chose, serait l'inventeur du Théâtre.

Certes, il s'agit d'abord d'une suite de monologues. Encore que l'acteur puisse dialoguer avec le chœur... qui peut susciter parmi ses membres un nouveau coryphée, porte-parole de l'ensemble des choreutes.

Le jeu avec les masques réclame une scène quelque peu frontale. On place donc la table de l'acteur-conteur tangentiellement au cercle du chœur. On voit ainsi se dessiner le dispositif du futur théâtre grec.

ON A DIT AUSSI DE THESPIS qu'il avait « redonné figure humaine au chœur ». Qu'est-ce à dire ?
Sans doute avait-il supprimé queues de chevaux et costumes de satyres pour faire du choeur un groupe... de vieillards... de jeunes filles... de marins, suivant les besoins de l'histoire jouée.

En -560, Thespis se produit (avec ses choreutes personnels ?) sur la place du marché d'Athènes, devant le vieux législateur de la cité, Solon, qui s'indigne de l'audace du "saltimbanque" dévoyant le culte de Dionysos.

ON PARLE TOUJOURS DU "CHARIOT de Thespis" qui aurait transporté sa "troupe" et ses masques à travers la Grèce...
Peut-être avait-il professionnalisé le Théâtre avant qu'il n'existe vraiment. Parti sur les routes, nous allons le retrouver vingt-cinq ans plus tard...

DÉMOCRATIE PRIMITIVE

APRÈS UN SIÈCLE ET DEMI d'oppression, partout le peuple se révolte, chasse les familles nobles usurpatrices du pouvoir et invente la **démocratie**. (Sauf à Sparte fidèle à ses nobles...)

Ainsi, à Athènes, est placé à la tête de l'Etat un TYRANNOS élu par acclamations. C'est un «animateur-populaire» entouré de «magistrats principaux» (9 archontes et 10 stratèges) avec qui il gouverne.
Durée des mandats : 1 an.

[Au pluriel, un tyrannos devient : des tyrannoi (prononcer : noï).]

Ce gouvernement applique les lois mises en forme par le SÉNAT ou "Conseil des 400". (appelé aussi "La Boulè"), composé de 400 vieux sages dont le mandat est également d'1 an.

PAS DE REPRÉSENTANTS DU PEUPLE (Pas de députés!) : **démocratie directe**. C'est l'ensemble des citoyens, "l'Assemblée du Peuple" (ou "Ecclésia") qui, réunie sur une colline, propose les lois après longues et vives discussions plusieurs jours de suite. Elle compte, au VIe siècle, 40 000 membres (tous de sexe masculin) en ce qui concerne Athènes.

En fait, jamais plus de 5 000 présents : les jours chômés passés à discuter ne sont pas indemnisés.

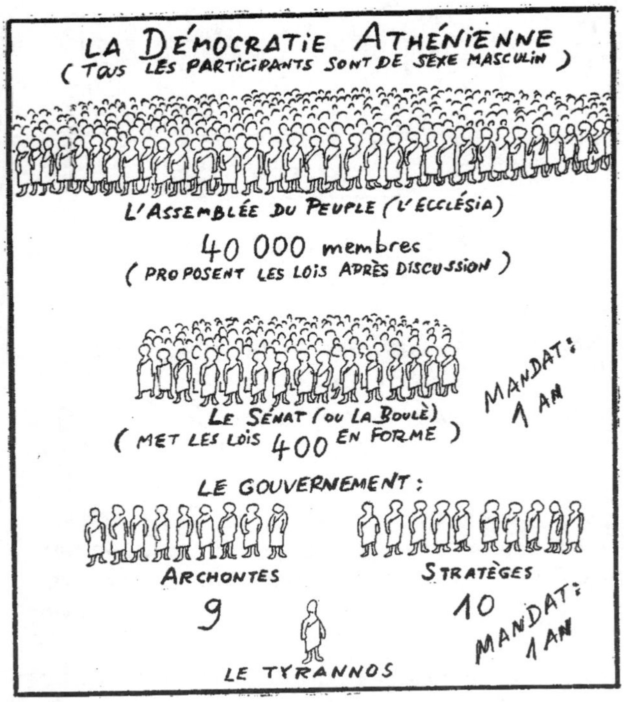

PAS DE BUDGET DE L'ÉTAT. Ce sont les citoyens riches qui offrent à la Cité un bateau de guerre ou... de grandes fêtes religieuses!

FURIEUSES D'AVOIR ÉTÉ CHASSÉES, les familles nobles (qui se disent toutes descendantes d'un dieu) menacent : « Les dieux vont se venger! »
Et le peuple a peur de sa propre audace.

Comment lui parler? Comment le rassurer? Personne ne sait lire. Il n'y a pas de "médias"...

C'EST ALORS QUE LES NOUVEAUX DIRIGEANTS imaginent d'utiliser, d'aménager le "Chant du Bouc" si populaire.

CONCOURS D'AUTEURS

IL S'AGIT DE SUSCITER, dans la Cité, parmi les notables cultivés, des "Thespis"... C'est-à-dire des auteurs-acteurs qui composeront et joueront des **trilogies** de Chants du Bouc. Trois tragédies à la suite qui raconteront à la population une "fable" édifiante en faveur de la Démocratie.

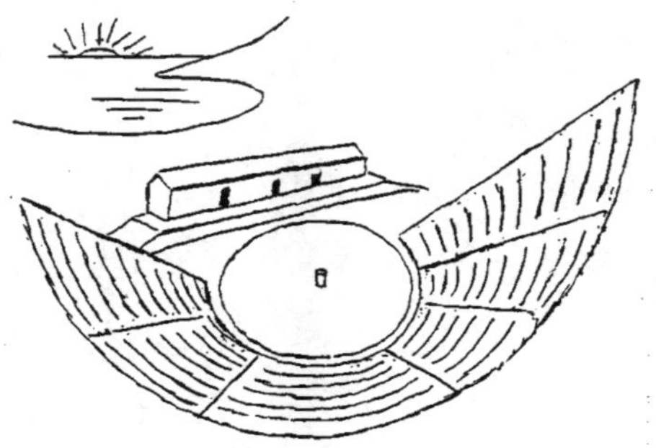

Sans doute, d'abord 3000 places (– VIe siècle).
Puis : 15 000 (– Ve siècle).
Les théâtres en pierre (milieu du – IVe siècle) : de 30 000 à... 80 000 ! Mais le Théâtre est alors en décadence.

LIEU. On choisit une colline en forme de coquille Saint-Jacques. On dispose des bancs de bois en amphithéâtre face à un podium tout en longueur. Sur ce podium, une baraque (servant de coulisses) percée de trois portes pour l'entrée des acteurs. Entre amphithéâtre et podium : la piste du chœur.

Cette piste, c'est l'orchestra. La baraque, la Skéné. Le devant du podium : le proskenion (scène de 3 m de profondeur). Au centre de l'orchestra : la thymélé (autel avec statuette de Dionysos). Le couloir d'entrée (et de sortie) du Chœur = la Parodos.

PÉRIODICITÉ. Les auteurs se mesureront lors de 2 Festivals annuels, de 6 jours chacun. L'un, au début du printemps, les Grandes Dionysies. L'autre, à la fin de l'automne : les Lénéennes (fête des pressoirs, la vendange terminée).

...Presqu'en hiver ! La « belle saison » étant consacrée à l'agriculture, aux voyages ou à ... la guerre.

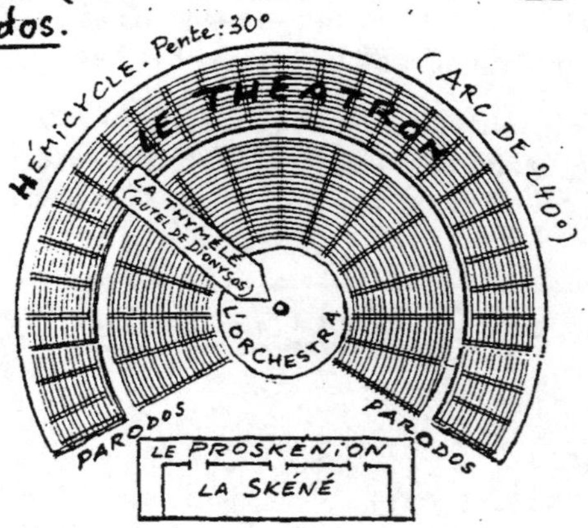

Theatron, en grec = "endroit d'où l'on voit".

CÉRÉMONIES. La veille de l'ouverture du "festival" : procession à travers la ville. On place solennellement la statuette du dieu sur la thymélé.

Les 3 premiers jours : concours de Chœurs : sans doute des choreutes débutants qui s'essayent à la dure discipline de la récitation chantée.

Les 3 jours suivants : concours de Tragédies. Du lever au coucher du soleil, vont se succéder des "trilogies" terminées chacune par un Drame Satyrique (parodie du sujet traité, pour terminer sur une note gaie). Trois jours, six auteurs...

Assis au premier rang du public, les 10 membres du **jury** tirés au sort : toutes professions et toutes conditions confondues... *Un paysan, un marin, un philosophe, un menuisier ... désignés par le hasard.* Des citoyens quelconques : éviter les "connaisseurs", les "spectateurs professionnels".

FINANCEMENT. Un citoyen riche (souvent un archonte) s'institue **chorège.**

Il devra recruter les <u>choreutes</u> d'une trilogie, les équiper et les "faire instruire" (... c'est-à-dire "les faire répéter") <u>à ses frais</u>. (Seulement boissons et nourriture pour ces "bénévoles"!)

Il financera aussi la fabrication des costumes et des masques des acteurs ... si nécessaire ! (Tous ces "éléments scéniques" peuvent resservir à plusieurs reprises ... et être la propriété de l'auteur.)

Bref, les frais de "production" des spectacles n'incombent pas aux spectateurs ... qui paient cependant un minuscule "prix d'entrée" (2 oboles la journée) pour le nettoyage du *theatron*.

Les <u>citoyens indigents</u> reçoivent de la Cité ces deux oboles pour acheter leur place.

"Billet" de théâtre : petite pièce percée en bronze valant 2 oboles (1/3 de drachme).

LE THEATRON ... COMME SI VOUS Y ÉTIEZ !

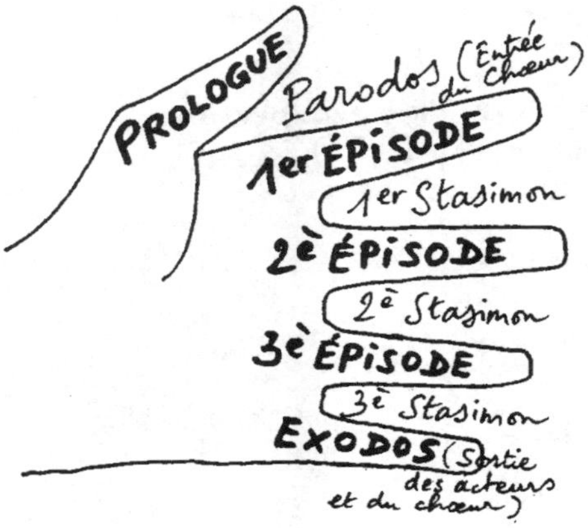

DÉCOUPAGE. Chaque tragédie comporte 3 épisodes précédés d'un prologue et suivis d'un épilogue : l'exodos.

Le prologue est constitué toujours du monologue d'un dieu, d'un spectre ou d'un des héros de la pièce.

La parodos désigne à la fois l'entrée solennelle du Chœur et le couloir d'où il surgit.

— *Vingt-deux siècles plus tard, le Chœur supprimé, cela donne les 5 actes de la tragédie classique : Corneille ou Racine.*

Stasimon = intervention du chœur (au pluriel : les stasima).

REPRÉSENTATIONS. *Public turbulent. On boit, on mange sur place. On s'interpelle d'une travée à l'autre. Des gardes, armés de longs bâtons, maintiennent l'ordre.*

Les femmes (qui ne participent en rien à l'activité théâtrale : la "comédienne" n'existe pas) sont admises au plus haut de l'amphithéâtre.

ACTEURS. Ils "habitent" de grandes marionnettes à la démarche lente et saccadée. Masques porte-voix. Aux pieds, des brodequins à énormes semelles : les **cothurnes**.

Jamais plus de 3 acteurs (Eschyle a "inventé" le second acteur, Sophocle le troisième).

On sait qui ils sont grâce à la couleur de leur robe (rouge pour un roi, blanche pour une jeune fille, violette pour un devin).

Changement de masque (et de costume) pour chaque personnage.

CHŒUR. *Personnage collectif.* C'est l'élite de la jeunesse (masculine) de la Cité qui constitue les Chœurs des trilogies et des drames satyriques.

Deux demi-chœurs de 7 choreutes. À leur tête, le **choryphée** ("chef" et porte-parole de l'ensemble).

Accompagnés par des crotales, des cymbales, des tambourins ... les 15 participants chantent et dansent.

En ce qui concerne le choeur tragique, la danse est une marche rythmée avec gesticulations. On danse avec tout son corps sauf avec ses pieds !

TEXTES. *Ils plongent dans la mythologie primitive issue de la nuit des temps ...*

- **-10 000** : L'humanité sort des cavernes. Chasse, pêche. Dieux des chasseurs (masculins et cruels) réclamant des sacrifices humains.
- **- 5 000** : Elevage, agriculture. Déesses des travaux des champs (fraternelles, douces) bientôt dominées par la Terre-Mère (Gaïa).

MYTHOLOGIE PRIMITIVE

LES AVENTURES DE **G**<u>AÏA</u> ET DE SA DESCENDANCE (MEURTRE DU PÈRE, INCESTE, DÉVORATION DES ENFANTS) SONT, EN **-5000**, LE REFLET DE LA VIE DES ANCÊTRES.

EMERGEANT DU CHAOS, GAÏA (LA TERRE-MÈRE) EST SEULE. **E**<u>ROS</u> (LE DÉSIR) "CATALYSE" LA GÉNÉRATION SPONTANÉE...

... D'**O**<u>URANOS</u> (LE CIEL) ET DE **P**<u>ONTOS</u> (LES MERS). GAÏA ÉPOUSE SON FILS OURANOS ...

PHOTO DE FAMILLE

... ET DONNE NAISSANCE AUX **T**<u>ITANS</u> (LES MONTAGNES), AUX **G**<u>ÉANTS</u> (LES NUAGES SOMBRES) ET À L'**O**<u>CÉAN</u>. PARMI LES TITANS, **C**<u>RONOS</u> ET **R**<u>HÉA</u> LA TITANIDE. ⇨

RÉVOLTE DES GÉANTS CONTRE OURANOS QUI LES VAINC ET LES PRÉCIPITE DANS "LES ENTRAILLES DE LA TERRE"... C'EST À DIRE LES RENFONCE DANS LE VENTRE MATERNEL!

ARMÉ D'UN GREFFOIR (FOURNI PAR GAÏA), CRONOS SE PLANQUE À L'INTÉRIEUR DU SEXE DE SA MÈRE. LORSQUE OURANOS VEUT LA PÉNÉTRER ... IL L'ÉMASCULE!

BLESSÉ ET HUMILIÉ, OURANOS DISPARAÎT À TOUT JAMAIS AU FOND DE L'UNIVERS: LES GÉANTS SONT LIBRES! CRONOS VA RÉGNER SUR EUX...

CRONOS ÉPOUSE SA SŒUR RHÉA. LEURS ENFANTS, =FUTURS DIEUX=.

SE SOUVENANT DE CE QU'IL AVAIT FAIT À SON PROPRE PÈRE, CRONOS DÉVORE SES ENFANTS ... SAUF ZEUS À QUI SA MÈRE SUBSTITUE UNE PIERRE EMMAILLOTÉE QUE

CRONOS AVALE SANS MÉFIANCE. RHÉA CONFIE SON FILS AUX NYMPHES ET AUX SATYRES CRÉTOIS QUI L'ÉLÈVENT DANS LA JOIE DE VIVRE ! (DIONYSOS, ZEUS : LÉGENDES "EN ÉCHO" !)

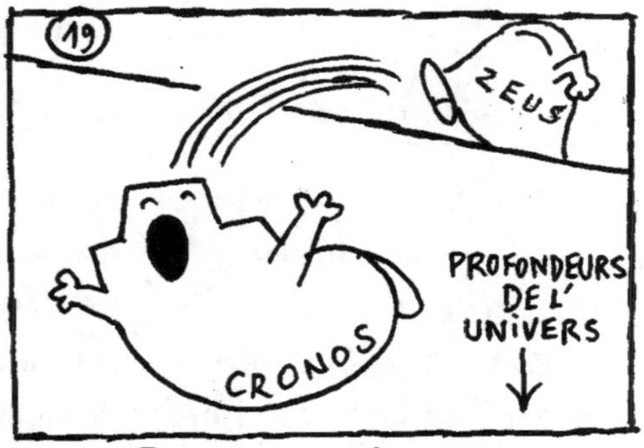

DEVENU ADULTE, ZEUS OBLIGE CRONOS À VOMIR SES ENFANTS QUI, ADULTES, VONT POUVOIR PRENDRE LEURS FONCTIONS DE DIEUX DE L'OLYMPE ... VOIR DESSIN 15

— Zeus s'unit à ses sœurs Héra et Déméter. La fille de cette dernière, Perséphone s'unit au dieu des Enfers, Hadès, son oncle.

Revenons au dessin (13) : Lorsqu'Ouranos mutilé enjambe l'Océan, une goutte de son sperme y tombe et donne naissance à **A**phrodite, déesse de l'amour...

(20)

(21)

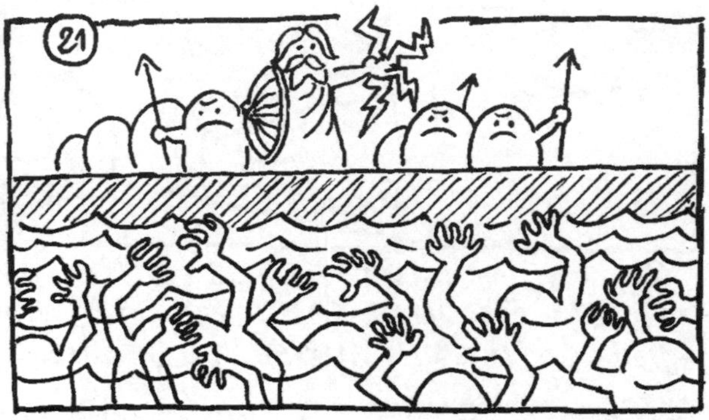

D'autres gouttes suscitent des monstres géants que les dieux de l'Olympe vainquent grâce à la foudre, arme absolue de Zeus protégé par l'**égide**, bouclier magique constitué de la peau d'Amalthée, sa "nourrice". (Voir dessin (17)).

(22)

(23)

Athéna (déesse de la Sagesse) sort du crâne de Zeus. Sa femme, Héra, furieuse d'être exclue de cet enfantement, suscite un gigantesque dragon cracheur de feu, le Typhon. Zeus le vainc en l'enfermant sous l'Etna où il continue de manifester sa colère volcanique encore de nos jours !

Ensuite, il suffira que Zeus s'unisse à la nymphe Léto pour être père d'**A**pollon (le Soleil) et d'**A**rtémis (la Lune). Quant à la nymphe Maïa, elle lui donne **H**ermès le malin (dieu des marchands et des voleurs)...

Né au petit jour, le bébé Hermès fabrique, dans la matinée, une lyre en s'emparant d'une carapace de tortue qu'il "équipe" de boyaux de brebis en guise de "cordes".

Le soir, il vole les vaches d'Apollon en ayant soin de les faire marcher "à reculons" pour brouiller les pistes. Pour se faire pardonner, Hermès offrira sa lyre à Apollon... qui en fera le meilleur usage !

MAINTENANT
LES "GRANDS" DIEUX SONT "AU COMPLET".

PENCHÉS AU BALCON DE L'OLYMPE ...

... OISIFS, ILS S'AMUSENT DES TRIBULATIONS DES HUMAINS À QUI LE TITAN **PROMÉTHÉE**, FILS DE JAPET (voir dessin ⑥), A DONNÉ LE FEU, DÉROBÉ À ZEUS.

Les humains, alors, améliorent leur condition, fondent et forgent les métaux. Devenus robustes (et violents !), ils entendent se passer des dieux et cessent d'honorer leurs autels. Zeus furieux fait clouer Prométhée au flanc du Caucase où un aigle se repaît sans cesse de son foie immortel. Puis il déchaîne sur l'Humanité les flots du Déluge.

Finalement, les survivants reprennent les sacrifices. Zeus pardonne. L'Histoire des humains peut commencer.

MAIS « LES DIEUX ONT LA CRUAUTÉ DE L'ENFANCE » ET « LEURS JEUX COÛTENT CHER AUX MORTELS » (Jean Cocteau).

Si Cronos, Hermès, Héra ... sont évidemment des personnages de pure invention, par contre Oedipe, Thésée ou Médée ont vraiment existé. Mais dans des temps très anciens. Rois ou reines légendaires, ils font partie de ce qu'on pourrait appeler l'Histoire Mythique.

Il en est de même de la guerre de Troie si présente dans le théâtre grec. Elle date de **-1250**.

Sous la conduite d'un certain Agamemnon, roi d'Argos (proclamé, le temps du « raid », Roi des Rois), ce fut une peu reluisante expédition de rapine de la part des Grecs du continent jaloux d'une des plus opulentes cités grecques du littoral d'Asie Mineure (Turquie actuelle).

Ce sont les poètes (Homère en tête) qui en ont fait une formidable épopée fondatrice.

Hélène et Pâris sont "inventés".

SUJETS. Deux grandes **sagas** parallèles les contiennent tous (ou peu s'en faut) :

Anthropophagie et Guerre de Troie

Les Atrides
(famille d'Atrée)★

— maison royale d'Argos —

Tantale, par provocation, invite les Dieux à sa table et leur sert... son fils Pélops qu'il a tué et cuisiné. Les Dieux s'aperçoivent du crime et condamnent son auteur au "supplice de Tantale" (soif et faim éternellement inassouvies).

Ses descendants, **Atrée** et Thyeste, rois d'Argos en alternance, et « frères ennemis »... se "réconcilient" un jour : Atrée offre à Thyeste un repas composé... des deux fils de ce dernier qu'il a tués et cuisinés.

Le fils d'Atrée, Ménélas, est l'époux de la belle Hélène qui se laisse enlever par Pâris, jeune prince troyen. D'où la Guerre de Troie menée par le frère de Ménélas, Agamemnon.

Après dix ans de guerre, ce dernier est assassiné, à son retour, par sa femme Clytemnestre (aidée de son amant Egisthe, fils de Thyeste).

Oreste, fils d'Agamemnon et de Clytemnestre (aidé de sa sœur Electre) venge son père en tuant sa mère. Poursuivi par les déesses infernales, il se réfugie à Athènes, ville de la Justice et de la Sagesse.

Le vieux Conseil de la Noblesse, l'Aréopage, s'érige en tribunal et le juge. Il sera acquitté grâce au vote de la déesse Athéna, protectrice de la ville.

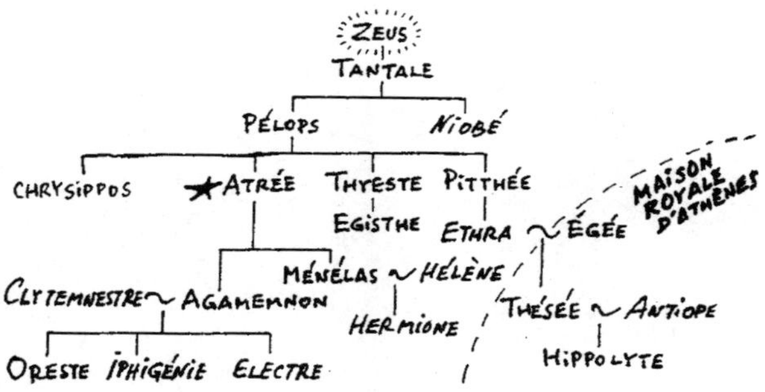

L'inceste involontaire d'Oedipe

Les Labdacides
(famille de Labdacos)★

— maison royale de Thèbes —

Cadmos, guidé par une génisse, fonde la ville de Thèbes, en Béotie ("pays de la génisse"). Ses filles, Sémélé et Agavé, lui donnent respectivement comme petits-fils Dionysos et Penthée. Ce dernier, en tant que roi, s'oppose au culte de son divin cousin : il mourra fou et décapité.

Successeurs sur le trône : Polydore puis **Labdacos** tué en combattant Athènes alors que son fils Laïus est âgé d'un an. Régence, troubles, usurpateurs... Pélops (**ressuscité !**) recueille l'enfant Laïus et l'élève. À peine adulte, ce dernier enlève le fils de Pélops, Chrysippos dont il est amoureux. Mais Atrée et Thyeste, jaloux de la beauté de leur frère, le tuent. Laïus rentre à Thèbes.

Laïus (enfin roi de Thèbes) et sa femme Jocaste enfantent un fils dont l'oracle prédit qu'il tuera son père. Un berger, chargé de supprimer l'enfant, le suspend par un pied à un arbre. « Les loups le dévoreront », pense-t-il...

Recueilli, il devient le fils adoptif d'un autre couple royal. Adulte, il voyage, tue accidentellement un inconnu (qui était Laïus). Il délivre la Cité de Thèbes d'un Sphinx poseur de questions. Il épouse Jocaste sans se douter qu'elle est sa mère. La peste (punition des Dieux) ravage Thèbes. La vérité éclate. Jocaste se pend. Oedipe se crève les yeux, mais finira dans la sérénité.

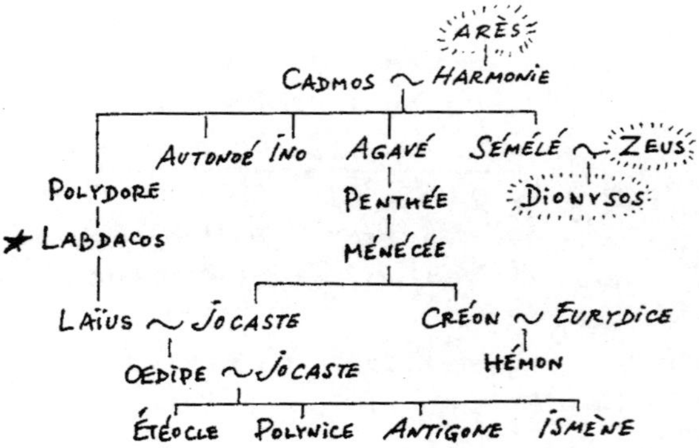

Fig. 1

Fig. 2

DÉCORATION. Peu importante. Quelques panneaux appuyés à la **Skéné** suggèrent les lieux. En général : une façade de palais (pour la tragédie), un bord de mer ou un bois (pour le drame satyrique).

Sophocle fut l'inventeur des **périactes**, prismes triangulaires encadrant le prosKenion et changeant de motifs décoratifs par simple rotation (Fig. 3).

Fig. 3

MACHINERIE. Des plans inclinés sur roulettes surgissent d'une des portes de la sKéné et présentent les cadavres des victimes : on tue toujours en coulisses, jamais à la vue du public.

Agamemnon et Cassandre, sa captive, sont étendus morts côte à côte, séparés par une bande de tissu rouge figurant le sang versé. Derrière eux, Clytemnestre et Egisthe (les assassins) brandissent le filet qui a emprisonné les victimes lors de l'assassinat. (Fig. 2)

Le **deus ex machina** (le dieu apporté par la machine) termine le spectacle. Apollon, en général, surgit de derrière la sKéné sur une plate-forme suspendue à une grue qui le dépose sur le proskenion (ou le toit de la sKéné). (Fig. 1)

EN COULISSES...

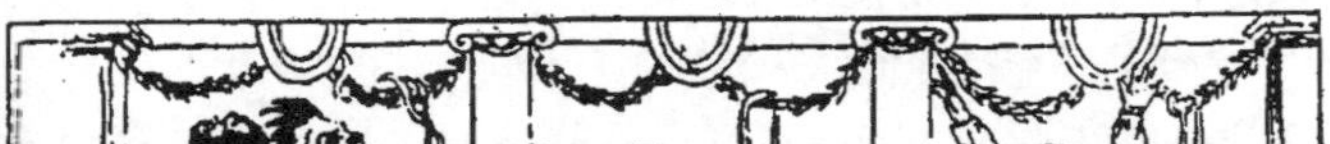

- Le chorège (assis) donne les derniers conseils aux choreutes.

- Un choreute (ou un acteur) se masse. Un joueur de flûte s'exerce.

ANIMALITÉ. *Une des grandes peurs des Grecs du -Vᵉ siècle, c'est le retour à l'animalité (inceste, anthropophagie).*

De **-3000** à **-2000**, le bassin méditerranéen subit, par vagues successives, l'invasion des Indo-Européens venus du fond de l'Asie. Les tribus guerrières des Hellènes (Achéens et Doriens) soumettent ainsi les Pélasges, premiers occupants de la Grèce.

Les Pélasges menaient une vie agricole, douce, stagnante et **matriarcale**. (Une femme pouvait diriger un village. Et tuer sa mère était le crime absolu : on était exécuté sans jugement.)

Les Hellènes, farouchement **patriarcaux**, imposent aux Pélasges leurs **tabous** notamment sexuels : interdiction d'épouser sa cousine... ou sa sœur ! Les jeunes hommes du village sont incités à « enlever » les filles des villages d'au-delà des montagnes. Lors d'une fête par exemple. (Cf. plus tard, chez les Romains, le fameux « enlèvement des Sabines »). *Il s'ensuit un conflit sanglant entre, d'une part, les pères et les frères des filles enlevées et, d'autre part, leurs ravisseurs... Mais des enfants naissent. On ne va pas massacrer "gendres" et "beaux-frères" même si on a eu la main forcée !*
Réconciliation, naissance d'une nouvelle communauté. Les ethnologues l'appellent la **république des beaux-frères.** *De nouveaux territoires sont ainsi gagnés à la "civilisation". (Naissance des États ... des armées ... des frontières ...)*

CATHARSIS. *(Selon Aristote :)*
Au plan moral, **purgation** du spectateur en vue d'une purification.

Il faut purger pour purifier.

Pour ce faire, la tragédie doit susciter **terreur** et **pitié** chez le spectateur.

ANALOGIE ANECDOTIQUE : Nous marchons sur un trottoir. Soudain un passant traverse la chaussée imprudemment à notre hauteur. Il est fauché par une voiture. Grièvement blessé, le corps démantibulé, il gît à nos pieds. La **terreur** nous saisit : nous esquissons un mouvement de fuite devant l'horreur. Mais il faut donner les premiers soins au blessé : la **pitié** nous fait revenir sur nos pas... Les deux émotions fortes s'annulent. On ressent finalement un soulagement, une purification : on a bien agi.

– Oedipe s'est crevé les yeux. C'est la **terreur** chez le spectateur. Mais, après une errance avec ses filles, Oedipe va se réfugier à Colone (près d'Athènes) qui lui offre l'hospitalité et la **pitié**. Incarnation d'une grande civilisation protectrice des faibles, Colone (ville natale de l'auteur !) voit mourir Oedipe purifié, innocent de ses "crimes".

Bref, terreur et pitié "de théâtre" (non ressenties "pour de vrai") sont censées exercer les spectateurs à maîtriser leurs émotions incontrôlées.

ARISTOTE
(-384 / -322)
62 ans

Le plus célèbre philosophe de l'Antiquité.

Fils du médecin d'Alexandre le Grand dont il fut précepteur.

Homme du -IVᵉ siècle, il « théorise » après coup le Théâtre du -Vᵉ siècle.

LES TROIS GRANDS

ESCHYLE - SOPHOCLE - EURIPIDE

(-525/-456) 69 ans — (-496/-406) 90 ans — (-480/-406) 74 ans

-534 : Premier concours d'auteurs. Vainqueur : THESPIS ! On ignore le sujet et jusqu'au titre de la trilogie primée. Thespis a 56 ans. À l'âge de 30 ans, il avait scandalisé Solon (voir ci-dessus page 8). Qu'a-t-il fait pendant 26 ans ? On ne sait pas.

DE TOUS LES AUTEURS TRAGIQUES GRECS du -Vè siècle, trois seulement subsistent en partie : ils ont écrit chacun plus de 100 pièces... Or nous sont parvenues moins de 10 pièces d'Eschyle et de Sophocle. Et une vingtaine d'Euripide.

Titres et citations de passages des pièces perdues parsèment les textes d'autres écrivains.

VU LEURS DATES DE NAISSANCE, Eschyle aurait pu être le père des deux autres, Sophocle étant alors le grand frère d'Euripide (16 ans de différence). La vie de Sophocle (qui a vécu 90 ans) couvre presque entièrement le -Vè siècle. Notez que Sophocle et Euripide sont morts la même année.

ANALOGIE CHRONOLOGIQUE

Imaginons trois auteurs dramatiques français du XXè siècle (aux dates de naissance espacées comme celles de notre trio athénien) : Paul Claudel, Armand Salacrou, Jean Anouilh...

Imaginons que ces derniers veuillent traiter des Croisades en s'inspirant de poèmes écrits par... La Fontaine 300 ans auparavant. Remplaçons les Croisades par la Guerre de Troie ... et La Fontaine par Homère, nous aurons une idée concrète de l'élaboration des tragédies grecques.

Bref, entre Eschyle et Agamemnon, il y a la même distance dans le temps qu'entre Claudel et... Philippe Auguste ! Quelque 700 ans.

ESCHYLE. Le père de la tragédie civique.

Né à : Eleusis (Attique). **Famille** : noble (ralliée à la démocratie). **Initié** : très jeune aux fameux mystères d'Eleusis (culte de Déméter). **Combat** : les Perses à Marathon (il a 35 ans) et, dix ans plus tard, à Salamine. **1ère victoire d'auteur** : à 40 ans (-485). Il obtiendra en tout 13 premiers prix. **Il vit** : tantôt à Athènes, tantôt en Sicile (il est l'ami de Hiéron, « tyrannos » de Syracuse). **Il invente** : le second acteur. **Comédien** : puissant (il joue, à lui tout seul, les deux "protagonistes" des "Perses" (voir p. 23)). **Sa morale ?** La modération en tout.

ESCHYLE EST UN GÉANT du Théâtre...
Victor Hugo écrit : « Eschyle est magnifique et formidable, comme si l'on voyait un froncement de sourcil au-dessus du Soleil ».
AUTEUR DE LA SEULE TRILOGIE tragique qui nous soit parvenue : (manque cependant le "drame satyrique" terminal)

En 1955, Jean-Louis Barrault monte la trilogie de "L'Orestie" sur une scène "à l'italienne".

I - Agamemnon
Choeur : vieillards d'Argos

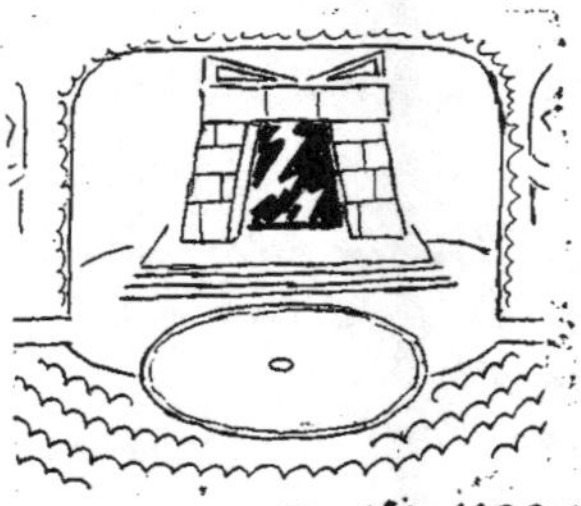

— FAÇADE DU PALAIS D'ARGOS

II - Les Choéphores
= les "Porteuses de Libations" constituant le Choeur (1)

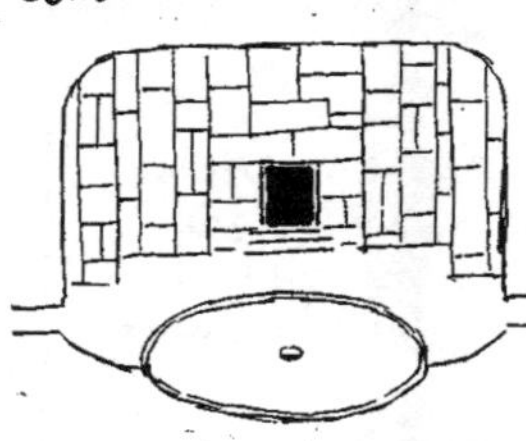

— INTÉRIEUR DU PALAIS D'ARGOS

III - Les Euménides
= les "Bienveillantes" (2) constituant le Choeur.

— L'ARÉOPAGE À ATHÈNES

(1) il s'agit de captives troyennes (*le chœur dessiné p. 11 pourrait représenter des choéphores.*)

(2) Surnom donné aux déesses infernales (les Erinyes) pour les amadouer.

"L'Orestie" (-458)

LA FABLE :

I - Roi d'Argos, le "généralissime" Agamemnon rentre chez lui, en vainqueur de la Guerre de Troie (qui a duré 10 ans) avec sa captive Cassandre, princesse troyenne. Clytemnestre (qui ne lui a pas pardonné le sacrifice de leur fille Iphigénie) l'assassine ainsi que Cassandre... avec l'aide de son amant, le cousin Egisthe.

II - Oreste, éloigné d'Argos peu avant le meurtre de son père (alors qu'il avait 11 ans) a maintenant 18 ans. Secrètement, il revient... pour prendre le pouvoir. Sa sœur Electre l'accueille. Il se recueille sur le tombeau de son père, puis tue d'abord Egisthe et ensuite Clytemnestre. Soudain devenu fou, il est poursuivi par les déesses infernales (les Erinyes).

III - Il court à Delphes où Apollon l'exhorte à se rendre à Athènes. La déesse protectrice de cette cité, Athéna, choisit elle-même les membres de l'Aréopage qui vont le juger. Procès. (3) Grâce au vote d'Athéna, Oreste est acquitté. Les Erinyes sont furieuses. Athéna les persuade de devenir "bienfaisantes". (4)

LA MORALITÉ :

Les dieux aussi changent !... *Leur rôle était de faire respecter les lois ancestrales (le "matricide" puni de mort sans jugement) et pourtant Apollon et Athéna ont choisi le raisonnement et la justice dévolus à des hommes (le tribunal de l'Aréopage).*

Les dieux semblent maintenant rallier la démocratie nouvelle *contre les familles nobles oppressives et injustes !* ESCHYLE VEUT RASSURER SES CONCITOYENS. (Voir p. 9)

(3) Choisir l'Aréopage (vieille assemblée de la noblesse minimisée par la Démocratie) est un clin d'œil plein d'humour d'Eschyle, noble "progressiste" mais noble tout de même : « L'Aréopage ne peut-il pas encore servir la Cité ? » semble-t-il suggérer...

(4) L'acquittement d'Oreste symbolise le passage historique du matriarcat au patriarcat. On sait qu'il a eu lieu vers -2500. En poète, Eschyle le situe juste après la Guerre de Troie (-1240).

— Suite page 24 —

DES TRAGÉDIES D'ACTUALITÉ ?

Il y en a eu ! Surtout au début. Avant Eschyle. Tel Phrynicos qui fit jouer en –494, l'année même de l'événement, "Le Sac de Milet" montrant la destruction de cette ville grecque d'Asie Mineure par les Perses. Or, il fut condamné à 1000 drachmes d'amende pour avoir traumatisé les spectateurs par des scènes de violence... et avivé leur remords d'avoir abandonné Milet à son sort. (Tragédie évidemment perdue : difficile de se faire une opinion).

Outre les "dangers" du théâtre d'actualité, le recours à l'univers d'Homère archi-connu du public (récits des conteurs de rue, vases peints...) présente l'avantage d'éviter explications et scènes d'exposition toujours fastidieuses. On « connaît l'histoire », donc on peut réfléchir sur ce qui est montré, sans craindre de perdre le fil.

Eschyle, lui-même, fit "**Les Perses**" en –472, huit ans après Salamine (où il avait combattu). C'est la seule tragédie d'actualité qui nous soit parvenue.

Nous sommes dans le camp des ennemis vaincus. Or, le chant dominant n'est pas le chant de victoire des Grecs mais la lamentation des Perses (provoquant terreur et pitié chez leurs vainqueurs).

LE CHOEUR DES "PERSES" par le Groupe de Théâtre Antique de la Sorbonne (1966)
– *voir page 41* –

– D'abord : pressentiment du désastre militaire que les vieillards du choeur attribuent à l'orgueil insensé de Xerxès qui a été jusqu'à relier l'Asie à l'Europe par un pont de bateaux ("joug" impie imposé à la Mer !)

Ensuite : la reine-mère vient raconter la vision sanglante qu'elle a eue en songe. Un messager vient confirmer le désastre et décrit l'horreur de la débâcle.

Pièce "historique" basculant dans le "légendaire" et le "fantastique" avec l'apparition du spectre du vieux roi Darius prophétisant d'autres malheurs.

Xerxès, le roi vaincu, apparaît enfin. Cris, sanglots... Le chœur lacère ses somptueux vêtements. (Comme il n'y avait qu'une seule représentation, le jeu de scène ne posait pas de problème !)

LE SAVIEZ-VOUS ? En –548, les Perses (friands d'une colonie juteuse) sont venus assiéger Phocée (Marseille) sans succès.

– 3 PERSONNAGES ESSENTIELS DES TRAGÉDIES : –

LE MESSAGER = *témoin oculaire. "Reporter". Hors de l'action.*

LE DEVIN (souvent aveugle) = *connaît le passé et l'avenir. Prophétise : il est la voix des dieux.*

LE HÉROS (roi ou reine) = *toujours un chef. Responsable. Se heurte à l'Absolu des dieux. Lutte pour faire reconnaître son innocence (Œdipe) ou prouver qu'il est un juste (Oreste).*

OUTRE "**Les Perses**" (TRAGÉDIE D'ACTUALITÉ : voir page 23) ESCHYLE a composé notamment une trilogie intitulée "**La Prométhéide**" dont une seule tragédie nous est parvenue : "**Prométhée enchaîné**" (–472).

PROMÉTHÉE ET SON AIGLE qui lui dévore son foie "éternel" – GRAVURE D'UN ITALIEN ANONYME – 1510

Tous les personnages sont des dieux : Héphaïstos, Prométhée, Hermès, Océan... et le chœur des Océanides.

Enchaîné au flanc du Caucase, le Titan ami des hommes hurle sa douleur : « Ether divin, vents à l'aile rapide, Terre et toi, Soleil, je vous invoque !... » Surgit une étrange jeune fille qui escalade, affolée, les collines et les montagnes : Io. Elle est poursuivie sans fin par un taon. Sur son front deux petites cornes : Zeus, son amant, a voulu la transformer en génisse pour détourner les soupçons d'Héra. C'est Héra qui a suscité le taon au grand désappointement de Zeus...

C'est par hasard que Io rencontre Prométhée. Il lui apprend une prophétie : dans douze générations, un de ses descendants, Héraklès (Hercule !) le délivrera. Cela sera le sujet de "**Prométhée délivré**", tragédie perdue qui voyait la réconciliation Prométhée - Zeus.

SOPHOCLE. *L'auteur le plus primé des dionysies.*

Né à : Colone (à 8 Km d'Athènes). **Famille** : de riches fabricants d'armes. **Adolescent** : étudie les poètes nationaux et la musique. **Participe** : (à 16 ans) à la bataille de Salamine. **1ère victoire d'auteur** : à 28 ans. Il « bat » Eschyle. Il obtiendra en tout 24 premiers prix. **Affrontera** : Eschyle souvent (de 28 à 40 ans). **Porte** : le nombre des choreutes de 12 à 15. **Invente** : le 3e acteur ainsi que les « periactes » *(voir page 19)*. **Abandonne** : le principe de la trilogie obligatoire. **Comédien** : médiocre, il cesse rapidement de jouer lui-même. **Ami** : du tyrannos Périclès, il sera "stratège". **Il assiste** : à la grandeur d'Athènes, à la guerre contre Sparte, à l'épidémie de peste qui s'ensuit. Enfin, à la chute de la démocratie, quand les oligarques prennent le pouvoir. **À 86 ans** : ses fils veulent le faire "interdire" pour sénilité. Sa riposte : il lit à ses juges "Oedipe à Colone." *(voir page 31)*.

SOPHOCLE EST LE PLUS ADMIRÉ de son vivant. Sa génération n'a plus à instaurer la Démocratie. Elle s'intéresse surtout aux conflits entre l'Homme et les dieux. Ainsi qu'au Destin individuel.

LE CHOEUR, TÉMOIN CIVIQUE, a moins d'importance que chez Eschyle. Celui d'"Antigone" dit : « Le monde ne compte plus ses merveilles. Mais l'Homme est la merveille des merveilles ».

– Suite page 26 –

LE CHOEUR...

... **CHEZ ESCHYLE** : c'est le principal personnage de la tragédie. Eschyle imagina, dans "Les Perses", d'habiller les Conseillers de Xerxès (le choeur) de magnifiques vêtements que, dans leur désespoir de vaincus, ils déchiraient sous les yeux des spectateurs.

... **CHEZ SOPHOCLE** : il a la même importance que les acteurs, sans plus. C'est que Sophocle a inventé le dialogue « stychomythique » ("ping-pong" de répliques d'1 seul vers entre 2 acteurs) qui installe l'action sur le proskenion. Le choeur devient témoin, commentateur de cette action.

... **CHEZ EURIPIDE** : minimisé. Tend à devenir simple ornement lyrique. Le réalisme naissant rejette peu à peu ce personnage collectif qui écoute indiscrètement les confidences des rois... et reste sur place quand on appelle "au secours" dans la skéné.

SOPHOCLE EST L'AUTEUR de la plus célèbre tragédie : "**Oedipe-Roi**". Egalement d'"**Antigone**" (−440) composée vingt ans auparavant ... mais qui en est la suite.

Notez que le titre original d'"Oedipe-Roi" est :

"Oedipos-Tyrannos"

(−421)

OEDIPE ET LE SPHINX, monstre à la tête et au buste de femme, au corps de lion avec des ailes d'aigle ... Importé d'Egypte (où il représentait le soleil) avec sa tête humaine et son corps de fauve (dépourvu d'ailes), il deviendra grec.

Ainsi, en poète, Sophocle assimile un roi mythique (issu de la nuit des temps) à un « animateur populaire » de la Démocratie récente ! (voir page 9). Oedipe n'a-t-il pas, à Thèbes, été porté au pouvoir par acclamations !

LA FABLE : La cité de Thèbes est frappée de la peste. Le chœur des vieillards vient supplier Oedipe de la sauver une seconde fois.

Des années auparavant, voyageur inconnu, il avait, en effet, su répondre à l'énigme d'un Sphinx qui la terrorisait. Femme-lion, ce monstre posait des questions : qui ne répondait pas était dévoré. « Quel est l'animal qui a 4 pattes le matin, 2 à midi et 3 le soir ? » demanda-t-il à Oedipe qui répondit : « L'Homme ». (Bébé, il marche à 4 pattes. Adulte sur ses 2 jambes. Vieillard, il s'aide d'une canne). Vexé, le Sphinx se jeta dans la mer.
Sauvés, les Thébains disent à Oedipe : « Soyez notre roi ! Notre reine, Jocaste, est veuve. Epousez-la. Elle est plus âgée que vous, mais encore jeune. Soyez roi de Thèbes. » Oedipe accepte. Les années passent. Jocaste et lui auront 2 fils et 2 filles. Soudain : la peste.

Oedipe rassure les suppliants. Il a envoyé Créon, frère de Jocaste, consulter l'oracle. Créon revient : « Il faut purger la ville de la souillure qu'elle nourrit, dit l'oracle. Et venger le meurtre de Laïus, l'ancien roi, assassiné sur une route ». Oedipe mène l'enquête.

On a dit que Sophocle avait écrit là la première pièce policière.
Remarquable dans la mesure où c'est l'enquêteur qui est le coupable. De l'Hitchcock d'il y a 25 siècles !

La vérité va inexorablement assaillir Oedipe. Un oracle ayant dit qu'il tuerait, un jour, son père, on le suspendit, bébé, par un pied (1) à un arbre. Un passant le recueillit : il sera élevé par le roi et la reine de Corinthe, couple stérile.

OEDIPE 1900. Le grand tragédien Mounet-Sully : pas de masque, un maquillage naturaliste impressionnant.

(1) Oedipe = pied enflé. (Pour le suspendre, on lui avait percé le pied). "Oedème", même racine.

Puis, c'est l'aventure du Sphinx et de Thèbes... Maintenant, c'est l'enquête sur les causes de la peste. Les témoins défilent : bergers, serviteurs, Tirésias le devin... Oedipe a bien tué jadis accidentellement un vieil homme lors d'une querelle à un carrefour de routes. Tout s'ordonne. Jocaste comprend. Elle entre dans le palais et se pend avec son écharpe. Oedipe la rejoint, dégraffe sa broche et s'en crève les yeux. Il part au hasard des chemins, guidé par sa fille Antigone. Dernière phrase de la pièce : « Ne dites jamais qu'un homme est heureux avant qu'il tourne sa dernière page ». (*Adaptation : Jean Cocteau*).

Oedipe se croyait un « tyrannos » (élu par acclamations), il était un « basileus » (roi héréditaire). Il se croyait un époux, il était un fils. Il se croyait le héros-sauveur d'une Cité, il était sa honte et la cause de sa perte. Et c'est après s'être crevé les yeux qu'enfin il voit clair.

Terreur : la hantise des Grecs d'un retour à l'animalité. **Pitié** : Oedipe a seulement 1/3 de responsabilité (son arrogance = "*hibris*", en grec). Restent la volonté des dieux (1/3), le hasard (1/3).

LA MORALITÉ : *(Le poète « fait la leçon » au "roi élu"!..)*

Tyrannos ! on t'a mis à la tête de notre Cité : sois prudent ! *N'imite pas Oedipe, époux de sa mère !*

À l'extrême fin de sa vie, Sophocle donne "Oedipe à Colone", suite et fin d'"Oedipe-Roi". (Voir page 20).

"Antigone" (– 440)

LA FABLE :

Oedipe réfugié à Colone, ses fils, Etéocle et Polynice, devaient régner alternativement à Thèbes. Ils s'entretuent. Créon prend le pouvoir et estime que, des deux, Polynice est <u>le rebelle traître à la Cité</u>. Son cadavre devra pourrir au soleil sans sépulture, privé des rites religieux. Pour faire un exemple ! Quiconque tentera de l'enterrer sera puni de mort. Des soldats montent la garde près du cadavre.

Mais peut-on laisser « l'âme » de son frère errer éternellement sans pouvoir entrer au séjour apaisant des morts ?

Antigone, sa sœur, brave le décret sachant qu'elle y laissera la vie. Et c'est ce qui se produira. Dans un premier temps, un petit soldat (un peu comique !) vient prévenir Créon du fait : on a jeté de la terre sur le corps de Polynice. Créon est furieux mais laisse repartir le petit soldat qui reviendra bientôt avec les autres soldats de garde, encadrant Antigone prisonnière.

Elle sera murée dans une grotte. Son fiancé, Hémon, fils de Créon, l'y rejoint et mourra avec elle. Eurydyce (femme de Créon), "la reine-mère", se suicide.

Antigone / Festival d'Avignon 1960 : Catherine Sellers.

Certes, dans "Antigone", Créon veut défendre le droit de la Cité contre le vieux droit parental ... Mais il outrepasse son pouvoir : « Il faut, dit-il, obéir au tyrannos en toutes choses, dans les petites, dans les justes et aussi dans les injustes ». La Cité le désavouera.

LA MORALITÉ :

Doit-on obéir aux ordres lorsqu'ils sont inhumains ? Non ! Même si on doit y laisser la vie.

Et, vingt-cinq siècles après Sophocle, cela nous concerne encore. À ces ordres "inhumains" : « Torture ce prisonnier ! » ou « Viole cette femme ! »... si un soldat, dans une guerre actuelle, répond : « Je refuse ! »... et reçoit une balle dans le dos !... il devient « une Antigone » ! Il sauve l'honneur de l'Humanité tout entière.

1953. Chœur d'**Antigone**. Cdie de St Etienne (1)

EURIPIDE. Le plus imité. De Racine à Jean Giraudoux en passant par Voltaire.

Né à : Salamine (le jour de la bataille !). **Famille** : de commerçants (« marchands d'herbes »). **Santé** : fragile. **Caractère** : mélancolique. **Il fut** : athlète professionnel, peintre, orateur, philosophe. **Loisirs** : la lecture (bibliothèque exceptionnelle). **Vocation** : tardive (première récompense à 40 ans). **Premiers prix** : 5 seulement. **Mal marié** : deux fois. **Passe pour** : misogyne (mais comme quelqu'un qui aime trop les femmes). **Assiste** : à la décadence d'Athènes. **Déteste** : la violence, les soudards. **Athée ? Il écrit** : « Quelqu'un dira-t-il qu'il y a là-haut des Dieux ? Il n'y en a pas. Ce sont des contes faux. Faux comme les barbares festins de Tantale ! » **Il est** : un anti-esclavagiste convaincu.

SUR PRÈS DE 100 PIÈCES, IL NOUS RESTE DE LUI 18 TRAGÉDIES + 1 drame satyrique (le <u>seul</u> qui nous soit parvenu : "Le Cyclope").

---

(1) Encore un choeur de vieillards. Le metteur en scène, Jean Dasté, leur fait porter le masque alors que les acteurs jouent visage nu. (À l'inverse de ce qui se passait à l'époque de Sophocle !).

À L'ÉPOQUE D'EURIPIDE, la foi des citoyens en la Cité s'affaiblit. Euripide installe le tragique en nous-mêmes. Et il invente le réalisme psychologique. Ses contemporains lui reprochent de s'appesantir sur les passions humaines. Et, techniquement, d'user et d'abuser du « deus ex machina » qui descend de son nuage pour arranger les difficultés de l'intrigue.

ON LUI OPPOSE SANS CESSE Sophocle et le vieil Eschyle austère et civique. Mais on dit qu'il était aimé des femmes et des jeunes gens. Euripide : auteur romantique !

LES TITRES DE SES TRAGÉDIES ("Andromaque", "Iphigénie", "Hippolyte"...) nous sont familiers... grâce à Racine qui « l'imite ». Mais que de différences ! Euripide est infiniment plus rude, plus "primitif".

Il donne :

- à 42 ans, "**Alceste**" (–438) : Apollon permet au roi Admète de se faire « remplacer » pour mourir. Admète demande ce service à son très vieux père : refusé ! Seule, Alceste, sa jeune femme accepte. Héraklès qui passait par là arrangera tout, à la fin, en allant attaquer la Mort en personne (le dieu Thanatos) au tombeau d'Alceste. *Curieuse "tragi-comédie".*
- à 49 ans, "**Médée**" (–431) : La magicienne Médée, mariée à Jason (pour qui elle a commis des crimes) est abandonnée pour une autre femme, fille de roi. Médée tuera cette dernière ainsi que ses propres enfants (deux fils) avant de s'enfuir sur un charailé. *L'héroïne favorite des Romains (multiples adaptations).*
- à 74 ans, "**Les Bacchantes**" (–406) : La seule tragédie grecque mettant en scène Dionysos et ses démêlés avec son cousin Penthée. *La pièce-testament d'Euripide.*

MAIS L'ŒUVRE QUI NOUS TOUCHE le plus (écrite à 65 ans) semble être :

"Les Troyennes" (–415)

C'est une vraie pièce "engagée". Euripide voit la démocratie athénienne virer au colonialisme. Il a recours à la mythique Guerre de Troie pour dresser un impitoyable réquisitoire contre les guerres de conquête.

Sur un vase de la fin du –Vè siècle : ACTEUR D'EURIPIDE. Plus de cothurne. Plus de matelassage du costume. Masque réaliste.

LA FABLE :

« Nous sommes devant les ruines de Troie, dans le camp des Grecs prêts au départ. Les captives troyennes (que vont se partager les vainqueurs) constituent le Chœur. Au centre, devant une grande baraque (la skéné !), est étendue, face contre terre, la reine-mère Hécube ». Euripide plante ainsi le décor.

Hécube ne quittera pas la scène. Elle est destinée à devenir la servante d'Ulysse ! À Agamemnon sera attribuée Cassandre. À Pyrrhus, Andromaque.

Le jeune fils de cette dernière, Astyanax, est précipité du haut des remparts. C'est Hécube, sa grand-mère, qui l'ensevelira : sa mère est déjà embarquée.

La princesse Polyxène, fille de Priam et d'Hécube, est égorgée sur la tombe du grec Achille.

Cassandre, sa sœur, vierge consacrée à Apollon, est arrachée sans ménagement d'un temple.

Les Grecs font preuve d'une cruauté inutile et d'actes sacrilèges...

C'est ce que condamne violemment, lors du Prologue, le dieu des mers, Poséïdon qui avait, avec Apollon, bâti les murs de Troie. À ses côtés, la déesse Athéna, loin de plaider la cause des Grecs comme on aurait pu s'y attendre, abonde dans le même sens.

Les deux divinités menacent : des malheurs risquent de frapper les guerriers grecs de retour dans leurs Cités.

"**Les Troyennes**" sont une curieuse tragédie : le Chœur ne commente pas ce qui se passe sous ses yeux. Ses propres malheurs l'obsèdent. Il évoque le passé... et le futur. Horreurs guerrières aboutissant à celles de la déportation.

Une faute n'a jamais fini de se payer: malheur aux Grecs !

Autre étrangeté : une véritable scène de comédie. Un épisode met en présence Ménélas et son épouse Hélène dont l'enlèvement a été la cause de la guerre. Ménélas veut tuer Hélène ... mais, dès le premier mot de leur dialogue, on se rend compte qu'elle n'a rien à craindre. Elle est la plus forte.

En profondeur, le passage est tragique: que de deuils, de ruines, de malheurs ... pour rien.

La pièce, plus **oratorio** que tragédie, a été représentée un an après les massacres perpétrés par les Athéniens dans l'île de Milo, colonie dorienne. Conduits par Alcibiade, ils avaient investi la ville, tué les adultes, vendu les femmes et les enfants...

LA MORALITÉ : (proférée, à la fin de la pièce, par Poseïdon)

Faites la guerre, mortels imbéciles !... Vous en crèverez tous !!

... selon l'adaptation de Jean-Paul Sartre qui explique ainsi la "technique" d'Euripide pour éclairer ses spectateurs:

« Les expressions qu'emploie Euripide sont les mêmes, en apparence, que celles de ses prédécesseurs. Mais parce que le public n'y croit plus ou y croit moins, elles résonnent autrement, elles disent autre chose. Pensez à Beckett et à Ionesco, c'est le même phénomène : il consiste à utiliser le poncif pour le détruire de l'intérieur ».

- Suite page 32 -

LA FIN ÉTRANGE DE CHACUN DES 3 GRANDS

ESCHYLE ET LA TORTUE

Pour fracasser la carapace des tortues afin de déguster ces dernières, on dit que les aigles laissaient tomber leurs proies sur un rocher bien dur.

Un aigle aurait été trompé par le crâne dénudé du vieil Eschyle...

EURIPIDE DÉCHIQUETÉ VIVANT PAR DES CHIENS

de garde, en Macédoine, où il avait été invité par la famille royale, telle est la

fin accidentelle que la légende lui attribue.

SOPHOCLE (86 ANS) LIT À SES JUGES "ŒDIPE À COLONE" POUR PROUVER QU'IL N'EST PAS GÂTEUX.

SAUVÉS PAR LA POÉSIE

Alcibiade, général athénien, persuade ses concitoyens d'envoyer en Sicile une expédition contre Syracuse, l'amie de Corinthe (guerre du Péloponèse). Commencée dans l'enthousiasme, l'entreprise tourne au désastre. Certains Athéniens mourants, réfugiés dans des carrières, récitent des vers d'Euripide aux Siciliens venus les égorger... Férus (et privés, par l'éloignement d'Athènes) de poésie moderne, ces derniers leur font grâce. (–415, l'année des "Troyennes").

LE DRAME SATYRIQUE

« UNE TRAGÉDIE QUI "S'ÉGAIE" », telle fut la définition donnée, d'emblée, du drame satyrique. Il complète la trilogie avec la volonté d'effacer l'effet de "terreur" chez le spectateur. Une façon de montrer qu'on ne se prend pas au sérieux ! D'authentiques héros tragiques (jamais ridiculisés) sont confrontés à des monstres et à des bouffons.

LES BOUFFONS, CE SONT LES **SATYRES** du chœur. Ils sont quinze comme dans la tragédie. (Face aux 3 acteurs protagonistes).

Ils furent, on l'a vu (page 7) les premiers choreutes. Thespis, préférant les chœurs "humains", les avait écartés (page 8). Mais le public réclamait ses clowns favoris. D'où le "drame (au sens de "pièce") satyrique" animé par ces êtres à la double nature (à la fois hommes et boucs) et dont l'animalité comique fait oublier aux spectateurs leur "grande peur" (page 20).

AVEC EUX L'ORCHESTRA ÉVOQUE une piste de cirque moderne grouillant des "charivaris" des augustes de piste. Ils cabriolent, marchent sur les mains, dansent la "sikinnis", une danse échevelée. Pleins de vie, ils sont chauves et barbus.

Constamment il se montrent naïfs, gourmands, paillards, ivrognes, peureux et lâches. Ainsi, dans "Le Cyclope", lorsqu'il s'agit d'aider Ulysse à crever l'œil du cyclope ivre-mort, les satyres se découvrent boiteux, aveuglés par la poussière ou « les deux pieds luxés ». On imagine les jeux de scène !

ON AIME CONFRONTER LES SATYRES aux premières inventions de l'humanité, ce qui les charme et les épouvante tout à la fois.

Ainsi, il découvrent la musique ... ou le feu. Ils sont fascinés par une flamme. Ils veulent l'embrasser et se brûlent comiquement (« Ô bouc, tu pleureras ta barbe ! »).

Leur "maître", c'est le dieu marin **Protée**, vieillard-frégoli qui possède le don de prophétie mais, ne voulant pas dévoiler ses oracles à qui l'interroge, se transforme en arbre, ruisseau ou serpent ! Nous touchons là à l'illusion, au théâtre féerique. Chaque auteur, dont Eschyle, pour terminer "L'Orestie", a écrit son "Protée".

HÉLAS, TOUS LES DRAMES SATYRIQUES sont perdus, sauf :

"**Le Cyclope**" d'Euripide (date ignorée)

La trame est tirée d'un épisode de l'"Odyssée" d'Homère adapté par Euripide.

CHEZ HOMÈRE : Poseidon, vengeur de Troie détruite, fait échouer Ulysse et ses compagnons dans l'île des Cyclopes, ogres géants ayant un seul œil au milieu du front. L'un d'eux, Polyphème, les capture, en dévore quelques-uns et enferme les autres (dont Ulysse), avec ses béliers, dans une grotte fermée par un énorme rocher. Ulysse lui raconte la prise de Troie, le fait boire, l'enivre ... et, avec ses compagnons, lui enfonce dans son œil unique une poutre dont il a durci la pointe au feu. Polyphème, devenu aveugle, les recherche en vain. Accroupis

Ne peut-on imaginer, dans "Le Cyclope", le monstre apparaissant ainsi, derrière la sKéné ?

sous le ventre des béliers, les Grecs prennent la fuite. Sur leur bateau remis à la mer, Ulysse crie au cyclope : « Si on te demande qui t'a rendu aveugle... voici mon nom : Personne ! » Polyphème dit aux autres cyclopes : « C'est personne qui m'a crevé l'oeil ». Ils le croient devenu fou !

CHEZ EURIPIDE : Dionysos a été fait prisonnier par des pirates. Le vieillard Silène se charge de ses satyres et part avec eux à la recherche du dieu. La tempête les jette sur l'île du cyclope solitaire Polyphème. Les satyres, prisonniers, deviennent ses bergers. Ulysse et ses Grecs arrivent. Ils circulent librement de l'antre de l'ogre à la prairie où "travaillent" les satyres (l'orchestra). Polyphème assommé par le vin, les Grecs et les satyres libérés pourraient aisément s'embarquer sans crever l'œil du monstre. Mais "l'aveuglement" fait trop partie de la légende : le public l'attend... Enfin, Polyphème n'ayant plus ici de compagnons, la méprise finale, tragique chez Homère, devient un simple quiproquo dont le chœur s'amuse.

LA COMÉDIE ANCIENNE

C'EST À LA FIN DES VENDANGES, quand il a pour nom Lénaïos (dieu des pressoirs) que Dionysos préside aux concours de comédies. Créés en -486, cinquante ans donc après les concours de tragédies... et sur leur modèle. Mêmes lieux, mêmes heures de représentations, même jury... Mais nombre de protagonistes non limité et <u>24 choreutes au lieu de 15</u>.

Civique, "rabelaisienne", violemment satirique, la "comédie ancienne" colle à l'actualité.

ORIGINE : le "cômos", défilé carnavalesque. Du haut des chariots décorés où on les traîne, les vignerons, gorgés de vin nouveau, accablent de sarcasmes la population qui leur réplique en de truculents « combats de gueules ». <u>Puis des farces grossières sont improvisées.</u>

ACTEURS : masculins (même pour les rôles féminins). Matelassés (gros derrières, gros ventres), hauts sur pattes comme des insectes ou des grenouilles. Vétus du « **chiton** », courte blouse maintenue en forme de tonneau par un cerceau. En dépassent de grotesques sexes en cuir, en particulier pour les vieillards comiques. Pas de cothurnes.

MASQUES : plus petits que ceux de la tragédie. Comiques, grande bouche hilare, nez énorme ou aplati.

DES NOTABLES ÉTAIENT RIDICULISÉS SUR SCÈNE SOUS LEUR PROPRE NOM (QUI, PARFOIS, DONNAIT MÊME SON TITRE À LA PIÈ-

CE) ET À L'AIDE DE MASQUES DES PLUS RESSEMBLANTS...

LE "DÉCOUPAGE" DES PIÈCES était le suivant :

1- **LE PROLOGUE** : exposition du sujet. 2- **LA "PARODOS"** : entrée et défilé (toujours surprenants) du Chœur « en action ». Ci-dessus : avec autruches. 3- **L'"AGÔN"** (la bataille) : "combat de gueule" entre Chœur et acteurs. Gags, puis "le pnigos" (la suffocation) : longue et rapide tirade. 4- **LA "PARABASE"** : le Chœur se démasque et dévoile la pensée de l'auteur. 5- **L'"EXODOS"** : les ridicules sont fustigés (sorte de "revue"), puis le chœur sort.

↓

Avant la vogue des "imitateurs" et des "guignols de la télé", un spectacle de **chansonniers** comportait, vers 1950 ... d'abord une succession de CHANSONS D'ACTUALITÉ par chacun des participants ... suivie de la REVUE D'ACTUALITÉ où les mêmes (masqués de caricatures d'hommes politiques en carton-pâte) interprétaient une série de sketches avec changements de décors. Imaginons cette revue hypertrophiée et "farcie" des NUMÉROS individuels des chansonniers et cela nous donnera une idée de la "Comédie Ancienne" grecque. Bref, la partie finale (l'Exodos) est devenue pour nous toute la pièce!

PARODIE D'ANTIGONE : INTERPRÊTÉE PAR UN VIEILLARD GROTESQUE, ANTIGONE ÔTE SON MASQUE.

COMME POUR LA TRAGÉDIE et le drame satyrique, le pourcentage de "comédies anciennes" qui nous sont parvenues est très faible. En tout, 11 pièces... toutes d'Aristophane (sur les 42 qu'il aurait écrites).

ARISTOPHANE (–446 / –385 ?)

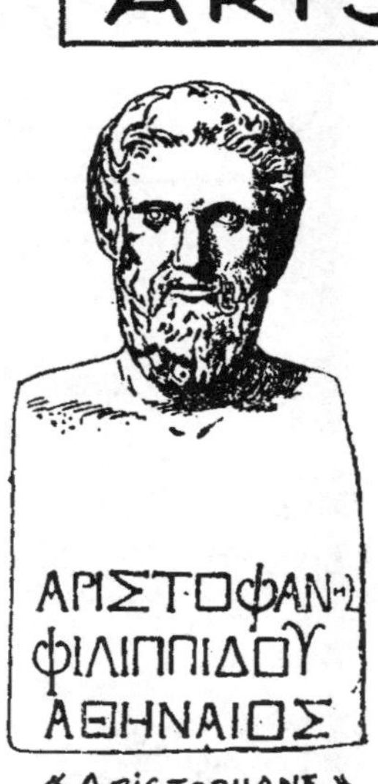

« ARISTOPHANE »
« FILS DE PHILLIPIDES »
« ATHÉNIEN »

Un galopin de génie.

Né : à Athènes. **Famille** : de condition modeste. **Elevé** : dans la rue. C'est un "titi" athénien. **Adolescent** : il suit ses parents partis comme "colons" peupler l'île d'Égine (dont les habitants ont été déportés). **Bien vite** : il revient dans la ville de son enfance qu'il ne quittera plus. **Obtient** : sa première palme d'auteur (un second prix) à 19 ans. **Chauve** : avant la trentaine. **Son époque** : c'est la Guerre du Péloponèse (entre Athènes d'une part et Sparte et ses alliés d'autre part). Presqu'une guerre civile. **Ses "bêtes noires"** : les « va-t-en guerre » des deux camps, notamment, pour Athènes, le successeur de Périclès, le "tyrannos" Cléon qui lui fera un procès.

LE GRAND AUTEUR SATIRIQUE (sans "Y") de son temps. Son but ? Défendre la Cité contre tous les abus politiques, culturels... Ses thèmes ? La nostalgie du bon vieux temps et de la vie simple. La descente aux Enfers pour en ramener les grands hommes du passé. Le contraste entre Athènes décadente où tout va mal et un lieu utopique où tout va bien. La satire des mœurs judiciaires. Les excès du chauvinisme.

Il entend défendre les petites gens contre les "décadents" de tout poil.

Il se méfie du "progrès". Il a un côté chansonnier anarchiste de droite... Mais il se montre soudain un étonnant poète.

Ses principales œuvres...

Pendant la Guerre (du Péloponnèse) :

LES ACHARNIENS (−425). Une famille de paysans s'efforce de faire une "paix séparée" avec Sparte.

LES NUÉES (−423). Contre la nouvelle éducation préconisée par Socrate. Immorale pour la jeunesse, selon Aristophane.

LES GUÊPES (−422). La manie athénienne de la procédure. Racine s'en inspirera pour "Les Plaideurs" : voir page 155.

LA PAIX (−421). Le brave vigneron Trigée, chevauchant un bousier (énorme insecte volant qui se nourrit d'excréments), monte chez les Dieux leur réclamer la Paix, belle jeune femme. Trigée, avec l'aide de ses compatriotes, la tire de la caverne où elle est enfermée.

Après la Guerre :

LES OISEAUX (−414). Deux Athéniens, fuyant les huissiers, se réfugient chez les Oiseaux.

LES GRENOUILLES (−405). Dionysos aux Enfers entre Eschyle et Euripide (fort malmené).

LYSISTRATA (−412). La grève conjugale des femmes pour obtenir la Paix.

L'ASSEMBLÉE DES FEMMES (−393). « Les femmes au pouvoir ! non au gynécée ! »

ARISTOPHANE À LA BELLE ÉPOQUE !

1892. **Lysistrata**, très librement adapté par Maurice Donnay, avec Réjane. *Grand succès : reprises en 1896 et 1909.*

LA COMÉDIE NOUVELLE

l'Esclave
La forme de la bouche évoque le maquillage des clowns modernes.

« LA COMÉDIE BOURGEOISE », pourrait-on dire... Soixante dix ans après Aristophane, le théâtre comique athénien prend cette forme :

- Suppression du chœur (remplacé par de vagues intermèdes chantés).
- Plus du tout de satire civique (on ne chansonne plus les notables).
- Masques plus petits, plus réalistes (autour de cette page et de la suivante).
- Textes beaucoup moins truculents et "crus" que chez Aristophane.
- On peint des "caractères" : l'avare, le glouton, le misanthrope...

la Vieille femme
(masque à bouche fermée de personnage muet)

NOUS SOMMES MAINTENANT AU –IVe siècle. C'est l'après-guerre (du Péloponnèse). Athènes, vaincue par Sparte, a vu détruire ses fortifications. Amoindrie mais délivrée enfin de la guerre, elle entend s'amuser et se vouer aux arts faciles. La tragédie est moribonde.

SEULS DES FRAGMENTS de scènes et des résumés de pièces (retrouvés dans des papyrus égyptiens) subsistent de la Comédie Nouvelle...

le Glouton

« Scénario » favori : Une fille de bonne maison est violée dans le noir (au cours d'une fête religieuse). Elle a un enfant. Elle l'abandonne et épouse son bon fiancé qui ignore tout. Les années passent. L'enfant reparaît. Un scandale va éclater mais il est soudain prouvé que le violeur, c'était le fiancé. Fredaine de jeunesse : tout est pardonné !

Autre « scénario » : Une belle jeune fille et sa nourrice errent sur une plage. Le Proxénète (personnage récurrent de la Cie N^{lle}) recueille la demoiselle dans sa "maison close" où il la gardera "fraîche et pure" dans l'attente d'un riche client qui l'achèterait comme esclave. Elle se met à la fenêtre. Un jeune dadais en tombe amoureux et force son esclave favori à soutirer de l'argent à son père. Il réussit à épouser la fille... qui se révèle être une "héritière" volée au berceau et "crue noyée" lors d'un voyage en mer. Attendrissement général. Fête finale.

le Père grincheux

INTRIGUE AMOUREUSE EN MILIEU bourgeois... qui se termine bien... grâce à un dénouement providentiel imité souvent par Plaute... ou Molière !

SI LA "COMÉDIE NOUVELLE", miroir de la vie, n'a pas créé de grands personnages-types comme Harpagon ou Figaro, elle a produit de nombreux "caractères" : le père noble, le père indulgent, le père grincheux, la respectacle dame mûre, la "jeune première", la « fausse vierge » (l'héritière violée), les fils de famille (le sérieux, l'étourdi, le débauché), leurs esclaves fripons et leurs "parasites" (filles galantes, entremetteuses, copains « pique-assiette »).

l'Entremetteuse

Certains masques de la Comédie Nouvelle sont à peine caricaturaux.

MORALE TYPIQUEMENT BOURGEOISE : L'argent ? Il compte énormément. L'amour ? Il faut bien que jeunesse se passe. Les épouses ? Acariâtres et tyranniques, mais toujours fidèles. Les filles bien nées ? « Fautent » toujours à leur corps défendant.

Courtisane

LE GRAND AUTEUR, C'EST :

MÉNANDRE

(–343 / –292)

« RIEN DE CE QUI EST HUMAIN NE M'EST ÉTRANGER »

le Parvenu

On le décrit : mollement vêtu, parfumé. **Démarche** : languissante. **Attaché** : tendrement à une charmante maîtresse. **Camarade de classe** : du « tyrannos » Démétrius de Phalène (tolérant et lettré). **Affiche** : un cynisme aimable. **Déclare** : « Nul ne peut s'enrichir rapidement s'il est honnête ». **Auteur** : de 100 pièces. Une seule nous est parvenue "complète" en ... 1958 : "Le Dyscolos" (Le Misanthrope ou Le Grincheux), portrait d'un vieux paysan teigneux. Seule "Comédie Nouvelle" rescapée. **8 victoires** : aux concours comiques. **Il se noie** : accidentellement à 51 ans.

l'Idiot

LES COMÉDIENS (toujours des hommes) SE PROFESSIONNALISENT. Dans 1/2 siècle, les Romains seront là. Pour eux, Ménandre sera le grand auteur comique grec.

POSTÉRITÉ DU THÉÂTRE GREC

PENDANT VINGT-QUATRE SIÈCLES, les auteurs grecs ont constamment inspiré le théâtre occidental sans que jamais leurs pièces soient elles-mêmes portées à la scène.

Les auteurs latins viennent en Grèce récolter leurs sujets et les traitent ensuite à leur manière. (Cicéron, dit-on, a traduit Sophocle ... mais seulement « pour la lecture ».)

Durant le Moyen-Âge, des moines érudits, à l'abri des couvents, recopient les tragédies grecques pour les préserver des soudards. (Hélas, Savonarole (1452-1498), moine "intégriste" et ses moinillons fanatisés en détruisent le plus qu'ils peuvent : œuvres païennes, donc dangereuses !)

Lors de la Renaissance, dans les collèges, on étudie les gréco-latins "dans le texte". Les pièces jouées par les élèves ("en privé" ou publiquement) sont toujours l'œuvre des professeurs (ou d'anciens élèves) qui les signent...

ON NE TRADUIT PAS, ON IMITE ! Et il en sera de même par la suite. Jodelle, Corneille, Racine, Voltaire, comme les néo-classiques du XIXe siècle ... s'inspirent des Anciens.

Mais Corneille écrit sa "Médée", Racine son "Iphigénie", Voltaire son "Oedipe".

Ce n'est qu'à la fin du XIXe siècle, avec la résurrection du théâtre antique d'Orange (dans le Vaucluse), que la Comédie-Française entend jouer directement Sophocle ou Euripide dans des traductions en alexandrins « parnassiens ».

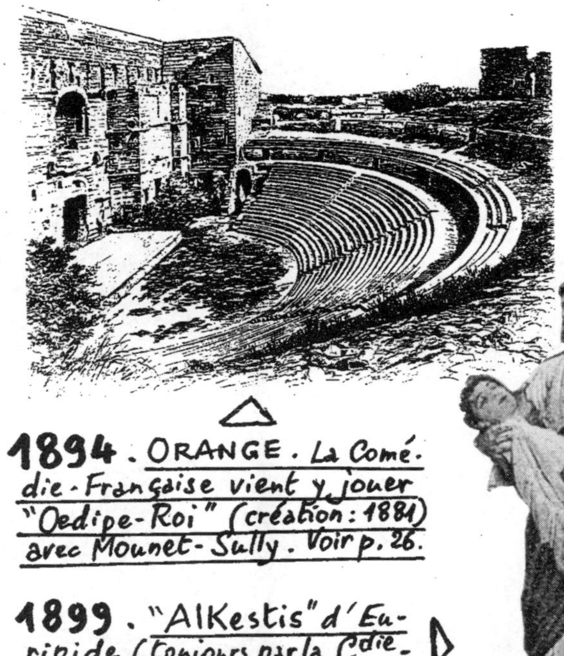

△ **1894**. ORANGE. La Comédie-Française vient y jouer "Oedipe-Roi" (création : 1881) avec Mounet-Sully. Voir p. 26.

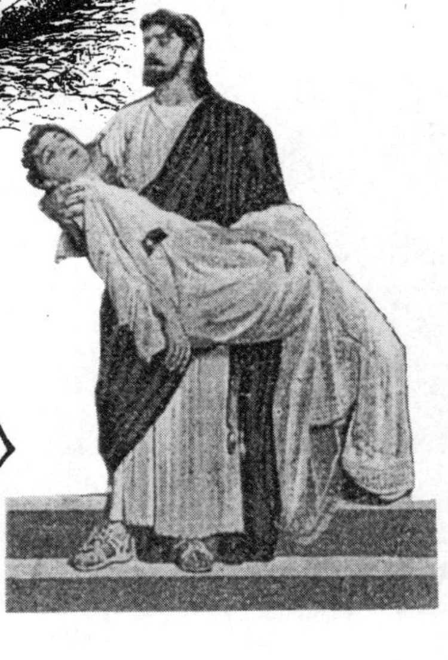

1899. "AlKestis" d'Euripide (toujours par la C^die^ F^se^). Il s'agit d'"Alceste" au nom "grécisé" selon le principe de Leconte de Lisle. ▷

EN **1896**, ANDRÉ ANTOINE, qui avait toutes les audaces, monte "Les Perses" à l'Odéon dont on vient de lui confier la co-direction.

Il fait construire une "piste du chœur" qui déborde dans la salle (comme J.-L. Barrault en 1955 : voir p. 22). Campagne de presse de ses ennemis : « Antoine est fou ! Il a commandé des décors trop grands pour la scène ! » Il doit démissionner. On jouera "Les Perses" dans un décor saccagé mais ne débordant plus.

"Antigone"/Cocteau. Costumes de... Coco Chanel (qui avait offert les tissus) à "l'Atelier" de Charles Dullin en 1923.

DANS LES ANNÉES **1920**..., JEAN COCTEAU veut « retendre la peau des chefs-d'œuvre ». Faisant allusion aux "Œdipe-Roi" donnés au début du siècle, il écrit :

> « On lève le rideau, des jeunes filles en voiles mauves jouent de la harpe et sèment des pétales de roses, cela représente la peste...
> A force d'arrondir, d'amollir, d'embellir le texte de Sophocle, on est arrivé au point mort. »

Et Cocteau de condenser, en style télégraphique et en un acte, "Antigone" de Sophocle (« Antigone vue d'avion », dit-il), puis "Œdipe-Roi".

CE DÉCAPAGE OUVRE LA VOIE au travail du "Groupe de Théâtre Antique de la Sorbonne" (1936-1963), troupe universitaire qui, en **1936**, donne "Les Perses" dans la cour de la Sorbonne. Restitution de l'œuvre d'Eschyle avec chœur au ....

... complet, masques et percussions. Travail désormais incontournable pour qui voudra s'attaquer à la tragédie grecque.

1936. "**Les Perses**"/Sorbonne. Costumes du peintre Jean Bazaine.

QUANT À ARISTOPHANE, c'est Charles Dullin qui en fera un de ses auteurs favoris : **Les Oiseaux** (1928), **La Paix** (1932), **Plutus** (1938)...
Monteront également Aristophane ses disciples directs : Raymond Hermantier (**Lysistrata** en 1952) et Jean Vilar (**La Paix** en 1961).

CHEZ DULLIN :

Costumes de Lucien Coutaud pour "**Plutus**". Adaptation : Simone Jollivet. Dispositif scénique : Vakalo. Musique : Darius Milhaud. 1938.

ROME

Habitants de la ville de Rome et de ses villages, les Romains, dès le IVè siècle, deviennent de grands conquérants. Mais auparavant ils organisaient depuis longtemps, aux dépens de leurs voisins, des expéditions de rapine qui les mèneront de plus en plus loin.

À L'ISSUE DE CHAQUE "RAID", on expose le butin récolté sur une petite colline. Toute la troupe (soldats et chefs) s'assoit devant pour le contempler. On dispose ensuite de grands draps sur l'herbe (toujours face au butin) et on organise un joyeux pique-nique pour fêter la réussite de l'expédition.

ON SE RACONTE LES INCIDENTS les plus cocasses de la "razzia". Puis, à l'issue du repas, entre la colline et les reliefs du festin, on décide de "représenter", de jouer les anecdotes évoquées.

DES SOLDATS PLUS EN VERVE que les autres se confectionnent des masques à l'aide d'écorces d'arbres et deviennent comédiens d'un soir.

À l'époque, ce sont tous des citoyens romains. Ils ont donc le droit de se masquer (contrairement — nous le verrons — aux non-citoyens).

JEUX SCÉNIQUES MILITAIRES. Un vieil avare, dans un village, ne voulait pas donner son or. On l'a mis dans une jarre. Ailleurs, un jeune soldat un peu balourd a voulu violer une

fille... la mère de la fille, puissante matrone, l'a assommé à coups de poêle ! On joue tout cela.

SOLDATS-PAYSANS EN PERMISSION dans leur village, les jeunes militaires disent à leurs copains : « À l'armée, on s'amuse bien : on fait des **jeux scéniques**. Pourquoi ne pas en faire ici, au village ? » D'où :

JEUX SCÉNIQUES VILLAGEOIS. On compose donc – et on joue en public – de courtes farces hilarantes, satiriques et cruelles sur la vie des habitants du village, leurs travers, voire leurs disgrâces physiques... Masqué d'écorce ou simplement le visage barbouillé du suc des plantes, on peut se montrer d'autant plus méchant qu'on est drôle.

C'est la "préhistoire" de la grande tradition comique italienne : de la "commedia dell'arte" aux fameux films comiques de Cinecitta d'il y a quelque trente ans.

LES "ATELLANES"

LES HABITANTS DE LA PETITE VILLE d'**Atella** (Proche de Capoue) excellent dans la farce villageoise. On appellera donc cette dernière **atellane**.

Courte farce improvisée (pas d'auteur), elle est toujours très burlesque et fort obscène. Elle utilise la langue "**osque**", très vieux patois de Campanie datant de l'époque des Pélasges, premiers occupants du sol (dont un rameau donnera les Etrusques).

MACCUS

TOUS LES PERSONNAGES PORTENT UN MASQUE (plus raffiné que ceux des "farces militaires"). Le succès est considérable et l'atellane est introduite à Rome au milieu du –IIIe siècle, dix ans avant l'arrivée du "théâtre grec". C'est l'atellane qui constituera ensuite la **farce de l'exodium**, petite pièce comique terminant le spectacle d'une tragédie ou d'une grande comédie (à la Ménandre).

DOSSENUS

UNE LOI INTERDIT bientôt de mettre en scène des personnes réelles, d'où la création de types comiques inoubliables :

MANDUCCUS

MACCUS = l'idiot. Paysan ivrogne et goulu.

PAPPUS = le vieillard. Avare et libidineux. Volé, trompé.

DOSSENUS = le philosophe pique-assiette. Bossu et ventru.

BUCCO = "Gros-joufflu" ou "Gros-bec".

MANDUCCUS = l'ogre.

LAMIA = l'ogresse. On sort de son ventre des enfants qu'elle a avalés sans les croquer.

PROSTITULA = celle qui, devant sa chambre voûtée ("fornix") accroche le client de passage.

SURDUS = le sourd.

COCOMMONON = "Mauvaise-mémoire".

L'ESCLAVE = court tout le temps.

PAPPUS

JEUX SCÉNIQUES CONTRE LA PESTE

Une épidémie de peste s'abat sur Rome au milieu du –IVè siècle. Les Etrusques (parqués dans des "réserves" par les Romains, leurs conquérants) connaissaient des **jeux scéniques** (surtout gestuels) censés guérir la maladie. Cela tient du mime, de la danse, de la prestidigitation, de la féerie... On fait donc venir à Rome des **histrions** (mot étrusque) qui se produisent sur les places publiques. On n'avait jamais vu ça auparavant. **NB**. Interdiction à un citoyen romain de poser le pied sur scène sous peine de perte de ses droits civiques: le musicien à droite est un Romain... D'où l'échelle! (Peut-être peut-on voir ici la source de "l'infamie" qui aboutira à l'excommunication des comédiens de notre XVIIè siècle, époque totalement imprégnée de culture latine).

"Mère Sotte" romaine

appelée ainsi pour sa ressemblance avec la femme du Prince des Sots de notre XVè siècle. (voir p. 76)

UN CERTAIN POMPONIUS crée **l'atellane littéraire**. Titres de ses pièces (toutes perdues): Maccus soldat, Maccus aubergiste, Maccus en exil, Maccus jeune fille...

Bucco gladiateur, Bucco adopté...

Pappus battu aux élections, Pappus et sa hernie...

ON PENSE IRRÉSISTIBLEMENT aux titres des courts et moyens-métrages comiques du cinéma muet:

Charlot soldat, Charlot s'évade, Charlot machiniste, Mademoiselle Charlot.

L'ESCLAVE

LE THÉÂTRE GREC À ROME

AU MILIEU DU –IIIè SIÈCLE, les Romains commencent la conquête de la Grèce. Ils sont fascinés : dans de vastes hémicycles en pierre (contenant 50 000 places et plus !), ils assistent à de longues représentations racontant **l'histoire complète** d'un héros légendaire.

LA "POMPE"
Défilé en l'honneur d'un notable ou d'un général victorieux (sous le dais) et de son butin. En tête : les ludions, danseurs rituels.

Ils n'avaient connu jusqu'ici que des prestations essentiellement visuelles (les jeux contre la Peste) ou des saynètes comiques (les Atellanes).

ON A COUTUME DE DIRE que les Romains n'ont rien compris au théâtre grec. Mais il faut considérer, à leur décharge, qu'ils l'ont connu en pleine décadence :

- plus de chœur
- plus de sujets civiques
- culte de "Dionysos - Bacchos" amoindri
- professionnalisation des comédiens

LES ROMAINS N'ONT FAIT qu'accentuer cet état de choses :

- pas de citoyen romain sur scène
- auteurs eux-mêmes non citoyens

....

- Bacchus (le Bacchos romain) devenu dieu de l'ivrognerie (sans rapport avec le théâtre)
- goût immodéré pour les émotions fortes
- financement par des notables (militaires ou civils) dans un but de notoriété politique
- "vedettes" fortement payées
- au lieu des festivals bisannuels religieux grecs ... divertissements d'un jour (de plus en plus fréquents tout au long de l'année)
- comédiens toujours de sexe masculin mais femmes spectatrices mêlées aux hommes.

LES JEUX DE L'HIPPODROME

DÈS – 240, LE THÉÂTRE GREC (les Jeux Grecs) importé à Rome va remplacer les Jeux Etrusques conservés (bien après la disparition de la peste) comme divertissement public à l'issue des "**ludi**."

Les "ludi" (pluriel de "ludus") sont des jeux qui font partie de l'**otium** (le temps des loisirs). Il s'agit de cérémonies quasi-religieuses en l'honneur d'un riche patricien généreux ou – plus souvent – d'un général victorieux « tenant le rôle de Jupiter » dans la **pompa** (défilé-procession). Suivent les "jeux de l'hippodrome" (courses de chars, prestations d'athlètes militaires).

Au cours de ces cérémonies : présentation d'étrangetés plus ou moins exotiques (animaux, phénomènes ...) et surtout du butin récolté lors des conquêtes du général honoré.

LE LONG DU PARCOURS DE LA "POMPE", la foule massée a droit de chansonner, d'interpeller, de satiriser (même cruellement) le héros de la fête. Ses amis répondent : "combat de gueules" comme lors du "comos" grec. (Voir p. 34)

Quant au théâtre proprement dit, ses débuts romains sont modestes. Il a lieu dans la rue, les spectateurs debout devant un podium. On reconnait les 3 portes de la "sKéné". Au-dessus, bien en évidence sur des étagères : le butin. *Le mur orné du fond de scène des futurs théâtres en pierre sera un rappel de ce dispositif initial.*

LA "COTHURNATA"

C'EST UN PASTICHE DE TRAGÉDIE grecque écrit par un auteur latin ... qui s'est, en général, rendu en Grèce afin d'y récolter des "sujets grecs".
Cothurnata = tragédie jouée sur des cothurnes.

Tragédien romain dans sa "loge", vérifiant son grimage.

AUTEURS ET ACTEURS sont des esclaves. Qui peuvent être (en particulier les acteurs, les "histrions", nommés ainsi depuis les Jeux Etrusques) riches et célèbres : les "généraux victorieux" sont souvent généreux et fastes ... Mais les histrions (non citoyens!) n'ont pas le droit de se masquer. Ils se font un maquillage imitant le masque.

TOUTES LES TRAGÉDIES de type cothurnata sont perdues. Quelques noms d'auteurs subsistent : Livius Andronicus (–280/–206), le premier en date ... Ennius (–239/–169). Ils écrivent aussi des comédies "à la Ménandre".

LES ROMAINS GOÛTENT AVANT TOUT l'exotisme de la tragédie grecque et les émotions fortes qu'elle leur procure grâce à ses **héros noirs**. Telle Médée, leur favorite, qui tue ses deux garçonnets afin de se venger de son mari qui l'a quittée pour une autre princesse. Son acte accompli, elle brame sa douleur. Et les vieux Romains s'indignent de ce goût pour des héros aussi négatifs !

Toge prétexte

LA "PRAETEXTA"

TRAGÉDIE À SUJET ROMAIN. Les personnages principaux portent la "toge prétexte".

Beaucoup plus rare que la "cothurnata" toujours à sujet grec.

Une seule "praetexta" nous est parvenue : "**Octavie impératrice**", d'auteur inconnu. L'intrigue (conforme à la vérité historique) raconte la répudiation d'Octavie par son mari Néron. Racine s'en est inspiré pour son "Britannicus".

LA "PALLIATA"

VÉTUS DU "PALLIUM" GREC, les <u>histrions</u> romains <u>non masqués</u> jouent, sous cette appellation, des comédies "à la Ménandre". Elles étaient concoctées par des auteurs romains ramenant leurs sujets de courts séjours en Grèce.

Pallium

LA PALLIATA, c'est de la « grande comédie » alors que l'**atellane** est devenue la courte farce que l'on joue en fin de spectacle <u>après</u> la pièce longue (tragédie ou palliata).

L'Atellane, c'est la « **farce de l'exodium** ». Elle clôt le spectacle. Ses acteurs sont <u>masqués</u>, car ce sont des <u>citoyens</u> romains.
... Il s'agit de ce que nous appelons, de nos jours, du <u>théâtre amateur</u>.

LE GRAND NOMBRE DE SPECTATEURS debout (qui, en plein air, voient et entendent mal) nécessite de <u>coder</u> la palliata.
La façon de se déplacer, la mimique, la couleur des costumes, le maquillage ... tout signifie qu'il s'agit soit d'un vieillard, soit d'un jeune homme, soit de tout autre personnage. Grandes oreilles = méchanceté. Yeux mi-clos, teint pâle = débauche. Teint hâlé = état amoureux.
<u>Notez qu'il peut y avoir imitation d'un personnage par un autre : l'esclave marchant lentement "imitera" le jeune homme.</u>

UNE MAIN BRANDIE INDIQUE, par la position de ses doigts, que l'on attend quelque chose de son partenaire, et d'abord qu'on l'a vu arriver — ou non.

DÉCOR. Simplement, une rue. En général, <u>deux maisons</u> (par exemple : celle du vieillard et celle du proxénète) <u>de part et d'autre de la scène</u>. La porte centrale du fond de scène = le chemin vers la ville.

MUSIQUE. Flûtes doubles, cymbales, tambourins, flûtes de Pan, percussions. *Une ritournelle typique accompagne l'entrée de chacun des principaux personnages.*

Dans la palliata, chant, danse, dialogues parlés sont interprétés indifféremment par tous les acteurs.

MIMIQUE DE L'ESCLAVE FACE AU JEUNE HOMME
QUI LUI DEMANDE DE VENIR À SON AIDE ET D'INVENTER UNE RUSE POUR VOLER LE VIEILLARD

TEXTE.

En vers rythmés (cf. le théâtre grec).
Au début de la pièce, le Prologue (un dieu – Apollon, Mercure ou le dieu "Lare" d'une des maisons du décor – ou simplement le chef de troupe) expose le sujet, situe le lieu et cite l'auteur grec adapté. (Citation parfois fort fantaisiste).
Nombreux monologues qui sont, pour les acteurs, des "numéros" montrant leur savoir-faire. À son entrée en scène, chaque personnage se présente : il est en colère (le vieillard), il pleurniche (le jeune homme, amoureux transi), il a faim (le parasite).
L'action est truffée de scènes "attendues" : le vieillard refuse de l'argent au jeune homme le jeune homme supplie son esclave de lui procurer cet argent...

L'auteur aménage son texte en fonction du découpage gestuel.

PERSONNAGES.

Deux grandes catégories ... les vieux (40-45 ans), les jeunes (20 ans). Jamais de "35 ans" !

LES VIEUX :

LE VIEILLARD. Riche, avare, grognon... Parfois : amoureux, paillard.

LA MATRONE, sa femme. Geignarde, revêche.

L'ENTREMETTEUSE. Ex-courtisane vieillie.

LE PROXÉNÈTE. Gros ventre, grandes oreilles.

LES JEUNES :

LE JEUNE HOMME, souvent fils du vieillard. Fou de prodigalités, de fêtes. Amoureux. A besoin d'argent. Lâche, il pleurniche. *Vêtements colorés.*

L'ESCLAVE, à son service. Grosse tête, rougeaud, roux. Il court tout le temps. *Tunique courte.*

LA JEUNE FILLE. Vient d'échapper à un danger (naufrage, pirates), ce qui explique sa présence dans la rue (avec sa nourrice) : une fille honnête reste chez elle ! Etrangère à la ville, elle est la proie du proxénète.
Autre cas de figure : elle a subi un viol (parfois, elle est enceinte) mais elle "mérite" d'être épousée.

LE PARASITE, sans famille. Pique-Assiette. Toujours bafoué, jamais vexé. Veut dîner gratis.

LE SOLDAT FANFARON, sans famille. Hypertrophie du peureux... et du vantard. Souvent rival du jeune homme, il se révèle parfois frère de la jeune fille... lors de la «reconnaissance» finale.

LA PROSTITUÉE. La séduction même. Danse tout le temps.

AUTEURS.

Comme ils ont nourri notre Molière, les auteurs de la palliata (Plaute, Térence) sont pour nous l'essentiel du théâtre latin. Par contre les Romains préféraient de beaucoup tragédie et farce de l'exodium.

PLAUTE (–251 ? / –180)

Le grand modèle de Molière

Portrait imaginaire d'époque "Renaissance".

Né à : Sarsina (Ombrie), en terre étrusque [voir carte p. 42]. Donc non citoyen romain de naissance. **On le nomme** : Titus. **Famille** : très pauvre. **Il est recruté** : dans l'armée romaine (où il apprend le latin et le grec). **Démobilisé**, il se fixe à Rome. **Devient** : acteur comique (de "farce de l'exodium"). **On l'appelle alors** : Titus Maccus Plautus. *Maccus = l'idiot (voir p. 44), Plautus = pieds plats (on songe à Charlot).* **Est-il maintenant** : citoyen romain ? Peut-être... Il ne pratique que le « théâtre amateur » ! **Mais toujours** : très pauvre, il tourne la meule d'un boulanger (travail d'esclave). **À 40 ans** : il commence alors une brillante carrière d'auteur de "palliata". Il ne jouera plus. **Il innove** : en faisant danser les chanteurs et en créant les « entrées » de rôles ("numéros" personnels hors de l'intrigue mettant en valeur chaque comédien). **Il devient** : riche et célèbre. Investit dans l'« import-export ». **Ruiné** : en partie, par le naufrage d'un navire marchand. **Il meurt** : à Rome, à 70 ans environ.

PLAUTE EST LE MAÎTRE de la comédie "**motoria**" (mouvementée). C'est un vaudevilliste rabelaisien. Chez lui l'aspect musical (chant et danse) est très important. Son public, d'ailleurs, en raffole.

LA PSYCHOLOGIE DE PLAUTE est sommaire. Les rebondissements de l'intrigue comptent davantage que l'étude des caractères. Mais si les caractères du Vieillard, de la Matrone, de la Jeune Fille sont calqués sur Ménandre... Plaute innove pour **l'Esclave** (plus astucieux que son maître, raisonneur parfois et dominant toujours la situation) qui annonce Scapin et Figaro.

MEULE DE BOULANGER

LA MORALE DE PLAUTE rappelle celle d'Aristophane :

1938. Le Groupe de Th. Antique de la Sorbonne

dans "Amphytrion".

le décor →

il faut repousser les mœurs décadentes amenées par les "métèques" de toutes sortes. Et revenir aux vertus des vieux âges ... comme le préconise son compatriote Caton, l'austère homme d'État romain.

PLAUTE, BEAUCOUP IMITÉ, a été peu joué lui-même. On va le redécouvrir au vingtième siècle.

SUR LES 135 PIÈCES écrites par Plaute, 20 nous sont parvenues. Parmi elles :

1954. Cie Jacques Fabbri :

« Le Fantôme » (Vieux-Colombier)

"**Amphitryon**" (– 214). Sans imiter personne semble-t-il, Plaute a créé là un grand thème théâtral repris sans cesse jusqu'à l'"Amphitryon 38" (1929) de Jean Giraudoux ... qui en a décompté 37 avant le sien (d'où le titre de sa pièce !). – Alcmène, femme très fidèle du général thébain Amphitryon est remarquée par Jupiter qui, prenant l'apparence de son mari, passe une nuit avec elle en faisant tout ce qu'il faut pour engendrer ... Hercule. La pièce est une suite de quiproquos : Amphitryon, visitant sa femme entre deux batailles, s'entend dire qu'il était là la veille ... Son serviteur, Sosie, se trouve nez à nez avec Mercure qui, prenant son aspect, est devenu son « sosie ». Le mot vient de là !
Plaute peint en Alcmène la dame romaine idéale.

"**La Marmite**" (AULULARIA). Molière en a tiré "L'Avare" ... mais il s'agit ici d'un vieillard pauvre qui a trouvé un trésor (caché dans une marmite). La peur du vol – justifiée par le larcin d'un esclave fripon – n'en fait pas un avare : le trésor servira de dot à sa fille.

"**Le Soldat fanfaron**" (– 202). Vantard, lâche et ridicule ... il est à l'origine du Capitan, du Matamore futurs.
À son entrée en scène, il crie en coulisse : « Frottez mon bouclier : qu'il soit plus brillant que les rayons du soleil ! »

1955. Festival de Vaison-la-Romaine :

« Le Capitaine Fanfaron » (Miles Gloriosus)

"**Le Fantôme**" (– 192). Le Vieillard revient de voyage. Il entend, dans sa maison, un vacarme effrayant. C'est son fils qui « fait la fête » avec ses amis ... L'Esclave de la maison, complice du jeune homme, fait croire au père que ce sont des fantômes qui hantent ainsi sa demeure.

"**Casina**". Un vieux libertin marie son régisseur à une jeune fille qu'il convoite, lui. Son propre fils (et rival) habille son Esclave en mariée ! Régisseur et Vieillard sont bernés. Gags obscènes en cascade.

TÉRENCE (–185 ?/– 159)

La palliata "élitaire"

Encore moins joué, aujourd'hui, que Plaute.

TÉRENCE, d'après un buste

Né à : Carthage. Il est d'origine punique ou berbère. **On le nomme** : Publius Tarentius Afer. **Très jeune** : vendu à un riche sénateur romain. **Esclave** : "de luxe", son maître le fait éduquer (danse, musique, comédie). **Affranchi** : vers 16 ans, il commence à écrire des "palliatae" (pluriel de "palliata"). **Se lie** : à la grande famille des Scipion. Dont Emilien anime un cercle d'intellectuels hellénisants. **Débuts d'auteur** : difficiles. Puis, succès auprès de l'élite des connaisseurs. **Meurt** : à 27 ans (au cours d'un voyage en Grèce à la recherche de « thèmes »). **Après sa mort** : le puritanisme s'installe à Rome. Les philosophes grecs sont expulsés. Scipion Emilien, consul avant l'âge, coiffe son casque et part détruire Carthage, la ville natale de son ami Térence.

TÉRENCE EST LE MAÎTRE de la comédie "**stataria**" (calme). Il tend à "romaniser" Ménandre. De plus, il préfère le DIVERBIUM (texte parlé) au CANTICUM de Plaute (texte chanté)... l'aparté (on se parle à soi-même) au monologue (on s'adresse au public) ... la psychologie aux codes comiques. Ce qui déroute acteurs et spectateurs.

ADMIRÉ DE CICÉRON, HORACE ... ou Boileau (qui reproche amèrement à Molière de "l'allier sans honte" à Tabarin, farceur du Pont-Neuf).

1493. Théâtre de collège

« L'Andrienne ». Au 1er plan : le bébé.

Auteur de 6 pièces, dont :

"**L'Andrienne**" (– 166). Glycérie, jeune fille de l'île d'Andros – d'où le titre – est violée à Athènes, une nuit de fête. Elle a un bébé. Le violeur, Pamphile, veut "réparer" mais il a été fiancé par son père à la fille de Chrémès. Tout s'arrange quand on découvre que Glycérie (perdue et retrouvée à la suite d'un naufrage) est aussi fille de Chrémès ! Ce dernier accepte le mariage Pamphile-Glycérie. Il mariera son autre fille à Charinus (qu'elle aimait en secret).

"**L'hécyre**" = La Belle Mère (– 165). Drame de famille dénué de comique. Tentative d'un théâtre poétique. Echec auprès du public.

1961. Th. de Verdure des Tuileries

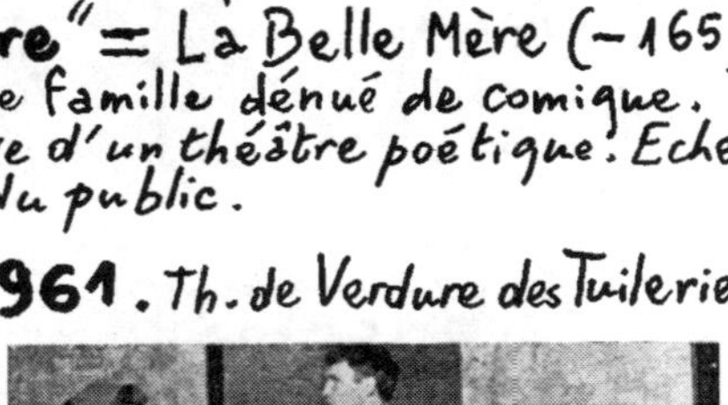

« L'Eunuque ».

"**L'Eunuque**" (– 161). Tel est le déguisement d'un rusé séducteur qui s'introduit ainsi dans la maison de la courtisane Thaïs ... dans le but d'approcher une belle esclave (qui se révèle, en réalité, une jeune fille de famille enlevée par des pirates).

"**Phormion**" (– 161). Nom d'un Parasite, héros de la pièce. Avocaillon retors et sans scrupule, il sème le trouble dans une famille bourgeoise.

LE TEMPS DE ROSCIUS

ROSCIUS (-134/-62) EST LE GRAND ACTEUR de l'apogée de la République. Premier rôle dans la tragédie, il joue le Proxénète, ou même l'Esclave, dans la palliata.

Non citoyen (fils d'affranchi), c'est un histrion riche et célèbre. Homosexuel excentrique, il scandalise la rue. Provocateur, insupportable, génial… le public « lui passe tout » :

Il refuse de jouer pour cause … d'indigestion. Ou bien il lui arrive de se produire gratuitement sur scène par provocation.

Il louche, c'est son seul défaut physique : il imposera donc (un temps) le port du masque pour les histrions !

ON DIT DE LUI QU'IL EST « le plus furieux et le plus infâme »…

"Furieux" ? Personnage atteint du **Furor** (état de folle inhumanité du héros tragique).

"Infâme" ? L'infamie, c'est la malédiction attachée à l'état d'histrion, scandaleux en lui-même.

IL "MILITE" POUR LE DROIT de l'histrion à la citoyenneté. On en est loin ! (1)

-195 :

les spectateurs assis.

Plaute a 56 ans. Térence comme Roscius ne connaîtront que les spectateurs assis.

IL DIRIGE UNE GRANDE ÉCOLE de Théâtre. C'est un formidable technicien qui ne laisse rien au hasard. « Le seul, c'est moi ! » dit-il. Il forme à la danse, au chant, à la comédie de jeunes esclaves doués. Les études sont payées par leurs maîtres. Un jour, un jeune élève meurt et Roscius demande au maître un dédommagement pour ses efforts perdus.

On peut "imaginer" ainsi **ROSCIUS** dans la position de l'Acteur Roi

Il n'existe, semble-t-il, aucun portrait de lui. On sait qu'il était atteint de strabisme. Il avait, dit-on, imposé le port du masque pour cacher ce défaut. Mais, à Rome, pour les femmes tout au moins, ce n'en était pas un : « le Regard de Vénus » était même, en matière de beauté, un "plus" !

IL ÉCRIT DES TRAITÉS : "Danse avec les mains", "De actor" (qui se veut le pendant au "De oratore" de Cicéron).

L'ÉPOQUE DE ROSCIUS est celle des amphithéâtres en bois. Le premier théâtre en pierre apparaît 7 ans après sa mort.

(1) Près de trois siècles plus tard, Apulée (125-180) dit encore d'un enfant, élève-acteur dont on lui vante les qualités : « Il y a quelque chose en lui d'irréversible : c'est un être obscène ».

L'Histoire Romaine a duré mille ans :

- les 500 ans avant J-C = la République
- les 500 ans après J-C = l'Empire.

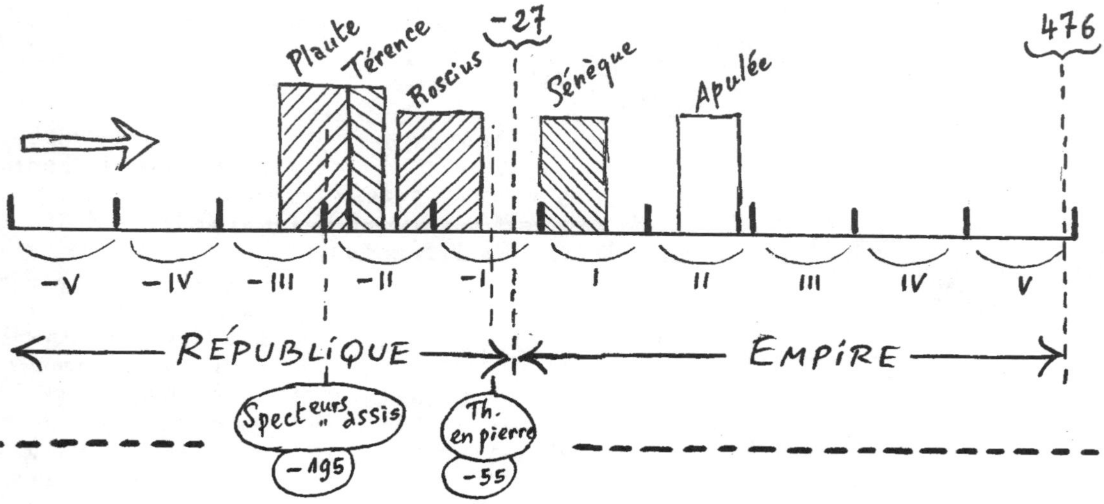

Une représentation théâtrale à Rome :

Cette fresque montre des comédiens portant le masque comique. En conséquence, il ne s'agit donc pas d'une palliata mais d'une <u>farce de l'exodium</u> (théâtre amateur). Un rideau, à droite, tend à cacher le décor de la pièce précédente : tragédie ou palliata.

THÉÂTRES EN PIERRE

GÉNÉRAL ET HOMME POLITIQUE, gendre et rival de César, c'est **Pompée** qui a fait construire à Rome le premier théâtre en pierre, en -55. Moins par goût de l'art dramatique que pour montrer, dans des conditions idéales, la somptuosité de ses <u>butins</u> au peuple. Et ainsi se "faire valoir" politiquement.

POMPÉE (-107/-48)

Avec ses statues en marbre, ses hauts-reliefs, bas-reliefs, colonnes diverses... le **mur du fond de scène** (*frons scenae*) rappelle le butin étalé sur la colline (voir p. 43). On y suspend d'ailleurs les trésors récemment conquis.

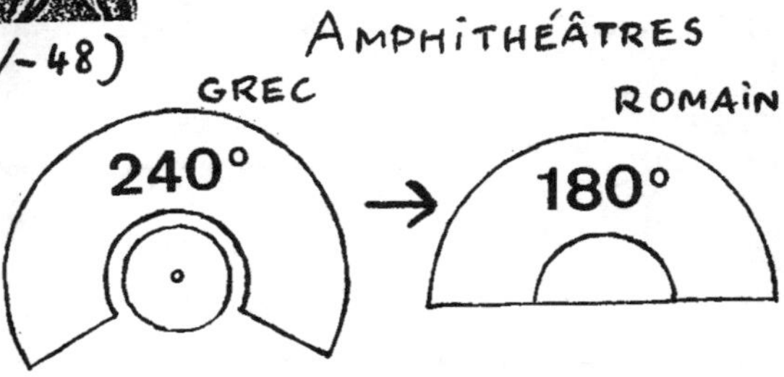

Etonnant !
Les Romains aiment tellement contempler les "prises de guerre" qu'on va jusqu'à organiser des défilés de faux-butin : les décorateurs alors s'en donnent à cœur joie !

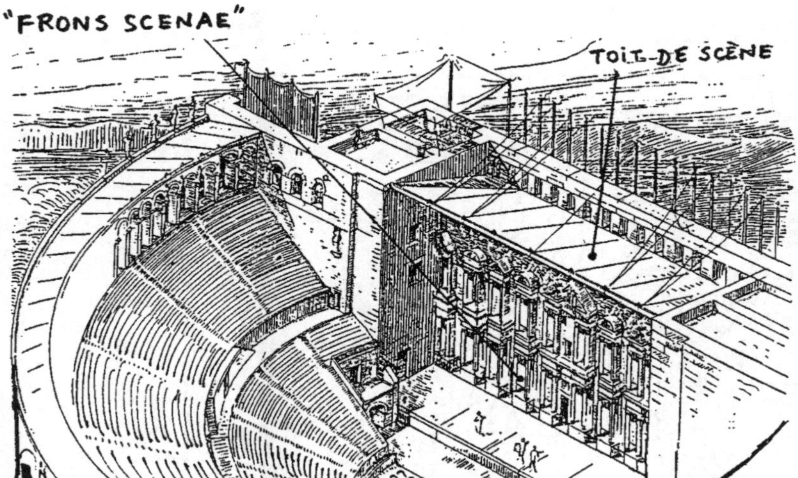

La **façade** (courbe et parfois recouverte de plaques d'or lors de fêtes) est grecque.

Un **velum** (tissu de couleur variée) recouvre le tout, coloriant la lumière du soleil... et protégeant de la pluie.

D'habiles **vomitoires** (escaliers et couloirs internes) permettent la sortie rapide des 5000 spectateurs.
Chiffre inférieur à la contenance des théâtres grecs... ces derniers étant bâtis à la campagne alors que les romains le sont dans les villes où la place est limitée.

-55

NOTEZ QUE LES REPRÉSENTATIONS ont toujours lieu le <u>matin</u>.

Les Romains comme les Grecs se couchent et se lèvent avec le soleil.

LES FEMMES OCCUPENT n'importe quelle place de l'amphithéâtre. Elles montent même sur scène ... mais comme danseuses, pas comme comédiennes. D'ailleurs le théâtre proprement dit (palliata, cothurnata) n'existe plus. Dès l'arrivée des théâtres en pierre (qui se répandront au IIe siècle après J.-C. dans tout l'Empire), on pratique le **mime** et la **pantomime**.

— le mime ? C'est un spectacle "où l'on parle" mais informel, sans aucune règle. C'est une comédie souvent en argot érotique, parfois si scabreuse que les autorités exigent des spectateurs debout (!). Au Ier siècle après J.-C., des sujets de tragédie surgissent dans le mime dit "littéraire". N.B. - Aucun texte de mime ne nous est parvenu.

— la pantomime ? "One man show" muet d'un **archimime** entouré de

(suite p. 58)

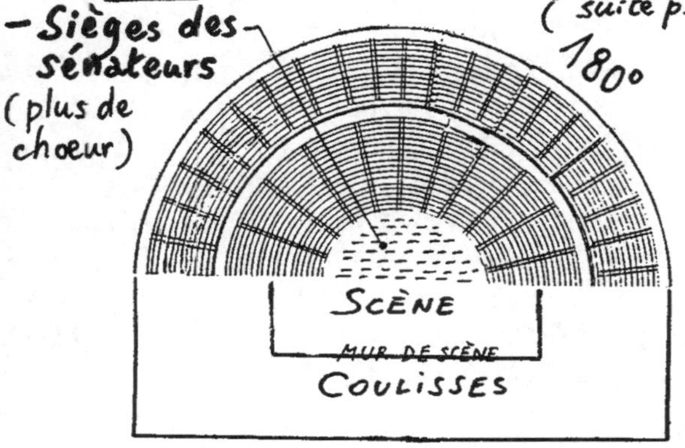

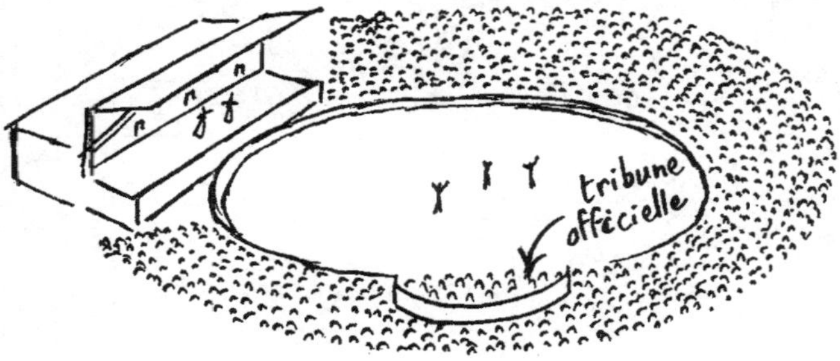

SEMI-AMPHITHÉÂTRE

Les gladiateurs y combattent loups et hyènes. Entre les combats : des sketches, des danses, du mime. (Ex. : les Arènes de Lutèce).

DÉCOR DE COMÉDIE

À Rome, les portes d'entrée s'ouvraient vers l'extérieur. On frappait avant de sortir pour prévenir les passants. « La porte cogne ! » disait-on familièrement. Plaute emploie l'expression.

ODÉON

Lieu culturel hérité des Grecs, à la décoration sobre, à ciel ouvert (velum). On y lit des œuvres dramatiques que le grand public ne saurait apprécier. Également : poésie, musique, causeries alternent...

danseurs, de danseuses, de figurants, de musiciens et d'importants décors. Seul est admis le "**langage des mains savantes**".

La pantomime romaine est donc l'ancêtre de la pantomime moderne.

AU Ier SIÈCLE, DEUX ARCHIMIMES célèbres et rivaux, **Pylade** et **Bathylle** ont chacun leurs partisans acharnés... On va parfois jusqu'à l'émeute. La vie publique romaine est à ce niveau !

Ce qui caractérise le théâtre à Rome, c'est l'affranchissement progressif de toute règle. Ainsi, en ce qui concerne la périodicité des spectacles théâtraux, les Grecs, on l'a vu, se contentaient de **12 jours** par an (voir p. 10). À Rome, si l'on additionne les mini-festivals qui jalonnent la « saison » (laquelle s'étend de septembre à mars), on obtient, sous la République, **60 jours**. Puis, dès le début de l'Empire, **100 jours** par an ! Pour arriver, avant les Grandes Invasions, au théâtre **quasi-quotidien**.

Au Ve siècle, Saint Augustin (évêque d'Hippone) raconte que, fuyant les envahisseurs, de riches Romains débarquaient en Afrique du Nord. Leur première question était : « Y a-t-il du théâtre ici ? »

LIEUX DE SPECTACLES À LUTETIA (le Paris Gallo-Romain) :

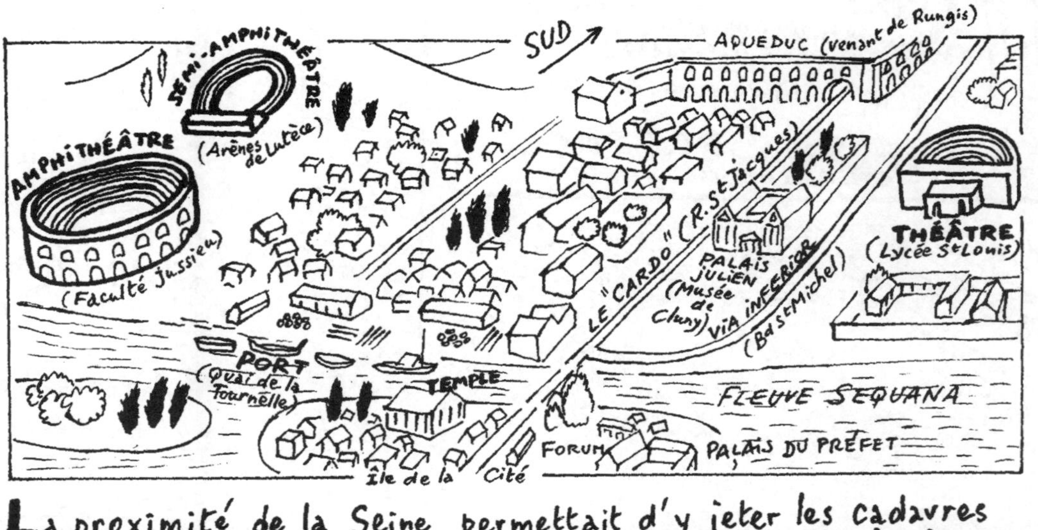

La proximité de la Seine permettait d'y jeter les cadavres des animaux féroces tués, dans l'amphithéâtre, par les **bestiaires**, ces gladiateurs spécialistes du combat contre les fauves amenés à grands frais d'Afrique.

LECTURES PUBLIQUES

LA PHILOSOPHIE ET L'HISTOIRE sont "sorties" du Théâtre. Du théâtre grec évidemment.

Auparavant, la superstition passait toujours avant la réflexion. Ainsi les faits historiques étaient noyés dans les prédictions, les songes, les interventions des dieux.

Avec le Théâtre, on se met à raisonner, à analyser, à débattre, à juger. Grâce surtout au Chœur.

Des intellectuels romains du Ier siècle après J.-C. comprennent tout cela. Ils réintroduisent des Chœurs dans la tragédie. Ainsi que le lyrisme et la profondeur. Mais devant quel public représenter ces œuvres jugées difficiles ?

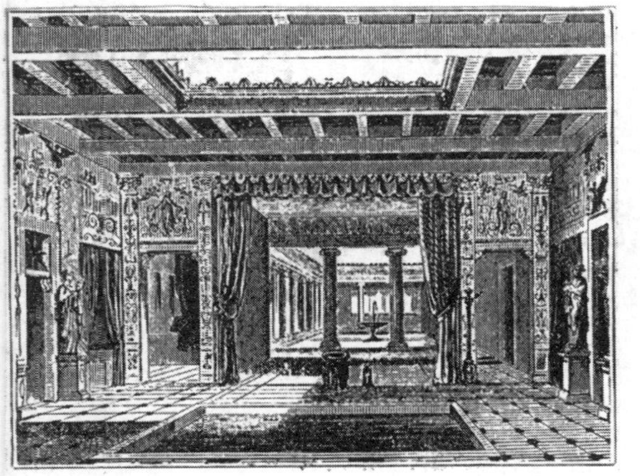

On va donc créer la "**recitatio**" (la lecture publique) dans les riches demeures patriciennes ou bien encore dans les Odéons.

Notez que toutes les œuvres en question sont perdues, sauf celles de Sénèque...

Singulier destin posthume que celui de ce philosophe-dramaturge !

— Redécouvert à la Renaissance, il fascine **l'époque baroque** : Shakespeare, Calderon ou Corneille s'en inspirent. On découvre les mythes grecs à travers lui.

— Mais, dès le début de **l'âge classique**, on va lui préférer Euripide.

SÉNÈQUE (−4 / +65)

le grand auteur tragique latin

SÉNÈQUE. Il se fait représenter ainsi dans le marbre : visage ravagé de Tirésias échevelé... avec, peut-être, un peu de snobisme. Richissime quoique prônant la pauvreté, mondain, trop faible avec Néron, il n'a pas "bonne presse" dans les dictionnaires...

Né à : Cordoue (sud de l'Espagne) mais arrive à Rome encore bébé. **Père** : riche professeur d'éloquence. **Est séduit** : très jeune par la philosophie. **Etudie aussi** : le Droit et devient un brillant avocat dont Caligula est jaloux. **Sauvé** : par la mort de l'empereur fou, il devient Sénateur. **En 41** : (il a 45 ans) il est banni en Corse 8 ans par Messaline. **Messaline éliminée** : l'empereur Claude s'est remarié à Agrippine qui rappelle Sénèque à Rome comme précepteur de son fils Néron (11 ans). **Écrit** : des traités (*"De la clémence"*) et des dialogues philosophiques (*"De la brièveté de la vie"*). **Devient** : Consul (à 61 ans), ministre et banquier de Néron (d'abord son élève docile puis, très vite, le tyran que l'on sait). **En 58** : (avec l'assentiment de Sénèque) Néron fait assassiner sa mère. Sénèque « prend sa retraite ». **Durant 6 ans** : il va (pense-t-on) composer ses tragédies. **Prend part** : à la conjuration de Pison contre Néron. Échec. Néron lui ordonne de se donner la mort.

TOUS SES SUJETS SONT GRECS mais sa manière de les traiter est très romaine. Plaçant ses personnages dans des « situations-limites », il les « torture » afin que se révèle leur vérité enfouie.

Son théâtre n'est pas **civique** mais **clinique**.

Sénèque ne condamne pas la violence de ses personnages. Il la fait ressentir par le spectateur jusqu'aux limites du soutenable. Pour atteindre à une sorte d'**exorcisme**.

9 pièces de Sénèque nous sont parvenues. La plus typique serait :

"**Thyeste**" (voir p. 18 : les Atrides)

L'apparition de Tantale, au début, n'est pas celle d'un fantôme classique. Elle tarit les sources, vide les fleuves et fait trembler le palais royal jusque dans ses fondements. Et surtout elle communique à Atrée le "furor" de ce grand-père maudit.
En effet, Atrée, aîné et "frère ennemi" de Thyeste, avait jadis chassé d'Argos ce dernier qui avait séduit sa femme (afin qu'elle volât à son profit le bélier à toison d'or qui garantissait le trône).
Maintenant c'est le repas de réconciliation offert par Atrée à Thyeste. En fait l'horrible festin de tradition dans la famille.
Terrible humour noir : Thyeste repu et ravi (il ignore qu'il a mangé ses deux fils et bu leur sang mêlé à du vin), dit : « Il ne me manque que mes enfants. Je voudrais serrer leurs têtes contre mon cœur ». On lui apporte alors la tête de chacun de ses fils sur un plat.
Complaisance dans l'horreur ? En tout cas, violence très moderne. Le subconscient ravagé des personnages révèle une civilisation semblable à la nôtre : inquiète pour sa survie. Et friande de spectacles horrifiques...

DEPUIS PLUS DE 3 SIÈCLES, Sénèque passait pour obscur, ennuyeux, injouable... quand une jeune universitaire, Florence Dupont, prouvait le contraire avec des traductions claires et inspirées, à la fin du XXè siècle.

ANTONIN ARTAUD CEPENDANT avait écrit, dans les années 30 : « Sénèque est le plus grand des auteurs tragiques de l'histoire, un initié aux secrets qui, mieux qu'Eschyle, a su les faire passer par les mots ».

1932. Au Théâtre de l'Avenue (rue du Colisée) : MÉDÉE par la Cie Pitoëff.
– C'est la seule apparition sur scène de Sénèque entre les deux guerres mondiales.

Le XVIIIè siècle comme les Romantiques ont ignoré Sénèque.

(Jorge Lavelli a monté en 1967 MÉDÉA, adaptation de Jean Vauthier. Avec Maria Casarès. (Odéon-Théâtre de France))

HORREURS PUBLIQUES

SÉNÈQUE, DANS SES ÉCRITS philosophiques, raconte comment il est révolté par les Jeux du Cirque.

Au début, les combats de gladiateurs pouvaient s'apparenter aux Jeux Olympiques : deux participants sans mise à mort. Mais, très vite, le nombre des combattants augmente avec la cruauté physique. On mutile, on tue réellement devant un public de voyeurs sadiques.

◁ Quant aux gladiateurs, ce sont, soit des condamnés à mort, soit des esclaves dressés à combattre, soit des prisonniers de guerre, soit encore des barbares enrôlés volontairement. Leur profession est regardée comme infâme.

On remplit d'eau l'amphithéâtre et l'on y organise des combats navals "de poche" sous le nom de **naumachies**. La noyade s'ajoute aux égorgements divers. ▷

PLUSIEURS CATÉGORIES de gladiateurs : les **cavaliers**, les **essédaires** (qui combattent en char à plusieurs chevaux), les **rétiaires** (armés d'un trident et d'un filet), les **mirmillons** (avec casque, épée et boucliers), les **bestiaires** (qui avaient pour adversaires des bêtes féroces). Cette diversité fait penser aux "emplois" au sein d'une troupe de théâtre. D'où l'idée de monter d'énormes pantomimes devant 50 000 personnes.

◁ "Les travaux d'Hercule" dans l'amphithéâtre.

Avec massacre d'animaux terrorisés par les hurlements de la foule.

À gauche, un panier hérissé de pointes où un "acteur" peut se réfugier en cas de danger.

ON JOUE "LA GUERRE DE TROIE" avec blessés et morts réels. Vaste "film historique" sur scène, de type "péplum".

Ce sont de telles horreurs qui ont fait condamner le théâtre par le christianisme naissant (devenu "religion d'Etat en **391**).

MOYEN-ÂGE

L'Empire Romain, ravagé par les Grandes Invasions, voit ses édifices saccagés, brûlés, détruits. On récupère les pierres de taille des amphithéâtres en ruine pour réparer des ponts ou dresser des remparts.

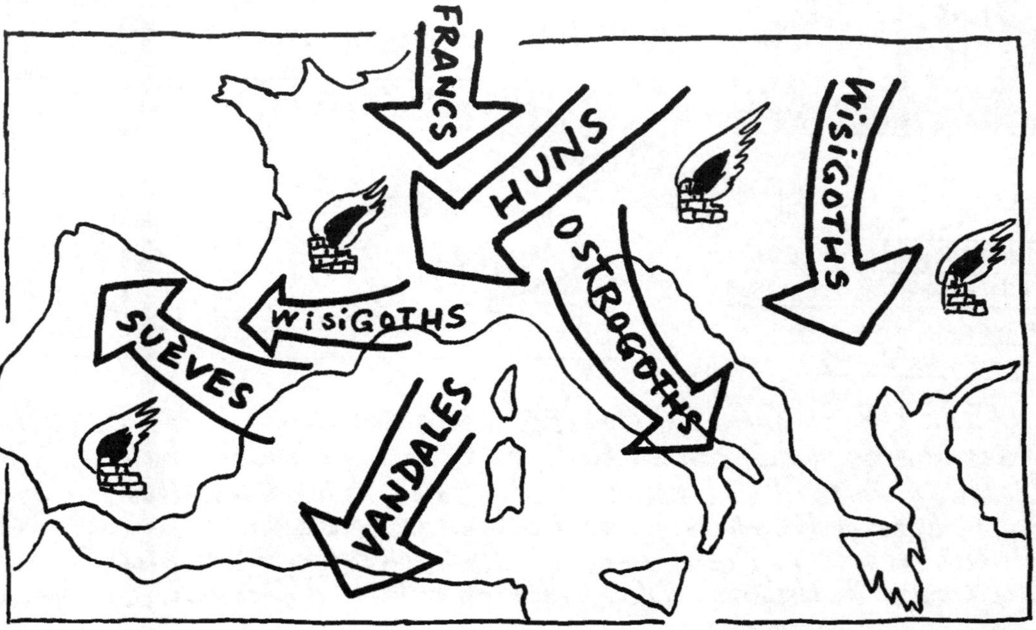

Vè siècle

DANS LES COUVENTS DE TOUTE L'EUROPE et de l'Asie ex-romaines, des moines érudits recopient laborieusement ce qu'ils découvrent du théâtre gréco-latin afin de sauver cette semence dramatique à l'intention des siècles futurs.

Et quand la tourmente se calme un peu, d'humbles artistes courent les routes (seuls ou en famille) préservant à leur manière la petite flamme théâtrale. Ce sont les **jongleurs** et les **jongleresses**, simples baladins de carrefours qui attroupent la foule au coin des rues, au bord des foires ou à l'intérieur des châteaux, tâchant là d'égayer les festins des seigneurs.

ILS SONT ACROBATES AU TAPIS, montreurs d'ours, jongleurs et bien d'autres choses encore...

Une coutume (qui a force de loi) interdit aux jongleresses de parler mais leurs compagnons ne s'en privent pas : ils sont conteurs, chanteurs et quelque peu comédiens.

Jongleur et jongleresse avec enfant.

Le jongleur adulte joue de la flûte, l'enfant jongle.

Étymologiquement, « jongleur » vient du mot latin « joculator = joueur » qui dit (ou chante), devant un auditoire, ses propres textes ou ceux d'autrui.

EN FRANCE, LES <u>TROUBADOURS</u> (qui utilisent la langue d'OC) et les <u>trouvères</u> (qui utilisent la langue d'Oïl) sont des jongleurs qui vont peu à peu se spécialiser dans la création et l'interprétation de textes poétiques psalmodiés ou chantés (1).

Dès le XIIe siècle, parmi les trouvères de la région d'Arras vont surgir les premiers auteurs dramatiques français. (voir p. 66).

À l'origine, on aurait appelé « trouveurs » les auteurs de textes. Ils « trouvent » les mots pour raconter ou chanter leurs fables. « Trouveur » aurait donné « trouvère ».

l'un joue du rebec

l'autre psalmodie

troubadours ... ou trouvères

(1) Dans la moitié sud de la France **oui** se dit "**OC**", dans la moitié nord "**oïl**". D'où la distinction entre **langue d'oc** et **langue d'oïl**.

LE DRAME LITURGIQUE
XIè et XIIè siècles

UNE FOIS LES TERREURS de l'an mil apaisées, on voit, dans toute l'Europe, naître les églises romanes. Leurs sculpteurs font surgir de la pierre la foule des figures bibliques. Les bas-reliefs racontent au peuple des épisodes de l'Histoire Sainte, aidés par les fresques des murs. C'est alors que les premiers vitraux apparaissent. Il faut mettre la Bible à la portée de tous.

ON IMAGINE AUSSI DE MATÉRIALISER le sermon du prêtre en le théâtralisant. Des moines s'improvisent comédiens et jouent tous les rôles (masculins ou féminins) de ce que l'on va appeler le **drame liturgique**.

Exemples :

"**Les Saintes Femmes au tombeau**". (Passe pour le premier en date). C'est l'épisode évangélique de la venue des Trois Maries au tombeau du Christ, le matin de Pâques. Elles portent des onguents, des parfums... pour embaumer le corps du supplicié. Mais le tombeau est vide! Un ange leur annonce la Résurrection.

Les moines qui jouent les 4 rôles portent la barbe et déambulent au milieu des fidèles. Ce haut-relief en ivoire (couverture d'un livre luxueusement relié) montre des visages masculins. La première "Marie" porte nettement la moustache.

"**Les Pélerins d'Emmaüs**". (Sujet voisin). Près du bourg d'Emmaüs (Judée), deux voyageurs, disciples du Christ, rencontrent ce dernier sans le reconnaître : la Crucifixion a eu lieu trois jours avant. Ce n'est qu'à l'auberge où ils se rendent tous les trois que Jésus, partageant le pain et le vin selon le rite institué par lui-même lors de la Cène, son dernier repas public, se fait enfin reconnaître.

Deux moines-acteurs portant longues barbes, bâtons et besaces, figurent les "pélerins". Un troisième moine, le Christ. Au fond de l'église, un petit décor praticable représente l'auberge.

AUTRES SUJETS : "La Nativité", "Le Massacre des Innocents", "La Résurrection de Lazare"... On passe peu à peu du latin à la langue «vulgaire» du lieu de la représentation.
Un sérieux pas vers le théâtre véritable sera franchi avec :

"**Le drame d'Adam**" (1165).

Personnages : Ève, Adam, le Démon, la Figure (c'est-à-dire : Dieu). Vivacité du dialogue (entièrement en français et en vers octosyllabes), marche aisée et facile de l'action se déroulant déjà entre deux décors : le Paradis et la gueule de l'Enfer.

Le Démon (sous les traits d'un séducteur galant et non sous ceux d'un diable cornu – ce qui est stupéfiant pour l'époque !) sait cajoler Ève :

« Tu es fieblesse et tendre chose, [fieblesse = très faible]
Tu es plus fraîche que n'est rose.
Tu es plus blanche que cristal. »

Ève est flattée. Au sujet d'Adam, le Démon ajoute en substance : « Tu es trop tendre, Adam est trop dur. Mais, malgré tout, tu es plus sage ! »
Il y a déjà **machinerie**. Le texte précise : « Un serpent habilement machiné devra monter le long du tronc de l'arbre défendu. Ève s'en approchera, tendant l'oreille comme pour écouter ses conseils. Puis elle prendra le fruit et le présentera à Adam ».
Après la Chute, Adam se repent aussitôt. Alors qu'Ève hésite « un bon petit moment ». Enfin, paraît la Figure richement vêtue ... Adam et sa compagne, tristes et confus, se sont « accroupis au sol jusque sur leurs talons ».

"**Les Vierges Sages et les Vierges Folles**."

On utilise pour ce drame le **narthex** (vestibule de l'église ouvert sur le parvis) afin d'utiliser le portail comme "décor."
Parabole biblique : dix jeunes filles attendent devant la porte de l'Epoux. Elles portent chacune une lampe à huile.
Cinq d'entre elles ("les Folles") ont oublié leur huile.
Elles ne pourront entrer chez l'Époux, c'est-à-dire au mariage. Ou, plus mystiquement, au sein de l'Eglise.
Sens plus général encore : l'être humain doit être prêt à tout moment au jugement de Dieu ...
(Ce sont des moines barbus qui incarnent les vierges.)

LES VIERGES SAGES — LES VIERGES FOLLES

TOUTES PORTENT DE LONGUES BARBES...

LE JEU

XIIIè siècle

AUTEURS DE LA RÉGION D'ARRAS

1210 : LE PAPE INNOCENT III interdit tout spectacle à l'intérieur de l'église.

Origine de cette décision : les abus de la St Étienne, lendemain de Noël, « un jour où tout est permis » disait-on et où traditionnellement on introduisait dans l'église un âne ... afin de mimer sur lui les gestes de la pratique religieuse. Tandis que quelque joyeux drille montait en chaire pour débiter un sermon à la gloire de Ste Andouille ou de St Hareng. L'esprit de dérision médiéval autorisait cela. Mais des limites furent sans doute franchies ...

LE PARVIS DE L'ÉGLISE accueillera donc le drame devenu "semi-liturgique" (ou "**jeu**"). On passe de 100 vers ("Le Drame d'Adam") à 1000 vers. Les sujets sont maintenant en marge de l'Écriture Sainte : légendes populaires, anecdotes pittoresques ... Le "jeu" est parfois l'œuvre d'un auteur. Comme :

Rare : sur cette miniature, un "échafaud de théâtre" réaliste pour **Le Jeu de St Nicolas**.

JEAN BODEL, premier auteur dramatique français.
(Vers 1165 - 1205)

Trouvère amateur. Riche bourgeois d'Arras, bon vivant, il est notamment l'auteur d'un poème épique : "Chanson des Saisnes" (= des "Saxons"). Il envisage, vers 35 ans, de partir pour la Croisade, mais il contracte la lèpre. Il compose un émouvant "Congé" à ses amis avant de se retirer dans une léproserie.
Peu de temps auparavant, il avait fait jouer sa seule œuvre dramatique :

"Le Jeu de Saint Nicolas"
(Vers 1200) Donné peut-être encore à l'intérieur de l'Église.

Aux Croisades, un croisé est fait prisonnier alors qu'il priait devant une statuette de St Nicolas. Il la déclare miraculeuse : empêchant notamment tout vol. Le "Roi des Musulmans" tente l'expérience. Il place la statuette sur son trésor et ouvre toutes les portes. Le trésor est volé et le croisé risque la torture et pis encore ! Mais il invoque alors St Nicolas avec une foi si ardente que le saint apparaît aux voleurs et les persuade de restituer le trésor. Le roi le retrouve à l'endroit où il était, et constate qu'il a doublé de volume. Il libère le croisé et se convertit au christianisme avec toute sa cour !

En vers de 8 pieds coupés de chansons, l'action vole d'une prison à une taverne mal famée, du palais de l'émir à un champ de bataille où un ange vient recueillir les âmes des croisés morts. Mysticisme et comique violent se côtoient. Notez que la vie en Terre Sainte est le miroir de la vie quotidienne à Arras !

"ROBIN ET MARION" :

(*Musique adaptée par Jacques Chailley*)

SCÈNE II

MARION

d'abord seule, et après avoir posé sa quenouille sur le tertre, se dirigeant vers Paradis.

ROBIN

dans la coulisse

Il entre côté Paradis.

MARION

joyeuse.

Robin !

ROBIN

Marote !

MARION

D'où viens-tu ?

ROBIN

Par le sein Dieu, j'ai dévêtu
Ma casaque pour la froidure
Et j'ai pris ma robe de bure.
Je t'apporte des pommes. Tiens !

MARION

Robin, t'ai reconnu très bien
Au chanter, comme tu venais.
Et toi ne me reconnaissais?

ROBIN

passant vers Enfer. ↗ = vers la droite

Mais si, au chant et aux brebis.

MARION

au milieu de la scène, et réticente.

Robin, tu ne sais, doux ami,
Et ne le tiens pas pour un mal :
Ici fut un homme à cheval,
Qui avait ganté une moufle
Et portait aussi un escoufle → un faucon
Sur son poing et trop me pria
De l'aimer, mais peu y gagna,
Car je ne te ferai nul tort.

ROBIN

Ah ! Marote, j'en serais mort !
Mais si j'étais à temps venu,
Ou moi... ou Gautier le têtu...
Ou Baudon, mon cousin germain,
Diables y eussent mis les mains,
Il n'en fût parti sans bataille !

AUTRE AUTEUR DE "JEU" :

ADAM DE LA HALLE

dit (à tort !) **Adam le Bossu**, – son père dirige les "halles" d'Arras – (1230-1288)

premier auteur de théâtre profane.

Encore un trouvère amateur bourgeois d'Arras. À 35 ans, avant de partir pour un séjour à Paris, il donne, au sein d'un **puy** (1) (cercle d'amateurs cultivés), une sorte de "revue" – satire des notables d'Arras :

"Le Jeu de la Feuillée" (1265)

Théâtre non religieux se déroulant sous une tonnelle de verdure, la "feuillée". « Shakespearien » avant la lettre, il mêle des fées au réalisme de la vie courante.

À 53 ans, il suit Robert d'Artois à Naples (parti au secours du duc d'Anjou). Pour divertir les Français exilés, il fait jouer là-bas :

Le Jeu de Robin et Marion (1283)

Sur un thème de "pastourelle" (chanson de bergers) : Marion raconte à Robin, son amoureux, le passage d'un chasseur à cheval (avec faucon) qui lui a fait la cour. Marion l'a repoussé mais il revient, cherchant son faucon. Robin sera roué de coups pour avoir malmené l'oiseau. Mais tout se terminera par une fête champêtre (repas, chant, danse).

Ce "jeu" passe pour le premier opéra-comique.

(1) **Puy** = montagne = éminence où l'on monte = scène. Et, par extension : troupe théâtrale. *Le "Puy du Fou" actuel est un rappel de ce passé.*

GUSTAVE COHEN

1935

En 1932, les élèves du médiéviste de la Sorbonne Gustave Cohen imaginent de faire revivre le "Miracle de Théophile" (voir p. 68). En 1935, les "Théophiliens" (ils ont pris ce nom) jouent "Robin et Marion".
NB. Au Moyen-Âge, c'est un garçon qui jouait Marion !

LE MIRACLE

fin XIIIè - XIVè siècle

SORTE DE MÉLODRAME ÉDIFIANT où l'on voit un personnage (laïc ou religieux, homme ou femme) commettre un délit voire un crime ... puis se repentir sincèrement et prier avec ferveur la Vierge (Notre-Dame) et être absous. Tel est le thème constant des Miracles (... "de Notre-Dame", ajoute-t-on souvent).

Epidémie de peste noire ... brigandages seigneuriaux ... hordes de pillards terrorisant la population ... les approches de la Guerre de Cent Ans (1337-1453) puis ses débuts sont atroces. D'où les horreurs évoquées dans les Miracles.

Prière de Théophile à N-D:

Ma sainte reine belle,
Glorieuse pucelle,
Dame de grâce pleine,
Qui le bien nous révèle,
En besoin qui t'appelle.
Délivre est de peine ;
Qui son cœur vous amène,
Au perdurable règne
Il aura joie nouvelle ;
Jaillissante fontaine
Et délectable et saine,
A ton Fils me rappelle.

LE PLUS ANCIEN "MIRACLE" connu est de **RUTEBEUF** (?-1280)

Trouvère d'Île de France, précurseur de Villon et mauvais garçon comme lui. Connu surtout pour son poème mis en chanson par Léo Ferré : « Que sont mes amis devenus ?... Ce sont amis que vent emporte / Et il ventait devant ma porte ... »

IL A POUR TITRE : **"Le Miracle de Théophile"** (en 1270 environ)

Un prêtre d'Asie Mineure est dépouillé de ses biens par son évêque. Il entre alors en contact avec Satan (par l'intermédiaire d'un magicien juif : Salatin) et conclut un pacte avec lui. Où il livre son âme pour récupérer ses richesses. Il les récupère. Mais sept ans plus tard, se repentant, il prie la Vierge avec une telle ferveur qu'elle arrache à Satan le pacte qu'il avait signé.

Et 632 ans après sa "création" :

EN **1932** À LA SORBONNE

◁ Le Salatin des "Théophiliens" (voir p. 67) et leur dispositif △.

Pièce courte (700 vers) à la prosodie très variée : vers de 8 pieds (bien sûr !) mais aussi de 6 pieds (voir p. 68)... avec parfois des monologues en alexandrins !

Miracle de la Voleuse d'Enfant. *Une femme dont l'enfant est mort enlève « à l'ymage de Notre-Dame le sien qu'elle tenait ».*

AUTRES "HÉROS" DE MIRACLES : des parjures, des escrocs, des malfaiteurs, des assassins, des déséquilibrés...
un ermite qui a violé la fille d'un roi (et l'a jetée dans un puits)... une nonne retournée au couvent après trente ans de mariage ...un archidiacre meurtrier de son évêque pour lui succéder... une femme mariée accusée par la rumeur publique d'être la maîtresse de son gendre et qui tue ce dernier pour sauver sa réputation !

Elle a pour nom : Guibour. Son crime est découvert. Elle est arrêtée, emprisonnée. Son mari et sa fille la quittent pour de lointains pélerinages afin de prier pour elle. Guibour, de son côté, adresse à la Vierge d'ardentes prières. Aussi Notre Dame la sauvera des flammes lorsqu'elle sera sur le bûcher. Elle terminera sa vie en recluse, donnant tout ce qu'elle possède aux pauvres, au point qu'elle ne peut plus sortir pour se rendre à l'église.

Mais, qu'à cela ne tienne, c'est Dieu lui-même qui viendra dire la messe chez elle ! Messe à laquelle les spectateurs participaient. C'est un prêtre qui jouait, bien sûr, Dieu le Père.

Miracle de Guibour. [N.B. Les « miniatures » ci-dessus "idéalisent" ce que l'on voyait sur scène].

LES MIRACLES ÉTAIENT joués dans des **puys** qui s'ouvraient, dès lors, à un large public.

Dans l'adaptation de Jean Schlumberger (et sous le titre "Un miracle de Notre Dame") la C^die de St Etienne a donné le "Miracle de Guibour" dans une mise en scène et des costumes de Marie-Hélène Dasté.

Le décorateur Jean Le Moal peint les flammes du bûcher alors qu'au XIVe siècle, elles étaient bien réelles...

LE MYSTÈRE

fin XIVè - XVè siècle - début XVIè

REPRÉSENTATION GÉANTE de théâtre religieux en plein air, sur le parvis d'une église ou sur la place publique. Y assiste, toutes classes et toutes conditions confondues, la population entière d'une ville (... que sillonnent des patrouilles de soldats afin d'éviter le cambriolage des maisons vides !).

"MYSTÈRE" VIENT DU LATIN "**ministerium**" qui a donné en français : ministère, service public ... Et c'est bien un service public d'enseignement de l'Écriture Sainte que l'Eglise entend fournir à l'ensemble des fidèles.

DISPOSITIF. Un podium en bois de 40 à 50m de long est construit pour l'occasion. Il présente un alignement de **mansions** (de "maisons") entre la Gueule d'Enfer à la droite

- ON JOUE TOUJOURS À LA LUMIÈRE DU JOUR

La Gueule d'Enfer (parfois à machoire articulée) est insérée dans des constructions en pierre où l'on brûle de l'étoupe. Les flammes sont réelles et ... dangereuses.

du spectateur et le Paradis (petit Kiosque surmonté d'une peinture ovale) à sa gauche. Le "Limbe des Pères", c'est le Purgatoire (voir p. 71)

FINANCEMENT. L'Église fait appel à la générosité de riches "fidèles" nobles ou bourgeois qui financent décors, costumes et **échafauds** (gradins réservés aux spectateurs privilégiés, l'immense majorité des spectateurs restant debout devant le podium).

AUTEURS. Ce sont souvent de jeunes clercs. Séminaristes en fin d'études, cultivés, "tonsurés", en fait : de futurs prêtres. En attendant, ils composent et « montent » ces spectacles-fleuves. Leur nom, en général, n'est pas mis en avant.

Maîtres du jeu (on dit aussi : "maîtres des secrets"), ils conçoivent les trucages (les "feintes") de la machinerie. Et ils sont sur scène avec leur brochure et une longue baguette pour (petit coup sur la tête) rappeler à tel acteur que c'est à lui de parler.

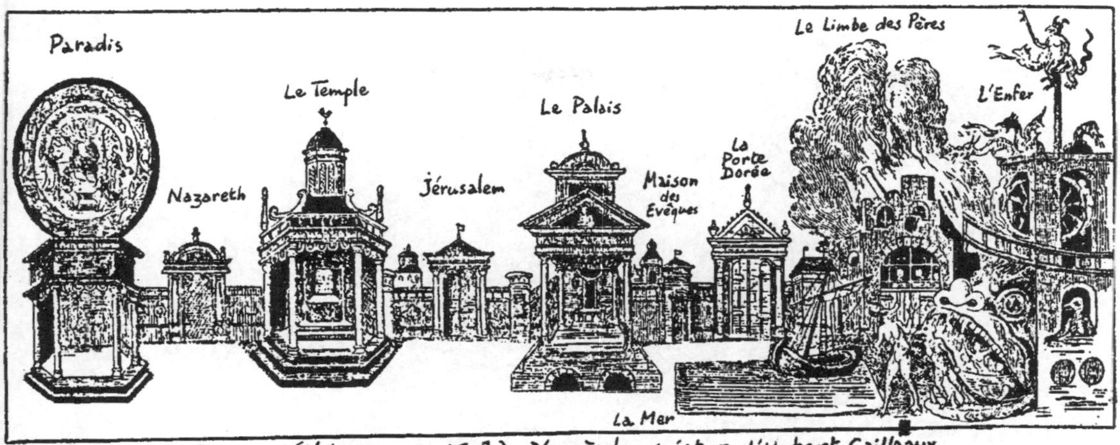

Mystère de la Passion (Valenciennes. 1547). D'après la miniature d'Hubert Cailleaux

DURÉE. Quel que soit le "sujet" ("La Passion", "Les Actes des Apôtres"...), on commence par Adam et Ève. Et la "pièce" dure, à la lumière du soleil, **de 5 à... 40 jours**. On passe de 30 000 vers (début du XVᵉ siècle) à 60 000 vers ! (Une tragédie de Racine = 2000 vers).

Tous ces jours sont chômés au grand dam des patrons-artisans (savetiers, charpentiers...) qui doivent nourrir et loger un personnel qui ne travaille pas.

D'où la naissance, au sein de la bourgeoisie industrieuse, d'une certaine **haine du théâtre** qui aboutira, 200 ans plus tard, à la destruction des théâtres anglais par le dictateur Cromwell.

COMÉDIENS. Tous de sexe masculin même pour les rôles de femmes. Regroupés en **confréries**, associations officielles de comédiens amateurs. (Se recrutent parmi les artisans et les simples bourgeois). Bénévoles.

À Paris, les **Confrères de la Passion** (fondés en 1398) seront hébergés avec leur matériel à l'Hôpital de la Trinité, rue St Denis (à hauteur de la rue Réaumur actuelle) pendant 143 ans. En **1402**, le Parlement de Paris leur donne le **monopole** du théâtre dans la capitale. Et ce privilège, qui passera en 1680 à la Troupe Unique du Roi (la Comédie-Française), aura duré **389 ans** quand la Révolution Française proclamera la « liberté des théâtres à Paris », en 1791.

Toute l'histoire du Théâtre français est conditionnée par l'existence de ce MONOPOLE. Nous en reparlerons. Beaucoup !

TEXTES. Les tableaux s'enchaînent de façon narrative. L'aspect visuel était capital. Privés de cet aspect, les textes qui nous sont parvenus ne sauraient, en eux-mêmes, rivaliser avec les tragédies et comédies gréco-latines.

Aquarelle du XIXè siècle

JHÉSUS

Ma mort doibt les hommes sauver.

NOSTRE-DAME

Ah! s'il faut que cela se fasse,
Au moins accordez-moi la grâce
Que mort vous soit brève et légère.

JHÉSUS

Je mourray de mort très amère.

NOSTRE-DAME

Non pas fort vilaine et honteuse?

JHÉSUS

Mais très fort ignominieuse.

NOSTRE-DAME

Doncques bien loin, s'il est permis?

JHÉSUS

Au milieu de tous mes amis.

NOSTRE-DAME

Mourez donc comme les barons?

JHÉSUS

Je mourrai entre deux larrons.

NOSTRE-DAME

Du moins en secret et sans voix?

JHÉSUS

Ce sera hault pendu en croix.

NOSTRE-DAME

Vous serez au moins revestu?

JHÉSUS

Je serai ,attaché tout nu.

NOSTRE-DAME

Attendez l'âge de vieillesse?

JHÉSUS

En la force de ma jeunesse.

De tous les mystères connus, le plus célèbre date de 1452 et c'est "**La Passion**" d' ARNOULD GRÉBAN, chanoine et théologien. Malgré ses 34574 vers et ses 400 personnages, il ne dure que 4 jours.

Sa prosodie, très variée (avec prédominance de l'octosyllabe) est un florilège de la poésie médiévale.

Ci-contre : quelques vers de la scène, très connue et très touchante, entre Jésus et sa mère.

PLAN :

1ère journée : la Création, le meurtre d'Abel, la mort d'Adam, la Nativité.

2ème journée : la prédication de St Jean Baptiste.

3ème journée : la Passion.

4ème journée : la Résurrection, l'Ascension, l'Adieu aux spectateurs.

AUTRE EXTRAIT : 2 demi-choeurs s'affrontent?

<u>Les Âmes du Purgatoire contre les Diables:</u>

(vers de 8 pieds & de 7)

La très lointaine plainte des âmes sort du Limbe.

LES AMES, *chantant.*

Quand viendras-tu, doulx Messias,
Voir la peine qui nous abonde?

AUTRES AMES

Quand viendras-tu, Saulveur du monde,
Nous apporter joie et soulas? → *plaisir*

Cy respondent par haineux refrains les diables à la plaincte des âmes.

LES DIABLES, *chantant.*

La dure mort éternelle,
C'est la chanson des damnés;
Bien nous tient à sa cordelle
La dure mort éternelle;
La dure mort éternelle,
C'est la chanson des damnés.

Cy arrive Sathan moult joyeux en la place.

- suite p. 74 -

À NUREMBERG

Les mansions s'étagent en hauteur. ▷

Etonnant !

À Tournai, en 1549, dans le Hainaut, devant le futur roi d'Espagne Philippe II, une Judith (jouée par un homme) tue réellement un condamné à mort costumé en Holopherne ! Au milieu du XVIè siècle !!

MYSTÈRES HORS LES MURS

CLERMONT-FERRAND : Dès 1392, on a donné des Mystères près de la porte Ouest (dite Porte des Gras), au bas de la toujours actuelle rue des Gras (= rue des degrés, des escaliers), le fossé de l'enceinte servant de "dessous" pour la machinerie. Une foule immense accourue des environs, descendue des montagnes, "campe", la nuit, sous les murs de la ville.

En matière de Mystères, la France sert de modèle à toute l'Europe. Chaque pays cependant l'adapte à sa culture propre :

- EN ANGLETERRE, les bourreaux de Jésus sont des voyous féroces qui font d'affreux jeux de mots... Lors de la Crucifixion, l'un d'eux dit à son compère : « Rabats-lui les jambes. Sa mère, en l'emmaillotant ne faisait pas mieux ! » Dans cette truculence, Shakespeare s'annonce.
- EN ITALIE, les "Frères de la Passion del Gonfalone" jouent leurs mystères dans les ruines du Colisée.
- EN ESPAGNE, le Mystère s'appelle **auto-sacramental**. Il est précédé d'une formidable procession avec chars et figures de carnaval, en particulier la Tarasque (monstre à demi serpent).

Mercure

Pâris Vénus Junon Pallas

LE JUGEMENT DE PÂRIS dans "La Destruction de Troie".

DES MYSTÈRES PROFANES existent aussi mais bien rares : comme "Le Siège d'Orléans" pris dans l'histoire contemporaine ou "La Destruction de Troie" tirée de l'Iliade.

DÉMONS. « Caparaçonnés de peaux de loups et de béliers » (Rabelais dixit), avec cornes, nez de cochons, pieds fourchus, hurlements sauvages... ils font très peur au public. Ce sont eux qui entraînent les "méchants" dans la Gueule d'Enfer.

Mais, toutes les deux heures, ils se dépouillent de leurs tenues horrifiques et deviennent des "comiques" hilarants interprétant des **farces** n'ayant aucun rapport avec le Mystère.

ON INTERROMPT LE SPECTACLE religieux et on joue ces courtes pièces comiques profanes (parfois d'une grande obscénité !) qui "reposent" le public de l'interminable défilé des tableaux édifiants. L'origine du mot "farce" viendrait de ce que ces intermèdes "farcissaient" le Mystère.

Les "Confrères de la Passion" parisiens vont s'associer aux "Enfants sans Souci" (une « confrérie joyeuse » parisienne) qui seront chargés de jouer ces démons-bouffons.

Certains vont devenir, au XVIe siècle, de véritables vedettes... et précipiteront la décadence des Mystères dont la partie comique s'hypertrophie démesurément.

1931

"La Farce du Chaudronnier" vue par LES COMÉDIENS ROUTIERS de Léon Chancerel.

THÉÂTRE EN ROND ?

LE DOCUMENT LE PLUS IRRÉFUTABLE sur les Mystères, c'est la fameuse peinture de Jean Fouquet, une miniature, reproduisant une représentation du "**Martyre de Sainte-Apolline**" (vers 1450) d'Andrieu de la Vigne. La scène se passe, en 249, à Alexandrie où la sainte fut brûlée vive après avoir été torturée :

MJ = le Meneur de Jeu (l'auteur !), le livre de conduite et la baguette à la main, dirige la séance, soufflant leur texte aux uns, faisant respecter la mise en scène aux autres…

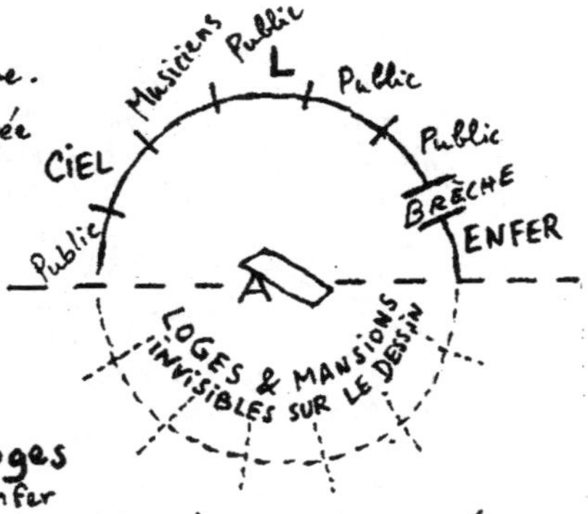

L'Aire de Jeu, le **hourt**, est ici terre battue.

Ligotée sur une planche, Ste Apolline est torturée par 4 bourreaux : 2 lui serrent les chevilles, 1 autre lui tire les cheveux. Le bourreau **B** lui arrache les dents avec une longue pince. A gauche, le Fou **F** s'est déculotté et, en signe de dérision, lui montre ses fesses, voilées par une sorte de caleçon en filet.

Au fond : les « échafauds » en arc-de-cercle, ou plutôt en DEMI-CERCLE. Au "1er étage" : des **loges** dont seulement 2 sont des "**mansions**" : le Ciel, l'Enfer (dont la Gueule d'Enfer occupe le rez-de-chaussée). Les autres loges sont occupées par le public, sauf une contenant les musiciens.

La loge **L** est un "**estal**" ou "**lieu**". Un personnage y a sa place entre ses scènes : ici sans doute le Roi **R**. Puisqu'il joue, son fauteuil, entouré de public, est vide.

*À noter que, seules, les "mansions" **contaminent** le "hourt" : si des acteurs sortent d'une mansion-auberge, tout le hourt devient auberge. Alors que les "lieux" ne sont que de simples places d'attente où le personnage disparaît du jeu.*

De plain-pied avec le hourt, le public se presse, les 1ers rangs assis, les autres debout, sous les échafauds. On entre par une **brèche** (ici à gauche de l'Enfer) dans cette "fosse aux ours". Ce Théâtre en Rond compte moins de 1000 places.

THÉÂTRE PROFANE

XVe et XVIe siècles

POUR ANIMER LES MULTIPLES fêtes qui jalonnent l'année, chaque grande ville possède sa **confrérie joyeuse** officielle : les Connards (à Rouen), les Suppôts du Seigneur de la Coquille (à Lyon), la Mère Folle (à Dijon), les Enfants de Malgouverne (à Mâcon)...

À Paris, les **Clercs de la Basoche** (du latin "basilica" = Palais de Justice). Confrérie composée de clercs de procureurs, d'avocats, de greffiers, de conseillers du Parlement. Elle jouissait de prérogatives étonnantes : élection d'un roi, permission de jouer sur la Table de Marbre du Palais, droit ... de battre monnaie !

Des Fêtes de la Basoche avaient lieu, chaque année, au Printemps. Pour la plantation du **mai** ("l'arbre de mai" planté le 1er mai). Egalement en juillet.
Les "Basochiens" jouaient des farces et des pantomimes.

Nous avons déjà parlé des **Enfants sans Souci** (associés des Confrères de la Passion). Ils sont composés d'élèves de l'Université, de jeunes gens désœuvrés, de poètes faméliques (dont Pierre Gringoire). On les appelle aussi les **sots**.

Habillés comme les fous de cour : moitié-vert, moitié-jaune. Oreilles d'âne. À la main, la **marotte** (sorte de sceptre grotesque à grelots).

MÈRE SOTTE & SES ENFANTS

C'est sans doute Pierre Gringoire qui incarne la Mère Sotte. Sa devise : « Tout par raison, raison partout, par tout raison ».

LA SOTIE.

C'EST LEUR SPÉCIALITÉ quand ils ne font pas les démons et les farceurs dans les Passions.

La sotie est fondée sur cette idée, féconde en inventions burlesques, que ce monde est le royaume de la Folie. Le Père Sot et la Mère Sotte mènent la danse un peu comme le Père Ubu et la Mère Ubu dans l'"Ubu-Roi" d'Alfred Jarry.

Ajoutant à leur costume vert-jaune quelques éléments significatifs, les Sots deviennent juge, soldat, moine, noble, roi (ou reine), homme du peuple ... Tous entraînés dans des sketches relevant de la folie générale.

LA SATIRE SOCIALE EST SOUVENT présente dans la sotie. Louis XI et François Ier la surveilleront de près. Quant à Henri IV, il ordonnera d'en bannir toute allusion politique.

LA SOTIE

Pitrerie bourrée d'allusions satiriques "d'actualité" vivement exprimées et promptement saisies par les spectateurs. – Comme la Moralité, divertissement essentiellement urbain.

LA MORALITÉ

Personnages allégoriques. – En 1495, des habitants de Clermont-Fd jouent une moralité sur la petite place du Terrail ("où l'on vend les pots de terre". Elle existe encore sous ce nom) à la grande fureur des chanoines, on ne sait pour quelle raison. Procès... dont on ignore l'issue.

LA FARCE

Aventures et mésaventures de la vie quotidienne. De loin la préférée du public. Sans doute née dans les foires campagnardes, au milieu des marchands. Pénètre en ville pour y "farcir" les Mystères. Autonome à la Foire St Germain (créée en 1482 par Louis XI) et dès l'ouverture de l'Hôtel de Bourgogne (1548).

SCÈNE DE MORALITÉ

Foy, Charité, Papelardise et Richesse entourent Dévotion.

LA MORALITÉ.

ANCÊTRE DE TOUT le théâtre didactique ou "d'agit prop'", c'est une <u>allégorie</u> à caractère satirique ou éducatif.

Si "Le Misanthrope" était une Moralité, Alceste serait : Misanthropie, Célimène : Coquetterie, Philinte : Optimisme, Arsinoé : Pruderie etc... De froides abstractions dans une pièce, à coup sûr, ennuyeuse.

C'est ce que le grand public reprochait souvent à ce théâtre difficile à comprendre et à suivre. Surtout sur la place publique dans de mauvaises conditions d'acoustique.

<u>EXEMPLE D'UNE MORALITÉ "DIÉTÉTIQUE" :</u>

"La Condamnation de Banquet" (1507) 6000 vers ! Par Nicolas de la CHESNAYE, médecin de Louis XII.

Des bons vivants (nommés Gourmandise, Friandise, Passe-Temps etc...) acceptent trois invitations dans la même journée de la part de Dîner, Souper, Banquet.
Des démons (Apoplexie, Paralysie, Jaunisse etc...) agressent les invités dès le second repas offert par Souper.
Chez Banquet enfin, ils sont presque tous terrassés.
Les sergents de Dame Expérience (Sobriété, Clystère, Saignée, Pilule) s'emparent de Souper et de Banquet. Procès.
Souper est condamné à porter des manchettes de plomb pour avoir la main moins légère quand il servira à boire et à manger. Il devra, en outre, se tenir à six lieues de Dîner (= un intervalle de six heures doit séparer les deux repas quotidiens !)
Quant à Banquet, il a beau confesser ses crimes, il sera pendu. Par Diète !

SOUVENT VIRULENTE SATIRE d'actualité, la Moralité fait partie d'abord du répertoire des "Basochiens". Accessoirement de celui des "Enfants sans Souci" qui utilisent parfois des allégories dans certaines de leurs Soties... très satiriques également.
Tout se mêle donc ! Les deux troupes parfois collaborent et surtout participent ensemble aux Mystères dans les rôles de démons.

LA RÉACTION DU POUVOIR face aux traits satiriques ? Variée :

Charles VII (roi en 1422) institue la **censure préalable** : les textes ne sont autorisés qu'après approbation par un Censeur.
Louis XI (roi en 1461) et Charles VIII (roi en 1483) agissent de même.
Mais Louis XII dit "Le Père du Peuple" (roi en 1498), esprit libéral et éclairé, déclare : « Je veux qu'on joue en liberté et que les jeunes gens déclarent les abus qu'on fait dans ma Cour ! » Ces abus éventuels, Louis XII dit vouloir en être « averti par satire ».

Seule consigne : épargner la reine. Mais il admet qu'on le brocarde lui. En 1511, il est mis en scène lui-même dans le Prince des Sots, personnage central de la sotie de Pierre Gringoire : **Le Prince des Sots et l'Homme obstiné**. Ce dernier, c'est le pape Jules III ambitieux et guerrier.

"PATHELIN" : GRAVURES SUR BOIS DE L'ÉPOQUE :

GUILLEMETTE & PATHELIN

PATHELIN & LE DRAPIER

PATHELIN AU LIT

LE PROCÈS

LE JUGE. Sus ! revenons à ces moutons ! (L'expression est née ici).

LA FARCE.

C'EST UN FABLIAU dialogué, d'auteur anonyme, joué dans les foires, au coin des places et des rues ou en intermède d'un Mystère. 150 farces nous sont parvenues la plus célèbre étant "**La Farce de Maître Pathelin**" (1464) en vers octosyllabes (elle en compte 1600 !)

LE DUPEUR DUPÉ

PATHELIN. Vite ! Paie
AGNELET. Bée.

Pathelin, avocat sans le sou et fort escroc, promet à sa femme Guillemette une belle pièce de tissu pour se faire une robe. Il se rend chez le drapier Guillaume, choisit 6 aunes de beau drap, les emporte tout en invitant le marchand à venir dîner chez lui d'une oie rôtie ... et recevoir son argent. Au lieu de cela, Guillaume va, peu après, s'entendre dire par Guillemette que son mari, à demi fou, est au lit depuis six semaines. De fait, Pathelin alité baragouine un charabia infernal. Le drapier repart éberlué. Tableau suivant : salle de tribunal. Guillaume est en procès avec son berger Agnelet qui le vole (moutons et laine) et qui est défendu ... par Pathelin parfaitement valide ! Le drapier suffoque d'indignation, veut dénoncer le vol du tissu, mêle les deux affaires ... Agnelet, sur les conseils de Pathelin, feint ne savoir dire que « Bée, bée », ce qui ajoute à la confusion. Il est acquitté par le juge. Pathelin triomphe. Mais il va "trouver son maître". Agnelet, à qui il réclame ses honoraires, ne lui répond que : « Bée ».

AUTRES FARCES : "**Le Cuvier**". C'est jour de lessive. Jacquinot fait en sorte que sa femme tombe dans le cuvier où on lave le linge. Elle appelle son mari à l'aide, mais Jacquinot consulte le "rôlet" (la liste) interminable des tâches que lui ont dictées sa femme et sa belle-mère. Il constate que "ce n'est pas dans son rôlet" de sortir sa femme du cuvier. Il le fera cependant moyennant la destruction du rôlet par les deux femmes. (Farce courte).

"**La Farce du pâté et de la tarte**". Deux "truands" minables qui "partagent tout" arrivent à escroquer un pâté à un pâtissier. Ils se le partagent. Mais, pour le vol de la tarte, ce sont des coups de bâton qu'ils partageront. (Farce encore plus courte).

"**Le Franc Archer de Bagnolet**" (1462). Monologue. C'est une satire des milices bourgeoises équipées par les communes. Un seul personnage, avatar du "soldat fanfaron", très fanfaron et très lâche.

LE TEMPS DU SERVICE PUBLIC
POINTS DE REPÈRE

GRÈCE

- 1250 : guerre de Troie
- 800 : culte de Dionysos
- 534 : 1er concours de tragédies
- 486 : " " " comédies
- Vè siècle : Eschyle, Sophocle, Euripide, Aristophane
- IVè siècle : les théâtres en pierre
- IVè/-IIIè siècles: Ménandre

ROME

- 364 : jeux étrusques contre la peste
- 240 : le théâtre grec à Rome
- IIIè/-IIè siècles : Plaute
- IIè siècle : Térence
- 195 : les spectateurs assis
- 55 : les premiers théâtres en pierre

1er siècle : Sénèque

MOYEN-ÂGE

XIè et XIIè siècles : le Drame liturgique
XIIIè siècle : le Jeu (Jean Bodel, Adam de la Halle)
XIIIè - XIVè siècles : le Miracle (Rutebeuf)
XVè - XVIè siècles : le Mystère (Arnould Gréban)

TROIE

II

LE TEMPS DES AUTEURS

XVIIè, XVIIIè, XIXè SIÈCLES

THÉÂTRE
ÉLISABÉTHAIN

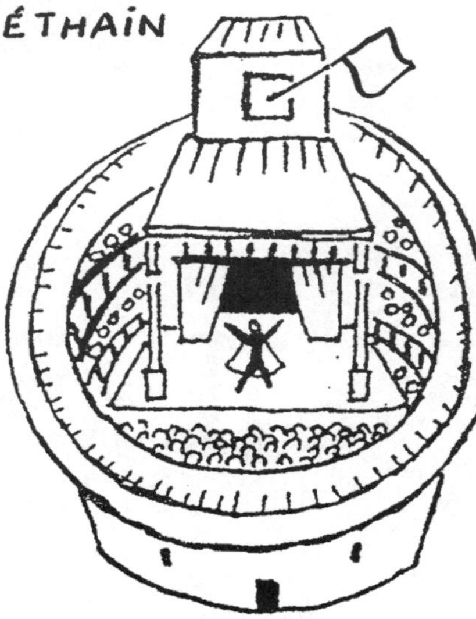

THÉÂTRE À LA FRANÇAISE

THÉÂTRE À L'ITALIENNE

Au milieu du XVIè siècle, dans toute l'Europe, les comédiens se professionnalisent. Ils entendent désormais vivre de leur talent.

Il faut donc construire des lieux clos, pour pouvoir faire payer l'entrée. Fini le plein air pour tous! Les premières salles de théâtre apparaissent... (voir ci-contre)

Prix des places le plus élevé possible... peu de comédiens sur scène... et le partage de la recette permettra à ces nouveaux travailleurs de vivre.

Or, on l'a vu, la "distribution" des Mystères était énorme.

Alors que, dans les collèges, écrits par les professeurs ou d'anciens élèves, les pastiches d'œuvres antiques (qui attirent le public cultivé) réclament moins de dix acteurs.

Idéal pour les comédiens professionnels d'autant plus que, protestantisme aidant, le répertoire religieux est maintenant jugé vieillot.

Regroupés en troupes mobiles d'une dizaine de membres, les comédiens (et comédiennes! enfin) vont chercher à découvrir et s'attacher des poètes dramatiques.

Le théâtre devient un genre littéraire.
Le texte est tout.
C'est le temps des auteurs.

RENAISSANCE

Après la fin du Moyen-Âge : 2 événements considérables...
(De la science-fiction non imaginaire !)

— le commerce des épices —

... la <u>découverte</u>, au-delà des océans, d'un Nouveau Monde aux richesses immenses.
... la <u>révélation</u> (la Renaissance) d'une civilisation enfouie (le monde antique) plus brillante que la civilisation actuelle.

ÉGALEMENT :

... une <u>invention fabuleuse</u> (l'imprimerie) qui fait circuler les idées à grande vitesse.

... une <u>nouvelle sensibilité religieuse</u> (le protestantisme) qui ajoute la raison à la foi. C'est la religion des intellectuels et de la bourgeoisie industrieuse (peu favorable, on l'a vu, aux interminables spectacles "religieux" « d'une naïveté navrante »).

ET LE THÉÂTRE DANS TOUT ÇA ? Il va subir une profonde mutation.
Les Grandes Découvertes maritimes ont amené le **commerce des épices** (poivre, cannelle, girofle ...) particulièrement lucratif.
Et surtout la notion qu'on peut s'enrichir en faisant du commerce. Alors qu'auparavant on était riche ou pauvre de père en fils. Inéluctablement.

ON ENTRE DANS LES TEMPS MODERNES où la notion d'argent (de fric !) va prendre l'importance que l'on sait.

Les comédiens bénévoles qui drainaient les foules devant les églises ... se veulent maintenant "vivant du théâtre".

Il leur faut des salles closes à entrée payante (Pas trop vastes à cause des frais d'entretien.)

Avec, dans la salle, le public le plus riche possible (pour que la recette soit confortable). Prix des places le plus élevé possible. Et, bien sûr, sur scène, le moins de comédiens possibles.

Heureusement les pièces gréco-latines à la mode dans les collèges comportent (choeur supprimé déjà par les Romains) une poignée de personnages actifs. Voilà bien le (nouveau) répertoire idéal !

<u>Mais le grand fleuve du théâtre populaire se perd définitivement dans les sables ... La petite rivière du théâtre d'origine savante, se met à couler pour une minorité de spectateurs.</u>

LA COMÉDIENNE VA, ENFIN, faire son apparition. (Les comédiens font jouer leurs femmes).

A noter que le théâtre médiéval <u>français</u> va se fracasser sur la Renaissance.
Alors que l'<u>anglais</u>, la digérant, s'épanouira dans le Théâtre Elisabéthain.
De même l'<u>espagnol</u> dans le Siècle d'Or.

C'est seulement par la suite que toute l'Europe, convertie à la scène à l'italienne, connaîtra le <u>théâtre bourgeois</u> à-peu-près semblable partout. Sur le modèle français.

FRANCE

HÔTEL DE BOURGOGNE (I)

1548 - 1598

..DERNIER VESTIGE DE L'HÔTEL DE BOURGOGNE

LES CONFRÈRES de la Passion, forts de leur Monopole, achètent une ruine (sur l'emplacement de l'ancienne enceinte Philippe-Auguste), vestige du vieil Hôtel de Bourgogne, résidence des ducs de Bourgogne ennemis du roi de France. Au nord des Halles.

Charles le Téméraire, vaincu par Louis XI, sa résidence est confisquée et démantelée. François Ier la divise en lots pour la vendre. Les Confrères, associés aux Enfants sans Souci, achètent un lot et vont y bâtir une salle de théâtre, la 1ère en France. Elle va avoir une longue vie de **235** ans, record mondial de longévité d'un théâtre.

(C'est dans cette salle que se passe le 1er acte de "Cyrano de Bergerac" en 1640.)

Elle a la forme et la surface d'un court de tennis, la "paume" étant l'ancêtre du tennis ... et le sport national du temps : 250 jeux de paume à Paris pour 300 000 habitants !

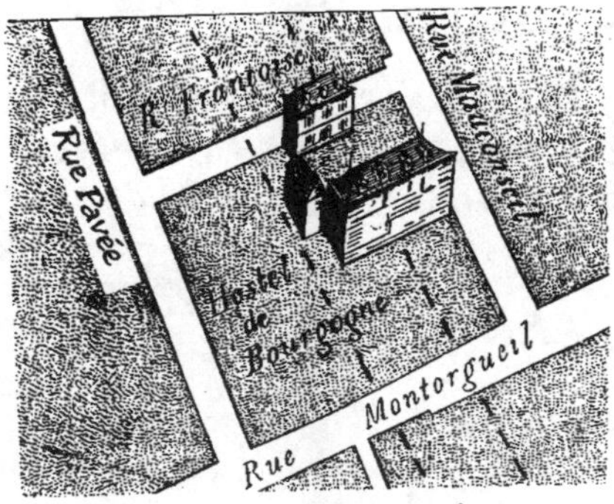

PLAN CAVALIER D'ÉPOQUE.
La rue Etienne-Marcel actuelle passe entre les pointillés.

1548
Première salle de l'Hôtel de Bourgogne
rue Mauconseil

LA CÉLÈBRE SALLE N'EST PAS UN JEU DE PAUME TRANSFORMÉ MAIS ELLE EST CONSTRUITE SUR LE MODÈLE DES JEUX DE PAUME.

JEU DE PAUME

DIMENSIONS DE CE PREMIER théâtre : 33 x 16 m. Largeur de la scène : 7 m. Sa profondeur : 7 m également. Sa hauteur : 1 m, 90. Un étage de 12 loges. Pas de rideau. La majorité des spectateurs se tient debout devant la scène. (Un petit amphithéâtre au fond de la salle : on "domine" mais on est loin).
Chandelles éclairant (mal) scène et salle. Mais ouvertures latérales sous le plafond : la lumière du jour "aide", les séances ayant lieu l'après-midi.

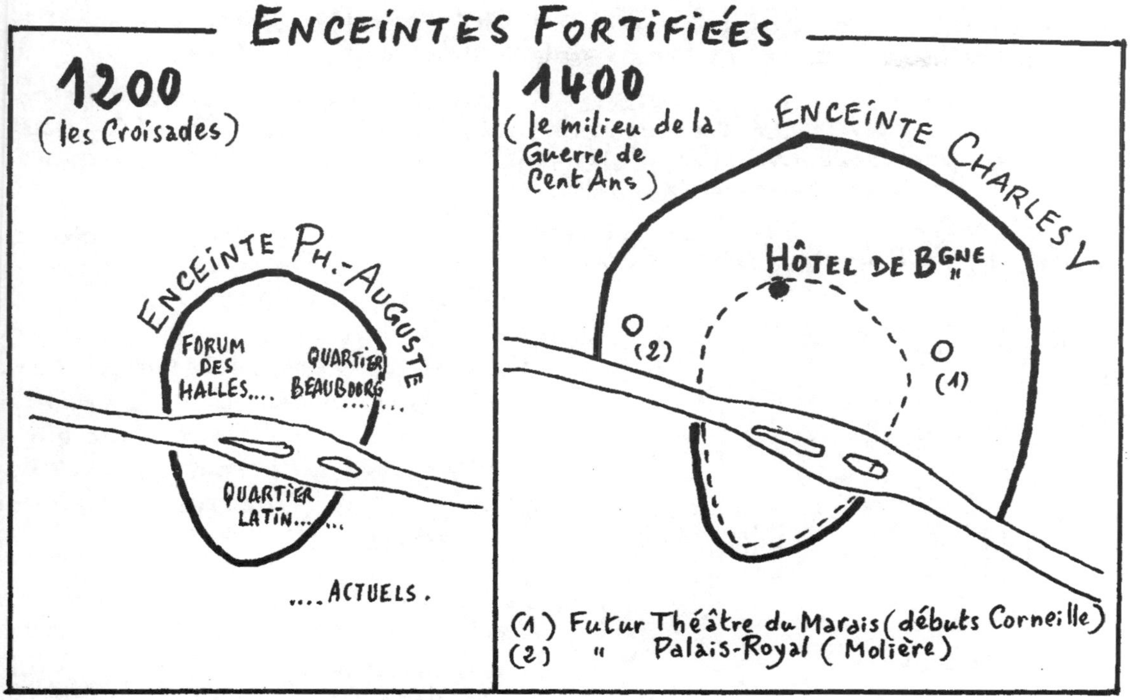

DÈS L'OUVERTURE DE LEUR SALLE, les Confrères (devenus professionnels) entendent donner leur répertoire habituel : les Mystères. Ils sont une vingtaine de comédiens, tous de sexe masculin ...

alors qu'ils étaient 200 et plus sur le parvis de Notre-Dame parcourant une scène d'une quarantaine de mètres ...

Les mansions ...

... se resserrent, s'entassent confusément.

La pièce religieuse, dans ces conditions, devient ridicule et peut même nuire à la foi du public.

Le Parlement de Paris (1) s'en prend violemment aux Confrères

« gens ignares, ne sachant ni A ni B, qui oncques ne furent instruits ni exercés ... et n'ont ni les accents de prononciation décente, ni aucune intelligence de ce qu'ils disent ... »

et leur interdit tout théâtre religieux (1548). Interdiction renouvelée en 1578 et en 1598.

---

(1) Assemblée de gens de robe (recrutés par cooptation) qui aident le roi à gouverner. Ils sont souvent fils ou petits-fils de ces patrons-artisans qui jadis avaient « pris en grippe » le théâtre. (Voir p. 71)

DÈS LORS, LA SEULE SOLUTION pour les Confrères, c'est de mettre bout à bout les farces-intermèdes des Mystères.

Pendant un demi-siècle, les Enfants sans Souci vont faire vivoter le théâtre avec ces pochades vieillottes, démodées, souvent obcènes. Elles n'attirent qu'un maigre public de laquais et de militaires en goguette.

CEPENDANT, LE ROI HENRI II s'entiche du théâtre des collèges, fait venir Jodelle (20 ans) à la Cour. On va y jouer principalement des pastiches de tragédies antiques...

THÉÂTRE DE COLLÈGE

Estienne Iodelle.

Mais Henri est tué accidentellement dans un tournoi. Sa veuve, Catherine de Médicis, estime que les tragédies « portent malheur »... alors que les Guerres de Religion ensanglantent la France.

ELLE FAIT DONC VENIR d'Italie ses joyeux compatriotes de la Commedia dell'Arte. Ils vont jouer dans les châteaux de la Loire, à la Cour... et à l'Hôtel de Bourgogne. Pour la première fois, les Parisiens vont applaudir des **comédiennes**.

Il s'agit de la troupe des "Gelosi" dirigée par Francesco ANDREINI. Sa femme, Isabelle ANDREINI, sera la première "vedette" féminine à Paris (1577).

ISABELLE ANDREINI

LES GELOSI...

= LES JALOUX ... de plaire au public.

ARLEQUIN DÉGUISÉ EN AUTRUCHE

LEUR PASSAGE FERA PRENDRE À LA VIEILLE FARCE MÉDIÉVALE UN « SÉRIEUX COUP DE VIEUX » !

EN FAIT, LES ITALIENS S'ENTENDENT MAL avec les Confrères, très "âpres au gain" pour la location de leur salle.

On les installe au Petit-Bourbon, salle des Fêtes de la Cour. Mais le Parlement se fâche : « Ils n'enseignent que paillardises et adultère »... Et ils rentrent en Italie, après deux ans de séjour. (Très vite, d'autres troupes italiennes vont se succéder au Petit-Bourbon).

En 1578, les Confrères louent leur lieu à un certain Agnan (français). En 1597, ils renoncent à monter sur scène. Forts de leur Monopole, ils vont « faire du garage » ...

L'ANTIQUITÉ « RÊVÉE »

ILLUSTRATION POUR UNE ÉDITION DE TÉRENCE (1493)
L'artiste, Trechsel, veut représenter un théâtre « à la romaine ». Et cela donne une curieuse préfiguration d'une petite salle à l'italienne du futur !

THÉÂTRE DE COLLÈGE

EN 1549, L'INTELLIGENTSIA parisienne tranche net nos racines médiévales. Ronsard et Du Bellay publient : "**Défense et Illustration de la Langue Française**", manifeste de **La Pléiade** dont Jodelle (17 ans !) est le benjamin et ... l'auteur dramatique.

<u>Il joue le rôle de Cléopâtre devant Henri II qui le nomme "Ordonnateur des Fêtes de la Cour". Hélas il sera «oublié» par Charles IX. Fin misérable.</u>

En 1552, il fait jouer "**Cléopâtre Captive**" par les élèves du collège de Boncour (à l'emplacement du 21 de la rue Descartes actuelle). C'est une <u>tragédie à l'antique</u> mais pour laquelle il s'inspire davantage de Plutarque que d'Euripide ou de Sénèque.

Nulle action sauf pendant les entractes !
Des déclamations successives ... mais, en germe, les caractères de la future tragédie classique :

- peinture d'une "crise" prise vers sa fin et aboutissant à la mort du "héros".
- unité de temps et de lieu.
- confidents.
- style noble soutenu.

Versification <u>très</u> (trop !) variée.

LE MONOPOLE DES CONFRÈRES provoque la création de "troupes de campagne" qui sillonnent la France. Jodelle sera leur modèle.

CLÉOPÂTRE CAPTIVE

Extrait d'un chœur :

Versant la rosée
Du fond de son cœur,
Par les yeux puisée,
Et puis la liqueur
Que requiert la cendre,
Et faisant entendre
Quelques mots lâchez,
Bassement mâchez,
Pour fin de la feste,
Meslant de sa testa
Les poils arrachez.
Elle a desplu
Pource qu'il semble
Qu'elle n'a pu
Que vivre ensemble,
Et que soudain
Luy faudra faire
Un' mesme affaire.

Acte IV :

LE CHŒUR DES FEMMES ALEXANDRINES

Si notre royne pleure,
Lequel de nous
Ne pleure point à l'heure ?
Pas un de tous.
Faisons céder aux larmes
La triste voix,
Et souffrons les alarmes
Tels que ces trois
— Jà la royne se couche
Près du tombeau,
Elle ouvre jà sa bouche :
Sus donc, tout beau !

CLÉOPATRE, *s'acheminant vers le tombeau d'Antoine*

Antoine, ô cher Antoine! Antoine, ma moitié!
Si Antoine n'eust eu des cieux l'inimitié
<u>Antoine, Antoine, hélas! dont le mal'heur me prive,</u>
<u>Entens la faible voix d'une faible captive,</u>
Qui de ses propres mains avoit la cendre mise
Au clos de ce tombeau n'estant encore prise;
Mais qui, prise et captive à son mal'heur guidée,
Sujette et prisonnière en sa ville gardée,
T'implore maintenant, et, non sans quelque crainte
De faire trop durer en ce lieu ma complainte,
Vû qu'on a l'œil sus moy, de peur que la douleur
Ne face par la mort la fin de mon mal'heur,
Et à fin que mon corps, de sa douleur privé,
Soit au rommain triomphe en la fin réservé,
Triomphe, dy-je, las! qu'on veut orner de moy,
Triomphe, dy-je, las! que l'on fera de toy!
Il ne faut, désormais, de moy que tu attendes
Quelques autres honneurs, quelques autres of-
[frandes.

Ces 2 vers annoncent Corneille et Racine

Salle des Fêtes de la Cour
Immense chapelle du Petit-Bourbon, hôtel du Connétable de Bourbon confisqué en 1527 pour haute trahison de ce dernier.

Décor très pédagogique : des sortes d'isoloirs soudés ensemble...

Chacun d'eux est affecté à un personnage dont le nom apparaît au-dessus du petit rideau.

Lors de son entrée en scène, chaque personnage sort de sa "maison". On ne peut être plus explicatif.

AU SEIN DES COLLÈGES donc, les étudiants (tous de sexe masculin) font du théâtre dans le cadre de leur étude de l'Antiquité.

Notez qu'ils ne jouent pas des "traductions en français" de Plaute ou de Sénèque (les auteurs les plus étudiés) mais des **pastiches** de ces auteurs ... signés par un professeur du collège ou quelque ancien élève devenu avocat ou "fonctionnaire important" (lieutenant-général d'une province ou conseiller d'un Parlement) ... "en vers".

VERS 1580, APPARITION de la **comédie en prose** comme "**Les Ésprits**" ("Les Revenants") de Pierre de Larivey (1540-1619) qui ont influencé Molière. Ils sont imités du "Fantôme" de Plaute. On fait croire à un vieil avare de retour de voyage que les bruits de festin qu'il entend à l'intérieur de sa maison sont "surnaturels"... alors que c'est son fils qui y "traite" ses amis.

Les spectateurs entourent la scène : un véritable "théâtre en rond".

ANGLETERRE
THÉÂTRE ÉLISABÉTHAIN
1575 - 1642

◁ ELISABETH Ière (REINE DE 1558 à 1603) protège le théâtre anglais qui porte son nom.

En retour, Shakespeare et ses confrères défendent la royauté. Même Richard II, roi déplorable, acquiert la grandeur royale lorsqu'en prison, il devient « roi de ses douleurs ».

Mais tout a commencé ainsi :

— ON JOUE SUR LES PLACES, AVANT DE FAIRE LA QUÊTE ...

— MAIS LA QUÊTE C'EST LE SAUVE-QUI-PEUT !

— C'EST ALORS QU'UN HOMME DE THÉÂTRE (INCONNU) IMAGINE LA CONCENTRATION ..

.. DES MANSIONS EN UN SEUL LIEU VIDE LES CONTENANT TOUTES EN PUISSANCE :

C'EST LE "LIEU DE NULLE PART."

ON IMAGINE DE PLACER le "lieu de nulle part" au fond des cours d'auberges. On fait payer à l'entrée. La majorité des spectateurs se tient debout devant la scène. Seuls les gens riches louent des chambres dont les fenêtres font office de "loges".

Mais l'activité des auberges ne permettant pas le théâtre quotidien, les comédiens construisent des salles « sur le modèle » des cours d'auberges londoniennes.

La première, édifiée en 1576 par le comédien-chef de troupe James Burbage, s'appelle simplement "Le Théâtre". Dans une banlieue mal famée Rive Nord (de la Tamise).

INCENDIE DU "GLOBE"

En juin 1613, on joue "Henry VIII", la nouvelle pièce de l'auteur-maison. Au cours du 1er acte, les deux canons (placés sous le toit du « pigeonnier » surmontant la scène) devaient tirer, en signe de « salut au roi ». Les canonniers, négligents, laissent des étincelles mettre le feu au chaume du toit. Le théâtre est entièrement détruit mais, malgré la grande affluence ce jour-là, aucun spectateur n'est blessé. "Le Globe" est immédiatement reconstruit. Et la partie du toit abritant les canons n'est plus recouverte de chaume, mais de tuiles...

Outre l'incendie, les épidémies sont la plaie du théâtre et obligent les troupes à partir en tournée. En 1593, toutes les salles sont fermées, un temps, pour cause de peste.

PEU APRÈS, POUSSENT À CÔTÉ : "Le Rideau", "La Fortune", "Les Blackfriars"...

En 1585, Rive Sud, s'ouvre "La Rose". Démêlés avec le propriétaire du terrain : "Le Théâtre" est démoli. (Après 17 ans). Burbage récupère les matériaux et les utilise pour construire "Le Globe" (1594), Rive Sud. Trente-cinq pièces de Shakespeare seront créées là. La Rive Sud devient le quartier des théâtres (d'autres salles apparaissent).

En 1629, Londres compte une vingtaine de théâtres, ... pour un seul à Paris !

Le Bear Garden ("Le Jardin de l'Ours")

Le Globe (allusion au "globe terrestre" dont les Grandes Découvertes confirment, jour après jour, la réalité).

SCÈNE ET SALLE ÉLISABÉTHAINES

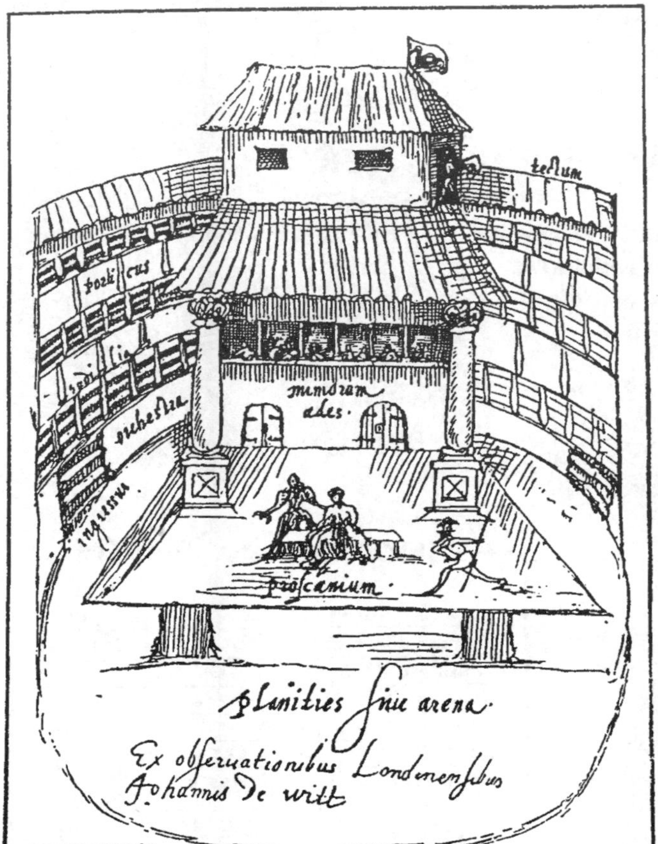

–EN FRANÇAIS...
tectum = toiture ; **porticus** = promenoir ; **sedilia** = places assises
ingressus = entrée ; **mimorum aedes** = maison des comédiens.

Le Cygne

Ce croquis (célébrissime !) est "d'époque".
Ne serait-ce pas des spectateurs qu'on aperçoit au fond ? Dans ce cas, nous aurions un véritable Théâtre en Rond.

A : L'AVANT-SCÈNE pour les duels, batailles et scènes champêtres.

B : L'ARRIÈRE-SCÈNE (alcôve fermée par une courtine) pour les adultères et les trépas. Polonius y espionne Hamlet. C'est le tombeau de Juliette, la chambre de Desdémone... Le trône du roi transforme D et A en salle du trône.

C : LE BALCON (sous l'auvent) qui figure le balcon de Juliette ou (si l'on ajoute des créneaux) le rempart d'un château-fort.

D : LA SCÈNE proprement dite (au-delà des piliers).

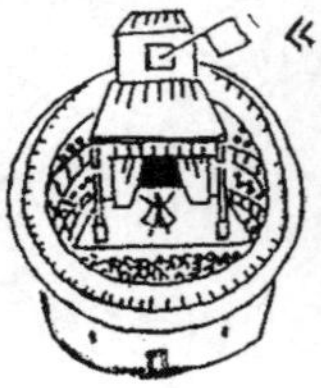

« Cet O de bois, ce puits à coqs... »
Shakespeare (HENRY V)

allusion à la salle-puits des combats de coqs

ON AJOUTE DES... ... ÉLÉMENTS DE DÉCOR

Un trône dans l'arrière-scène & des tabourets = LE PALAIS D'UN ROI.

Un gouvernail, des cordages, une figure de proue, des balustrades = UN NAVIRE.

Deux arbres = UN BOIS.
L'arrière-scène devient une grotte, comme celle de Prospero.

> « Tout cela violemment peinturluré, d'une somptuosité canaille. »
> Gaston BATY

POUR INDIQUER LE ... ... LIEU DE L'ACTION :

On sait que Macbeth faisait son entrée en scène à cheval !

Roméo s'apprête à escalader réellement le balcon de Juliette : le décor est "en dur", non en toile peinte.

Un simple écriteau aurait tenu lieu, parfois, de décor. (De plus en plus contesté par les historiens).

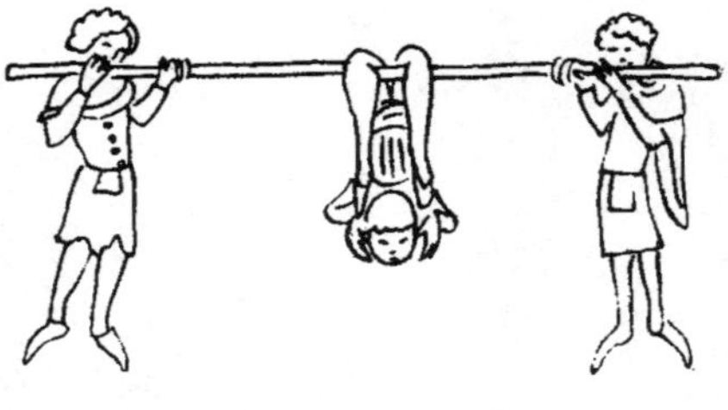

Acrobates : ils se produisent une fois la pièce finie, ou bien au cours d'intermèdes.

SOMEBODY (Quelqu'un) NOBODY (Personne) bouffons de la comédie anonyme "Nobody and Somebody".

SOURCES. Le théâtre Élisabéthain prend sa source à la fois dans le Théâtre "de collège" et dans les Mystères médiévaux.

Pas de rupture radicale (et autoritaire!) avec ces derniers, comme en France.

À noter que le théâtre religieux anglais intégrait le pittoresque, voire le comique, à l'Histoire Sainte.

Et tolérait, sur ses tréteaux, de temps en temps, un théâtre profane spécifique : les "Histoires" (... de la Vieille Angleterre : ses rois, leurs luttes... et les "faits divers" célèbres).

Quant aux MORALITÉS, elles passionnaient. Dans ces dernières, le Vice, bouffon savoureux, annonce le clown shakespearien énonçant une morale à l'envers. Tel Falstaff.

PAGEANT

Type de "pageant" à étage utilisé dans les Fêtes foraines, jusqu'au XIXe siècle!

"GUILDES". Elles correspondent un peu aux Confréries françaises mais, plus nombreuses, elles sont l'émanation des Corporations. Textes, décors et costumes deviennent, dès le XIVe siècle, la propriété des Corporations.

On construit (déjà!) des mansions roulantes pour faciliter les déplacements. On les appelle des **pageants**. À noter qu'un monopole comme celui des Confrères à Paris serait inimaginable à Londres.

Lors de la professionnalisation et de l'établissement dans un lieu fixe, chaque Guilde se place sous la protection nominale d'un grand seigneur. Pour se mettre à l'abri des magistrats puritains (pour qui le théâtre est « la maison du Diable ! »).

INTERMÈDES. Des entrepreneurs de spectacles (combats de chiens, combats de coqs, acrobates, jongleurs, animaux savants) s'avisent qu'il y a de l'argent à gagner en intéressant à la fois le public populaire et le public lettré. L'Humanisme des collèges au secours du vieux théâtre médiéval! Pas contre lui.

Sur cette page et la suivante : musiciens, équilibristes, saltimbanques divers se produisant dans les fêtes montrées sur la scène (célébration d'un mariage princier ou arrivée de comédiens errants comme dans "Hamlet").

CLOWN ANGLAIS moderne. Son costume est resté exactement celui de son ancêtre élisabéthain.

"MONSIEUR MIAOU".

Terreur des auteurs médiocres, il s'agit sous cette appellation pittoresque, d'un chahut de toute la salle sous forme de miaulements de chats.

COULEUR LOCALE.

On l'ignore. Au "Globe", on tire le canon dans "Jules César"... Notion née au XIXe siècle des progrès de l'archéologie, elle n'existe ni pour le décorateur, ni pour l'auteur.

Ainsi, dans le "Roi Lear", les noms des familles nobles sont ceux du XVIIe siècle... alors que la pièce se passe en l'an « 3105 du monde », ce qui correspond à l'époque du roi Salomon. (Lear, d'après Victor Hugo, aurait bien été "roi d'Angleterre" en ces temps anciens).

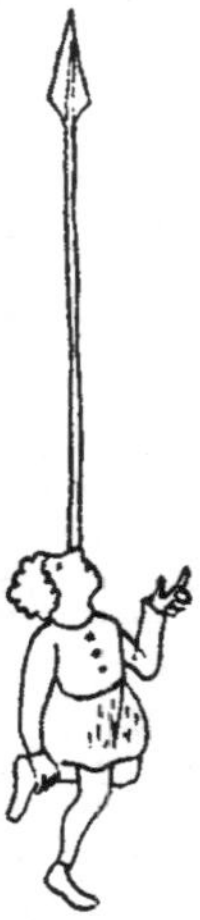

TRAVESTIS. Pas encore de comédiennes ! Ophélie ou Desdémone sont incarnées par de très jeunes gens « qui jouent les femmes à la scène comme à la ville », disait-on.

Or, dans ses comédies, Shakespeare se plaît à obliger ses héroïnes à se déguiser en garçons ! Julie, Viola ou Rosalinde n'ont que ce moyen pour « survivre ». Ainsi l'ambiguïté est comme redoublée : elles séduisent à la fois hommes et femmes...

costumes d'animaux

SEMI-PLEIN AIR. Même les scènes de nuit les plus impressionnantes, tout est joué à la lumière du jour. C'est un flambeau ou un candélabre allumé au soleil qui indique : c'est la nuit !

THÈME RÉCURRENT :

la vengeance. D'Hamlet qui doit venger son père... à la "Tragédie du Vengeur" de Cyril Tourneur.

"RAPETASSEURS" & HUMANISTES.

Il s'agit des <u>auteurs</u>. (Le public les ignore : leur nom ne figure pas sur l'affichette à la porte du théâtre.)

DEUX CATÉGORIES :

- **des comédiens de la troupe** spécialisés dans la remise au goût du jour de vieux canevas (pantomimes, chroniques, "Histoires" médiévales).
- **des intellectuels humanistes** dévoyés, les « Beaux Esprits universitaires » qui sortent d'Oxford ou de Cambridge.

"ARDEN DE FAVERSHAM" (1586) tragédie "domestique" d'auteur anonyme : Une femme arrive, à grand peine, à faire assasiner son mari par des tueurs balourds... mais tout est découvert.

Ces derniers méprisent un peu les premiers qu'ils appellent les « rapetasseurs » mais tous se retrouvent à la Sirène, à la Hure, à la Mitre, au Dauphin... <u>tavernes malfamées</u> où ils pratiquent le « brain storming » (la tempête de cerveaux) des (futurs) scénaristes hollywoodiens. Ils signent seuls, à deux, ou pas du tout, des pièces élaborées en groupe.

AVENTURIERS, BOHÈMES, s'accusant mutuellement d'impiété (voire d'athéisme !) ils sont souvent **agents secrets**, surtout lorsqu'ils partent "en tournée" à l'étranger. (À Londres aussi bien qu'en Europe, tout le monde s'espionne ... et ils parlent souvent plusieurs langues !)

LE THÈME DE LA VENGEANCE (inspiré de Sénèque et sans cesse repris) est inventé par le pionnier **Thomas KYD** (1558-1594) dans sa "**Tragédie espagnole**", énorme succès. Il donne aussi une "**Vengeance d'Hamlet**" (pièce perdue) quelques années avant Shakespeare qui s'en inspirera.

"LA TRAGÉDIE ESPAGNOLE" (1587)

DE KYD : Une jeune fille, contrainte d'épouser l'assassin de son fiancé, fait jouer, le jour de ses noces, une tragédie qui est, en fait, un piège : on y tuera réellement les coupables. Finalement tout le monde s'y tue ou y est tué...

AUTRES PIONNIERS, George **Peele** et John **Lily** "lancent" la pastorale précieuse et la comédie romanesque : elles ravissent la reine lors de représentations données à la Cour. Également le public féminin des "galeries". (Au parterre, il y a peu de femmes ! On donne même à ce public populaire l'affreux surnom de **puants**...)

Noter que tous ces écrivains attendent leur gagne-pain du théâtre et la gloire de leurs poèmes ou de leurs romans. Leur condition d'auteurs "à gages", de "fournisseurs", indigne davantage Marlowe (qui tombe de l'Université aux "tavernes littéraires") que Shakespeare, ex-rapetasseur.

1564-1593
29 ans

CHRISTOPHER MARLOWE

Même âge que son ami Shakespeare.

Né à : Cantorbéry. **Père** : cordonnier (métier "noble" : les chaussures sont faites sur mesures). **Mère** : fille de clergyman. **Boursier** : il entre à Cambridge. **À 20 ans** : bachelier. Prolongation de bourse. **Absences** : fréquentes. Il serait à Reims où il suivrait des cours au séminaire. S'est-il converti au catholicisme ? **Va être renvoyé** : de Cambridge quand ses professeurs reçoivent une note sèche de la reine (*il était à Reims « au service de son pays »!*) **Stupéfaction** : à Cambridge. Leur élève avait été recruté par l'Intelligence Service ! **À 23 ans** : diplôme de "Maître-ès-Arts". **S'installe** : à Londres et fait jouer son "Tamerlan".

AUTEUR DE 6 PIÈCES, TOUTES DES TRAGÉDIES.

"DR FAUST" : Entre son bon et son mauvais ange, il va à la damnation.

Le feu violent qui le consume, il le communique à ses personnages.

Provocateur de taverne, il plaisante sans cesse l'Ecriture Sainte et déclare que « ceux qui n'aiment pas les garçons sont des sots ». Querelleur, il cherche les rixes. Talentueux (et protégé), il plaide brillamment sa cause lors des procès à l'issue de ses séjours en prison. C'est un peu le Jean Genet élisabéthain. Une dernière rixe lui sera fatale : coup de poignard dans l'œil.

"TAMERLAN" : quatre rois déchus tirent le carrosse du conquérant en extase devant la beauté de la fille du sultan d'Egypte.

"LE MASSACRE À PARIS" (la St Barthélémy) vu ici par Patrice Chéreau (TNP. 1972).

"EDOUARD II" : roi faible et frivole (du XIVe siècle) sacrifiant tout à ses "mignons". Déposé par ses barons, emprisonné, il est assassiné de manière horrible (tringle rougie au feu enfoncée dans l'anus : ainsi pas de trace apparente du meurtre !).

"DOCTEUR FAUST" : sujet tiré du répertoire de marionnettes allemandes.

1564 - 1616
52 ans

On a dit que, dans le portrait ci-dessus, l'oreille gauche ressemble à un doigt, le doigt d'une main qui tiendrait un masque ! Le peintre aurait voulu signifier par là qu'un autre visage se cachait sous celui représenté.

WILLIAM SHAKESPEARE

Né à : Stratford-on-Avon, une bourgade devenue célèbre de ce fait. **Père** : boutiquier (bourrelier, marchand de laine). Échevin actif, il est nommé bailli (maire). Il prend sa charge trop à cœur et néglige ses "affaires". Revers de fortune, il a des dettes et hypothèque en partie ses 3 maisons.

William : est le second de ses enfants. **Il va** : à la Grammar School de Stratford, mais pas à l'Université. **Il se marie** : à 18 ans (sa femme en a 26). Ils auront très vite une fille et deux jumeaux. **On le retrouve** : (quelques années plus tard) comédien dans la troupe du "Lord Chambellan".

Il ne deviendra jamais un comédien de 1er plan (dans "Hamlet", il joue le spectre) mais il est d'emblée un « rapetasseur » apprécié ...

Il prend : pour protecteur le comte de Southampton (à la fabuleuse bibliothèque) qui l'introduit à la Cour où il peut s'initier aux intrigues politiques, aux « dessous » du pouvoir. **Il devient** : agent secret d'un agent secret. **Il fréquente** : Marlowe et le comte d'Essex (qui mourra décapité pour avoir comploté contre la reine Elisabeth).

Dès la réouverture des théâtres après la peste de 1593, il s'affirme un véritable auteur dont la vie se confond désormais avec un travail acharné. Échappant à la "bohème" crapuleuse, il rétablit la fortune de son père et arrondit la sienne. Il se retire, riche et célèbre, à Stratford, à l'âge de 50 ans. Deux ans plus tard, il meurt d'une indigestion lors du mariage de sa fille.

37 PIÈCES LUI SONT ATTRIBUÉES.
60 000 ouvrages lui ont été consacrés.

Le plus grand poète dramatique de tous les temps
par l'ampleur et la variété de son œuvre.

LE "MYSTÈRE" SHAKESPEARE

La formidable érudition dont il fait preuve (en botanique, ésotérisme, histoire ...) a fait supposer qu'il n'était que le "prête-nom" d'un grand humaniste. On a dénombré une soixantaine de "prétendants" à l'œuvre de Shakespeare. Parmi eux :

- le comte de DERBY, grand voyageur, grand savant, grand seigneur humaniste.
- Francis BACON (1561-1626), philosophe.
- MARLOWE réfugié secrètement en France. C'est juste après sa disparition que Shakespeare devient "productif".

ÎL A ÉCRIT PRINCIPALEMENT...

... de 29 à 37 ans : **des drames historiques** (1593 - 1601)

... de 38 à 45 ans : **des tragédies, des comédies** (1602 - 1609)

... de 46 à 50 ans : **des comédies noires** (1610 - 1614)

LES DRAMES HISTORIQUES

ÎLS "CONTINUENT" LES « HISTOIRES » du théâtre profane médiéval.

À l'exception du "ROI JEAN" (qui se passe au XIIIe siècle et raconte l'histoire du « Néron anglais »), ils traitent tous (avec en toile de fond, pour la plupart, la guerre de Cent Ans) de la guerre des Deux Roses, de sa préparation ou de ses conséquences. (XIVe, XVe siècles).

La guerre des Deux Roses : deux branches rivales de la famille royale s'affrontent : la maison d'York et la maison de Lancastre. Elles ont chacune une rose sur leur écusson : blanche (c'est-à-dire d'argent) pour York, rouge (c'est-à-dire de gueules) pour Lancastre.

Bourgeoisie et peuple restent neutres. La noblesse féodale est décimée. La royauté absolue s'installe.

L'EXACTITUDE HISTORIQUE n'est pas la préoccupation de Shakespeare. Il condense, malaxe, interprète l'Histoire. Pour en dégager un **sens civique**. Comme les tragiques grecs !

En cette fin du XVIe siècle, Elisabeth Ière combat les féodaux en s'appuyant sur la bourgeoisie. Shakespeare la soutient : sa grande idée c'est que l'Angleterre, à travers luttes et souffrances, marche vers l'unité nationale incarnée par le centralisme monarchique.

1947

Jean **VILAR - RICHARD II**
une inoubliable création

Il est royaliste... mais sévère, exigeant, envers le souverain qui doit se montrer digne de ses fonctions.

"RICHARD II" (créé en France par Jean Vilar, en 1947, au 1er Festival d'Avignon).

Roi incapable, versatile, rapace. Déposé par ses vassaux, emprisonné, misérable, c'est seulement dans sa cellule qu'il se hausse à la hauteur royale : il devient "roi de ses douleurs".

RICHARD III (créé en France par Charles Dullin, en 1933, au théâtre de l'Atelier).

Disgracié par la nature, agressif, sanguinaire, il supprime (encore duc) tous les obstacles entre lui et la couronne : son frère, ses neveux (les célèbres "enfants d'Edouard"), sa propre femme. Amoral, courageux, odieux, émouvant ... il fascine les spectateurs. Sans parler des comédiens célèbres qui rêvent de l'incarner ! La réplique de la "fin" de "Richard III" : « Mon royaume pour un cheval ! »

1933

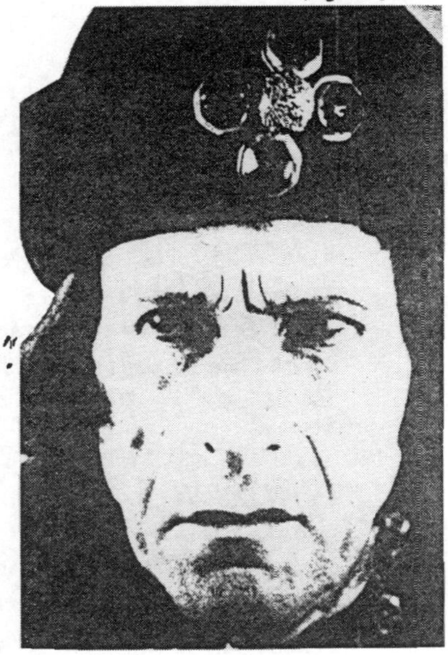

Charles **DULLIN - RICHARD III**
remarquable dans la cour - réussie ! - qu'il fait à sa veuve sur le cercueil du Prince Edouard (qu'il a fait assassiner !)

QUANT À LA SÉRIE des Henri ("HENRI IV"– en deux parties –, "HENRI V", "HENRI VI" – écrite en 1er ! –), on pourrait l'appeler : l'**école des rois**.

Dans "HENRI IV" (1598), le Prince de Galles (futur Henri V) fait la guerre aux côtés de son père avec, dans les rangs de ses troupes, Sir John **Falstaff**, énorme et truculent vieillard qui, la paix revenue, devient son compagnon de débauche.
Falstaff, un des plus merveilleux personnages du théâtre universel est un clown, mais à triple visage :

... tantôt **joyeux compagnon**. Comme dans la scène d'auberge où, juché sur un tonneau, il tient le rôle du roi « faisant passer à son fils un examen » à propos de la vie dissolue qu'il mène en compagnie d'impénitents bohèmes et d'aimables truands (qui vont cependant, pour s'amuser, jusqu'à agresser les passants).

Autre scène célèbre : celle du récit, par Falstaff, de son agression par des gredins en blouses de « bougran » (toile rude). Une nuit, ainsi déguisés, le Prince et trois compères agressent Falstaff, le dépouillent et le font fuir. Le lendemain, riant sous cape, ils lui demandent de raconter l'agression. Falstaff commence par parler de cent assaillants mais il est obligé d'en réduire le nombre, enfin d'avouer qu'il a paniqué devant 4 hommes. « ... Et c'était : nous ! » disent ses interlocuteurs. Alors Falstaff : « je vous avais reconnus ! Pouvais-je porter la main sur mon Prince... etc... etc... ».

Le comique de Falstaff est unique dans le théâtre de tous les temps ... On rit franchement, sans arrière-pensée, sans connotation satirique ... Sans s'estimer supérieur au bouffon. Rire le plus sain qui soit.

1959. Décor de René Allio pour "Henri IV". M. en scène : Roger Planchon

... tantôt **capitaine mercenaire** cynique qui recrute des soldats pour son propre compte. Il touche une « subvention » du roi pour chaque homme recruté. Et un dédommagement pour chaque homme tué ! Il s'entoure donc d'estropiés, de béquillards, de malades, de tarés invraisemblables qu'il amène sur le champ de bataille aux endroits les plus dangereux. Là, il se met à l'abri et, de temps en temps, il vient annoncer aux spectateurs : « Encore trois qui se sont fait poivrer ! » Il se frotte les mains : tout bénéfice pour lui. Là, on pense à Ubu. Et aussi à Brecht dans la tirade au bas de la page 103, terriblement « démystificatrice ».

... tantôt **séducteur ridicule** dans "*LES JOYEUSES COMMÈRES DE WINDSOR* (1601), comédie-farce commandée par la Reine (entichée de Falstaff) et écrite en 15 jours. Plus vantard que jamais, Falstaff fait la cour en même temps à deux amies, bourgeoises mariées à des imbéciles mais entendant leur rester fidèles. Leur cruauté à l'égard de ce "soupirant" est un adieu à la vieille Angleterre des sérénades sous les balcons et des amours illégitimes.

MAIS L'ADIEU AU PASSÉ le plus déchirant, c'est la scène d'"HENRI IV" (2e partie) où le nouveau roi ne veut plus reconnaître son vieil ami. (voir p. 103)

FALSTAFF

bon vivant, truculent, fanfaron, lâche
gourmand et fin, jouisseur et délicat

FALSTAFF & SON PAGE

1965
Jacques FABBRI-FALSTAFF dans les "Joyeuses Commères"

1960 : JEAN BOUISE incarne Falstaff dans "Henri IV" chez Roger Planchon

"LES JOYEUSES COMMÈRES DE WINDSOR" :

D'abord obligé de se cacher dans un panier de linge sale, puis de se travestir en vieille femme... Falstaff, affublé de cornes, joue au "revenant" tandis que les villageois déguisés en lutins (avec torches et crécelles) viennent l'étriller, le pincer, le "rôtir" ! Telle est la fin des "Joyeuses commères..."

HENRY V À FALSTAFF : Vieillard, je ne te connais pas, va dire tes prières ! ET IL LE FAIT EMPRISONNER...

Dans "Henri IV" :

FALSTAFF : L'honneur ? Seigneur ! Qu'est-ce que c'est que l'honneur ? Être au bord d'un abîme et se dire "en avant" ! C'est ça l'honneur. Allons, ne poussons pas, rien ne presse. "En avant" ! disent-ils, et hop, plus de jambe ! Est-ce que l'honneur peut remettre une jambe ? Non... ou même un bras ? Pas question !... Et la douleur ?... Est-ce que l'honneur apaise la douleur ?... Mon œil, oui !... L'honneur ne connaît rien à rien. Ni à la médecine ni à la chirurgie. L'honneur n'est bon que pour le rétamage !... Mais pour accompagner les funérailles, ça... !... charmant bénéfice ! Il est content le mort ! Mais l'honneur pourra-t-il jamais le ressusciter ? Ah, pas question ! Alors, à quoi il est bon, l'honneur ? Pour les morts ? Zéro !... Et pour les vivants ?... Encore moins ! Car l'honneur ne peut rien contre la médisance. Alors, non merci, ma foi ! L'honneur, j'en ai rien à cirer. Ainsi finit mon catéchisme.

DÈS 1600, RENVERSEMENT DES ALLIANCES !

La bourgeoisie montante ayant révélé son vrai visage (accaparement des terres, férocité commerciale plutôt qu'aspirations humanistes !), la Reine renoue avec les féodaux...

Shakespeare, sans doute décontenancé, abandonne le drame civique pour la tragédie "à la Sénèque". Il va créer des **monstres**.

Au début de la pièce, Lear est soutenu par son fou. (ci-dessus) Ensuite par Cordélia. Jamais les deux personnages ne se rencontrent : un même acteur jouait-il les deux ? Peut-être même, a-t-on pensé, est-ce Cordélia qui se déguise en fou pour être proche de son père à l'insu de ce dernier.

"LE ROI LEAR" (1605). Monstre de **naïveté** et de **gâtisme**, le vieux Lear partage ses états entre ses filles Goneril et Régane qui l'ont assuré de leur affection publiquement et de façon emphatique. Leur plus jeune sœur Cordélia, discrète et pudique, n'aura rien.

Intrigues entrelacées (pas d'unité d'action non plus que de lieu et de temps) : Lear, volontairement "nu comme un ver", se voit rejeté par Goneril et Régane qui devaient le loger alternativement. Il erre sur la lande, dans la tempête, avec son seul fou. Le roi de France, époux de Cordélia, débarque avec ses troupes pour le défendre.

Edmond, fils bâtard et bien-aimé du comte de Gloster, dénonce son père (qui veut aussi défendre Lear) comme traître à qui on crèvera les yeux. Cet Edmond est courtisé par Régane. Et par Goneril qui, jalouse de sa sœur, empoisonne cette dernière. Goneril tente même d'empoisonner son propre mari : le duc d'Albany (mais, découverte, elle se suicide !)

Tous les personnages sympathiques et malheureux se retrouvent dans la lande : Lear (devenu fou), l'aveugle Gloster (guidé par son fils légitime Edgar qu'il n'a pas reconnu) et... Cordélia (dont les troupes sont vaincues) qui mourra dans les bras de son père également mourant.

Duel-ordalie : Edgar tue Edmond. Albany devient roi.

LES SORCIÈRES DE "MACBETH"

D'aspect repoussant, elles sont drôles et même spirituelles à leur manière... donc finalement plutôt sympathiques.

"MACBETH" (1606). Monstre d'**ambition**, poussé par sa femme, il assassine le roi Duncan, son hôte d'une nuit... pour devenir roi. Il élimine aussi son ami Banquo dont le fantôme va le hanter. Mais, annoncé de façon sibylline par les Sorcières, le châtiment approche. Les soldats de Malcolm, vengeur du roi tué, cernent le château de Macbeth qui se jette dans la mêlée où il périra.

Illustrations de ces 2 pages : bois gravés du XIXe siècle.

"OTHELLO" (1604). Monstre de **jalousie.** Général au service de la République de Venise, le "maure" Othello et Desdémone (fille d'un notable de la ville) s'aiment et se marient malgré l'opposition du père de la jeune fille qui ne voudrait pas d'un africain pour gendre.

Tout irait bien cependant si une abominable machination n'était ourdie par un lieutenant du maure, Iago, profondément vexé par la nomination de Cassio à un poste de commandement qu'il convoitait, lui. L'action vole de Venise à Chypre, dans un fort commandé par Othello. Iago, formidable « faux-jeton » sous une apparence de bonhomie, distille savamment, durant toute la pièce, le poison de la jalousie dans l'esprit d'Othello. Un mouchoir de Desdémone caché par Iago dans la chambre de Cassio... des paroles habilement "maladroites"... et Othello finira par étouffer sa femme sous un oreiller. Puis, comprenant qu'on l'avait abusé, il se tuera.

- ET 2 TRAGÉDIES datant de la période des "drames historiques":

"ROMÉO ET JULIETTE" (1595). La scène se passe en Italie, à Vérone. Juliette, promise en mariage au chevalier Pâris, rencontre à un bal, donné par ses parents (les Capulet), le fils des Montaigu (famille ennemie des Capulet) qui se nomme Roméo. Ils s'épousent secrètement.

ROMÉO, BANNI, DOIT QUITTER JULIETTE AU PETIT MATIN : IL NE LA REVERRA PAS VIVANTE ...

Mais Roméo est banni de Vérone pour avoir vengé son ami Mercutio tué par un cousin de Juliette. La peste isole la région. Pour se soustraire au mariage avec Pâris, Juliette absorbe une drogue faisant croire à sa mort. Dans le tombeau, elle s'éveille de sa léthargie ... pour trouver Roméo qui s'est empoisonné : la lettre "l'avertissant de tout" s'est égarée. Elle se poignarde sur le corps de son mari.

"HAMLET" (1596). **La plus célèbre pièce de théâtre au monde.**

Dépouillé de ses terres, le roi de Norvège, Fortimbras, est mis à mort par le roi du Danemark, Hamlet. Ce dernier bientôt meurt à son tour.

En fait, il a été empoisonné habilement par son propre frère Claudius qui aussitôt épouse sa veuve et devient roi. Réclamant vengeance, le spectre d'Hamlet apparaît à son fils de vingt ans qui se nomme également Hamlet ... et qui semble atteint d'un lancinant désenchantement de la vie.

Des comédiens ambulants étant de passage, il leur fait jouer une pièce de son invention qui évoque le meurtre d'un roi. Claudius s'agite : il est coupable. Mais, vengeur convaincu, Hamlet va retarder sans cesse le moment d'agir.

Hamlet rêvant sur le crâne du "pauvre Yorick", un bouffon qu'il a connu, enfant.

1946

Jean-Louis BARRAULT-HAMLET

Il simule la folie, traite avec une étrange cruauté Ophélie qu'il aime. Il va chez sa mère, la reine, lui dire le dégoût (et l'amour) qu'elle lui inspire. Là, il tue par erreur le chambellan Polonius, père d'Ophélie. Laërte, fils de Polonius, veut venger son père. (Entre temps, Ophélie, devenue folle, s'est noyée...)
Laërte donc, avec la complicité de Claudius, truque une partie d'escrime (fleuret et coupe de boisson empoisonnés) entre lui et Hamlet, qui aboutira à la mort de tous les personnages.
Aussitôt surgit, à la tête de ses troupes, Fortimbras fils de Fortimbras, le roi de Norvège dépouillé. Il sera roi du Danemark.
Le désordre, qui avait donné naissance à la tragédie, est réparé.

... SANS OUBLIER LES TRAGÉDIES "ROMAINES":

"JULES CÉSAR" (1599). L'assassinat de l'"imperator" est annoncé par des prodiges : tonnerre, éclairs, averses de feu, main d'un esclave qui flambe spontanément, lions et hommes en feu traversant Rome etc...

Mais on voit surtout, dans cette pièce, comment un orateur passionné (Marc-Antoine) retourne l'opinion, favorable d'abord à l'élimination du tyran, et transforme les "justiciers" (Brutus et Cassius) en véritables monstres.

1906. Jules César/ André Antoine. Odéon

1933. Coriolan/ Emile Fabre. Cdie Fse

"CORIOLAN" (1608).

Général romain ulcéré de ne pas recevoir le pouvoir dictatorial qu'il brigue, Coriolan se met au service des Volsques, ennemis de sa patrie. Aux portes de Rome, il cède aux prières de sa mère et épargne la cité, sachant fort bien qu'il signe ainsi son arrêt de mort.

AUX THÉÂTRES DU CARTEL
(PITOËFF, DULLIN, BATY)

1921. Macbeth : décor unique de **Pitoëff** ne représentant, disait-il, « ni l'extérieur, ni l'intérieur », « lieu de pure imagination », « représentation plastique du plan sur lequel évolue *Macbeth* en entier ».

1928. *Le premier Hamlet* : l'un des décors de **Baty**. — Comme Pitoëff ci-contre, il est son propre décorateur... Proche comme lui de Craig et d'Appia. (Première version d'"Hamlet" par Shakespeare).

1937. Jules César : décors de Pierre Sonrel et **Dullin**. Stylisation quelque peu cubiste. La coulisse est censée dissimuler le reste du Sénat : procédé habile, mais très « scène à l'italienne »...

1928. Volpone : de Jules Romains (d'ap. Ben Jonson). Décor d'André Barsacq (22 ans) pour **Dullin**.

— voir page 111 —

1933. Richard III : décor fixe de Georges Vakalo pour **Dullin**. — On évoque les "mansions" soudées des décors pré-classiques... dans lesquelles fut encore créé le "Cid" de Corneille (juste avant l'arrivée de la "conversation sous un lustre"...).

1937. Roméo et Juliette : décor fixe de **Pitoëff**. La petite scène des Mathurins est bien encombrée !

... manque **JOUVET** qui, curieusement, n'a jamais "monté" Shakespeare.

LES COMÉDIES

COMÉDIES FÉERIQUES, GALANTES ou noires...

peu influencées par le théâtre "à l'antique" des collèges (Plaute, Térence) ou par les fabliaux.
Souvent le réel s'y mêle au fantastique. L'intrigue, très complexe, est pleine de travestissements, d'amour courtois, d'aventures initiatiques, d'ésotérisme, de mystères et de sortilèges.

CITONS...

"LE SONGE D'UNE NUIT D'ÉTÉ" (1595). Il s'agit de la nuit de la St-Jean. Nuit mystérieuse, magique, durant laquelle des puissances invisibles frappent de folie quiconque (homme ou animal) s'égare dans la nature...
Dans un bois près d'Athènes, de naïfs artisans répètent la tragédie "Pyrame et Thisbé" en vue du mariage de leur prince, Thésée. Et il y a aussi deux couples d'amoureux dans les parages...
Puck, génie malicieux au service d'Obéron et de Titania, roi et reine des fées, sème le désordre : il "intervertit" les passions des quatre amoureux... et suscite chez Titania elle-même un violent amour pour Bottom, le plus balourd des artisans, affublé, en outre, magiquement d'une tête d'âne.
Finalement tout rentrera dans l'ordre... Fantaisie ésotérique où Shakespeare suggère au spectateur l'existence de plusieurs univers parallèles qui se superposent et communiquent.

Titania s'éveille : elle est fascinée par Bottom, l'artisan-tisserand à tête d'âne, dont le nom signifie « trame » mais aussi « fondement », « postérieur »...

"LE MARCHAND DE VENISE" (1598). *Très habile « rapetassage » de pièces anciennes, deux intrigues s'enchevêtrent :*

— L'usurier Shylock, méprisé, détesté, honni, prête de l'argent à la jeunesse dorée de Venise qui mène la "dolce vita". Ainsi Antonio (riche marchand parfaitement solvable) lui emprunte une somme importante pour permettre à son ami Bassanio d'épouser Portia, riche héritière. Le contrat stipule : si Antonio ne pouvait, au jour dit, rembourser Shylock, il lui « devrait » une livre... de sa chair !

— Par une disposition de testament paternel, Portia devra épouser le "prétendant" qui aura ouvert de trois coffrets — l'un d'or, le second d'argent, le troisième de plomb — celui contenant le portrait de la jeune fille. Les candidats illustres affluent, dont les princes du Maroc et d'Aragon. Mais c'est Bassanio qui triomphe en choisissant le coffret de plomb.

— Antonio est ruiné par le naufrage d'un navire marchand, il ne peut rembourser Shylock. Procès. Portia, déguisée en avocat, sauve Antonio : « Le contrat ne donne droit qu'à la livre de chair. Une seule goutte de

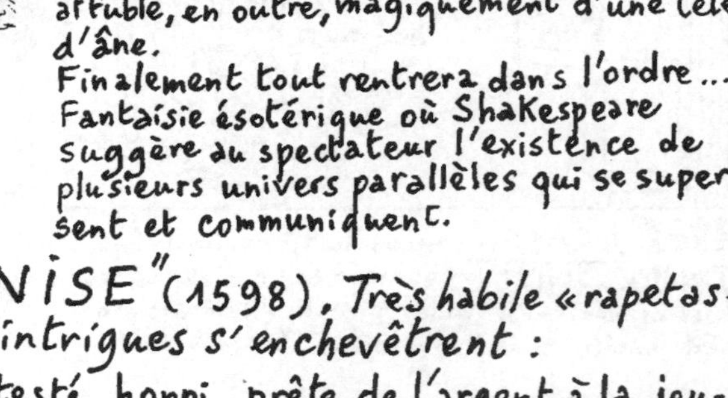

Shylock poursuivi par les gosses de Venise déchaînés.

SHAKESPEARE DANS LE MONDE

IL A ÉTÉ CONNU DE SON VIVANT ...

... en Allemagne-Autriche, en Hollande, au Danemark. Des troupes anglaises (dont celle du Globe) y viennent "en tournée". Pièce souvent jouée : "Le Marchand de Venise". Shakespeare lui-même est-il venu au Danemark (avant d'écrire "Hamlet") ? On l'a supposé.

IL A ÉTÉ CONNU AU XVIII ème SIÈCLE ...

... en Russie (1714 : "Jules César"), en France (1750 : Voltaire), aux futurs USA (1752 : "Le Marchand de Venise"), en Espagne (1772 : "Hamlet"), en Pologne (1782 : "Les Joyeuses Commères" sous le titre : "Le Vantard"), en Suède (1787 : "Hamlet", d'après Le Tourneur), en Italie (1791 : "Hamlet").

UN FALSTAFF ALLEMAND
(FIN XVIIIè SIÈCLE)

IL N'A ÉTÉ CONNU QU'AU XIXème SIÈCLE ...

... en Argentine (1821 : "Hamlet"), au Venezuela (1829 : "Othello" incarné par ... le Président de la République, un de ses ministres jouant Iago !), au Brésil (1834 : "Othello"), en Roumanie (1851 : "Le Marchand de Venise", d'après Le Tourneur), en Grèce (1863 : "Jules César"), en Turquie (1872 : "Roméo et Juliette"), en Bulgarie (1875 : "Jules César"), en Finlande (1881 : "Roméo et Juliette"), en Norvège (1884 : "Macbeth"), au Japon (1885 : "Le Marchand de Venise" sous le titre : "À la saison des cerisiers le monde de l'argent").

IL N'A ÉTÉ CONNU QU'AU XXème SIÈCLE ...

... en Egypte (1914 : "Othello"), au Chili (1922 : "Hamlet"), en Chine (1922 : "Hamlet"), en Islande (1926 : "La Nuit des Rois"), en Corée (1951 : "Hamlet"), au Maroc (1956 : "Hamlet") ... Dans les années 60 : au Sénégal (grâce à Raymond Hermantier), en Tunisie (grâce à Ali Ben Ayed).

À noter, qu'en 1972, en Afrique du Sud, on monte "Othello" sans Othello (interdiction d'introduire un personnage "de couleur" dans une distribution entièrement blanche). Trois nouveaux personnages le "remplacent" ! L'action est ainsi « plus adaptée aux temps modernes » (dixit Howarth, le metteur en scène).

sang chrétien versé en plus, ce serait la mort pour Shylock ! » Ce dernier alors renonce. Le juge cependant donne la moitié de ses biens à Antonio et l'autre moitié à l'État. Antonio renonce à ce don pourvu qu'il aille en dot à Jessica, fille de Shylock, que ce dernier a déshéritée car elle doit épouser un chrétien.

Le dernier repas chez Timon d'Athènes

TIMON D'ATHÈNES (1610).

D'une générosité folle, Timon tient table ouverte.
Revers de fortune : il n'a plus rien. Il demande à ses amis de l'aider. Tous se dérobent. Timon devient misanthropissime. Il les réunit dans un dernier repas dont les mets sont ... de l'eau chaude qu'il leur jette à la figure !
Réfugié dans une grotte, à demi nu, il découvre un trésor enfoui en cherchant, pour se nourrir, des racines. Il se met alors à "subventionner" tous les ennemis d'Athènes (bandits, filles publiques). Et il meurt.

"LA NUIT DES ROIS" ou "Ce que vous voudrez"

(vers 1600... ou 1614). Il s'agit de la "12ᵉ nuit" (titre anglais!) après Noël, veille de l'Epiphanie, une nuit où « tout est permis » (fête des Fous, renversement des hiérarchies).

Encore un "rapetassage" de pièces anciennes. Et une récapitulation des sujets de comédie shakespeariens...

La jeune Viola, réchappée d'un naufrage, échoue en Illyrie. Elle se déguise en garçon, devient le page du duc Orsino qui l'envoie intercéder en sa faveur auprès de la comtesse Olivia qu'il aime. Mais cette dernière s'éprend du beau messager. Heureusement pour elle (et pour l'intrigue!) Viola avait un frère jumeau, cru noyé dans le naufrage et qui réapparaît.

Olivia le substitue dans son cœur à Viola qui, elle, redevenue fille, séduira le duc Orsino.

Autre aspect de la comédie : à la cour de la comtesse Olivia, une brochette de bouffons et de ridicules s'ébroue... L'intendant Malvolio, puritain austère, sorte de Tartuffe ridicule, est amoureux de la comtesse. Il est mystifié par Sir Tobie (oncle ivrogne de cette dernière), Sir André Aguecheek (vaniteux, querelleur et couard), Maria (servante farceuse) et le bouffon Feste.

Une des scènes les plus cocasses : le duel entre Sir André et Viola (en garçon) où les deux adversaires tremblent de peur à qui mieux mieux.

1914

Louis **JOUVET** / Sir André
VIEUX COLOMBIER
- création en France

"LA TEMPÊTE" (1612).

Pièce-testament. Prospéro, duc de Milan, initié aux sciences occultes, est chassé de son duché par son frère, le roi de Naples.

Il s'est réfugié sur une île mystérieuse où il a élevé sa fille Miranda. Il y est servi par le monstre Caliban (qui a tenté d'enlever Miranda) et le génie Ariel dont il fait son confident.

Un jour, il suscite une tempête magique pour faire échouer sur son île le frère usurpateur, son fils Ferdinand (qu'il destine à Miranda) et d'autres seigneurs.

Errance générale "initiatique" des naufragés. Mais tout se termine par le pardon de Prospéro et son renoncement à la magie.

Miranda, Prospero et Ariel (en nymphe des eaux)

THÉÂTRE JACOBÉEN

Jacques Ier

ELISABETH Iʳᵉ MEURT EN 1603.

Jacques Ier lui succède. Le théâtre élisabéthain, sous son règne, est parfois surnommé "jacobéen".

Une **nouvelle vague** d'auteurs, pour s'imposer, surenchérit dans l'horreur et la transgression des interdits.

BEN JONSON

On peut citer :

"VOLPONE" (1605)...
de **Ben Jonson**
...riche levantin de Venise, il joue les mourants pour se faire offrir des cadeaux "intéressés" par les candidats à son héritage.

"LE VENGEUR" (1607)...
de **Cyril Tourneur**
...oblige un vieillard à embrasser la bouche (enduite de poison) du squelette d'une femme jadis assassinée par lui.

"DOMMAGE QU'ELLE SOIT UNE PROSTITUEE" (1630)
de **John Ford**
...raconte l'inceste passionné et lyrique, entre un frère et une sœur, qui finira dans le sang.

...

PRÉSENTATION DE PERSONNAGES CÉLÈBRES: Fantaisie de dessinateur ? Exercice d'improvisation (sur un théâtre privé ou à la Cour : il y a des chandelles) ? On ne sait ! — Il s'agit de Falstaff, de l'Hôtesse (Hostes) et de Simplet (Simpleton) des "Joyeuses Commères ..." ■ D'un personnage de faux-dément de "La Remplaçante" (The Changeling) de Middleton & Rowley. ■ (Entre les rideaux :) D'un personnage de "Tu quoque" de Robert Greene ■ De Clause du "Beggar's Bush" de Beaumont et Fletcher. ■ Enfin du danseur français, au centre.

Olivier CROMWELL,
le "Protecteur":

« Tous les comédiens sont des coquins punissables. »

L'Angleterre sera privée de Théâtre pendant 18 ans (1642-1660).

...

CES PIÈCES QUI SENTENT LE SOUFRE "ulcèrent" les Têtes Rondes, c'est-à-dire les Puritains les plus durs (appelés ainsi à cause de leurs cheveux ras).

Ils sont le fer de lance de la bourgeoisie industrieuse et commerçante qui hait le théâtre. (On l'a déjà vu page 71).

Et lorsque Cromwell, leur leader, prend le pouvoir, en 1642, il fait détruire tous les théâtres anglais.

ITALIE

COMMEDIA DELL'ARTE

"THÉÂTRE PROFESSIONNEL", tel est le sens de ces trois mots.

Ils correspondent, en français, à l'expression « l'homme de l'art » servant à désigner un spécialiste, un expert, dans un domaine (souvent artisanal) donné.

Redécouverte de l'antiquité, professionnalisation des comédiens, apparition des comédiennes et de la salle de théâtre "fermée"... toutes ces "nouveautés" sont, en Italie, plus précoces qu'ailleurs. De quelques années ! (1545 au lieu de 1550 environ).

On vit là au milieu de ruines romaines. Elles ont parfois servi de cadre au théâtre religieux médiéval : les "mystères" dans le Colisée (voir p. 74).

DE GRANDS SEIGNEURS ONT LEUR "COUR" qui raffole de théâtre.

Cultivés, ils s'intéressent aux adaptations et aux pastiches des "Anciens" entre les murs des collèges.

Fastes, ils invitent dans leurs palais, les "comédiens de l'art" qu'ils rétribuent pour jouer à l'intérieur ou en plein air (climat chaud et sec) ce nouveau répertoire qui les passionne.

L'architecte Sebastiano **Serlio** (1475-1554) rêve sur les textes (sans dessins) de son homologue romain **Vitruve**. En homme de la Renaissance fasciné par l'invention (récente) en peinture de la <u>perspective</u>, il imagine les 3 dessins ci-dessous.

NB. Seul le proscenium est praticable. Le décor lui-même est peint en "trompe-l'œil" sur un rideau.

SCÈNE TRAGIQUE

Les escaliers du proscenium convergent.

SCÈNE COMIQUE

Les escaliers du proscenium divergent.

LE THÉÂTRE OLYMPIQUE DE VICENCE (VÉNÉTIE) 1585

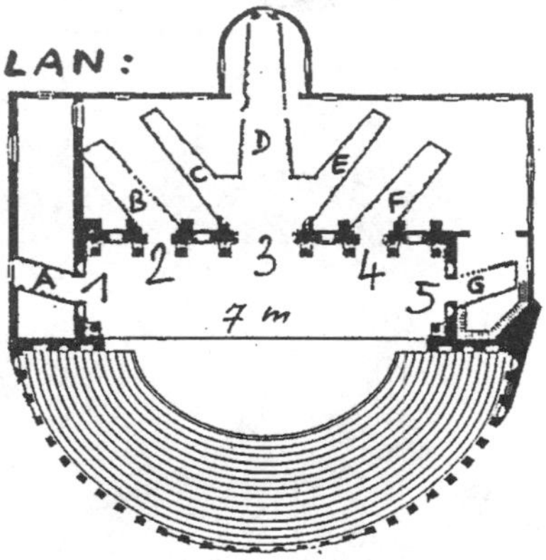

5 PORTES : 1, 2, 3, 4, 5
7 RUES : A, B, C, D, E, F, G

QUANT AUX SALLES publiques, elles peuvent être fort curieuses. Telle la plus célèbre : le Théâtre Olympique de Vicence, commencé par l'architecte Andrea di Pietro, dit **Palladio** (1508 - 1580).

C'est un mélange de théâtre romain et de plantation "en perspective" de rues et de maisons.

Le spectateur doit être placé en face d'une des portes du mur orné pour apercevoir un de ces décors praticables.

....

← Décor → d'une des "rues" : les maisons, en 3 dimensions, diminuent de taille d'avant en arrière.

COUPE

....

À chacun son décor !

THÉÂTRE EN BOIS, stuc et pierre, terminé par Vincenzo **Scamozzi** (1552 - 1616), il est inauguré par une représentation d'"Oedipe-Roi", en 1585. Il est encore debout.

SCÈNE SATYRIQUE

Vraisemblablement, cette "scène satyrique" n'a jamais existé dans la réalité, les Romains ayant ignoré cette forme de théâtre. À moins que pour les "pastorales"...

DEUX PRÉCURSEURS

Nicolas MACHIAVEL, le cynique
1469-1527

Historien et homme d'État florentin. Après une jeunesse turbulente, Florence lui confie des missions diplomatiques, notamment en France (auprès de Louis XII). Le pape Léon X le charge d'organiser l'armée de la Ligue contre Charles-Quint. Célèbre comme penseur politique ("Le Prince", manuel du parfait souverain), il écrit, à 49 ans, son unique pièce : "**La Mandragore**" (1512). **La 1ère comédie moderne. *Elle n'imite pas, elle "continue" la comédie latine.*** Nicia, vieillard riche et sot, marié à la jeune, belle et vertueuse Lucrèce, se désole de leur mariage stérile. Avec la complicité d'un aventurier, Ligurio, et d'un moine canaille, Fra Timoteo (confesseur de la jeune femme), le beau Callimaque, soupirant de Lucrèce, se déguise en médecin et préconise un remède à base de mandragore. Plante magique, elle est souveraine contre la stérilité mais redoutable : la potion bue, c'est la mort pour le premier homme "approchant" la "malade". On enlèvera donc un jeune homme en pleine rue, on le glissera dans le lit de Lucrèce ... Ainsi est fait : c'est Callimaque, bien sûr, l'inconnu "sacrifié".

La vertueuse Lucrèce aura donc un jeune amant malgré elle : « Mon mari est un sot criminel, mon confesseur une canaille, ma mère une idiote... je te prends pour seigneur et maître. Tu seras mon père, mon défenseur et tout mon bien ! », déclare-t-elle à Callimaque.

"La Mandragore" est créée par des comédiens amateurs humanistes, en 1512.

423 ans plus tard, le "Jeune Colombier" de Raymond Raynal la révèle en France.

En 1952, au TNP-Vilar, Jean Vauthier donne "La Nouvelle Mandragore", adaptation libre de la pièce de Machiavel, mise en scène de Gérard Philipe. (dessins ci-contre).

Jean-Paul Moulinot (Nicia) — Gérard Philipe (Callimaque en médecin)

<u>Dessin du haut</u> : le dispositif scénique. Aire de jeu circulaire et proscenium. Gradins sur scène pour quelques spectateurs.

Angelo Beolco dit

RUZZANTE, le paysan

1502- 1542

Beolco, auteur-acteur amateur, crée et joue lui-même ce personnage de Ruzzante, (le Folâtre), paysan pauvre. On pense à Chaplin assimilé à Charlot.
Né à Padoue, fils naturel d'un médecin, il devient, après de bonnes études, régisseur d'un vaste domaine appartenant à un riche Padouan, le lettré Alvise Cornaro.
Il imagine de "faire du théâtre" avec ses paysans après leur journée de travail. Il les "forme" et écrit pour eux des comédies en patois local ... sans imiter les Anciens.

Il préfère des sujets actuels traitant du menu peuple qu'il côtoie : paysans déracinés, sans travail, en haillons ... à la suite de guerres où ils s'étaient engagés dans l'espoir d'un butin personnel.

Premier auteur réaliste, on possède de lui 10 PIÈCES (Comédies, Parleries, Dialogues) de longueurs diverses.

"LA MOSCHETTA" (la Coquette) v. 1525.
Un bidonville près de Padoue. À l'instigation de son ami Menato, Ruzzante (déguisé en riche étudiant espagnol) met à l'épreuve la vertu de sa femme Bétïa ... qui prend peur et va se réfugier chez Tonin, militaire en permission. Mais tout finira au mieux.
"RUZZANTE REVIENT DE GUERRE".
Parlerie sans véritable intrigue avec les mêmes personnages.
Truculent et déchirant.
(voir ci-contre).

EXTRAIT

RUZZANTE REVIENT DE GUERRE

BÉTÏA. C'est toi, Ruzzante ? Mais alors tu n'es pas mort ! Tu es drôlement en loques et tu as une rudement sale tête. Tu reviens aussi pauvre que tu es parti, pas vrai ? Tu n'as rien rapporté, hein ?
RUZZANTE. Tu trouves pas que c'est déjà beaucoup que je te l'ai rapportée vivante ma carcasse ?
BÉTÏA. Ta carcasse ! C'est pas avec elle que je boufferai !
RUZZANTE. J'ai rien ramené, c'est vrai. Mais est-ce qu'il ne vaut pas mieux que je sois revenu avec tous mes membres.
BÉTÏA. Oh, ça va bien ! Maintenant, il faut que je m'en aille : on m'attend.
RUZZANTE. Attends un peu, quoi !
BÉTÏA. Qu'est-ce que tu veux, encore ? Tu ne peux rien faire pour moi ! Alors laisse-moi passer...
RUZZANTE. Ah oui ? Et merde pour tout l'amour que je t'ai porté, hein ? Oh quoi, Bétïa, tu ne voudrais pas t'en aller tout de suite comme ça ! Moi qui suis revenu exprès de la guerre pour te voir !
BÉTÏA. Eh bien, tu m'as vue, non ? Alors ! — Tu comprends ... maintenant j'ai quelqu'un qui me fait la belle vie, et ce n'est pas tous les jours qu'on rencontre une chance comme ça !
RUZZANTE. Je suis peut-être pauvre, mais du moins je suis fidèle !
BÉTÏA. Qu'est ce que tu veux que j'en fiche de ta fidélité ... Qu'est-ce que tu as à m'offrir, hein ? Des poux ?
Elle sort.
RUZZANTE. Oh là là ... Merde pour le butin et pour celui qui l'a inventé !

(Traduction : Michel Arnaud)

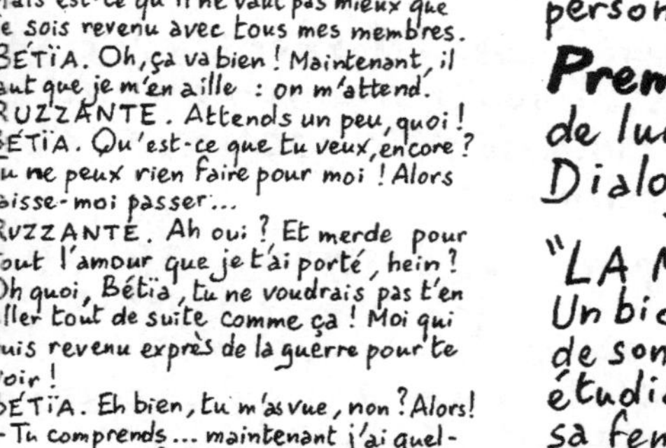

1969. La Moschetta. TH. DU 8ème (LYON). M. en Sc. Marcel Maréchal.

1972

EN ITALIE, COMME AILLEURS, c'est dans les collèges que naît le nouveau théâtre (**commedia erudita**) qui va remplacer le spectacle religieux médiéval. Sous la direction de leurs professeurs, les étudiants jouent Plaute, Sénèque ou leur pastiche composé par un enseignant ou quelque ancien élève humaniste.

Dispositif scénique des plus simples : sur un petit podium, sont alignées face au public des "mansions" qui ressemblent à des **isoloirs** soudés... surmontés chacun du nom d'un rôle de la pièce.
À chaque mansion son personnage.

(VOIR AUSSI DESSIN PAGE 53)

BIEN QUE NE TRAITANT PAS un sujet "antique", Machiavel peut être rangé parmi les auteurs de ce théâtre "savant". (Son unique pièce est un grand succès, mais le Pape l'interdit à Rome : son personnage de Lucrèce, femme rebelle, hors de toute tradition, scandalise !)

QUANT À RUZZANTE, IL FAIT des tournées, avec sa troupe de paysans, à travers l'Italie. À noter que son public n'est pas « populaire »... Il joue à la cour de son patron, chez des bourgeois riches ou de grands seigneurs.

Public urbain qui côtoie les paysans-"personnes déplacées" qui campent au bord des villes. Leurs jurons-blasphèmes, leurs plaisanteries scatologiques en patois de diverses régions font hurler de rire ces citadins nantis... jusqu'à ce qu'ils prennent peur de la brutalité sous-jacente !

Prudemment, Ruzzante va « mettre de l'eau dans son vin » et s'efforcer, lui aussi, d'imiter Plaute.

ARLEQUIN PRIMITIF :

Avant de devenir d'élégants losanges, les rapiéçages du vêtement de cet Arlequin sont bien ceux des miséreux de Ruzzante.

LES "COMÉDIENS DE L'ART" professionnels (qui vont apparaître dès 1545) auront eux-mêmes pour public en priorité des Cours princières. Ils vont y jouer la tragédie, la comédie savante, la pastorale...

C'est ce dernier "genre" qui a surtout la faveur du public. Il s'agit d'une sorte de tragi-comédie agreste avec ses bergers grecs aux effusions pathétiques, amoureux transis de cruelles nymphes chasseresses qui finissent pourtant par se laisser fléchir.

Mais ils jouent aussi dans la rue !

Fracischina.

Ils voient très vite le parti qu'ils peuvent tirer des "farces folkloriques" à la Ruzzante à condition d'adoucir la violence de ces inquiétants clochards fourbes, roublards, méchants, amoraux et sensuels.

POUR CE FAIRE, ILS VONT CRÉER la **comédie des masques**. Chaque personnage est typé comme chez Plaute. Il a un costume fixe, une gestuelle propre. Il porte un demi-masque (qui lui permet de parler).
Au lieu des gueux effrayants du "régisseur de domaine" padouan, de joyeux **Zanni** sont entourés de grotesques et d'extravagants.

Cap. Babeo.

Reprenant les maquettes de Serlio (voir p. 112-113), il vont élaborer un dispositif qui est une véritable "machine à jouer", avec portes et fenêtres praticables :

"PLANTATION" DE CHÂSSIS PRATICABLES permettant **entrées** et **sorties** multiples, sauts par les fenêtres etc...

Cucuba.

TROUPES. 10 à 15 personnes. Du Bellay, en 1555, est le premier français à les voir en Italie. Suivi de Montaigne (qui les applaudit à Bologne et à Pise).

Leurs noms? "**Les Gelosi**" = les Jaloux ... de plaire. (Catherine de Médicis les fait venir à Paris, dès 1570).
"**Les Confidenti**" = les Confiants ... dans l'accueil du public.
EN FRANCE, fréquents séjours des comédiens italiens de 1570 à 1660 (90 ans). Puis installation au th. du Palais-Royal de la troupe de Scaramouche en alternance avec celle de Molière (12 ans). Enfin, dès 1680, un siècle de présence des Italiens à l'Hôtel de Bourgogne, seuls.

LAZZI. Gag. Trouvaille comique.

— suite page 120 —

Les personnages de cette page sont de Jacques Callot.

COMPOSITION D'UNE TROUPE..

Les 2 Zanni :

valets

ARLEQUIN (Bergame)

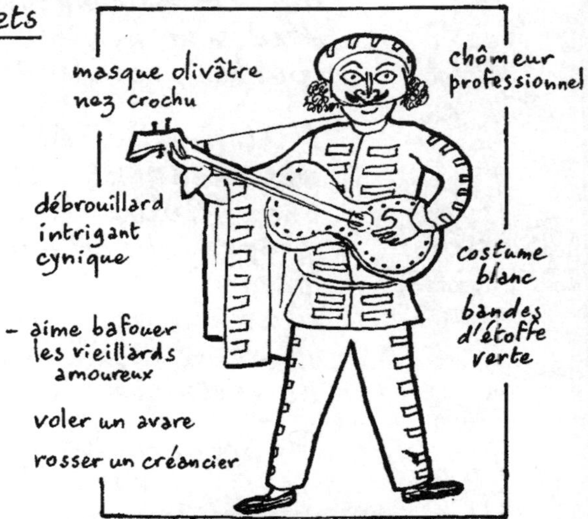

BRIGHELLA (Bergame)

Les 2 vieillards :

se détestent

sots libidineux

PANTALON (Venise)

LE DOCTEUR (Bologne)

Les 2 amoureux :

pas de costume fixe :

la dernière mode

Par exemple : **CYNTHIO**

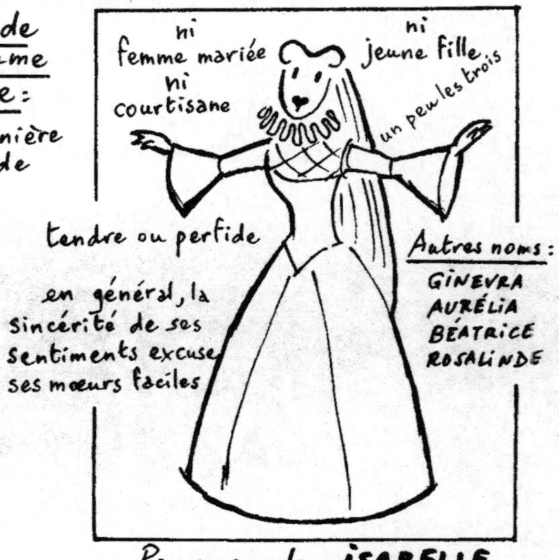

Par exemple : **ISABELLE**

..DE COMÉDIE DES MASQUES

La Soubrette

Par exemple : **COLOMBINE**

Le Capitan

Par exemple : **MATAMORE**

Autres Zanni :

POLICHINELLE (*Naples*)

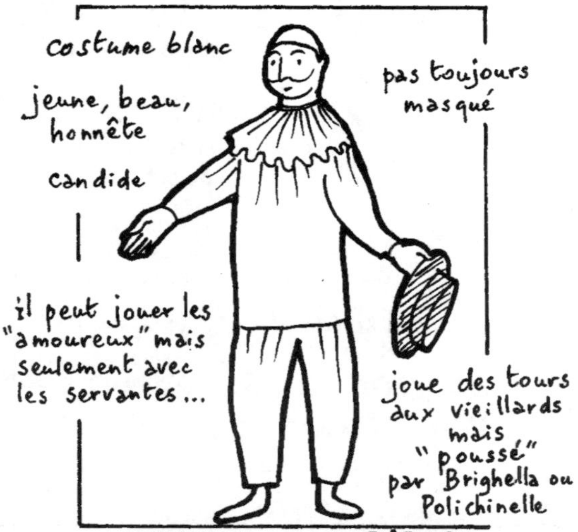

PEDROLINO ou **PIERRO**

FRANCA-TRIPA

ZANY CORNETO

DU PAVÉ AU TRÉTEAU

COMÉDIENNES. Les premières en Europe. « Charme, poésie, musique, beauté, strip-tease, danse, amour, jalousie, candeur, cynisme, grande culture ... », c'est ainsi que Pierre-Louis Duchartre (grand spécialiste de la "comédie des masques") les caractérise. Non masquées.

MASQUES. En cuir. Couleur "cuir". (Couleur noire pour Arlequin dont le nom vient d'Hellequin, petit démon au visage brûlé au feu de l'Enfer).

IMPROVISATION. Suivant la composition du public (qui varie d'un soir à l'autre) ... on lui "sert" telle scène ou telle tirade (évidemment préparées en répétition) plutôt que telles autres.

PERSONNAGES. Types populaires originaires de toutes les régions d'Italie. Avec leurs patois, leurs accents, leurs tics.

ARLEQUIN. *Semble en caoutchouc, matière molle et bondissante, vive et lourde.*
LE DOCTEUR. *Savant ridicule. Docteur... en philosophie.*
POLICHINELLE. *"Piaille" comme une volaille. Grâce à la **pivetta**, instrument de métal introduit dans le gosier de l'acteur.*

ARLEQUIN TRAVESTI EN... DIANE CHASSERESSE !

SCARAMOUCHE ET ARLEQUIN DANSENT

Le comique naissait de l'opposition entre la danse virevoltante (avec crépitements des castagnettes) du premier et les balancements nonchalants du second.

LES VIEILLARDS AMOUREUX
d'après Gherardi
1 5 5 5
PANTALON
- MERVEILLEUSE COLOMBINE, ELLE EST DE PLUS EN PLUS BELLE... ET J'EN SUIS DE PLUS EN PLUS AMOUREUX !!
- QUEL CHARME ! QUELLE GRÂCE ! QUELLE BEAUTÉ !... CETTE ADORABLE COLOMBINE ME REND FOU !!!
LE DOCTEUR
- MOI, BRIGHELLA, JE VAIS JOUER UN BON TOUR À CES DEUX IDIOTS !
- SEIGNEUR PANTALON, EN BUVANT DE CE VIN MAGIQUE, VOUS TIENDREZ BIENTÔT DANS VOS BRAS LA PERSONNE QUE VOUS AIMEZ...
.. MAIS, ATTENTION, ELLE APPARAÎTRA D'ABORD SOUS UNE FORME INATTENDUE .... PEUT-ÊTRE MÊME DÉPLAISANTE !
- OUI, SEIGNEUR DOCTEUR, SI VOUS BUVEZ DE CE VIN MERVEILLEUX, VOUS VERREZ APPARAÎTRE, SOUS UNE FORME INSOLITE, LA PERSONNE QUE VOUS CHÉRISSEZ LE PLUS !
BENE
- BUVONS ! J'AI HÂTE DE CARESSER MA COLOMBINE !!!
- JE ME DEMANDE SOUS QUELLE FORME ELLE VA M'APPARAÎTRE !!
QUELS CRÉTINS !
- BUVONS ! JE SUIS IMPATIENT DE SERRER COLOMBINE SUR MON CŒUR !!!
- MAIS SOUS QUELLE APPARENCE VA-T-ELLE DONC SURGIR ?
- OH ! CELA EST-IL POSSIBLE ? LA VOILÀ SOUS LA FORME DE L'IGNOBLE DOCTEUR !
- DOIS-JE EN CROIRE MES YEUX ? LA VOILÀ SOUS L'APPARENCE DE CET AFFREUX PANTALON !
COLOMBINE ! APPROCHE ! ET QUITTE CETTE TRISTE ENVELOPPE !!!
COLOMBINE ! AVANCE ! ET DÉPOUILLE-TOI DE CETTE DÉPLORABLE ÉCORCE !!
- ALLONS ! SOIS TOI-MÊME !
- ELLE SE FAIT BIEN PRIER !!! ...
MAIS ENFIN N'ÊTES-VOUS PAS VRAIMENT LE DOCTEUR ?
- QUITTE CETTE COQUILLE ABSURDE !
- ELLE VEUT ATTISER MA CONVOITISE !
SI ! POUR VOTRE MALHEUR !... ET VOUS ÊTES VRAIMENT PANTALON POUR MA DISGRÂCE !!!
GANACHE !!!
VIEIL EMPOTÉ !!
VIEUX GRIGOU
BADERNE !!!

ESPAGNE

LE SIÈCLE D'OR

LES CONQUISTADORS, DÈS LA FIN du XVe siècle, ramènent **l'or** à pleins galions en Espagne dont le roi Charles Ier est élu empereur d'Allemagne. Nom : Charles-Quint. « Le soleil, dit-on, ne se couche jamais sur ses terres »... tant elles sont vastes et réparties sur les deux hémisphères du globe terrestre.

Puissance et richesse énormes de l'Espagne, durant 1/2 siècle jusqu'au désastre, en 1588, de l'Invincible Armada, cette immense flotte guerrière "catholique" partie à l'assaut de l'Angleterre anglicane et qui dut essuyer, dans la Manche, une terrible tempête.

À PARTIR DE LÀ, C'EST LE DÉCLIN... durant tout le XVIIe siècle. Or, c'est lui le **Siècle d'Or** espagnol, l'expression s'appliquant au domaine culturel. Et le siècle de Cervantès, de Tirso de Molina, de Lope de Vega et de Calderon, c'est bien le XVIIe. Il y a donc décalage entre économie florissante et culture éblouissante.

Cependant, comme partout en Europe, la Renaissance amènera, via les collèges, l'imitation des Anciens, dès le XVIe siècle. Egalement la professionnalisation des comédiens. Mais le théâtre médiéval religieux perdurera notamment sous la forme de l'**auto sacramental** :

Théâtre de rue typiquement espagnol, il tient à la fois du **mystère** et de la **moralité**.
Comme sur des chars de carnaval, on joue, au milieu de la foule, des fables édifiantes où se mêlent tragique et comique.

BREF, LE THÉÂTRE RELIGIEUX qui, partout ailleurs, tendait à disparaître, a coexisté en Espagne avec le (nouveau) théâtre profane.
Mieux : l'autosacramental est devenu genre littéraire. Les grands auteurs du XVIIe siècle donneront souvent d'un même sujet deux versions : la version "comedia" (drame) et la version "autosacramental".

UN ÉTONNANT MÉTÉORE ...

1499

"La Célestine"

de **Fernando de Rojas** (1475-1538)

tragi-comédie en 22 actes! Ecrite par Rojas à 24 ans.

EN FAIT, UN ROMAN DIALOGUÉ jamais joué mais traduit et répandu dans toute l'Europe. Il est connu des Élisabéthains et de Corneille.

SOUS-TITRE : "Les Amours de Calixte et Mélibée".

Calixte, pour séduire la farouche Mélibée, utilise les services d'une vieille entremetteuse, la Célestine, qui imagine d'aller réclamer à Mélibée une amulette contre un terrible mal de dent dont souffrirait Calixte...

La ruse, éveillant chez Mélibée de la pitié et un sentiment presque maternel, est une pleine réussite. Calixte rencontre Mélibée.

Calixte

Mélibée

Mais la Célestine, qui sème la dépravation partout où elle passe, a "recruté" deux serviteurs de Calixte et leur a promis de l'argent. Elle ne tient pas parole : ils la tuent. « Qu'elle rende son âme pourrie à son compère le diable ! » Ils sont pris et décapités.

Les prostituées, qui ont perdu leur "protectrice", crient vengeance ! Elles attaquent la maison de Calixte qui, après un mois de bonheur avec Mélibée, se tue en tombant d'une échelle. Mélibée alors se suicide en se jetant d'une tour.

1942. CRÉATION EN FRANCE :

TH. RENAISSANCE - H. VARNA
Jean DARCANTÉ présente
300e LA CELESTINE
avec MARCELLE GENIAT
15 h. et 19 h. 45 les 1, 2, 3 janvier

ANNONCE DE PRESSE DE DÉC. 1942

Suicide de Mélibée :

LA PROFESSIONNALISATION des comédiens en Espagne ne sera pas totale et surtout ce sont les moines qui vont devenir directeurs de théâtre ... Les salles (closes et payantes) se trouvent souvent à l'intérieur des couvents.

En 1568, Madrid possède 2 théâtres, propriété de la Confrérie de la Passion. En 1574, la Confrérie de la Soledad en ouvre plusieurs autres.
Paris, à la même époque, n'a qu'une salle : l'Hôtel de Bourgogne.

SCÈNES. Comme en Angleterre (et en France !), dans un premier temps, les (nouvelles) troupes de métier prennent la route et jouent dans les halles et les cours d'auberges.
Puis elles inventent un dispositif fixe : **le corral** (la cour), espace entre les maisons, une sorte d'impasse, avec la scène au fond.

Saltimbanque espagnol

L'aménagement scénique correspond à celui du théâtre élisabéthain mais en plus fruste : pas de scène architecturée, pas de niveaux de jeu variés ... Mais même absence de rideau de scène.
Pour tout décor : deux vagues toiles peintes (un "intérieur", un "extérieur") devant lesquelles on ajoute quelques éléments scéniques significatifs. Ex. : un trône, une table, des arbres...
Assez vite la "perspective" et le "trompe-l'œil" vont faire leur apparition.

PUBLIC. Difficile, bruyant, vindicatif, avec ses « mosqueteros » prompts à lancer des fruits pourris, des pétards... comme à s'enthousiasmer totalement !

Les femmes sont séparées des hommes et placées sur la « cazuela », plate-forme surélevée. Elles y mènent parfois grand tapage.

"AUTOR". Directeur de troupe et non auteur. Également : directeur de théâtre.

"COMEDIA". Non pas "comédie" mais "pièce" (tragique ou légère) longue et en vers. Toujours en 3 **journées**, c'est-à-dire en 3 actes.

"PASO". Courte farce bouffonne à jouer entre les "journées" de la comedia. Inventé par Lope de Rueda.

"ENTREMÉS". Intermède. Créé par Cervantès.
Farce plus raffinée que le paso.
Elle comporte un développement et une chute.
Elle se glisse également entre les journées de la comédia.

THÈME RÉCURRENT. Alors que le thème constant du théâtre élisabéthain était la vengeance, celui du Siècle d'Or espagnol, c'est **la justice**.
Sujet classique : un paysan alcade (c'est-à-dire à la fois maire et juge) s'oppose à des féodaux injustes. Le roi lui donne raison.

CORRAL

Les spectateurs les plus fortunés sont aux balcons. Au rez-de-chaussée des maisons, des fenêtres - « loges grillées » permettent aux Grands, et même au roi, d'assister au spectacle sans être vus.

Un velum protège les spectateurs du soleil. La durée de la représentation est fixée par la loi à 2 heures ½.

UN PRÉCURSEUR :

LOPE DE RUEDA

(1510 - 1565)

le premier auteur-acteur-chef de troupe du théâtre espagnol.

Ex- « batteur d'or » de Séville, il devient célèbre avec sa troupe de 4 acteurs (masculins) qu'il complète par un recrutement d'"amateurs" locaux. Cervantès enfant le voit jouer et décrit ainsi son dispositif : « 4 bancs mis en carré, avec 5 ou 6 planches par dessus, élevaient les acteurs à 1 pied du sol. Une vieille couverture tendue formait ce qu'on appelle le vestiaire ».

N'est guère connu en France que par cette courte farce (même thème que "Perrette et le pot au lait") souvent jouée par les jeunes amateurs des années 1930 à 1950.

JEUX
TRÉTEAUX
ET PERSONNAGES

CAHIERS
D'ART DRAMATIQUE

DANS CE CAHIER :
LES OLIVES
Intermède farce
(d'après LOPE DE RUEDA)
par François BLOCH-LAINE

2e ANNEE - No 10 — 90 FR. — JUILLET 1951

Prix 1,50

AUTEURS. Vingt-cinq ans avant d'être célèbre (sinon très riche) en Europe avec son roman "Don Quichotte",

CERVANTÈS (1547-1616) a voulu créer
69 ans

en Espagne une **tragédie nationale et civique**. Hélas, sans succès.

Fils d'un modeste chirurgien — à peine mieux qu'un barbier — il voit jouer, très jeune, Lope de Rueda. Sortant, à 20 ans, de l'Université de Salamanque, il doit s'engager par pauvreté dans l'armée de la Ligue (l'Espagne, le Pape, la République de Venise) qui combat les Turcs. Il perd la main gauche à la bataille navale (victorieuse pour la Ligue) de Lépante. Il a 24 ans. Nous sommes en 1571. Capturé par des pirates, il séjourne en prison, à Alger, les cinq années suivantes (multiples tentatives d'évasion). Libéré, c'est seulement à 36 ans qu'il donnera :

Miguel de Cervantès
«le manchot de Lépante»

"NUMANCE" (1583). Tragédie de l'héroïsme malheureux qui préfère la mort à la reddition. En -132, Scipion l'Africain investit la ville de Numance (en vieille Castille). Le fleuve Douro (personnifié) prophétise la ruine de la ville ... et la gloire future de l'Espagne. Famine atroce mais la ville "tient". Scipion refuse la proposition d'un combat singulier des chefs. Théogène, chef de Numance, fait allumer un brasier où les Numantins viennent jeter tout ce qu'ils possèdent de précieux. Puis, ils s'autodétruisent tous. Aucun butin, aucun prisonnier pour Scipion. La Renommée (personnifiée) proclame la gloire de Numance.

Bucrâne et crâne humain, sorte de "totem" qui sera le sigle de la Cie J.-L. Barrault

Avant du publier "Don Quichotte" à 58 ans, Cervantès écrira une trentaine de pièces, en particulier des "intermèdes" dont :

"LE RÉTABLE DES MERVEILLES" (1615) sur le thème : "le roi est nu, mais personne n'ose le dire"... Adapté par Prévert pour le Groupe Octobre (1936).

1937. "**Numance**" au Th. Antoine, dans l'adaptation et la mise en scène du jeune Jean-Louis Barrault. Décoration d'André Masson. En pleine "guerre d'Espagne".

Parmi des dizaines d'autres, trois auteurs principaux : Lope de Vega, Tirso de Molina, Calderon. Tous trois sont "d'Église". Le second est un moine et les deux autres seront ordonnés prêtres sur le tard.

Félix Lope de Vega

LOPE DE VEGA (1562-1636)

74 ans

Surnommé **le monstre de la nature** tant sa production est gigantesque : 2000 pièces, 400 autos-sacramentales. (L'équivalent de tous les auteurs élisabéthains réunis : 21 millions de vers !)

Né à Madrid. Père : brodeur. Mère : noble. À 26 ans, engagé dans l'armée, il est du désastre de l'Invincible Armada. Ensuite, toujours secrétaire d'un évêque ou d'un grand seigneur, il est un dramaturge acclamé par le public. À la fois "Don Juan" (aventures multiples) et mystique (il se flagelle horriblement), il est fait prêtre à 49 ans. Tonsuré, il s'inquiète de ce que ses belles amies vont en penser !

Il puise son inspiration partout : le passé médiéval, l'apport de la Renaissance, l'actualité, sa propre vie. Vivacité, fraîcheur, fougue ... mais pas d'œuvre (ou de personnage) inoubliable. Peu joué en France. Citons :

"L'ÉTOILE DE SÉVILLE" (1617).
Stella, fille d'un magistrat, est fiancée secrètement à Sancho. Le roi s'éprend de Stella. Il pénètre la nuit chez le magistrat qui le surprend et, feignant de ne pas le reconnaître, lui fait honte. Sancho se voit alors chargé par le roi d'assassiner le magistrat. Il obéit (il avait "promis sans savoir", son honneur est engagé) : le magistrat est tué. Finalement le roi, touché du désespoir de Sancho, s'accuse publiquement. Mais Stella et Sancho ne peuvent que se séparer pour toujours : il y a une ombre entre eux.

Décor : Jean Le Moal

1941. "Le Th. des 4 Saisons provinciales" (Maurice Jacquemont) « tourne » **L'ÉTOILE DE SÉVILLE** en Zone Libre.

Décor : Jean-Denis Malclès.

1955. Chez les Renaud-Barrault.

"LE CHIEN DU JARDINIER" (1618). Il ne veut pas manger sa pâtée mais défend aux autres d'y toucher. Diane, jeune veuve noble, est trop fière pour aimer son secrétaire mais elle ne veut pas qu'il fasse la cour à sa suivante.

"FUENTEOVEJUNA" (1618). C'est le nom d'un village solidaire de son alcade victime d'une grave injustice. Souvent joué par les amateurs des années 1950-60 (vu la possibité d'un jeu collectif de groupe).

Connu pour avoir inspiré Corneille,

GUILLEN DE CASTRO (1569 - 1631) donne, en 1618, "*LES ENFANCES DU CID*" où l'on voit Don Diègue mordre le pouce de Rodrigue pour voir s'il est capable de se mettre en colère. Quant à la bataille contre les Maures, elle est décrite par un berger couard grimpé sur un arbre dominant une colline. « Ces sortes de choses demandent à être vues de haut ! », dit-il.

Disciple avoué de Lope de Vega, mais auteur de (seulement) **400** pièces, **TIRSO DE MOLINA (1584-1648)** (64 ans),

Frère Gabriel Tellez dit Tirso de Molina

Né à Madrid 22 ans après son "maître", il entre dans les ordres à 17 ans. Moine dans l'Ordre de la Merci, il y occupe des fonctions importantes. Dramaturge, il aborde tous les genres, mais excelle à porter sur scène des problèmes religieux s'incarnant concrètement dans des personnages hauts en couleurs.

"*MARTHE LA DÉVOTE*" (1614). La jeune Marthe, qu'on veut marier à un riche vieillard, fait semblant d'être la proie d'une crise de mysticisme. Elle endosse l'habit monastique et se fait donner des leçons de latin par un religieux... qui est son amoureux déguisé.

"*LE DAMNÉ PAR MANQUE DE FOI*" (1635). Un ermite ascète (mais qui doute de son salut) sera damné. Alors qu'un brigand blasphémateur (mais respectueux de son vieux père et repentant) sera sauvé.

Mais Tirso de Molina est surtout le créateur du personnage de Don Juan, **le plus grand mythe théâtral** des Temps Modernes, dans :

"*LE TROMPEUR DE SÉVILLE*" *ET LE CONVIVE DE PIERRE*" (1630) où il mêle l'auto-sacramental et la pièce "de cape et d'épée" (inventée par Lope de Rueda). Don Juan Tenorio pénètre chez des filles nobles en se faisant passer pour leur fiancé. Par peur du scandale, on le laisse fuir... Il tue un vieux Commandeur qui se portait au secours de sa fille et se sauve sous ses malédictions... Naufragé, il séduit, en lui promettant le mariage, la fille du peuple qui le recueille et le soigne... Après d'autres aventures, pénétrant dans une église, il voit la statue du Commandeur (dont il est le meurtrier) et, par dérision, il l'invite à dîner. La statue viendra et invitera à son tour Don Juan dans une chapelle. Repas infernal : scorpions, vipères, fiel, ongles noirs (!) etc... Lorsque Don Juan, ayant fait la preuve de son courage, veut prendre congé, le convive de pierre le prend par la main et l'entraîne en enfer, lui refusant la confession qu'il réclame.

À noter que Don Juan n'est pas athée mais insouciant : « J'ai bien le temps de voir venir ! » répète-t-il.

SOURCE : Dans de vieux "romancès" (poèmes récités à la veillée), on voit un « esprit fort » tirer la barbe d'une statue sur un tombeau dans une église... et l'inviter à dîner.

APRÈS TIRSO : Des troupes itinérantes de Commedia dell'Arte importent le thème en Italie puis en France, sous forme de canevas.

Il a 16 ans de moins que Tirso de Molina (38 de moins que Lope de Vega)... Il clôt brillamment le Siècle d'Or. Il s'agit de :

CALDERON (1600-1681)

81 ans

Pedro Calderon de la Barca

Son père est un petit hidalgo fonctionnaire de Madrid. Etudes : chez les Jésuites (brillant latiniste). À 14 ans, il écrit déjà des pièces. On le destiné à la carière ecclésiastique (il étudie la théologie à Salamanque). Mais son père meurt : conflit familial pour la succession, il s'engage dans l'armée. Il y restera 10 ans : vie aventureuse du militaire (il sert notamment en Italie et dans les Flandres) pendant laquelle il écrit et fait jouer des pièces avec succès. Revenu à la vie civile, il est appelé par le roi-poète Philippe IV pour organiser les fêtes de la Cour (un peu le rôle de Molière auprès de Louis XIV). En 1651, Calderon entre dans les ordres, suivant en cela l'exemple de Lope tout en continuant comme lui à écrire pour le théâtre.

Oeuvres très variées : saynètes, divertissements légers, pièces philosophiques, drames historiques, comédies de moeurs et de cape et d'épée, autos-sacramentales...

Aspect civique : **la justice doit être la même pour tous.**

Il est l'auteur du Siècle d'or qui a le moins vieilli.

Le plus joué en France : Dès 1881, on joue Calderon en matinée classique à l'Odéon. En 1908 et 1914, André Antoine monte "La Dévotion à la Croix" à l'Odéon également.

Mais c'est Charles Dullin, dès la fondation de sa troupe de "L'Atelier", qui fait vraiment connaître Calderon en France. Il est installé alors dans une ancienne teinturerie, au 7 de la rue Honoré-Chevalier (près de la place St Sulpice). En 1922, il y monte "La Vie est un songe".

1922

Dispositif scénique d'Antonin Artaud.

Charles Dullin
rôle de Basile

1943 Reprise de "La Vie est un songe" par Ch. Dullin, au Th. de la Cité.

Calderon a écrit **500** pièces et en a fait jouer 200 :

- 120 comedias
- 80 autos sacramentales

Ci-dessous : deux livres, l'un de comedias, l'autre d'autos sacramentales.

...Et les deux versions concernant "La Vie est un songe."

QVARTA PARTE DE
COMEDIAS
DE DON PEDRO
CALDERON DE LA BARCA, CAVAllero del Orden de Santiago.
LLEVA VN PROLOGO DEL Autor, en que distingue las Comedias, que son verdaderamente suyas, ò no.
ENMENDADAS, Y CORREGIDAS EN esta segunda impression.
Año 1674.
CON PRIVILEGIO. En Madrid: Por Bernardo de Herrada
A costa de Iuan de Calatayud Montenegro, Criado, y Librero del Rey nuestro señor. Vendese en su casa en la Plazuela de Santo Domingo. Y en Palacio.

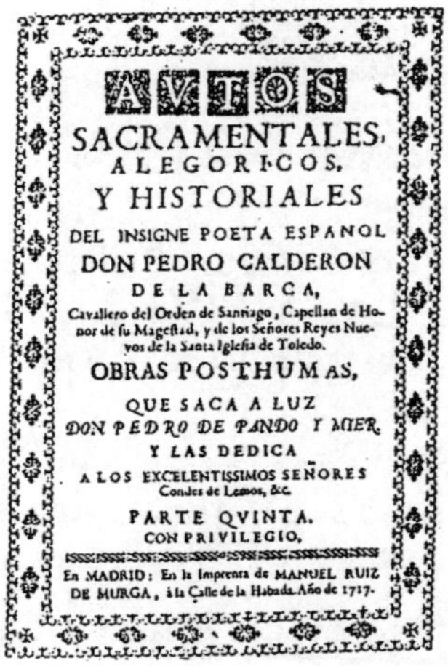

AVTOS
SACRAMENTALES,
ALEGORICOS,
Y HISTORIALES
DEL INSIGNE POETA ESPANOL
DON PEDRO CALDERON
DE LA BARCA,
Cavallero del Orden de Santiago, Capellan de Honor de su Mageftad, y de los Señores Reyes Nuevos de la Santa Iglesia de Toledo.
OBRAS POSTHUMAS,
QUE SACA A LUZ
DON PEDRO DE PANDO Y MIER,
Y LAS DEDICA
A LOS EXCELENTISSIMOS SEÑORES
Condes de Lemos, &c.
PARTE QVINTA.
CON PRIVILEGIO.
En MADRID: En la Imprenta de MANUEL RUIZ DE MURGA, à la Calle de la Habada. Año de 1717.

"LA VIE EST UN SONGE"

Version comedia 1635

Basile, roi de Pologne, fait emprisonner dans une grotte son jeune fils Sigismond, les oracles ayant prédit qu'il détrônerait son père et ferait régner l'anarchie. **L**es années passent et Basile, qui veut se retirer, hésite, pour le trône, entre un neveu et Sigismond qu'il va mettre à l'épreuve. **O**n endort donc ce dernier, on le transporte au palais, et on le réveille. "Sauvage", Sigismond outrage son père, tente de violer une dame et jette un soldat par la fenêtre ! **O**n le rendort... et quand il se réveille dans sa prison, il se demande s'il a rêvé, ou si c'est maintenant qu'il rêve. « La vie ne serait-elle qu'un songe ? » **S**igismond profitera de la leçon et, libéré par le peuple, il règnera avec une profonde sagesse.

Version auto sacramental 1673

À l'origine du monde, sortent du chaos : La Terre (montée sur un lion), Le Feu (sur une salamandre), L'Air (sur un aigle), L'Eau (sur un dauphin). **I**ls demandent à Pouvoir, Science et Amour à quelles fins ils ont été créés. « Pour servir l'Homme ! » leur est-il répondu. **E**t l'Homme apparaît dans des rochers sauvages. **I**l acquiert peu-à-peu la dignité grâce à Libre Arbitre et Intelligence. **M**ais il agresse cette dernière, devient misérable ... et se demande s'il a rêvé son "Âge d'Or". **A**mour alors intervient et le rachète grâce à Eucharistie.

Il s'agit en somme d'une importante "moralité".

De nos jours, c'est toujours la <u>comedia</u> que l'on joue. Cependant, en 1986, le Théâtre de la Ville a donné l'<u>autosacramental</u> mis en scène par le cinéaste Raoul Ruiz dans des décors de Christian Olivarès.

"L'ALCADE DE ZALAMÉA" (1636)

Une compagnie de soldats d'élite, le Tertio des Flandres, fait halte au village de Zalaméa. Un jeune capitaine est logé chez le riche paysan Don Crespo qui est alcade (à la fois maire et juge). Veuf, il vit là avec son fils et sa fille à qui le jeune officier tente vainement de faire la cour. Exaspéré par les refus extrêmement dignes et la beauté de la jeune fille, il l'enlève au moment du départ des troupes... et la viole dans un bois ! Les paysans se lancent à sa poursuite et le ramènent au village. Don Crespo essaye de le convaincre d'épouser sa fille et ainsi de lui rendre l'honneur. Il lui donnera tout son bien, son fils et lui-même n'en garderont rien. Il supplie, s'agenouille. Le capitaine rit de sa prétention : il est noble et la fille est roturière. D'ailleurs il n'a de compte à rendre qu'à la justice militaire... qui le punira mais, bien sûr, modérément. Les paysans alors se constituent en tribunal autour de leur alcade et condamnent l'officier à mort. Et lorsque son général viendra le rechercher, il aura déjà subi le supplice du garrot. Le village va-t-il être brûlé par les soldats ? Non, car le roi qui passait par là donne raison aux paysans : **il n'y a qu'une justice pour tous.**

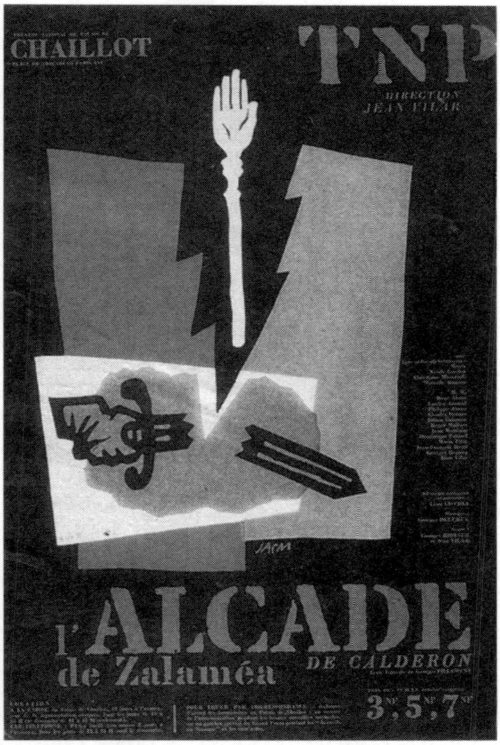

1961

Vilar/Don Crespo

<u>PIÈCE CIVIQUE</u>, ELLE CONVENAIT parfaitement à Jean Vilar qui en fit un des plus émouvants succès du TNP. ... En prise directe sur l'actualité du Procès des Généraux putschistes d'Alger que le Tribunal Militaire avait condamnés « modérément ».

DÉCLIN DU SIÈCLE D'OR :

- <u>Dès la mort de Calderon (1681).</u>
- Mais, auparavant, <u>grande influence</u> en Italie, Angleterre, France...

La France lui doit beaucoup. Corneille avec "Le Cid". Molière avec, bien sûr, "Don Juan"... mais aussi avec "Les Femmes Savantes" inspirées de "Ne badinez pas avec l'amour" de Calderon.

Au XIXè siècle, ce dernier titre sera repris par Musset.

Au XXè siècle, Paul Claudel donne à son "Soulier de Satin" le sous-titre suivant : "Le Pire n'est pas toujours sûr"... qui est le titre d'une **comedia** de Calderon.

Âge Classique

Au XVIIe siècle, la France (le pays alors le plus riche et le plus puissant d'Europe) va devenir le **modèle** en ce qui concerne le nouveau Théâtre imité de l'Antique.

la "conversation sous un lustre"

Le théâtre religieux médiéval (issu, on l'a vu de la dramatisation du sermon du prêtre) racontait souvent l'Histoire Sainte plus qu'il ne la jouait. Théâtre naïvement narratif.

Alors qu'on sent déjà, dans le nouveau répertoire sorti des collèges, l'intuition de la future "crise" classique.

Comme l'Angleterre et l'Espagne, la France devra passer par une période baroque jusqu'à ce que, peu-à-peu, la contrainte salutaire de la Règle des Trois Unités (action, lieu, temps) aboutisse à une certaine perfection (Racine) imitée partout en Europe ... Mais qui tend à devenir, les spectateurs privilégiés encombrant la scène, la « conversation sous un lustre » conventionnelle et ennuyeuse.

"Coriolan"/le rôle-titre après Cromwell.

AILLEURS EN EUROPE :

ANGLETERRE. Les théâtres élisabéthains (du merveilleux dispositif architecturé) sont tous détruits par Cromwell, "le Protecteur", dès 1642.

Adieu à la vieille Angleterre insouciante ! Il faut édifier des fabriques, construire des navires marchands ... et se mettre au travail. Sus aux fêtes et au théâtre !
Et il fait décapiter le roi Charles Ier en 1649. Mais son régime s'effondre en 1660. C'est la Restauration.
Les nobles, qui s'étaient refugiés en France, rentrent chez eux. À Paris, ils ont vu Corneille et les débuts de Molière. Ils ne jurent que par le théâtre français. « Il faut l'imiter », disent-ils. Ce qui sera fait. On reprendra Shakespeare sur la scène à l'italienne...

ESPAGNE. Après Calderon († en 1681), le théâtre du Siècle d'Or, on l'a vu, s'effondre.

ITALIE. Dégénérescence progressive des Comédiens de l'Art dont les canevas se compliquent de plus en plus. À vrai dire, c'est à Paris qu'il faut les apprécier ! Mais là, ils jouent ... Marivaux.

À PARIS (JUSQU'EN 1791) :

TOUJOURS LE MONOPOLE D'1 SEULE SALLE ...

– *Mais 2 « maîtres de la France » : Richelieu (par estime pour Corneille) et Louis XIV (par estime pour Molière) vont le « tourner » durant un temps :*

Nombre de Salles de Théâtre parlé :

1548. L'Hôtel de Bourgogne

86 ans ⟶ **1**

1634. Th. du Marais (Corneille)

27 ans ⟶ **2**

1661. Th. du Palais-Royal (Molière)

12 ans ⟶ **3**

1673. Mort de Molière. Th. du Marais démoli

7 ans ⟶ **2**

1680. La Troupe Unique du Roi (Comédie-Française)

111 ans ⟶ **1**

1791. *Liberté des théâtres à Paris.*

HÔTEL DE BOURGOGNE (II)
1598 - 1647

À PARIS, LES "CONFRÈRES", qui ont dû fermer leur théâtre durant 8 ans (de 1588 à 1596) pour cause de "guerre religieuse", vont cesser de monter sur scène eux-mêmes dès 1598.

Ils vont faire du garage, c'est-à-dire accueillir les troupes de campagne assez riches pour accepter leurs conditions draconiennes.

Leur Monopole du théâtre à Paris date déjà de deux siècles. Echappent à ce "privilège": les troupes de théâtre chanté et les troupes parlant une langue étrangère (italien, espagnol...).

Les jeunes gens qui veulent "faire du théâtre" doivent donc s'engager dans une troupe itinérante et sillonner les régions françaises (comme fera Molière un demi-siècle plus tard...)

Une représentation à l'Hôtel de B^gne^ -
Célèbre gravure où le dessinateur exagère l'étroitesse de la salle et de la scène.

UN GRAND CHEF DE TROUPE du nom de **Valleran-Lecomte** occupe souvent l'Hôtel de Bourgogne. C'est un grand formateur. Il dirige des "stages" (comme nous dirions aujourd'hui) en début de saison (autour de Pâques, à l'époque). En sortiront : Bellerose et Montdory, deux grands comédiens-animateurs de troupes. Dont nous allons reparler.

Son auteur-maison est le prolifique ALEXANDRE HARDY, disciple de Ronsard, né à Paris vers 1570.

Auteur de quelque 800 pièces, il peut rédiger, en quelques jours, telle pastorale ou telle comédie-héroïque en fonction du désir du public ... ou de celui d'un riche hobereau-mécène campagnard souhaitant voir célébrer sur scène tel fait d'armes concernant sa famille.

C'est un peu notre Shakespeare, le génie — et même le talent ! — en moins...

L'action chez lui vole d'un lieu à un autre sans souci d'unité de temps, mais il faut lui reconnaître parfois l'intuition de la (future) "crise" classique.

Sa "Didon" commence, contrairement à celle de Marlowe, après les amours de Didon et d'Enée à Carthage ... d'où ce dernier doit partir pour suivre « ses destins ». Didon arrivera-t-elle à le retenir ? Tel est simplement le sujet de la pièce.

- suite page 136 -

TROUPES DE CAMPAGNE

De 10 à 15 "troupes de campagne" sillonnent la province. Nées (vers 1570) de l'existence, bien sûr, du fameux Monopole (un seul théâtre à Paris), elles sont composées chacune de 8 à 10 comédiens (7 hommes, 3 femmes en moyenne). Plus un portier et/ou un décorateur. Et, pour les plus riches, un auteur écrivant à la commande ! Hôtelleries, halles, jeux de paume, châteaux... sont leurs lieux de représentations. À l'occasion de festivités diverses, fêtes, foires, réunions d'Etats Généraux locaux, invitations particulières. Déplacements dans un chariot bourré de nippes bariolées, d'éléments de décors et tiré par un simple mulet ou de solides percherons. Elles se forment à Paris, devant notaire, aux environs de Pâques. Composées de nobles pauvres, d'artisans en rupture d'établi, de cadets de famille. Ces derniers souvent avec l'accord des parents : la carrière de comédien est assez lucrative si on y réussit. Peu d'aventuriers et de mauvais garçons : il faut savoir lire, être bien éduqué etc... Le "comédien de campagne" doit être capable d'aborder tous les genres : de la farce à la tragédie en passant par la tragi-comédie, la pastorale... Si deux troupes itinérantes se rencontrent, c'est la rivalité... ou la fusion ! Le rêve, c'est de jouer à Paris où les conditions d'existence sont - de loin ! - les plus mauvaises mais où se trouve le public cultivé. Alors on espère avoir un jour assez d'argent pour louer l'Hôtel de Bourgogne ... ou voir le Monopole abrogé : il y a des tentatives en ce sens de la part du Parlement en 1613, 1614, 1630. Mais elles échouent : les Confrères tiennent bon !

EXCOMMUNICATION DES COMÉDIENS

Episcopale (et non papale). L'apparition des actrices ... le harcèlement sexuel dont elles sont l'objet ... la vie (soit-disant) "libre" des comédiens en général ... font écrire, en **1624**, par Jean de Gondy, archevêque de Paris : « On doit priver les comédiens des sacrements et de la sépulture ecclésiastique ». C'est le début d'une longue histoire.

C'EST QUE LA "RÈGLE DES TROIS UNITÉS" (une seule ation se passant, en 24 heures, en un lieu unique) est dans l'air.

(Étonnant ! C'est le médecin de l'évêque d'Agen, Jules-César Scaliger, qui l'a ramenée d'Italie il y a déjà un demi-siècle...)

On en discute ferme dans un célèbre cercle littéraire (fréquenté assidûment par Richelieu, encore évêque de Luçon) : le salon de Mme de Rambouillet, la "Précieuse".

Mme de Rambouillet "reçoit" assise dans son lit. En réaction contre la grossièreté de la Cour d'Henri IV, on invente là le langage "précieux" :

- le miroir = le conseiller des grâces
- les pieds = les chers souffrants
- la lune = le flambeau du silence
- être en colère = avoir du fier contre quelqu'un

« Furieusement », « terriblement » ponctuent les affirmations.

Mais, pour l'heure, la mode est au **baroque**. Tragi-comédies, pastorales comiques, comédies héroïques ... les « genres » ne sont pas vraiment définis.

Ainsi **Théophile de Viau** (1590-1626) fait jouer, en 1617, sa tragédie élégiaque "Pyrame et Thisbé".

Tirée d'Ovide, c'est l'histoire d'un affreux malentendu. Le jeune Pyrame, croyant que la belle Thisbé a été dévorée par un lion, se suicide. Cette dernière va en faire autant sur le cadavre de son amoureux.

Shakespeare puise là le sujet de "Roméo et Juliette". Et, dans "Le Songe d'une nuit d'été", les naïfs artisans-comédiens en donnent une involontaire parodie.

Thisbé va s'empaler sur l'épée de Pyrame. (Bois d'époque.)

Poète libertin à la vie mouvementée, Théophile de Viau a réussi une œuvre pleine de noblesse et de finesse, gâchée hélas par deux vers ridicules à l'extrême fin de la pièce :

THISBÉ

Ha ! Voici le poignard qui du sang de son maître
S'est souillé lâchement ; il en rougit, le traître !

Edmond Rostand s'en amuse dans la "tirade des nez" de "Cyrano".

CONCURRENCE INATTENDUE pour l'Hôtel de Bourgogne : le Pont-Neuf (page ci-contre). Mais il accueillera le fameux trio comique ci-dessus.

— suite page 138 —

Le Pont-Neuf

APOGÉE : 1610-1630

Terminé en 1604. C'est un pont sans maison (les autres ponts de Paris sont comme des rues entre deux rangées de maisons). Dès 1610, arrivée des médecins empiriques ambulants qui vendent des drogues miracles (orviétan, onguents divers...) avec l'aide de comédiens et de chanteurs de tréteaux. Tout commerce disparait du Pont-Neuf seulement en... 1848.

LE TRIO COMIQUE 1613 1615

TURLUPIN (26 ans) rôle de l'escroc

GAUTIER-GARGUILLE (40 ans) [auteur de chansons]

GROS GUILLAUME (59 ans) se travestit parfois en femme

Leur succès est tel qu'ils louent l'Hôtel de Bgne de 1615 à 1621.

-SUR LA PLACE DAUPHINE :

Tabarin pose des questions à son "maître" Mondor (à gauche).

avec son chapeau à transformations

TABARIN 1620-1630

Tabarin termine ses spectacles par une courte farce (avec sa troupe). Il invente le **lazzi** de la dupe entrée volontairement dans un sac et rossée pour une raison inventée. Molière (8 ans), mené au Pont-Neuf par son grand-père, a sans doute vu Tabarin.

"Bergerie"

FORTUNIAN, seul. —

Bois, antres et rochers que tous les jours je hante,
Dois-je me plaindre à vous de cette âme mé-
[chante?

L'ÉCHO. — Chante !

Quelle voix me répond? Qu'est-ce qui parle à moi?
Quelqu'un veut-il encore écouter mon esmoy?

L'ÉCHO. — Moi !

Serait-ce bien Echo, cette nymphe fidèle,
Qui souvent me console en ma peine cruelle?

L'ÉCHO. — Elle !

Est-ce elle qui répond après m'avoir oüy?
Comment pourrai-je plus devenir réjoui!

L'ÉCHO. — Oui !

Mais de quoi dois-je encore espérer jouissance?
Ma nymphe m'a banni de sa douce présence,
Me disant que sur tous je lui suis odieux.

L'ÉCHO. — Dieux !

PRÉCIEUX APPRÉCIÉ **Antoine de Montchrestien** (1576-1621), «économiste» avant la lettre ("Traité d'économie politique". 1615), écrit des tragédies dont une "Marie Stuart" qui utilise encore le chœur et annonce Racine. Dans sa pastorale, "Bergerie", il imagine de se servir de vers «en écho» pour faire parler précisément la nymphe Écho répondant au berger classique, amoureux transi et plaintif.

LES TROUPES QUI SE SUCCÈDENT à l'Hôtel de Bourgogne réclament toutes une rénovation de la salle quelque peu vétuste. Mais les Confrères n'aiment pas les dépenses. Ils se font "tirer l'oreille" pour toute amélioration.

Avant 1637, il n'y a pas encore de spectateurs sur scène. Le dispositif scénique consiste en des «mansions» soudées. Tous les lieux nécessaires à l'action sont montrés en même temps, comme dans les Mystères médiévaux.

DE 1624 À 1647 (=23 ANS), C'EST **BELLEROSE** qui occupe presque continûment les lieux avec sa troupe. En 1629, ils deviennent "Comédiens du Roi". Richelieu (qui est maintenant "maître de la France") les apprécie et les soutient.

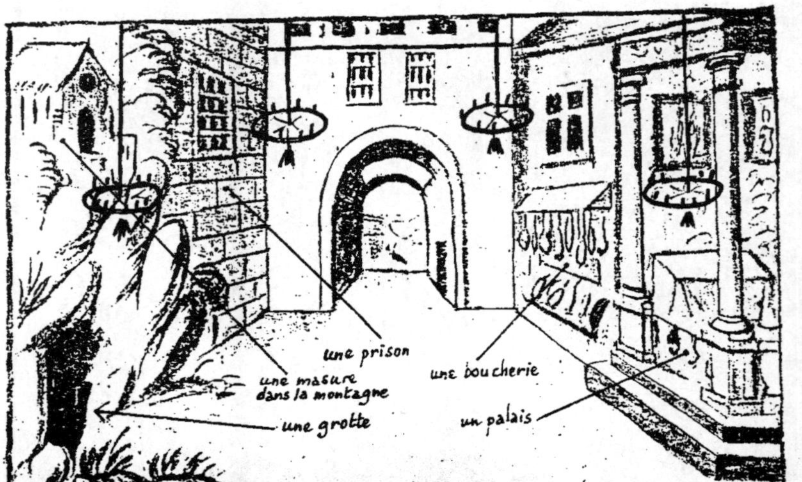

ÉCLAIRAGE (scène et salle): par chandelles (cylindres de suif avec mèche axiale) disposées au bord de la scène (rampe) ou formant des lustres (roues de chandelles). Toutes les 20 minutes, il faut les "moucher" (couper le bout consumé de la mèche) d'où la longueur d'1 acte qui ne doit pas dépasser 20 minutes.

Le vieil Alexandre Hardy, en 1622, a enfin pu publier 35 de ses pièces qui, de ce fait, (c'était la loi à l'époque) sont tombées dans le domaine public (désormais on pouvait les jouer sans payer aucun droit). Valleran-Lecomte, puis Bellerose, les "patrons" d'Hardy, s'étaient opposés longtemps à cette publication estimant ses pièces "propriété de la troupe": Hardy, «poète à gages», touchait 1 part de comédien pour écrire.

1609-1650
(41 ans)

ROTROU

SUCCÉDANT À ALEXANDRE HARDY, **JEAN DE ROTROU** devient le grand auteur de Bellerose alors que l'Hôtel de Bourgogne, dès 1629, subit la terrible concurrence de la troupe de Montdory qui, dans le quartier du Marais et bravant le Monopole, joue les premières pièces de Corneille... ce qui le fait soutenir par Richelieu.

Fils de famille bourgeoise provinciale, Rotrou sort, très cultivé, du collège. Fort jeune (19 ans), il écrit des comédies (selon Plaute), des tragédies (selon Sénèque) et des tragi-comédies. Il n'est en rien un comédien-auteur besogneux. Il sera "lieutenant particulier au baillage de Dreux", sa ville natale. (Il y mourra victime de ses devoirs de courageux magistrat lors d'une épidémie.)

ON POURRAIT DIRE QUE ROTROU est le dernier **baroque** et le premier **classique**.

Il est connu avant Corneille alors qu'il est son cadet de 3 ans. Mais il appelle Corneille « son maître » alors que Corneille l'appelle, lui, « son père » !

On n'a guère retenu de lui que son " ST GENEST, COMÉDIEN ET MARTYR" (1646). Imité de Polyeucte (1643), cette tragédie raconte la conversion au christianisme d'un acteur romain touché par la Grâce, sur scène, alors qu'il jouait un rôle de chrétien. Pièce reprise en **1988** par la Comédie-Fse (m. en sc. André Steiger).

CONFLIT BELLEROSE-ROTROU : ce dernier, comme auparavant Hardy, entend éditer ses pièces (forte source de profit à l'époque), ce qui les ferait tomber dans le domaine public.

À noter que Montdory, le "patron" du Théâtre du Marais, accepte que Corneille fasse éditer les siennes. Bellerose en profite pour piller le répertoire du Marais de 1642 à 1647. Corneille se plaint au roi. Plainte jugée irrecevable.

DE 1622 À 1635 (13 ANS), L'HÔTEL DE BOURGOGNE possède un décorateur remarquable : **Laurent Mahelot** qui a décoré 71 pièces, nous laissant d'inestimables dessins.

Il travaillera avec Bellerose pendant onze ans : entre 1624 et 1635.

Toujours le principe du décor simultané... mais conçu en fonction d'une oeuvre précise.

UN DÉCOR DE MAHELOT

THÉÂTRE DU MARAIS (I)

90, rue Vieille du Temple (3è)

1634 - 1644

EN 1634, **MONTDORY**, CÉLÈBRE ACTEUR "DE CAMPAGNE", ouvre (bravant le Monopole de l'Hôtel de Bourgogne) un **théâtre d'Art** (... comme on aurait dit au début du XX ème siècle) dans le quartier du Marais. C'est là que se trouvent les gens cultivés.

Il lui a fallu aménager en théâtre le grand Jeu de Paume du Marais surnommé « la perle des tripots ». Le nom de la rue de la Perle (qui existe encore !) vient de là. A noter que le mot "tripot" était, à l'époque, synonyme de "jeu de paume" sans connotation péjorative. (On misait sur les joueurs des sommes importantes.)

AUJOURD'HUI : UN SQUARE OCCUPE L'EMPLACEMENT.

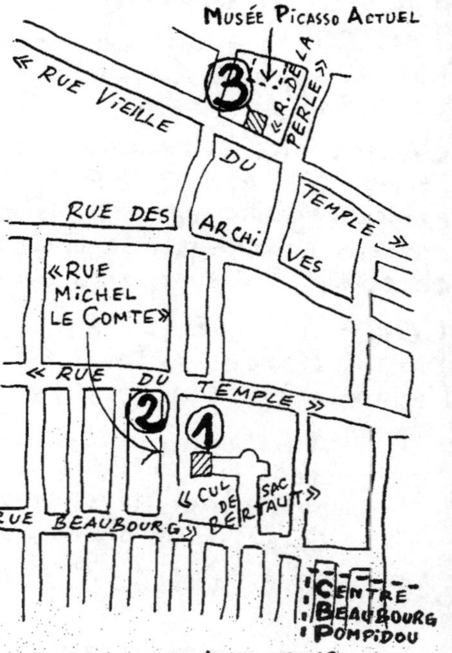

« ... » = NOM TOUJOURS ACTUEL

DÈS 1629, CO-DIRIGÉE par Montdory et Lenoir, la "Troupe du Prince d'Orange" (1) se met à sillonner le quartier du Marais (2), transformant en théâtres des jeux de paume successifs. Au répertoire : les premières pièces de Corneille (uniquement des comédies). **Dès 1634, redevance de 3 livres par représentation à l'Hôtel de Bourgogne !**

-1629 : J. de paume Bertaut (1) = Mélite, Clitandre (1630), La Veuve (1631).

....

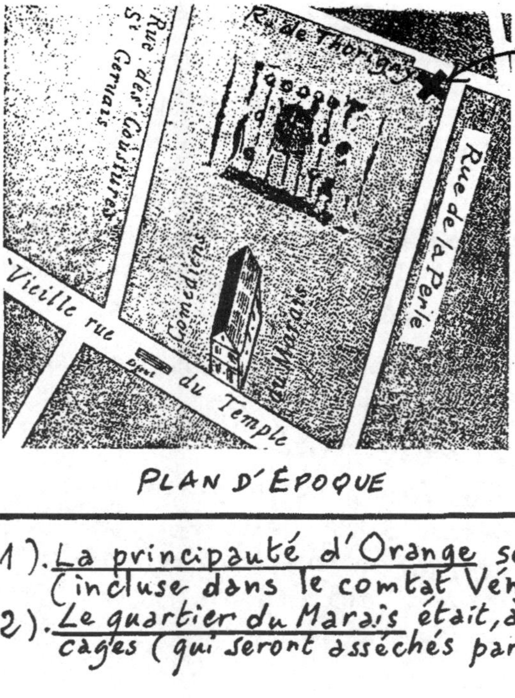

Maison des Béjart (Voir p. 159)

....

PLAN D'ÉPOQUE

-1632 : J. de paume de la Fontaine, rue Michel le Comte (2) = La Galerie du Palais, La Suivante (1633). Incendie du lieu.

-1634 : Montdory seul à la tête de la Troupe du Prince d'Orange. Ouverture du th. du Marais (3) = Médée, tragédie, L'Illusion Comique (1635), Le Cid (1636).

(1). La principauté d'Orange se trouvait dans le midi de la France (incluse dans le comtat Vénaissin). Le prince protège la troupe.

(2). Le quartier du Marais était, à l'époque gallo-romaine, couvert de marécages (qui seront asséchés par les Templiers au XIIIè siècle).

- suite page 142 -

MONTDORY DÉCOUVRE CORNEILLE À ROUEN

-ROUEN, 1629 :

Corneille (23 ans) remet à Montdory -en tournée- sa 1ère comédie : "Mélite".

-PARIS, même année :

Richelieu "reçoit" ses visiteurs entouré de ses chats.

MONTDORY (1594 - 1651) 57 ans

Né à : Thiers (en Auvergne). **Père** : coutelier. **Études** : à Paris (droit). **Y rencontre** : le théâtre (formé par Valleran - Lecomte). **Il a** : la plus belle voix d'acteur du temps. **Comédien de campagne** : célèbre. On l'appelle « le nouveau Roscius ». **Crée** : (à 43 ans) Rodrigue du "Cid" et Hérode de "Marianne". **Attaque d'apoplexie** : en jouant Hérode. **Quitte le théâtre** : en 1637. **Meurt** : 14 ans après.

dans Hérode de "Marianne"

MONTDORY ET SES AUTRES AUTEURS

Georges de Scudéry (1601-1667)

Conseiller et ami de Richelieu. "Précieux". Auteur d'une **Didon** (1636)

Tristan L'Hermite (1601-1655)

Auteur de **Marianne** (1636), grand succès parallèle au triomphe du "Cid".

Jean Mairet (1604-1686)

le premier à respecter strictement la règle des TROIS UNITÉS (dans sa **Sophonisbe** : 1631)

1606 - 1684
78 ans

PIERRE CORNEILLE

le plus inventif et le plus civique de nos dramaturges.

Né à : Rouen. **Père** : avocat au Parlement de Rouen. **Famille** : bourgeoise, pieuse, économe. **Etudes** : brillantes (collège jésuite où l'on "fait du théâtre"). **Reçu** : avocat à 18 ans. **À 22 ans** : achète une charge d'Avocat du Roi (il doit défendre les intérêts royaux en matière d'Eaux et Forêts). Charge administrative ne faisant pas appel à une quelconque éloquence. **Rencontre** : avec Montdory qui lui fait conquérir Paris dès sa 1ère pièce : "Mélite". (1ères affiches de théâtre à Paris). **Richelieu** : l'admire et le jalouse.

Maison natale

Continue : d'habiter Rouen. Séjours à Paris (quartier St-Roch). *En provincial ébloui, il met en scène des lieux typiquement parisiens* : "La Galerie du Palais", la «nouvelle» "Place Royale".

L'intérieur du Palais de Justice avec ses boutiques (notamment de libraires).

Oeuvres :

- DE JEUNESSE (de 23 à 30 ans) : 6 comédies, 1 tragédie ("Médée"), 2 tragi-comédies ("Clitandre", "Le Cid").

(Les spectateurs sur scène). (Corneille est anobli.)

- DE MATURITÉ (de 34 à 45 ans) : 9 tragédies (dont "Horace", "Cinna", "Polyeucte", "Rodogune") 2 comédies ("Le Menteur", "La Suite du Menteur") 1 comédie historique ("Don Sanche d'Aragon") 1 pièce «à machines» : "Andromède".

(Une petite pension - 2000 livres/par an - lui est attribuée par Mazarin en 1662.)

- DE VIEILLESSE (de 54 à 78 ans) : 7 tragédies ("Oedipe", "Sertorius", "Sophonisbe", "Othon", "Agésilas", "Attila", "Suréna" - l'ultime tragédie : 1674 -). 2 comédies historiques : "Tite et Bérénice", "Pulchérie". 2 pièces «à machines» : "La Toison d'Or", "Psyché" (en collaboration) 1674 : Corneille perd sa pension.

"La Place Royale"

Terminée en 1612 (aujourd'hui : pl. des Vosges)

Se marie : à 35 ans (6 enfants). **Se fixe** : à Paris en 1662, à 56 ans, pour aider ce frère, son cadet de 19 ans, dramaturge comme lui, Thomas. **La légende** : (abusive) le dépeint tombé dans la pauvreté à la fin de sa vie. **En fait** : 1682 est une année faste pour lui (reprise triomphale de "Andromède", rétablissement de sa pension, édition complète de son théâtre).

— suite page 144 —

Richelieu, réformateur du Théâtre

LE GRAND THÉÂTRE DU PALAIS CARDINAL :

"Maître de la France" depuis 1629, Richelieu entend réglementer la littérature et le théâtre en faveur du classicisme. **1635** : il fonde l'Académie-Française, fer de lance de son action. **1637** : "Le Cid", malgré son triomphe, en est la première cible.

Auteur dramatique amateur, pour se distraire des affaires de l'État, il compose, avec Desmarets de Saint-Sorlin (dramaturge talentueux), des pièces qu'il fait représenter sur son propre théâtre privé.

Ainsi "Europe", comédie héroïque (1642) : la reine Europe est courtisée par deux rois Francion (la France) et Ibère (l'Espagne). Le 1er, chevaleresque et loyal, veut la protéger et la servir. Le second, vaniteux et retors, ambitionne de la dominer et de régner sur elle. Germanique (l'Allemagne), versatile (comme les princes allemands de la Guerre de Trente Ans) soutient mollement Ibère sans méconnaître la valeur de Francion. Ausonie (l'Italie), confidente d'Europe, est favorable à ce dernier. Parthénope (le royaume de Naples) et Mélanie (le duché de Milan) sont deux princesses dévouées à Ibère. Enfin Austrasie (la Lorraine) est hostile à Francion... qui, à la fin, triomphe et pardonne à Ibère si celui-ci cesse de harceler Europe de ses fallacieux propos d'amour. Europe se donne au galant Francion mais accorde à tous une place à sa Cour où la Paix (personnifiée aussi) régnera désormais.

1641 : "Mirâme", qui comporte « mille traits injurieux pour la reine ».

RICHELIEU
(1585-1642)
et son "nègre" :
Desmarets de St Sorlin
ex-danseur des ballets royaux – premier chancelier de l'Académie-Française. Auteur de "Les Visionnaires", comédie (1637).

Co-auteurs de "Mirâme"

Richelieu crée et patronne un « atelier d'écriture » : **Les Cinq Auteurs** (Rotrou, Corneille, L'Estoile, Colleret, Boisrobert). Il leur impose un sujet. À eux d'écrire collectivement la pièce. Ainsi "La Comédie des Tuileries" a inauguré le "Petit Théâtre" du Palais-Cardinal (1635). Autre pièce : "L'Aveugle de Smyrne" (1637).

Il suscite l'**Ordonnance de 1641** par laquelle Louis XIII relevait les comédiens de la déchéance qui les frappait : ils peuvent "innocemment divertir nos peuples".

● PETIT THÉÂTRE 1635

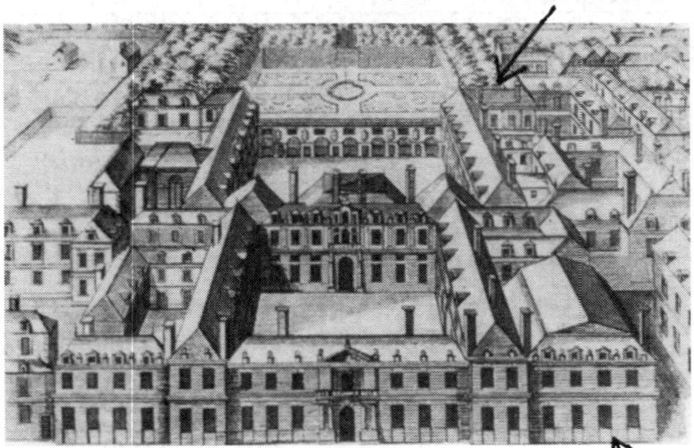

= RUE ST HONORÉ =

LE PALAIS-CARDINAL (1632) que Richelieu, sans famille, lègue à la Couronne ... et qui deviendra le "Palais-Royal". (Aujourd'hui : résidence du Conseil d'État).

1641 ● GRAND THÉÂTRE Angle rue de Valois actuelle.

JUSQU'EN 1644, TOUTES LES PIÈCES de Corneille seront créées au théâtre du Marais-(1)

« Et le Monopole !? », direz-vous. Comment les Confrères peuvent-ils tolérer une seconde salle à Paris ? Après quelques mois d'hésitation (soutien de Richelieu à Montdory ?), ils vont exiger, dès 1631, une **redevance** à la troupe du Marais. Elle sera versée désormais annuellement de façon permanente (485 livres).

MONTDORY, MALADE, PREND SA RETRAITE en 1637.

Il est remplacé, à la tête du th. du Marais, par Villiers jusqu'en 1642. **Floridor** succède ensuite à ce dernier. Il doit faire face au terrible incendie du 5 janvier 1644 qui détruit entièrement le théâtre. Reconstruction. Réouverture en octobre. Mais Corneille est déjà, avec "Rodogune", installé à l'Hôtel de Bourgogne où va le suivre Floridor remplaçant Bellerose, "retraité".

ASPECT **CIVIQUE** DE L'ŒUVRE de Corneille : "LE CID" (1636-1637).

Reconstitution par André Antoine d'une représentation du "Cid" avec les spectateurs sur scène. **Odéon / 1910.**
Cette innovation, née avec le "Cid" (conséquence de son succès) sera imitée partout et durera 122 ans (1637-1759), conditionnant la décoration théâtrale pendant plus d'un siècle.

C'est un héros espagnol. Or, la France et l'Espagne se font, à l'époque, une guerre terrible. Corbie (dans la Somme) est perdue et reprise. Paris est en danger. De plus, Richelieu vient de renouveler ses défenses contre le duel. Et "Le Cid" est presque une apologie du duel.

Que de raisons pour que la pièce soit interdite ! Or, c'est un triomphe : la pièce est jouée au Palais Cardinal et trois fois au Louvre devant la Cour...

Il faut dire que, dans la pièce, c'est le roi qui a le dernier mot.

... Mais les "spéculatifs" (2) que Corneille avait brocardés dans son "Illusion Comique" (entendez "l'Illusion théâtrale")... font la fine bouche.

Remarquons que, au lieu d'attendre le délai (habituel) de 3 ans, Corneille publie son ouvrage... ce qui facilite l'« épluchage ». On l'accuse d'abord du plagiat de Guillen de Castro (voir p. 128). Son "collègue" Scudéry (auteur du Marais comme lui) rédige des "Observations" où il traite Chimène de « prostituée », « parricide » (!), « impudique », « monstre ». Corneille ne réplique pas, mais lorsque Mairet (autre auteur de Montdory) l'accuse d'être un simple traducteur, il se fâche envoyant « au bordel » la muse de l'auteur de "Sophonisbe".

Fin 1637, la jeune Académie-Française publie (192 pages) ses "Sentiments" (savamment dosés par Richelieu) sur la pièce :

---

(1) Certaines étant "reprises" à l'Hôtel de Bourgogne pourvu qu'elles soient éditées. C'est légal. Corneille cependant proteste. Il n'obtient pas gain de cause.

(2) = "Les théoriciens", ceux qui théorisent beaucoup et ne produisent rien de bon.

- Le personnage de l'Infante est inutile. (De fait souvent supprimé au XIXe siècle, à la Comédie-Française même !)
- Les "larcins" envers Guillen de Castro sont réels, mais bénins.
- La pièce comporte des invraisemblances et des atteintes à la bienséance.
- Trop d'événements (un duel, une bataille, son récit ...) pour un seul jour.
- On passe de la place publique à la maison de Chimène, ensuite : au Palais etc...

Donc pas d'unité de temps ni de lieu. Une unité d'action contestable (l'amour de l'Infante pour Rodrigue).

Finalement les censeurs capitulent : « ... cet agrément inexplicable qui se mêle à tous ses défauts et a acquis à la pièce un rang considérable ». Désarroi savoureux des "spéculatifs" !

"CINNA" ou "La clémence d'Auguste" (1640).

"Cinna" / Cdie Fr.çaise -

Michel Etcheverry (Auguste) 1974

Pour Corneille, Auguste c'est Richelieu. Qui, d'accord avec son roi, a voulu faire plier sous son joug tout ce qui s'oppose à un État fort et centralisé : les libertés locales, les pouvoirs de la noblesse provinciale. Plus qu'un changement politique, c'est une révolution de société. Un monde s'écroule, celui de la féodalité et de ses valeurs : l'honneur, la vaillance, la fidélité au suzerain, la charité et le pardon. (Ces valeurs que Corneille défend dans son théâtre).

— Le petit-fils de Pompée a comploté contre Auguste et il est certes coupable. Mais ses motifs n'étaient pas bas et la bonne politique, la vraie grandeur commanderont de lui accorder le pardon, d'exercer une clémence qui rétablira la paix civile.

Le message ne sera pas entendu : deux ans après la première de "Cinna", Richelieu fait décapiter Cinq-Mars et De Thou, coupables d'avoir comploté contre son gouvernement. L'avocat Corneille a perdu sa cause.

PAUVRETÉ DU GRAND CORNEILLE.

Tel est le titre d'un petit texte accompagnant cette gravure → dans un livre de lecture des écoles primaires en 1910. Texte se terminant ainsi :

Corneille était dans la plus affreuse misère lorsque la vieillesse arriva. Il était si pauvre qu'on le vit un jour devant l'échoppe d'un cordonnier, faisant réparer sa chaussure usée que l'infortuné vieillard n'avait pas les moyens de remplacer.

Cette légende (exagérant la pauvreté du vieux Corneille) était née au XIXe siècle.

RÉNOVATION DES DEUX...

PRESQUE SIMULTANÉMENT : en <u>1644</u> en ce..
l'Hôtel de Bourgogne. Le 15 janvier 1644, la salle de..
reconstruite et rouvrira neuf mois plus tard, flambant..
l'Hôtel de Bourgogne (96 ans) à se rénover enfin.

THÉÂTRE DU MARAIS (II)

« Les Petits Comédiens »

1644-1673
(incendie) (démolition pour vétusté)

1644

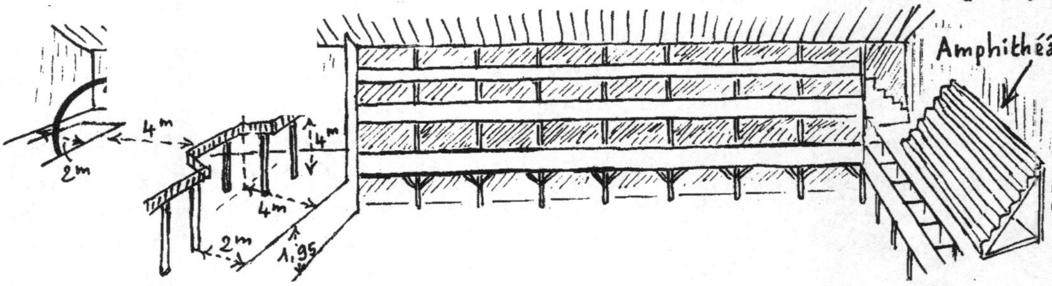

Toujours le rectangle du "théâtre à la francaise".
... Trois étages de loges ... L'amphithéâtre, au fond, est au-dessus du 1er étage!

Le dispositif scénique laisse perplexe : une seconde scène surplombe le plateau de 4m... (Il doit y avoir un <u>cadre de scène</u> et un <u>rideau</u> non représentés ici).

L'ensemble est doté de **machines** perfectionnées pour faire monter ou descendre des **gloires** (nacelles camouflées par des nuées véhiculant dieux et héros qui viennent du ciel ou y montent).

Jodelet (1590-1660)
Célèbre « enfariné » de la troupe de Montdory. Vedette comique du Th. du Marais. (Créateur du valet Cliton dans "Le Menteur".) <u>Il terminera sa carrière chez Molière où il joue « le vicomte de Jodelet » des "Précieuses Ridicules".</u> - Son fils, moine de l'ordre des Feuillants, est un prédicateur célèbre sous le nom de Dom Jérôme.

"Jodelet échappé des flammes"
- gravure d'époque -

gloire

Suite page 148

...THÉÂTRES PARISIENS

..qui concerne le Théâtre du Marais, en 1647 pour
..la rue Vieille du Temple brûle. Elle est immédiatement
..neuve, avec une machinerie "dernier cri". Ce qui oblige

HÔTEL DE BOURGOGNE (III)

« Les Grands Comédiens »

LES COMÉDIENS DU ROI (depuis 1629)

1647 - 1680
(rénovation) (installation des Italiens)

1647

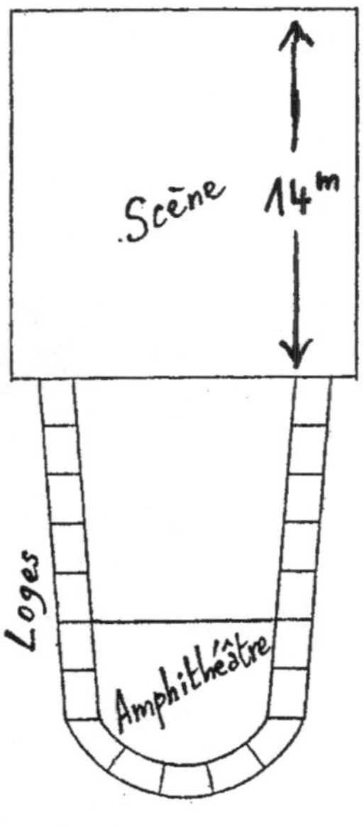

Bellerose, qui veut « prendre sa retraite », assiège ses propriétaires, les Confrères, pour qu'ils rénovent leur salle.

Il est entendu, mais le loyer des comédiens passe de 2000 à 4000 livres par an.

La nouvelle salle possède un rideau de scène (une toile peinte, croit-on) que l'on "lève", une fois pour toutes, au début du spectacle. Le fond de la salle s'arrondit, pour la première fois en France, semble-t-il...

1600 - 1667

Montfleury dans le rôle d'ASDRUBAL, rôle-titre de sa propre tragédie.

Le grand acteur, très aimé du public, c'est Montfleury qui se partage les premiers rôles, durant vingt ans, avec le chef de la troupe, Floridor. Avec l'âge, il prendra de l'embonpoint. Il a la soixantaine quand Molière (son cadet de 22 ans) se moque de son jeu emphatique (et l'imite !) dans son "Impromptu de Versailles". Montfleury le prend très mal et devient, dans les quatre ans qui lui restent à vivre, l'ennemi juré de Molière qu'il accuse d'avoir épousé sa propre fille !

- suite page 149 -

THÉÂTRE DU MARAIS (II)

— Suite —

de la page 146

Paul Scarron (1610-1660)

« Cul de jatte paralytique », disait-on de lui. Infirme déformé par les rhumatismes à la suite d'une immersion prolongée, à 27 ans, dans un étang glacé lors d'une fête champêtre. À 42 ans, il épouse Françoise d'Aubigné (17 ans) qui deviendra Mme de Maintenon !

Lors de la réouverture, Jodelet est toujours là, et son auteur, Paul Scarron également. Il lui écrit des farces qui font courir Paris : "Jodelet astrologue", "Jodelet souffleté", "Jodelet duelliste". Il est le fondateur du **burlesque** : le baroque comique.

En 1646, il donne une grande comédie (en 5 actes et en vers) : "Dom Japhet d'Arménie", mais ... à l'Hôtel de Bourgogne ! Le rôle-titre sera tenu par Villiers-Philippin, le rival de Jodelet sur la scène concurrente. Mais Scarron est surtout connu pour son "Roman Comique" (... c'est-à-dire "Théâtral"), écrit à la fin de sa vie et où il décrit avec verve la vie des "comédiens de campagne".

Chef de la troupe (de 1650 à 1673) : Laroque.

Thomas Corneille (1625-1709)

Le petit-frère de Pierre, de 19 ans plus jeune que lui. Inséparables, ils épouseront les deux sœurs.

Thomas Corneille remplit l'intervalle entre son frère et Racine.

Il a écrit 40 pièces de tous les "genres".

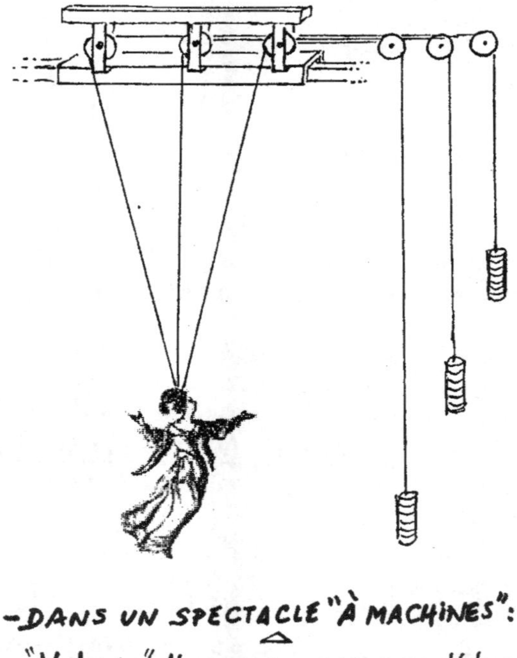

— DANS UN SPECTACLE "À MACHINES" :

"**Volerie**" d'un personnage avec déplacement latéral (sur un rail) grâce à un système de poulies et de fils. Cela paraît simple mais, lorsque Charles Dullin monte "La Paix" d'Aristophane en 1932, il envisage d'équiper ainsi son théâtre de L'Atelier afin de réaliser le fameux vol du bousier chevauché par le paysan Trygée (son rôle !). Or, il doit y renoncer : les secrets étaient perdus.

En 1656, "Timocrate", tragi-comédie romanesque de Thomas Corneille, se joue, sur la scène du Marais, **six mois durant** ! C'est stupéfiant pour l'époque. L'Hôtel de Bourgogne frôle la faillite.

Ensuite, la salle de la rue Vieille du Temple se spécialise dans les pièces "à machines" avec son décorateur-scénographe Denis Buffequin.

Pierre Corneille y revient lui-même en 1661 avec "La Toison d'Or", tragédie lyrique montée d'abord à Neubourg (Eure), avec la troupe du Marais, par le mirobolant marquis de Sourdéac, excentrique normand, fou de machinerie théâtrale. **L**a salle de la rue Vieille du Temple est démolie en 1673. ■

HÔTEL DE BOURGOGNE (III)

– suite –

de la page 147

Le grand auteur, c'est, bien sûr, Corneille bien qu'il ait déjà donné (au Théâtre du Marais) le meilleur de son œuvre.
Il habite toujours Rouen (fréquents séjours à Paris). Il a 44 ans. Il fait jouer sa 21ème pièce : "<u>Nicomède</u>", en 1650.

Nicomède (1650) de Corneille

C'est un succès. La pièce sera adoptée très vite par les Troupes de Campagne. Tragédie romaine "coloniale", Molière la choisit, huit ans plus tard, pour "passer son audition" devant le jeune Louis XIV. (Il venait avec sa troupe de Rouen où Corneille lui avait donné d'utiles indications de mise en scène.)

En 1653, la Censure royale interdit, dès son apparition sur la scène de l'Hôtel, "<u>La Mort d'Agrippine</u>" de Cyrano de Bergerac, ami d'enfance (et voisin) de Molière.
C'est que, au IVè acte de cette tragédie, il est question de « frapper l'hostie », au sens latin d'"hostia" = victime offerte au sacrifice ...
L'utilisation d'un semblable latinisme est fréquent au XVIIè siècle, mais, comme les athées sont accusés à l'époque de poignarder les hosties consacrées et que, disciple de Gassendi, Cyrano passe pour "libertin", on voit malice dans le choix de l'expression.

"La Mort d'Agrippine"

1653

Cyrano de Bergerac (1619-1655)

Précurseur de la science-fiction, il écrit d'imaginaires récits de voyages dans les "<u>Empires de la Lune et du Soleil</u>" satiriques et burlesques (publiés après sa mort).

Au demeurant, c'est son "<u>Pédant joué</u>" qui est connu ... pour avoir fourni à Molière la scène de la "galère" des "Fourberies de Scapin".

De date incertaine (1654, pense-t-on), c'est une pièce "à clef" sur un célèbre professeur ridicule du Quartier Latin. Personnage à double face : le "pédant" (avatar du "Docteur" des Italiens) et le "père trompé et grugé par son fils" (... à la Plaute). La pièce met aussi en scène des "valets de collège" qui évoquent ... les Palotins d'Ubu-Roi. Quant à la galère des Turcs, qui a remonté la Seine, elle se trouve ... ancrée près du Pont-Neuf !

⟶

Lors du déclin du grand Corneille (après "Andromède", page ci-contre), un jeune auteur est "lancé" par les vieilles Précieuses dont il hante les salons. Elles le surnomment le « beau Cyrus » et le protègent.

Sa meilleure comédie, "La Mère Coquette", montre précisement une femme mûre amoureuse d'un jeune homme. Et même jalouse ... de sa propre fille.

1664

Mais Philippe Quinault (c'est de lui qu'il s'agit !) se fait éreinter par Boileau qui lui reproche le prosaïsme de ses tragédies. Il fera, plus âgé, l'unanimité avec ses livrets d'opéras écrits principalement pour Lulli.

Philippe Quinault (1635-1688)

Le 1er auteur imaginant de réclamer aux comédiens un pourcentage sur les recettes de ses pièces.

Le nouvel auteur qui prend la relève de Corneille, dès 1667, c'est évidemment Racine. Madame de Sévigné, grande admiratrice de l'auteur du "Cid", ne croit pas, d'emblée, en ce tragique de 28 ans. Elle le compare au breuvage à la mode qui lui semble une toquade fugitive ... et lance la réflexion célèbre : « Racine passera comme le café ! »
Ce en quoi elle se trompait doublement. On boit toujours du café et on joue toujours Racine.

"Ariane" de Thomas Corneille (1672) concurrence le "Bajazet" de Racine sur la scène de l'Hôtel de Bourgogne.

Montfleury (à droite) ne put interpréter que 2 rôles raciniens : Porus dans "Alexandre" et, dans "Andromaque", Oreste qu'il joua tellement « en furieux » qu'à 67 ans il lui fut fatal.

"ANDROMÈDE"
de Pierre Corneille (1650)

Spectacle "à machines" : on passe d'un décor de palais à un décor de nature sauvage en quelques instants, à la vue du public.

GENRE : tragédie lyrique (Texte en partie chanté). **LIEU** : théâtre du Petit-Bourbon (entre Louvre et église St Germain-L'Auxerrois). **COMMANDE** : de Mazarin à Pierre Corneille. **BUT** : Réutiliser une partie des décors d' "Orfeo", un opéra italien créé au Palais-Cardinal (1647). **SUJET** : Tiré d'Ovide. Une princesse livrée à un dragon est sauvée par Persée qui vole comme Superman et change ses ennemis en statues de pierre (grâce à une tête de Méduse). **DÉCORATION** : Giacomo Torelli. "Changements à vue" impressionnants. **TROUPE** : celle de l'Hôtel de Bourgogne. **MUSIQUE** : de D'Assoucy, pense-t-on. **GRAND SUCCÈS** : devant la Cour et le public normal.

1639 - 1699
60 ans

JEAN RACINE

la perfection classique.

La Fronde (1648-1652) a été vaincue, les héros sont fatigués ... Corneille aussi. « L'État, c'est moi ! » dit Louis XIV : il n'y a plus de tragédie civique possible. Racine, ce sera : la fatalité amoureuse, source de conflits insolubles.

Né à : La Ferté-Milon (Aisne), dans un milieu janséniste. **Père** : percepteur (contrôleur du Grenier à sel). **Mère** : fille de procureur des Eaux et Forêts. **Il a** : 2 ans à la mort de sa mère (en couches) et 4 ans à la mort de son père, remarié. **Elevé** : d'abord par ses grands-parents maternels. **Puis** : à Port-Royal où "marâtre", grand-mère, tante (Agnès qui en deviendra abbesse) se retrouvent. **Admis là** : à 10 ans, aux Petites Ecoles (maîtres remarquables. Élève brillant). **Obtient** : à 18 ans de faire sa philosophie à Paris où il rencontre son cousin La Fontaine qui l'initie à la poésie, au théâtre et... au libertinage (au grand désespoir de sa rigoureuse famille). **Désireux** : d'une carrière littéraire, il recherche avec habileté la faveur des Grands. "Ode en l'honneur du mariage du roi" qui lui octroie 100 louis. **Première tragédie** : ("La Thébaïde") « reçue » par le chef de troupe Molière. **Dès la seconde** : il le trahit pour l'Hôtel de Bourgogne. **Liaison** : avec la comédienne "Marquise" Du Parc qu'il "enlève" à Molière. **À 29 ans** : il triomphe avec "Andromaque" et "Les Plaideurs". **Entre** : à l'Académie Fse à 34 ans. **On l'envie** : à Versailles quand le roi lui demande de coucher dans sa chambre lors de ses insomnies (pour qu'il lui déclame "du Racine") et quand il fait de lui (avec Boileau) son historiographe. **À 38 ans** : mariage avec Catherine Romanet (7 enfants) si discrète qu'elle ne verra jamais de pièce de son époux.

– suite page 154 –

"La Thébaïde"

"Alexandre"

Maison de Racine à Paris, 24 rue Visconti (6ème).

À son époque, Racine se joue ainsi : spectateurs sur scène, costumes de Cour avec cuirasses en carton. Rien à voir avec les frontispices des pièces éditées (sur cette page et les suivantes).

RACINE ET LE JANSÉNISME

Les vingt premières années de sa vie... et les vingt dernières... Racine a été très proche des Jansénistes. Entre les deux: vie mondaine (quelque peu dissolue) de l'auteur à succès.

Port-Royal des Champs (Vallée de Chevreuse).

Le jansénisme ? Au sein du catholicisme, c'est un mouvement religieux que des "gens de robe" (avocats, magistrats, officiers d'administration...) créent, à leur usage, par dépit politique.

Ainsi le Parlement de Paris (dont les membres se recrutent par cooptation) est une importante assemblée de ces "gens de robe" qui est censée aider le roi à gouverner. Mais, alors que l'assemblée anglaise correspondante exerce un vrai pouvoir politique, on cantonne les parlementaires parisiens à l'organisation de l'éclairage des rues ou de la police des théâtres. En outre, Louis XIV choisit ses ministres (Colbert, Louvois...) hors du Parlement.

"Andromaque".

Et sur les sujets mêmes qui sont de son ressort, s'il y a désaccord avec le roi, il suffit à ce dernier de se rendre au Parlement... transformant par sa présence l'assemblée en "lit de justice": lors du vote, la voix du roi sera prépondérante. On ne peut imaginer royauté plus absolue.

Ecœurés, les parlementaires jansénistes vont se retirer à l'abbaye de Port-Royal des Champs. Austères, rigoureux, érudits, détestant la vie mondaine, les salons et le théâtre, ils deviennent les "Solitaires de Port-Royal". Hommes remarquables par leurs vertus et leurs talents, parfaits éducateurs, ils formeront Pascal ...et Racine!

Ce dernier, même après sa "rupture" avec eux, leur adresse des signes de connivence : son unique comédie, "Les Plaideurs", montre un juge qui n'a... qu'un chien à juger. Le symbole est clair.

Curieuse doctrine que ce JANSÉNISME apparu en **1640**. Sur les crucifix "jansénistes", le Christ n'écarte plus les bras (pour "sauver" l'humanité tout entière) mais, les élevant au-dessus de sa tête, il les rapproche... ce qui signifie : seuls quelques "élus" (choisis d'avance, "prédestinés") iront au Paradis.

On a parlé du dieu caché... qui n'apporte aucun secours à l'être humain. En outre, le monde n'offre à ce dernier que des valeurs relatives alors que Dieu n'admet que des valeurs absolues. Le devoir de l'Homme, c'est donc de refuser le monde et de se consacrer à Dieu.

...Et celui qui s'interrogerait sur l'existence de Dieu doit faire le "pari" qu'il existe. C'est le fameux "pari de Pascal".

La Champmeslé dans "Phèdre".

- suite de la page 152 -

LES PLAIDEURS

1668

La scène des petits chiens :

DANDIN (le juge) - Ils ont pissé partout.
L'INTIMÉ (leur avocat) - Monsieur, voyez nos larmes !

La cabale : contre "Phèdre" (1677) l'éloigne du théâtre. Il renoue avec Port-Royal. **Il a 50 ans** : quand Mme de Maintenon le convainc de s'adonner au «théâtre sacré» ("Esther", pour les Demoiselles de St Cyr, élèves de son pensionnat d'orphelines nobles mais pauvres). **Deux ans plus tard** : (1691) "Athalie" par les mêmes interprètes mais «sans décor, ni costumes».
Il subit : (à 59 ans) la disgrâce de son roi (s'est-il "trop" rapproché de Port-Royal ?) et il en tombe malade. **Atteint** : d'une tumeur au foie, il assiste, épuisé, au mariage de la seule de ses cinq filles qui ne soit pas devenue religieuse (1698). Boileau l'assiste dans sa longue agonie. Le roi parfois fait prendre de ses nouvelles. **Il meurt** : à 60 ans.

AUTEUR DE 12 TRAGÉDIES ET D' 1 COMÉDIE

"LA THÉBAÏDE" ou "Les Frères Ennemis" (1664). Ce sont les fils d'Oedipe qui s'entretuent pour le pouvoir à Thèbes. (Sujet fourni par Molière qui monte la pièce au Palais-Royal. Echec.)

"ALEXANDRE LE GRAND" (1665). Molière continue de monter Racine avec sa troupe (14 déc. 1665). Quatorze jours plus tard, il apprend que les Grands Comédiens, ses rivaux, ont joué la pièce devant le roi : Racine l'a trahi. C'est la brouille entre les deux hommes. La pièce ? Une réussite.

"ANDROMAQUE" (1667).

Les suites de la guerre de Troie

Chez Euripide le «modèle», Hermione et Pyrrhus (qu'il appelle Néoptolème) sont ... mariés ! Hermione accuse Andromaque, la captive et maîtresse de son mari, de l'avoir rendue stérile au moyen d'un philtre magique et elle veut supprimer Molossos, l'enfant du couple adultérin. (Astyanax a été exécuté il y a longtemps). Oreste venge sa cousine Hermione (sans être amoureux d'elle) en assassinant Néoptolème dans le temple de Delphes. Molossos sera sauvé ! Tragédie de l'amour-propre plus que de l'amour.
Chez Racine (coup de génie !) tout le monde est fiancé. Mais Oreste aime Hermione qui aime Pyrrhus qui aime Andromaque qui aime Hector (dont elle va «consulter» le tombeau : ne serait-il pas comme le dieu caché de la pièce ?).

C'est un triomphe. Le rôle-titre est tenu par Marquise-Thérèse Du Parc que Racine a séduite, "enlevée" à la troupe de Molière et fait passer à l'Hôtel de Bourgogne.

"Andromaque"

"Britannicus"

"LES PLAIDEURS" (1668).

Inspirés des "Guêpes" d'Aristophane : sous la forme d'un essaim de ces insectes représentant les juges d'Athènes (citoyens tirés au sort et non magistrats de profession), le chœur vient à la rescousse de l'un des leurs, vieillard maniaque qui veut toujours « juger et condamner » et que sa famille enferme.

Chez Racine, son Dandin est dans ce cas. On lui donne à juger le chien Citron qui a dérobé un poulet.

Écrite sans doute pour « faire enrager » Molière, c'est une farce de tréteaux (en vers) à jouer avec masques... et beaucoup de légèreté.

Échec à l'Hôtel de Bourgogne, réussite devant le roi ... et reprise avec succès rue Mauconseil.

"BRITANNICUS" (1669).

Imité d'"Octavie impératrice", « praetexta » d'auteur inconnu (voir page 48). Tragédie historique. Le « monstre naissant » (Néron) a 17 ans, Britannicus et Junie 16 et 15 ans. André Antoine, en 1911 à l'Odéon, fait jouer les deux garçons par des comédiennes pour bien opposer le monde des adolescents à celui des adultes : Agrippine, Burrhus, Narcisse. Comme chez Anouilh.

Échec : Floridor joue le méchant Néron, ce qui déplaît à son public.

"BÉRÉNICE" (1670).

Encore une tragédie romaine. Mais qui ne comporte ni sang, ni morts. Titus doit choisir entre son amour pour Bérénice et sa fidélité à Rome dont il est le nouvel empereur et qui lui interdit le mariage avec une reine étrangère.

Si le génie consiste « à faire quelque chose de rien », Racine se montre ici un génie incontestable.

Grand succès avec la Champmeslé, la meilleure actrice du temps ... et la nouvelle maîtresse de l'auteur.

"BAJAZET" (1672).

Constantinople, au XVIIe siècle. Sujet donc comtemporain, mais « l'éloignement du pays répare en quelque sorte la proximité du temps » dit Racine qui s'inspire d'une histoire vraie.

Le sultan Amurat a un frère : Bajazet. Partant en guerre, il donne à Roxane, la sultane, l'ordre de faire périr Bajazet. Mais Roxane aime Bajazet et lui révèle tout : elle le sauvera s'il consent à l'épouser. Le grand-vizir Acomat est complice. Bajazet hésite : il aime la princesse Atalide. Finalement tout finira au plus mal : contrairement à "Bérénice", "Bajazet" est aussi sanglant qu'une pièce de Shakespeare.

Succès net. Curieusement, La Champmeslé incarne Roxane et Atalide alternativement.

"Bérénice"

"Phèdre"
Le jeu de scène du glaive dérobé... que Racine emprunte à Sénèque, auteur également d'une "Phèdre".

Une princesse dont la vertu essentielle est la fidélité jointe à une passion dévorante... tel est la règle chez Racine. "Mithridate" (1672) et "Iphigénie" (1674) n'y font pas exception. Quant à leur grand succès, il va susciter des jalousies qui vont bousculer "Phèdre" (1).

"PHÈDRE" (1677).

Retour à Euripide qui, dans sa pièce "Hippolyte", montre la lutte entre deux déesses : Aphrodite (déesse de l'amour) et Artémis (déesse de la chasteté et de la chasse). Hippolyte, jeune fils du héros Thésée (exterminateur de monstres), est un adorateur d'Artémis. Phèdre, femme de Thésée, éprouve pour lui un amour irrépressible que lui impose Aphrodite.

La "Phèdre" de Racine, quant à elle, se considère comme responsable de sa passion mais elle la juge criminelle. Elle a le sens et l'horreur du péché. Chateaubriand trouve dans "Phèdre" « les orages d'une conscience toute chrétienne ». Soit, mais chrétienne... janséniste. (Racine, qui s'est éloigné de Port-Royal, en est tout de même imprégné).

Car si Phèdre est un personnage négatif, c'est que la grâce lui manque. Racine (peut-être inconsciemment) substitue la notion de prédestination à la fatalité de la tragédie antique.

CABALE. La duchesse de Bouillon, ennemie de Racine, incite un certain Pradon à écrire aussi une "Phèdre" pour l'opposer à celle de Racine. C'est la troupe de feu Molière (dirigée par Armande Béjart et La Grange) qui la montera à l'Hôtel Guénégaud. Les deux "Phèdre" se jouent en même temps, celle de Racine étant représentée, évidemment, à l'Hôtel de Bourgogne. Or, les six premières représentations, dans chacune des deux salles, se déroulent devant des spectateurs-mercenaires remplissant les galeries louées par la duchesse de Bouillon avec la consigne de siffler Racine et d'applaudir Pradon. (Cela lui coûtera 15 000 livres). Bien sûr, devant le vrai public tout rentrera dans l'ordre... La "Phèdre" de Pradon (seulement "fiancée" à Thésée !) est nulle. Mais Racine est écœuré. Sa vedette-maîtresse, La Champmeslé, le quitte... Lui décide de quitter le théâtre.

Mme de Maintenon (assise en haut) et les Demoiselles de St Cyr.

TRAGÉDIES SACRÉES. Madame de Maintenon, éducatrice hardie, imagine (à l'instar des Jésuites dans leurs collèges de garçons) d'introduire le théâtre à St-Cyr où ses jeunes filles vont jouer... "Andromaque". Elles tiendront tous les rôles, masculins ou féminins.

(1) Racine, entré à l'Académie Fse en 1673, devient historiographe du roi, avec Boileau (1674). Ils suivent désormais Louis XIV dans ses campagnes militaires... Mais rien ne subsistera de leurs travaux, un incendie les ayant entièrement détruits en 1720.

« ... Trop bien ! » estime-t-elle. Et elle demande à Racine (retiré de la scène depuis plus de dix ans) d'écrire pour ses élèves une tragédie dont « l'amour serait entièrement banni ». Racine choisit le sujet biblique d'

"Athalie"

ESTHER (1689). Assuérus, le roi des Perses, choisit comme reine Esther qui lui cache son origine juive. En Perse, les Juifs sont captifs. Et quand Aman, favori du roi, s'apprête à ordonner leur massacre, Esther avoue sa naissance à son mari et demande leur grâce. Aman sera pendu.

Comme il s'agit de théâtre "amateur", Racine peut rétablir le **choeur** (ici des « jeunes filles israélites ») supprimé par les comédiens professionnels pour des raisons financières.

ATHALIE (1691). Racine récidive. Toujours la Bible. Toujours un choeur : ici « des jeunes filles de la tribu de Lévi ». **La plus imposante et la plus violente de ses pièces.**

Athalie, reine de Juda, a fait massacrer tous ses enfants et petits-enfants (la « race de David ») pour garder le pouvoir seule. Le petit Joas, seul rescapé, est élevé secrètement par le grand-prêtre Joad. Un rêve (le fameux « Songe d'Athalie ») la renseigne. Elle sera tout de même massacrée et Joas proclamé roi. Les mondanités (présence du roi) suscitées par "Esther" incitent Mme de Maintenon à faire donner "Athalie" en lecture-spectacle !

CONSTRUCTION D'UNE TRAGÉDIE CLASSIQUE :

(Exemples : Le Cid, Britannicus, Phèdre)

2 ACTES (les II et IV) D'ACTION, 3 ACTES (les I, III, V) D'EXPOSITION.

Actes

I — EXPOSITION
- Rodrigue et Chimène s'aiment.
- Néron aime Junie "de loin".
- Phèdre aime en secret Hippolyte.

FIN DE L'ACTE : CE QUI DÉCLENCHE L'ACTION :
- Don Gormas gifle Don Diègue.
- Néron fait enlever Junie.
- Fausse nouvelle de la mort de Thésée.

II — **L'ACTION SE NOUE**
- Rodrigue tue Don Gormas en duel.
- L'amour Junie-Britannicus se révèle.
- Phèdre déclare son amour à Hippolyte.

III — CONSÉQUENCES (ON SE LAMENTE)

FIN DE L'ACTE : CE QUI RELANCE L'ACTION :
- Rodrigue part combattre les Maures.
- Néron déclare la guerre à sa mère.
- Thésée n'est pas mort : il revient !

IV — **LA CRISE QUI DÉNOUE L'ACTION**
- Rodrigue vainqueur des Maures.
- Néron fait emprisonner Britannicus.
- Thésée livre son fils à Neptune.

TOUT EST TERMINÉ. Mais il reste ...

V — ... LES RETOMBÉES :
- Rodrigue épousera Chimène plus tard.
- « Plût aux Dieux que ce fût le dernier de ses crimes ! »
- Phèdre s'empoisonne.

BOTANIQUE : « De la germination de la graine au développement des feuilles, il y a expansion. Dans la formation du calice, contraction. Les pétales résultent d'une nouvelle expansion. Les organes sexuels d'une seconde contraction. Le plus haut degré d'expansion est atteint dans le fruit ». Texte de GOETHE ("Essai sur la métamorphose des plantes". 1790). La tragédie classique imiterait cette alternance d'expansions et de contractions.

THÉÂTRE DU PALAIS-ROYAL

REVENONS À LA MORT DE RICHELIEU (1642)...

Sans famille, il lègue à la Couronne son Palais-Cardinal. Avec son théâtre (le mieux équipé de Paris) qui va désormais accueillir ces Opéras Italiens dont raffole Mazarin (qui n'a pas la culture de Richelieu).

1645

Mais la Fronde éclate en 1648... Elle reproche à la Cour ses dépenses somptuaires. Or, les décors "à machines" de Giacomo TORELLI coûtent cher.

La salle est fermée dès 1650. Elle le restera 11 ans. Rénovée, elle rouvrira en 1661 en remplacement du Petit-Bourbon démoli. Les "locataires" de ce dernier (Molière et sa troupe, Scaramouche et la sienne) occuperont, en alternance, ce nouveau Palais-Royal. Pendant 12 ans...

Mazarin

1622 - 1673
51 ans

... de **1661** à **1673**, on pourra y applaudir les chefs-d'œuvre de

MOLIÈRE ***le plus grand auteur comique*** de tous les temps.

Naissance : à Paris de Jean-Baptiste Poquelin (futur Molière). **Père** : maître-tapissier (1). Famille paternelle originaire de Beauvais (artisans bourgeois citadins). **Mère** : Marie Cressé (famille de tapissiers). **Ils auront** : 6 enfants (2 filles, 4 garçons). Jean-Baptiste est l'aîné, mais il verra mourir avant lui tous ses frères et sœurs. **Grand-père** : Louis Cressé, grand amateur de théâtre, mène le jeune Jean-Baptiste applaudir les bateleurs du Pont-Neuf. **À 10 ans** : Jean-Baptiste perd sa mère. **À 11 ans** : il perd son cadet d'un an, Louis (10 ans). **Remariage** : de son père avec Catherine Fleurette. Jean-Baptiste a une "marâtre". (On en retrouvera de peu sympathiques dans son théâtre !)

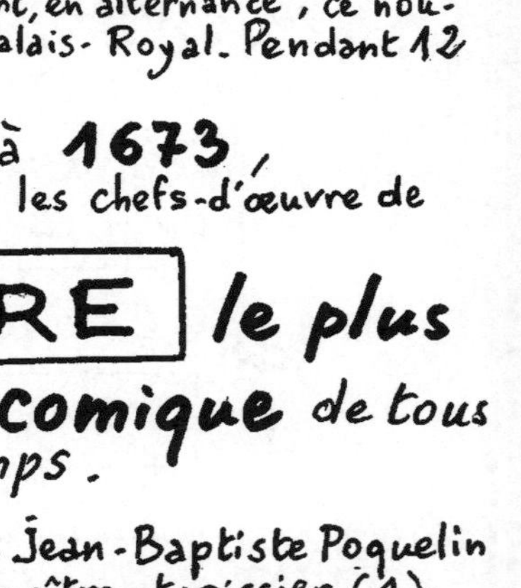

— suite page 163 —

---

(1) En plus de son commerce (boutique, ateliers) Jean Poquelin-père achète la charge de "tapissier-valet de chambre du roi" en 1631. (Trois mois par an, il doit s'occuper de la literie du roi et le suivre dans ses déplacements. Rémunération : 300 livres l'an. Mais c'est surtout le prestige commercial qui importe).

ENFANCE DE MOLIÈRE

Au XVIIe siècle, le <u>poteau cornier</u> en bois sculpté à l'angle du 96 actuel de la rue St-Honoré et de la rue des Vieilles Etuves (aujourd'hui rue Sauval) représente des singes cueillant des oranges. D'où le nom de **Pavillon des Singes** donné à la maison, célèbre dans ce quartier commerçant du Pont-Neuf.

Le tapissier Poquelin s'y installe. Molière y naîtra en 1622.

C'est le lieu-dit de la "Croix-du-Trahoir" avec sa fontaine publique (où jouent notamment les enfants Poquelin) et... sa potence, « l'arbre Sec », d'où le nom de la rue (toujours actuelle) qui fait face au Pavillon des Singes.

Molière (12 ans) devait discuter là avec Cyrano (15 ans), né à 100^m, rue des Prouvaires !

....

JEUNESSE DE MOLIÈRE

....

FIN 1643

L'euphorie ...

"<u>L'ILLUSTRE THÉÂTRE</u>"

Première expérience théâtrale du jeune Poquelin associé à la "tribu Béjart" par amour pour son fleuron, Madeleine, qui ne le quittera plus ...

Madeleine (24 ans) Jean-Baptiste (20 ans)

On aménage dans l'enthousiasme le Jeu de Paume des Métayers (rue des Fossés de Nesle).

Mais, malgré les œuvres et l'amitié de Tristan l'Hermite, c'est le désastre.

DEBUT 1644

Le désastre...

Jean-Baptiste prend le nom de Molière (mai-juin 1644).

....

Années d'apprentissage

....

Scaramouche

Seconde tentative, au jeu de paume de la Croix Noire (quai des Célestins actuel) en janvier 1645. Echec.

Bref séjour de Molière en prison pour dettes (142 livres de chandelles impayées). Dès lors, seule solution pour lui et les Béjart : s'intégrer à une "troupe de campagne".

Mais, avant, il aurait été l'élève de Scaramouche (de 14 ans son aîné) qui vient d'arriver à Paris avec sa troupe italienne. *Ci-dessus* : Gravure satirique (de 1670) se voulant cruelle pour Molière qui (à droite) contrôle ses mimiques avec un miroir face à Scaramouche et son fouet de maître d'école.

Sur les conseils de ce dernier, il aurait même été « baron » d'un opérateur du Pont-Neuf qui vendait un élixir anti-poison:

Molière, avaleur de serpents sur le Pont-Neuf...

Expérience salutaire pour un jeune comédien (trop) imprégné de tragédie : "L'Illustre Théâtre" entendait ne monter <u>que</u> des tragédies !

Les troupes qui l'attendent jouent (sous les halles, sur les places publiques) devant un public composite et il faut toujours terminer la séance par une farce.

En 1645, autour de Madeleine Béjart (27 ans) : son aîné Joseph (31 ans), sa cadette Geneviève (21 ans)... et Molière (23 ans). Ils se retrouvent à Nantes dans la troupe de Du Fresne. Protecteur : le duc d'Epernon, gouverneur du Languedoc.

....

MOLIÈRE EN PROVINCE

1645 - 1658 = 13 ans

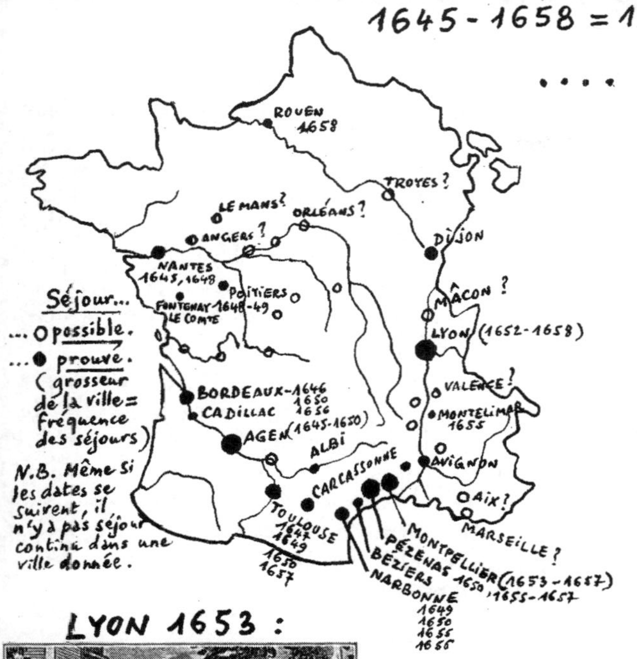

.... **D**irection, donc : le Languedoc ! Avec multiples étapes (où l'on joue). Recrutements successifs des futurs comédiens de Molière : en 1647, le volumineux Du Parc (Gros-René) ; en 1648, Louis Béjart (le petit frère, 18 ans) ; en 1650, Catherine de Brie et son mari ; en 1653, Cyprien Ragueneau (l'ex-pâtissier) et sa fille Marie (Marotte).

Point d'ancrage : Pézenas (d'où la troupe gravite un peu partout) dont la boutique du barbier Gély est assidûment fréquentée par Molière, "le contemplateur", qui y observe le pittoresque des clients de son fauteuil ▽ attitré.

LYON 1653 :

"L'Étourdi"
ou "Les Contretemps"

<u>La première grande pièce de Molière (5 actes en vers) alors qu'il n'avait encore composé que de courtes farces.</u>
En fait le jeune premier est moins un étourdi qu'un "inaverti" (cf. "L'inavvertito" de Barbieri, inspirateur de Molière).
<u>Engagement, dès cette pièce, de "Marquise" du Parc (elle a épousé Du Parc-Gros René), belle "danseuse de tréteaux", fille d'un médecin empiriste lyonnais.</u>

Le duc d'Epernon est nommé gouverneur de Bourgogne (1651) ; la troupe perd son protecteur. Et c'est la Fronde. Partout : famine, peste, inondations.

La compagnie, dès lors, est animée par Molière (Du Fresne, âgé, reste administrateur). Madeleine en est la "vedette". On dit : la troupe de <u>la</u> Béjart. Et elle est prestigieuse.

Après un séjour à Grenoble, arrivée, en 1653, à Lyon. C'est une ville de connaisseurs. Création de "L'Étourdi".

Le prince de Conti, condisciple de Molière au collège de Clermont, amateur de fêtes et de théâtre, devient protecteur de la troupe (1653). Mais il se marie en 1654 et se convertit en 1656. Il ôte sa protection à la troupe et lui interdit de porter son nom.

En 1658, nos comédiens sont à Rouen et pensent s'installer au Théâtre du Marais à Paris, sur les conseils de Corneille. ....

BÉZIERS 1656 :

"Le Dépit amoureux"

<u>Encore 5 actes en vers.</u>
<u>Les meilleures scènes : la brouille et la réconciliation des amoureux (les maîtres ... et les valets !)</u>

....

1658 Salle des Cariatides, au Louvre

Il en ira autrement. La Fronde est finie. Insouciants, Philippe d'Orléans (18 ans) et son frère Louis XIV (20 ans) aiment les plaisirs et le théâtre. Ils ont entendu parler d'un formidable « farceur » du midi de la France. Ils le veulent à Paris. Philippe (qu'on appelle "Monsieur") s'institue son protecteur et lui promet 300 livres (qui ne seront jamais versées).

Mais la "Troupe de Monsieur, frère du roi" doit d'abord se produire devant la Cour et, le 24 octobre 1658, en présence du roi, de sa suite... et des Grands Comédiens goguenards, elle va donner "Nicomède" de Corneille suivi de "Le Docteur – *le philosophe!* – amoureux". Accueil enthousiaste pour cette farce que tout le monde attendait.

Immédiatement, c'est l'installation au Petit-Bourbon en alternance avec Scaramouche qui est là depuis 15 ans. À la troupe italienne, les jours ordinaires (les bons jours ! mardi, vendredi, dimanche). À celle de Molière, les jours extraordinaires (les autres, les moins bons !). Les Français doivent verser aux Italiens 1500...

... livres pour utilisation de leur matériel.

1959

gravure de 1704

"Les Précieuses Ridicules"
Comédie en 1 acte en prose
– Curieusement, les comédiens jouent sous leurs propres noms.

Molière débute par une série de tragédies de Corneille (qui n'attirent personne et font fuir les Du Parc au Marais). Vite, il "crée à Paris" ses comédies des années passées : le public accourt. Il engage Jodelet (70 ans) pour remplacer Gros-René (Du Parc) ainsi que son frère aîné Gorgibus. Du Croisy et La Grange vont aussi compléter la troupe. Il écrit "Les Précieuses ridicules", à la fois farce et comédie satirique de mœurs.

Jouée en novembre 1659, elle impose définitivement son nom. Et suscite – déjà ! – contre lui beaucoup de rancœurs. Alors que Molière entend montrer de "fausses précieuses", les vraies lui en veulent... et font hâter la destruction du Petit-Bourbon. Voilà Molière sans théâtre !

Le « mauvais coup » a été fait à l'insu du roi qui, mécontent, va faire vite rénover et rouvrir le Palais-Royal pour Molière et Scaramouche.

— suite de la page 158 —

MOLIÈRE TRAGÉDIEN

1658

dans "La Mort de Pompée" de Corneille où il fut, dit-on, sifflé.

Collège : de Clermont (futur lycée Louis-le-Grand), dès ses 14 ans. **Mort** : de Catherine Fleurette (1636). Le père Poquelin restera veuf. **À 15 ans** : son père lui assure la survivance de sa charge de "tapissier du roi". **Fréquente** : à 18 ans (avec Chapelle et Cyrano) le philosophe "libertin" Gassendi. **Etudie** : le Droit (licences prises à Orléans) pour devenir avocat. **Remplace** : son père (en tant que tapissier du roi) pour un déplacement de la Cour à Narbonne (1642).

MOLIÈRE FARCEUR

en costume de Sganarelle

Y rencontre : (sans doute) Madeleine Béjart, une belle comédienne rousse, membre d'une troupe de campagne. « Coup de foudre » réciproque. **Décide** : de devenir comédien. Renonce à sa charge de tapissier du roi qui passe à son frère Jean (18 ans). **Contrat** : avec les Béjart devant notaire pour fonder "L'Illustre Théâtre" (1643-1645). **Devenu** : "Molière", il parcourt avec Madeleine la province (1645-1658). **Réinstallation** : à Paris en 1658. **Mort** : de son frère Jean (1660). Molière reprend la charge de tapissier du roi. **Mariage** : en 1661 de Molière (39 ans) avec Armande Béjart (20 ans), sœur – ou fille – de Madeleine. **Naissance** : et mort du 1er enfant de Molière (1664) dont Louis XIV est le parrain. **Sa troupe** : (depuis 1658 "Troupe de Monsieur") devient "Troupe du Roi" (1665). **Naissance** : (en 1665) de Esprit-Madeleine, sa fille, qui mourra en 1723. **Mort** : en 1672 de Madeleine Béjart. **1673** : Mort de Molière qui avait mystérieusement perdu la faveur du roi depuis quelques mois.

1662

Bien supérieure mais de la même veine que "L'Etourdi", cette première « grande comédie » est une pièce de tréteaux. Influence de la comédie italienne ... Jouvet, en 1936, l'avait bien senti.

– SUR LA MÊME SCÈNE : DEUX COSTUMES TRÈS PROCHES ... Compagnonnage Scaramouche - Molière.

Tiberio Fiorelli (1608-1694)

dit Scaramouche

Molière en Arnolphe de "L'Ecole des Femmes"

MOLIÈRE INVENTE...

... la comédie de coulisses et de salon

Juin 1663. "La Critique de l'Ecole des Femmes."

Molière fait pénétrer son public dans un salon littéraire où des "précieuses" médisent de sa pièce avec un marquis (qui ne l'a pas vue) et un pédant qui la dissèque («protase», «épitase» «péripétie»). Un chevalier la défend : « C'est une étrange entreprise que celle de faire rire les honnêtes gens ».

Trois mois plus tard, c'est sa troupe au travail que montre Molière. Il en profite pour ridiculiser ses rivaux : les Comédiens de l'Hôtel de Bourgogne, notamment Montfleury dont il fait une cruelle imitation.

Oct. 1663. "L'Impromptu de Versailles". – Ici : un "fâcheux" trouble la répétition.

... la grande comédie bourgeoise :

1669. "Tartuffe". – Orgon caché sous la table. Pour Molière, même dans la grande comédie, la farce garde ses droits.

– La seule en prose.

1672. "Les Femmes Savantes."

Le public, ravi, est introduit – comme par effraction – **chez de riches bourgeois**. Il les voit aux prises avec leurs enfants, leur domesticité, leurs problèmes. Molière veut "corriger les mœurs" de sa classe (la bourgeoisie montante) par le rire.

... la comédie "à machines" :

1665. "Don Juan"

1668. "Amphytrion"

1671. "Psyché"
de Molière, Corneille, Lulli

Effets spéciaux (la mort de Don Juan)... «gloires» ("Amphytrion")... « changements à vue » des décors ("Psyché")... avec Molière la comédie peut, comme la tragédie, devenir "à machines".

... la comédie "à divertissements" :

1668. "George Dandin"

Destinés aux fêtes de la Cour, les divertissements n'ont aucun rapport avec le sujet de la comédie.

(Ils sont simplifiés ou supprimés lors de la "reprise" au Palais-Royal).

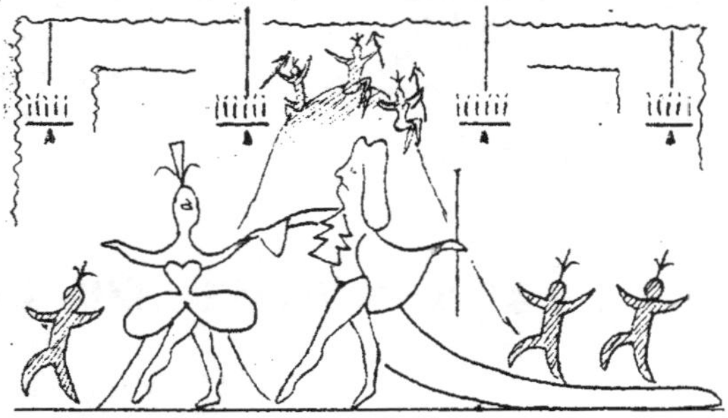

"George Dandin", farce paysanne, est inclus dans une grande Pastorale avec bergers amoureux et rochers mobiles couverts de satyres et de bacchants.

Un canevas "italien" chanté et dansé (avec Polichinelle) enrobe le "Malade Imaginaire"... Seule, la Cérémonie finale est «en situation».

1673. "Le Malade imaginaire"

1674. "Le Malade imaginaire" à Versailles (après la mort de Molière).

... la comédie-ballet.

1664. "Le Mariage forcé"

Les scènes dansées (ou chantées) sont « en situation » et font partie intégrante de l'intrigue.

Dans "Le Mariage forcé", Louis XIV en personne « danse » un Égyptien. Créée dans les appartements de la reine-mère, au Louvre, cette pièce fera partie, à Versailles, des Plaisirs de l'Île enchantée.

1665. "L'Amour médecin"

Pièces carnavalesques, "Monsieur de Pourceaugnac" comme "Le Bourgeois gentilhomme" mobilisent tout un quartier de Paris pour se moquer d'un ridicule provincial ou parisien.

1669. "Mr de Pourceaugnac"

Sbrigani ("Pourceaugnac") et Covielle ("Le Bourgeois") sont des « chefs de bandes » recrutant leurs copains qui se travestissent en faux turcs ou en fausses « ex-femmes de Pourceaugnac » avec les moyens du bord...

1670. "Le Bourgeois gentilhomme"

... la comédie de tréteaux.

1666. "Le Médecin malgré lui"

Ecrite rapidement pour des raisons pratiques, elle demande peu de moyens. "Le Médecin" doit épauler "Le Misanthrope". C'est la condensation de farces de jeunesse tirées d'un fabliau médiéval : "Le vilain mire" (= le paysan médecin).

Quant aux "Fourberies", elles se jouent sur le proscenium tandis que l'on installe (2 mois) les nouvelles « machines » pour "Psyché". Pendant les travaux, le théâtre continue !

1671. "Les Fourberies de Scapin".

... la comédie mêlée de danses et de musique.

1664
"La Princesse d'Élide", comédie en 5 actes. Le 1er acte et le début du 2è sont en vers. Le reste, en prose : Molière a manqué de temps. *C'est un marivaudage agrémenté de ballets dans le goût galant de l'époque.*

Elle est le noyau d'un véritable festival. Ecrite dans l'urgence, c'est un prétexte à grande mise en scène. Avec participation du public.

En mai 1664, à Versailles, en plein air, se déroulent "**Les Plaisirs de l'Île enchantée**" qui vont durer une semaine : 600 invités jeunes et nobles, des collations, des festins ... mais pas d'hébergement ! Car le Versailles que nous connaissons n'existera que dans quinze ans.

Pour l'heure, c'est encore, seulement un peu agrandi, le "pavillon de chasse" de Louis XIII perdu au fond des bois et des lacs. Où loger invités ... et artistes ?

....

1664. Dispositif pour "Les Plaisirs de l'Île enchantée"
(Sur le futur parterre de Latone et le futur bassin d'Apollon)

1er jour : défilé à cheval avec, en tête, Louis XIV figurant un héros de l'Arioste, Roger, retenu (avec ses chevaliers) dans le palais de l'enchanteresse Alcine. (*Thème des "ballets de cour" encadrant les pièces.*)
2ème jour : "La Princesse d'Elide".
3è et 4è jour : Ballets sur l'Île enchantée (au milieu du bassin). **5ème jour** : reprise des "Fâcheux". **6ème jour** : trois actes de "Tartuffe" (création). **7ème jour** : reprise du "Mariage forcé". (*Ces trois derniers spectacles sont censés être offerts par l'enchanteresse Alcine à ses prisonniers*). Le duc de St-Aignan est le concepteur de l'ensemble, Molière le régisseur général.

....

Autre dispositif pour "Les Plaisirs..."
Décorateur du "festival" : Vigarani
Musicien : Lulli

Un chroniqueur parle de « bâtiments de toile faits presque en un instant ». C'est-à-dire : des tentes ! Immense "Woodstock" de luxe « *pour une cour ivre de plaisir, de liberté, de folie amoureuse qui se donne en spectacle à elle-même* » (1) ... dédié officieusement à Louise de La Vallière, la favorite du roi.

Les trois actes inédits de "Tartuffe" fustigeant les "cafards" sont acclamés. Mais, dès le lendemain, la reine-mère fait interdire la pièce. (Louis XIV a 26 ans).

(1) Dixit le chorégraphe Maurice Béjart.

DANS LA TROUPE DE MOLIÈRE...

Madeleine BÉJART

De 1643 à 1672
• Dorine • Frosine

Joseph BÉJART

De 1643 à 1659
• bègue, donc voué à la farce

Geneviève BÉJART
Mlle Hervé

De 1643 à 1675
• Effacée, mais toujours présente

GROS-RENÉ

De 1647 à 1664
• le Barbouillé
• Gros-René

MARIAGE. Molière n'est pas « féministe » dans "L'Ecole des femmes" et « antiféministe » dans "Les Femmes savantes"... Il condamne à la fois le mariage imposé aux jeunes filles (médiéval et "terrien") et l'abus d'intellectualisme chez les femmes mariées : une épouse peut avoir « des clartés de tout » mais il ne faut pas que cela l'empêche de bien tenir sa maison.

"CABALE DES DÉVÔTS". Ex-Compagnie du Saint-Sacrement (fondée en 1629 contre les Protestants), elle est d'abord une association charitable (l'Hôpital des Galériens, l'Hôpital Général) mais elle tourne vite à la société secrète, pratiquant la délation (contre les libertins, les blasphémateurs, les adultères ... les comédiens !). Elle a pour elle la Reine-mère, Anne d'Autriche (au nom d'une morale rigoriste), et contre elle : Richelieu, puis Mazarin. Elle agace Louis XIV : le roi d'Espagne et le Pape s'en servent... Comme elle fournit des "directeurs de conscience" aux familles, Molière imagine que l'un d'eux est un escroc. Et c'est "Tartuffe" ! Mais il faudra cinq ans de luttes pour imposer la pièce (1664-1669)... qui lui donnera ensuite ses meilleures recettes.

DON JUAN. Tout le monde, à l'époque, reconnait le Prince de Conti, ex-protecteur de Molière (1653-1658), qui de libertin célèbre est soudain devenu un des animateurs de la Cabale des Dévots.

– suite page 170 –

Catherine DE BRIE

De 1650 à 1680
• Agnès
• Mariane (Tartuffe)

DU CROISY

De 1659 à 1680
• Tartuffe
• Maître de philosophie
• Sotenville

LA GRANGE

De 1659 à 1680
« orateur de la troupe »
• Don Juan
• Horace (L'Ecole des femmes)

"Marquise" DU PARC

De 1653 à 1667
• Elvire (Don Juan)

Louis XIV, danseur étoile

Le Ballet de Cour (typiquement français) est né à la cour de Catherine de Médicis à la fin du XVIe siècle dans la salle des fêtes du Petit-Bourbon (voir p. 90).

On cite souvent le "Ballet Comique de la Reine", c'est-à-dire le ballet-comédie, avec dialogues.

Sous Louis XIII et surtout sous Louis XIV, le Ballet de Cour gagne en importance. De 13 à 32 ans, le Roi-Soleil s'est produit dans une vingtaine de spectacles au côté de Lulli qui tient le triple rôle de compositeur, de violoniste et de danseur.

<u>Les femmes sont exclues du Ballet de Cour. Les rôles féminins sont tenus par des danseurs. Ainsi tous les costumes de cette page furent portés par Louis XIV.</u>

le Jeu
"Ballet royal de la Nuit"
(1653)

Furie
"Noces de Pélée et Thétis"
(1654)

Jeune fille
couronnée d'épis

Imposant à tous l'image d'un souverain plein de force et de santé, secondé par Pierre Beauchamps, son maître-à-danser, Louis XIV s'impose en supersoliste, en "danseur étoile".

Bal à la cour :

Le roi danse avec les dames.

Dernière apparition scénique en 1670 dans "Les Amants Magnifiques" de Molière (comédie-ballet), commande strictement privée qui ne sera pas "reprise" au Palais-Royal. Il y tient les rôles de Neptune et d'Apollon. (Château de St-Germain).

Homme de glace
"Fêtes de Bacchus"
(1651)

DANS LA TROUPE DE MOLIÈRE...

Armande BÉJART

De 1661 à 1680
• Elmire (Tartuffe)
• Célimène

LA THORILLIÈRE

De 1662 à 1673
• Philinte • Trissotin

André HUBERT

De 1664 à 1680
• Mme Pernelle • Pierrot

Michel BARON

De 1670 à 1673
• L'Amour (Psyché)

— suite de la page 168 —

Jeanne BEAUVAL

De 1670 à 1680
« la rieuse »
• Nicole

Un hypocrite pour beaucoup ! "L'Hypocrite" était justement le sous-titre de la version en trois actes de "Tartuffe" glissée (sans doute avec la complicité du roi !) dans "Les Plaisirs de l'Île enchantée". Interdiction immédiate, on l'a vu. Molière réplique en donnant, 9 mois plus tard, un "Don Juan" superbement hypocrite. Le héros, inventé par Tirso de Molina (1630), est connu du public : les Italiens de Paris l'utilisent, dans leurs canevas, depuis 1652. Et l'Hôtel de Bourgogne a donné, en 1659, "Le Festin de Pierre" de Villiers, auteur-acteur ... tandis que Dorimond, autre auteur-acteur, court les provinces avec son propre "Festin de Pierre". Ce sont des pièces "à machines". Celle de Molière aussi d'ailleurs. Mais, chez lui, Don Juan (qui se borne à promettre le mariage à ses proies) est moins le grand séducteur que le grand contestataire. Il s'attaque à la propriété (il ne paye pas son créancier, M. Dimanche), à la fidélité conjugale (Elvire), à l'autorité paternelle (Don Louis), à la médecine (Sganarelle déguisé en médecin), à la religiosité (scènes du pauvre, de l'hypocrisie).

Mais la pièce fait peur : seulement 15 représentations. Non éditée du vivant de Molière.

MOLIÈRE ACTEUR. La perruque de Mascarille-Molière dans "Les Précieuses ridicules" était si longue qu'elle balayait le sol. Certes il s'agissait là d'une farce... mais le comique moliéresque devait, en général, être assez poussé.

Les seuls renseignements que nous possédons sur Molière acteur viennent de ses ennemis et concernent surtout son jeu dans la tragédie.

- Son visage : « Jamais personne ne sut si bien démonter son visage ». « Roulements d'yeux ». Sourcils mobiles.
- Sa voix : « Certains sons très aigus et très extraordinaires ». « Tic de gorge » se traduisant par un « hoquet éternel » à la fin de chaque vers.
- Son allure : « Col renversé sur ses larges épaules ». Sa tête « est sur son dos comme un mulet chargé ». Il avance « le nez au vent, les pieds en parenthèses et l'épaule en avant ».

Jean-Baptiste Lulli

1632-1687 (55 ans)

ici dans le rôle du Mufti du "Bourgeois Gentilhomme".

FLORENTIN ARRIVÉ À PARIS à 14 ans. Il « appartiendra » sept ans à la Grande Mademoiselle, cousine de Louis XIV.

Grande animatrice de la Fronde, elle doit s'exiler à St-Fargeau (Yonne) en 1652 lors du triomphe du roi... et de Mazarin qui "case" à la Cour ses Italiens favoris. Dont Lulli (20 ans), compositeur, musicien et danseur. Il dansera avec Louis XIV pendant 18 ans, parfois en alternance dans les mêmes rôles.

À 14 ans chez Mlle de Montpensier à qui il apprend l'italien.

ET 10 ANS DURANT, il est le musicien de Molière avec qui il finira par se brouiller, lui ravissant même la faveur royale. En 1672, il rachète le "privilège" du nouvel Opéra

1664

"Les Plaisirs de l'Île enchantée", autour du bassin

ORDONNANCE,

Portant défenses aux Comédiens, qui représentent à Paris, de loüer la Salle qui a servi aux Représentations de l'Opera, d'y représenter aucune Comedie, & de se servir dans leurs Représentations de Musiciens au-de-là du nombre de six, & de Violons au nombre de douze.

A Saint Germain en Laye, le 14 Avril 1672.

DE PAR LE ROY

français qui a fait rapidement faillite (Jeu de Paume de la Bouteille, aux Fossés de Nesle). Et il installe sa salle au Jeu de Paume du Bel Air (13 rue de Vaugirard (derrière l'Odéon actuel).

Là, il "crée", le 15 novembre 1672, "Les Fêtes de l'Amour et de Bacchus", pastorale en 3 actes, qui reprend froidement les divertissements de "Dandin", du "Bourgeois"... sans l'accord de Molière !

L'immense scène de la Salle des Machines (... de théâtre) des Tuileries équipée par Gaspare VIGARANI sur ordre de Mazarin (1659). - C'est là que "Psyché" a été créée.

DE PLUS, L'ORDONNANCE CI-DESSUS est dirigée contre ce dernier : elle sonne le glas de la comédie-ballet. Seul Lulli peut désormais disposer d'un "grand orchestre".

SUBVENTIONS. Le roi distribue des "bourses" annuelles : 15 000 livres pour les Italiens, 12 000 pour l'Hôtel de Bourgogne, 6 000 pour le Théâtre du Marais, 6 000 pour le Palais-Royal mais cette dernière troupe (celle de Molière !) va souvent "en visite" chez des gens riches (300 livres/1 jour) ou à la Cour (3 000 à 6 000 livres pour un séjour de quelques jours). "**Cachets**" : On divise les recettes + les subventions en un certain nombre de **parts** égales. Chaque comédien a droit à au moins 1 part... Molière a droit à une part de directeur, une d'auteur, une de comédien, une de père de famille, etc... Ajoutez la rétribution des libraires, la charge de Tapissier du Roi, la pension royale de « bel esprit ». Molière, d'ailleurs très généreux avec ses amis, a des revenus de grand bourgeois. On pense à Chaplin !

La maison de campagne louée par Molière à Auteuil

MORT DE MOLIÈRE.

On sait qu'il a failli ne pas être enterré en « terre sainte », c'est-à-dire dans un cimetière normal. L'Église exigeait qu'un comédien mourant abjure sa profession par écrit ou oralement ... et qu'il promette de ne plus monter sur scène même s'il guérissait !

(En général, pas de problème pour le mariage, le baptême, la communion chez les acteurs. Molière, de 1650 à 1673, porta quinze fois un enfant — souvent de comédiens — sur les fonts baptismaux. Mais pour l'inhumation en terre chrétienne, il fallait l'abjuration préalable.)

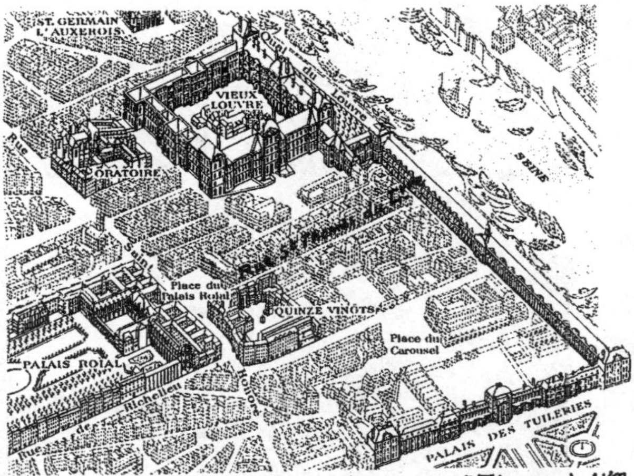

■ Molière habite 11 ans divers endroits rue St. Thomas du Lvre
Ce sont Napoléon Ier et Napoléon III qui « fermeront » le Louvre le long de la rue de Rivoli (inexistante encore ici : le Louvre du passé, c'est un L à l'envers).
■ L'année précédant sa mort, il déménage 40 r. de Richelieu.

Or Molière est mort brutalement chez lui à l'issue de la 4ème représentation du "Malade" et le peu d'empressement des prêtres de St-Eustache ne lui permit pas d'abjurer. Pourtant, il avait "fait ses Pâques" en 1672, il logeait deux religieuses chez lui et n'était pas avare de dons aux œuvres pieuses.

L'enterrement de Molière (1673). Vu par un peintre du XIXe siècle.

Sa veuve dût faire appel au roi et à l'archevêque. On trouva une solution : c'est le Tapissier du roi qu'on enterra de nuit. Quatre prêtres portaient le cercueil recouvert du poële des tapissiers. Suivaient six enfants bleus portant des chandeliers d'argent. Direction : le cimetière St Joseph, rue Montmartre réservé aux enfants non baptisés et aux suicidés.

L'ÉCHIQUIER THÉÂTRAL BOULEVERSÉ.

Dès la mort de Molière, Lulli obtient la salle du Palais-Royal pour y loger son Opéra (Académie royale de Musique). On démolit le Théâtre du Marais jugé vétuste et le roi ordonne la jonction des comédiens de ce théâtre avec ceux de Mlle Molière (Armande) qui, veuve et secondée par La Grange, a donc, privée de salle, trois troupes sur les bras : celle du Marais, celle de feu Molière, celle des Italiens de Scaramouche (qui partageait avec Molière (1) le Palais-Royal depuis 12 ans).

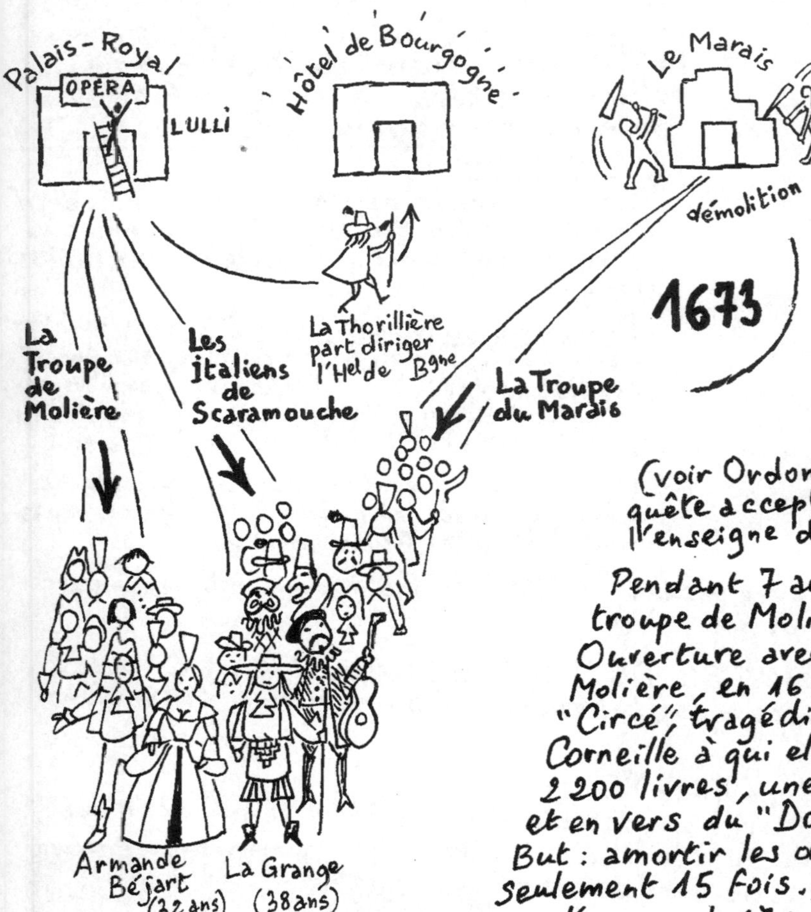

Armande supplie donc le roi de revenir sur sa décision de fermer définitivement le Jeu de Paume de la Bouteille (voir Ordonnance page 171). Requête acceptée. Elle s'y installe à l'enseigne de l'**Hôtel Guénégaud**.

Pendant 7 ans (1673-1680), la troupe de Molière continue là. Ouverture avec "Tartuffe". Mlle Molière, en 1675, triomphe dans "Circé", tragédie lyrique de Thomas Corneille à qui elle commande, pour 2200 livres, une version édulcorée et en vers du "Don Juan" de Molière. But : amortir les décors de la pièce jouée seulement 15 fois. (Cette version remplacera l'original 170 ans durant).

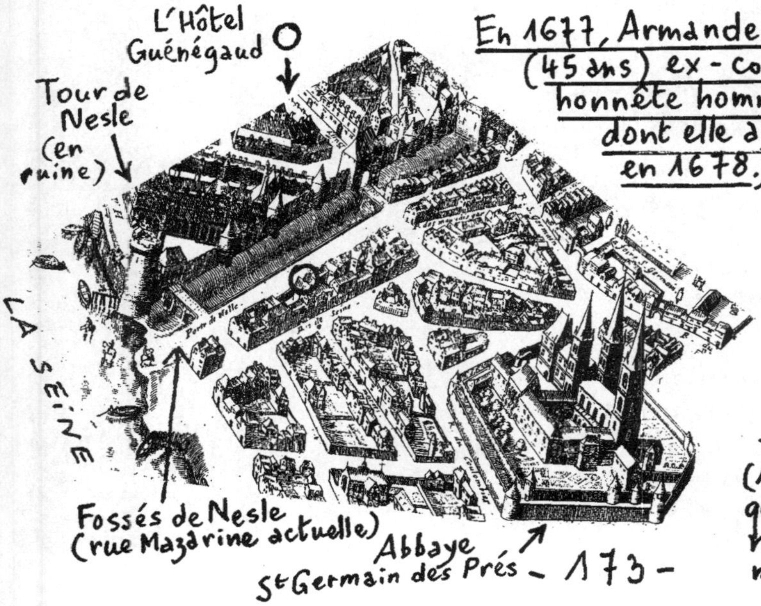

En 1677, Armande épouse Guérin d'Estriché (45 ans) ex-comédien du Marais, parfait honnête homme, qui lui fournira l'appui dont elle a besoin. (Un fils, Nicolas, en 1678.)

C'est aussi en 1677 qu'aura lieu ici "l'affaire Phèdre" : la pièce de Pradon s'opposant à celle de Racine (Voir page 156).

---

(1) Dès 1661, c'est Molière qui disposait des « jours ordinaires » (mardi, vendredi, dimanche), les « bons » jours.

1680
LA COMÉDIE-FRANÇAISE

DE CHARLEVILLE OÙ IL INSPECTE ses troupes, Louis XIV envoie une "lettre de cachet" (août 1680) ordonnant à l'Hôtel de Bourgogne du fusionner avec l'Hôtel Guénégaud dans la salle de ce dernier. But : obtenir la "**Troupe unique du Roi**" (qu'on appellera plus tard la "Comédie-Française") forte du **monopole** à Paris du théâtre parlé en français.

Jeton de présence des sociétaires (1682). Une ruche bourdonnante, avec la devise : **Simul et singulis**, « Ensemble et chacun en particulier ». La troupe est forte du travail de tous et soutenue par l'effort de chacun.

Non concernés par ce monopole : le théâtre chanté, les troupes étrangères de passage à Paris pourvu qu'elles parlent leur propre langue.

Processus de l'opération : à la mort de Molière (1673), son La Thorillière, sérieux et cultivé ("Philinte", "Trissotin"), part diriger, sur ordre du roi, l'Hôtel de Bourgogne. Michel Baron, quasi-fils adoptif de Molière, le suit.

Inattendu ! ... en 1678, La Champmeslé et son mari, après la "Phèdre" de Racine, « passent à l'Hôtel Guénégaud » ...

En 1680, La Thorillière meurt. L'Hôtel de Bourgogne est désemparé. D'où la décision de Louis XIV.

LA SALLE DE L'HÔTEL DE BOURGOGNE, désormais vide, est affectée à la troupe des Italiens de Scaramouche, enfin "dans leurs meubles".

Quant aux Confrères de la Passion et à leur fameux Monopole (datant de 1402), le roi réussit à le leur retirer en 1677. Les acteurs de la rue Mauconseil payeront désormais un loyer non plus aux Confrères mais à l'Hôpital Général.

INSTALLATION DES ITALIENS À L'H^{l} de B^{gne}

Scaramouche

LA NOUVELLE TROUPE ROYALE comprend **15** acteurs et **12** actrices = **27** comédiens en tout.

Dès 1685, les bénéfices sont divisés en **23** parts. Seuls, 17 "sociétaires" ont droit à une part entière. Les autres ne touchent qu'une demi-part ou un quart de part.

RÉPERTOIRE : La Comédie-Française est censée "conserver" le patrimoine théâtral français (le Répertoire) et mettre à l'affiche, au moins tous les deux ans, toute pièce « entrée au répertoire ».

MAIS QUI SONT LES 1ers participants ? D'abord, les « survivants » de l'ex-troupe de Molière (voir pages 168 et 170) : La Grange (45 ans) "le premier **doyen**" (1), Mlle Molière (39 ans), Catherine de Brie (56 ans), Michel Baron (27 ans), André Hubert (46 ans), Jeanne Beauval (30 ans), Du Croisy (54 ans)...

La **Champmeslé** (38 ans)

Ensuite, venus du Marais : Rosimond (40 ans) reprend le rôle d'Argan, Guérin d'Estriché (48 ans), Daurilliers (34 ans).

Enfin, venus de l'Hôtel de Bourgogne : De Villiers (32 a.), D'Hauteroche (64 ans). De même (voir ci-contre) : Mlle Champmeslé, Raymond Poisson.

PREMIÈRE SÉANCE le dimanche 25-8-1680 : "Phèdre", de Racine bien sûr.

EN 1684, les Comédiens-Français accusent les Italiens de trop souvent parler français. Ils se présentent avec eux devant le roi... Mais là, Scaramouche (76 ans... et encore capable de donner un soufflet avec son pied) se contorsionne en plaidant sa cause. Il fait rire Louis XIV qui s'écrie : « Que les Italiens parlent donc comme ils voudront ! » Ce qui leur permettra, 40 plus tard, de jouer.. Marivaux.

Le personnage (italien) de Crispin (de la famille des Capitans) est joué par...

Il est le valet du "Légataire universel".

Raymond **Poisson** (50 ans). Vient de l'Hôtel de Bourgogne. "Fixe" le personnage de Crispin très populaire longtemps : serre-tête, fraise blanche, diction "bredouillée". Apprécié de Louis XIV. Retraite à 55 ans, en 1685.

SCARAMOUCHE

EN 1687, le "Collège des 4 Nations" (25 ans de travaux) va enfin ouvrir.

Il est destiné à donner une culture française aux fils de notables d'Alsace, du Piémont, d'Artois, du Roussillon, territoires récemment rattachés à la France.

En tout, 60 élèves. 20 par "nation".

À 100 mètres du théâtre !

Impensable. On craint l'influence sur eux des comédiens... et des comédiennes !

Le théâtre, tout officiel qu'il soit, doit déguerpir.

Rue Guénégaud

"Hôtel des Fossés St Germain" Comédie-Fse II [81 ans]

Foire St Germain

"Hôtel Guénégaud" (Dès 1680 : Comédie-Française I) [9 ans]

Collège des 4 Nations (aujourd'hui : Institut)

---

(1) - Non le plus âgé, mais le plus ancien.

COURAGEUSEMENT, NOS COMÉDIENS mettent en commun leurs économies et font des emprunts (que leurs héritiers mettront des années à rembourser), puis ils cherchent un nouveau lieu dans Paris.

Ils sont rejetés de cinq endroits envisagés. « Partout où ils vont, c'est merveille d'entendre comme les curés crient » remarque Racine.

Ils achètent finalement, à 250 m de l'Hôtel Guénégaud, aux Fossés St-Germain [14 r. de l'Ancienne Comédie actuelle], le Jeu de Paume de l'Étoile (60 000 livres).

1689

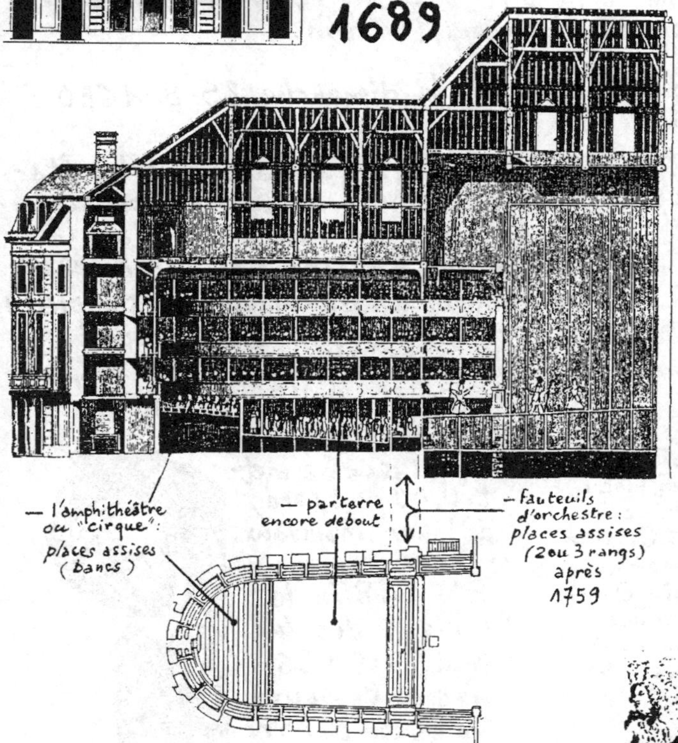

Ils le font démolir entièrement et passent commande à l'architecte François d'Orbay d'un théâtre moderne (un an de travaux).

Au rez-de-chaussée : 2 vestibules, 4 bureaux, une buvette... À l'étage : 2 foyers pour le public, 1 foyer des artistes, 1 grand salon. Dans la salle, 3 étages de loges ouvertes ou grillagées, à 8 places. Au parterre, on est toujours debout mais le sol est incliné, donnant une meilleure vision. L'éclairage ? 12 lustres de roues de chandelles.

Face au théâtre : le célèbre café **Procope** (qui existe encore aujourd'hui), rendez-vous des comédiens, écrivains et gens célèbres.

... Et toujours : les spectateurs sur scène !

LA SALLE :

Le dessin ci-dessus (de Coypel) montre un rideau "à l'allemande" (qui monte tout droit dans les cintres) avec, en son milieu, une "déchirure" par laquelle on peut observer la salle.

OUVERTURE LE 18-4-89 avec "Phèdre" et "Le Médecin malgré lui"... Corneille, Racine, Molière seront, bien sûr, l'essentiel du répertoire. De nombreux comédiens-auteurs les imitent, en particulier pour la comédie. Mais ils sont évidemment très en deçà du formidable **agitateur civique** qu'avait été Molière.

Affiche de l'Hôt[l] de B[gne] avant les Italiens :

LA SEVLLE TROVPPE
ROYALE ENTRETENVE DE SA MAIESTE
VOVS aurez demain Mardy xvij jour de Decembre, le Feint ALCIBIADE, de Monsieur QVINAVLT ; C'est tout ce que nous vous dirons sur ce sujet puis que vous sçauez la verité de cét Ouurage.

A Vendredy prochain sans aucune remise, la TOLEDANE, ou CE IEST CE NE IEST PAS.
En attendant le Grand CYRVS, de Monsieur QVINAVLT.
Deffences aux Soldats d'y entrer sur peine de la vie.
C'est à l'Hostel de Bourgongne, à deux heures precises.

Mêmes dimensions pour tous les th. parisiens : 40 x 50 cm. Couleur... verte pour la C[die] Franç[se]... rouge pour l'Hôtel de B[gne]... jaune pour l'Opéra.

VU LES GUERRES INCESSANTES, le pouvoir royal est en proie à des difficultés financières. On écrase les Comédiens du Roi de lourdes charges :

— le Droit des Pauvres (1/10e de la recette) en faveur de l'Hôpital Général ... qui durera 242 ans (1699-1941) !

— l'impôt sur les « boues et lanternes »

— la redevance annuelle à l'Abbé de St Germain-des-Prés.

REGNARD

APRÈS UNE JEUNESSE de voyages et d'aventures ... (il est retenu prisonnier par des Corsaires à Alger ... il visite l'Orient ... la Laponie), Regnard se veut le "continuateur de Molière.

Lui aussi, il entend peindre des "caractères" : "Le Joueur" (1696), "Le Distrait" (1697).

Jean-François **REGNARD**
1655-1709

1708. "Le Légataire universel"

1687
Mort de Lulli

Lulli dirige son Opéra d'une main de fer et son orchestre à l'aide d'un gros bâton dont il frappe le sol en cadence. Un jour, il s'écrase le pied. Gangrène. Il en meurt (à 55 ans).

SON CHEF-D'OEUVRE, "Le Légataire universel" (5 actes, en vers) est d'une grande noirceur et d'une grande allégresse.

Le valet Crispin (voir p. 175) incarne divers héritiers d'un vieillard pour l'en dégoûter au profit du jeune premier.

SCARAMOUCHE MEURT en 1695.
Deux ans plus tard, les Italiens affichent "La Fausse Prude". On pense à Mme de Maintenon. Elle le prend mal. Les Italiens sont chassés de France. L'Hôtel restera fermé 18 ans.

"Les Italiens chassés" **1697** d'ap. Watteau

LA FIN DU RÈGNE DE LOUIS XIV est sombre. De terribles hivers (surtout celui de 1709) provoquent des émeutes de la faim. On officialise la **censure** dès 1701.

Toute pièce de théâtre, avant sa représentation, doit être approuvée par un censeur royal. Auteur de tragédies d'épouvante (toutes fort mauvaises), **Crébillon** (1674-1762) fut l'un d'eux. Vivant parmi ses chats, doué d'une étonnante mémoire, il composait ses tragédies "de tête" et les récitait sans papier au Comité de Lecture de la Comédie-Française.

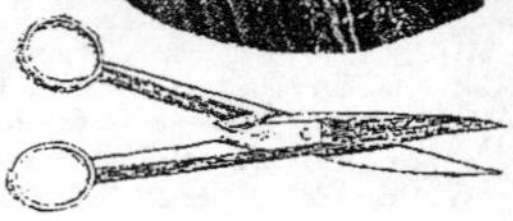

« Corneille a pris la terre, Racine le Ciel... il ne me restait plus que l'Enfer ! » disait-il.

1709. "**Turcaret**"

Très bête mais d'un formidable cynisme (un peu comme, plus tard, Ubu), le financier Turcaret, se disant (à tort) célibataire, entretient une baronne aventurière qui le ruine. Elle-même est "plumée" par un petit chevalier que son propre valet, Frontin, dépouille...

1668-1747

Alain-René
LESAGE

S'ÉLOIGNANT DE MOLIÈRE, **Lesage** donne, en 1709, "Turcaret", comédie **civique**, attaquant les "traitants" (financiers, agents de change) qui affament le peuple.

Malgré le soutien du roi, ravi de voir fixer sur les financiers l'indignation populaire, la pièce n'aura que 7 représentations. D'énormes pressions s'exercent sur les comédiens qui prennent peur et sabotent leur propre spectacle.

ABSENT PENDANT 29 ANS DE LA COMÉDIE-F^SE^ (de 38 à 67 ans !), **Michel Baron** y revient neuf ans (1720-1729) et devient professeur de la jeune Adrienne Lecouvreur à qui il inculque la façon "naturelle" de jouer la tragédie que Molière (son quasi-père adoptif) n'avait pas réussi à imposer de son vivant. Maintenant les jeunes (public et comédiens) s'enthousiasment.

Adrienne Lecouvreur

Le retour de Baron

à 67 ans (1)

En outre, Adrienne Lecouvreur imagine de simplifier les costumes de cour des tragédiens.

(1) De 38 à 67 ans, Baron anime des troupes de théâtre amateur chez les gens riches.

LA FOIRE SAINT-GERMAIN

LE BANNISSEMENT DES ITALIENS (1697) réactive les petits spectacles de la Foire. Arlequin, Polichinelle, Colombine (si aimés des Parisiens) sont repris "à la française" par les Forains.

– À CÔTÉ DE L'ÉGLISE SAINT-SULPICE :

Hors de l'enceinte de la Foire, des saltimbanques, comme sur le Pont-Neuf, divertissent les cochers des carrosses et les valets... tandis que leurs maîtres, les achats faits, s'amusent dans les petits théâtres à l'intérieur. (Une vaste toiture n'est pas représentée ici).

SORTE DE "SUPERMARCHÉ" périodique (ouverture annuelle : du 3 fév. au dimanche des Rameaux ⟶ de 6 à 8 semaines), la Foire offre dans des **loges** (comme au Marché aux Puces) des produits "haut de gamme" : orfèvrerie, tissus, dentelles, livres, meubles, bijoux, etc... ce qui préfigure, a-t-on dit, les Expositions Universelles du XIXe siècle.

DANS 4 PETITES SALLES confortables (toutes les places sont assises, pas de spectateurs sur scène...) on peut voir des marionnettes, des danseurs de corde, des dressages d'animaux, des phénomènes ... et aussi des comédies plus ou moins mêlées de chansons. La Comédie-Française et l'Opéra s'insurgent : leur monopole est bravé. Tantôt alors les spectacles sont supprimés, tantôt une redevance est exigée des Forains qui, en principe, n'ont le droit de dialoguer que lorsqu'ils sont sur la corde !

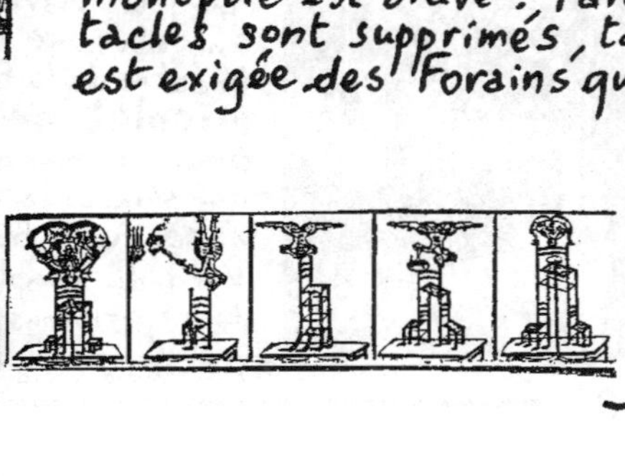

On le leur rappelle sans cesse : ils ne sont que des danseurs de corde...

LA FOIRE St LAURENT

Devant l'emplacement de la future Gare de l'Est.

OUVRE TOUT L'ÉTÉ : JUILLET, AOÛT, SEPTEMBRE.

C'est la Foire St Germain qui se transporte ici à la belle saison. (Avec ses petits théâtres).

Terrain appartenant aux prêtres de l'ancienne léproserie St Lazare

Eglise St Laurent

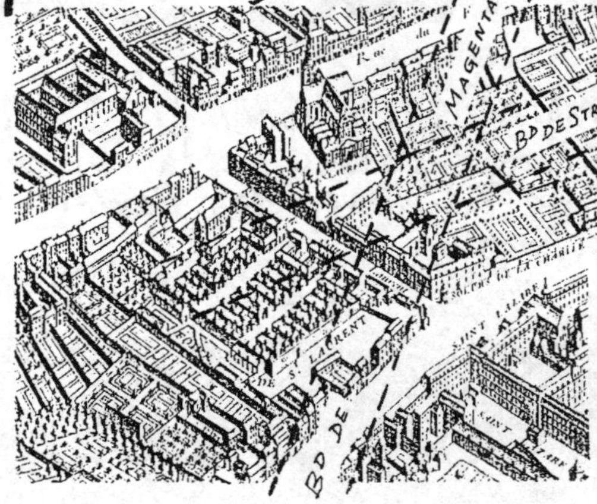

Ancienne léproserie St Lazare

CRÉÉE PAR LOUIS XI sur le terrain (et au bénéfice) de l'abbaye St Germain des Prés, la Foire St Germain comporte, en son enceinte, une chapelle et, dès 1672, un café ! (Le premier à Paris.)

Un des garçons de ce café, avant 1684, s'appelle Procope. Car c'est à cette date qu'il ouvrira "son" propre café face au Jeu de Paume de la Bouteille, emplacement du théâtre des Comédiens-Français, cinq ans plus tard.

4 TROUPES FONT PARLER d'elles : L'Opéra-Comique (dès 1715), l'Ambigu-Comique (dès 1769), le Waux-Hall d'hiver (dès 1769), les Variétés (dès 1778). Les auteurs s'appellent : Lesage, Piron, Fuselier, D'Orneval.
Ils sont inventifs ... et méprisés !

LA FOIRE SAINT-OVIDE

Sur la place Louis-le-Grand (pl. Vendôme actuelle) de 1665 à 1771.
- DURE 1 MOIS (DU 14-8 AU 15-9 ENVIRON).

Le "jeu"(1) marqué d'une étoile * est le théâtre de la famille **Nicolet** (ex-montreurs de marionnettes) qui s'installera, en 1760, sur le Boulevard du Temple. Nous en reparlerons.

(1) - C'est-à-dire : la baraque.

La Foire

HISTOIRE-EXPRESS EN 9 DESSINS :

QUELQUES DATES ...

1704. Interdiction aux forains de dialoguer. Un seul acteur à la fois sur scène. La réplique vient de la coulisse.

1707. Interdiction de parler. On joue « à la muette ». Les Forains essayent de chanter (un des 4 théâtres achète, un temps, ce privilège à l'Opéra).

1709. Interdiction de chanter.

1710. Les pièces « à écriteaux ». Parfois sous la forme de rouleaux de papier tirés des poches...

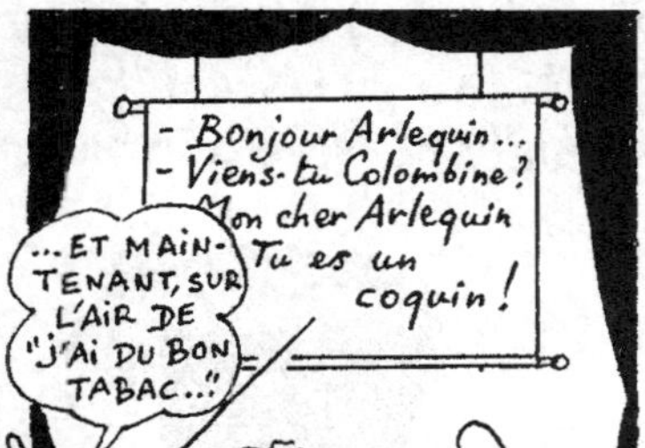

1714. Apparition du terme "opéra-comique" : on mêle des passages chantés à la comédie parlée.

1719. Le Parlement suspend tout spectacle forain.

Puis, tout recommence.

On imagine de ... faire chanter les spectateurs ! Sur des airs connus, et des paroles qu'on leur présente au fur et à mesure.

1722. Utilisation des marionnettes.

1752. Favart devient directeur de l'Opéra-Comique et il en fait la troupe-vedette de la Foire, surtout à St-Laurent.

1762. <u>Incendie de la Foire St-Germain</u>. Favart et sa troupe sont hébergés par les Italiens, à l'Hôtel de Bourgogne. Les autres troupes s'installent Bd du Temple.

Reconstruction mais déclin.

1789. Disparition.

LES PIÈCES ? Elles sont courtes (on est venu faire ses achats), vivantes, plaisantes, un peu folles. Nombreuses allusions à l'actualité qui nous les rendent peu compréhensibles.

Elles évoquent souvent un Orient fantastique et romanesque à la mode ... avec magiciens, enchanteurs, arbres qui parlent, îles mystérieuses à la Swift où les insulaires marchent exclusivement sur les mains et s'étonnent qu'on puisse marcher sur les pieds !

Arlequin lui-même client de la Foire dans une pièce de Gherardi

"Arlequin invisible"

Arlequin invisible chevauche le Diable boiteux.

LE CENSEUR ROYAL méprise la Foire et donc l'ignore. D'où des hardiesses impossibles au "Français"... Mais les terribles contraintes évoquées plus haut sont, en elles-mêmes, un énorme handicap pour exprimer quoi que ce soit de profond.

PARMI LES TYPES COMIQUES italiens, Arlequin est mis « à toutes les sauces » ... financier (dans "Arlequin traitant") ou héritière d'une laideur repoussante (dans "La Tête noire"). Dans "Arlequin-Mahomet" il s'élève dans une "gloire" et lance des éclairs sur l'assistance restée sur scène.

1718
"Le Monde renversé" de Lesage

PERSONNAGES FRANÇAIS DE LA FOIRE

Gilles (le niais absolu) et **le Père Duchesne** (l'artisan parisien "fort en gueule") complètent les distributions.

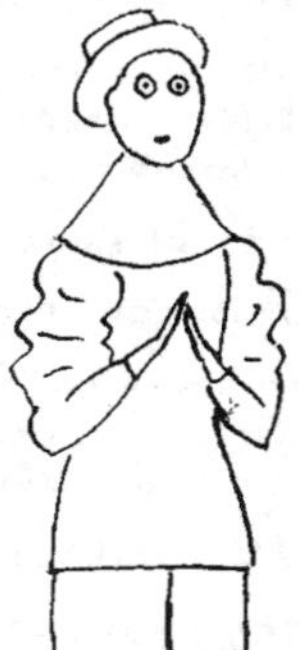

Gilles

le Père Duchesne dont le nom, sous la Révolution, sera celui d'un journal des "sans culottes".

1716
RETOUR DES ITALIENS

LOUIS XIV MEURT EN 1715. Son arrière-petit-fils, Louis XV (5 ans) lui succède. Neveu de Louis XIV, Philippe d'Orléans assure la régence. Ami des fêtes et des plaisirs, le Régent fait revenir aussitôt les Comédiens-Italiens à l'Hôtel de Bourgogne (qui était resté vide pendant 19 ans). Chef de la troupe : Louis Riccoboni (Lélio, "1er amoureux").

LE PUBLIC EST AU RENDEZ-VOUS mais un peu déconcerté. Habitué à l'Arlequin, au Polichinelle, à la Colombine **français** de la Foire, il supporte mal ses personnages favoris parlant italien... ou en "grommelots" à base d'italien. Quant aux canevas de la Comédie des Masques, ils se sont beaucoup compliqués : ils nécessitent maintenant de plus en plus d'accessoires (voir ci-dessous). Décadence du genre ?

Thomassin, l'Arlequin de la troupe, quitte son masque, en particulier pour jouer Marivaux.

FORTS DE L'AUTORISATION royale de parler français (voir p. 175), nos Italiens vont donc jouer des auteurs français. En particulier un certain Pierre Carlet de Chamblin de **Marivaux** qui a du mal à s'imposer à la Comédie-Française mais qui se sent chez lui à l'Hôtel de Bourgogne malgré « l'accent italien à couper au couteau » de ses acteurs.

Brighella, faux peintre, découpe avec une lame une toile derrière laquelle se tient Arlequin – Cupidon ailé (qui en profite pour boire, avec une longue paille, le vin du vieux Pantalon assis à droite).

LES COULEURS ACIDES des décors, très "transalpins", la fraîcheur des costumes et surtout la vivacité du jeu... conviennent parfaitement à Marivaux.

Arlequin et Silvia

On est loin de la truculence des XVIème et XVIIème siècles.

1688 - 1763
75 ans

MARIVAUX

méconnu de son vivant, il est "redécouvert" au XXème siècle.

Né à : Paris. (Famille normande). **Père** : Trésorier des Vivres de l'armée (en Allemagne), puis Contrôleur de la Monnaie (à Riom, en Auvergne). **Collège** : des Oratoriens de Riom. **À 22 ans** : école de Droit à Paris qu'il délaisse pour la littérature et le théâtre. **Se marie** : à 29 ans avec une orpheline fortunée. Naissance d'une fille. **Entre** : en collaboration avec les Comédiens Italiens qui le joueront avec succès pendant plusieurs années sans l'avoir jamais rencontré ! **Ruiné** : par la banqueroute de Law. **Veuf** : à 35 ans. **Echecs** : à la Comédie-Française. **Pensionné** : par Mme de Pompadour. **Élu** : à l'Académie Française (avant Voltaire) à 54 ans. **Meurt** : en 1763, sans fortune.

Gianetta Benozzi dite Silvia
1701(?) - 1758

mariée à Baletti (Mario), "2ème amoureux".
« Elle fut l'idole de la France » CASANOVA
Elle joua à-peu-près tout Marivaux.

IL EST L'AUTEUR d'une trentaine de comédies en prose, en un ou trois actes.

Voltaire lui reproche de « peser des œufs de mouche dans des balances de toiles d'araignée ».

Novateur, Marivaux se démarque de Molière qu'il n'aime pas beaucoup. Innovations :

- il peint au plus juste l'amour naissant <u>non contrarié par parents ou tuteurs</u>.
- évolution de la noblesse de <u>naissance</u> vers la noblesse <u>de cœur</u>.
- Dans "Le Jeu de l'amour et du hasard", sa pièce la plus jouée, il est dit : « le mérite vaut bien la naissance », ce qui équivaut ... aux hardiesses prérévolutionnaires de <u>Beaumarchais</u>.

Mais la phrase est prononcée <u>sur la scène des Italiens</u>, presque à la Foire ! Le frontispice des œuvres de Marivaux (ci-contre) est significatif : il évoque un auteur baroque et peu sérieux.

DE FAIT, MARIVAUX, à l'instar des auteurs de la Foire, s'inspire parfois de Swift (l'auteur de "Gulliver").

Certaines de ses pièces comme "L'Île de la Raison" (sifflée à la Comédie-Française) ou "L'Île des Esclaves" (applaudie aux Italiens) feront le bonheur des metteurs en scène du XXè siècle.

1727. L'Île de la Raison

D'après une gravure d'époque.

SUJETS.

Inédits (non inspirés de Plaute ou de Molière). Étranges : travestissements, échanges d'identités, utopies cocasses...

("La Petite-Scène")
MARIE-ANGE RIVAIN

Décor : Xavier de Courville pour 1920. **"La Double inconstance"**

1730. LE JEU DE L'AMOUR ET DU HASARD. Inconnus de la "promise", le fiancé et son laquais échangent leur costume (et donc leur identité) pour traquer la vérité. Mais la fiancée (de son côté) en fait autant avec sa servante. Tout finira bien.

HENRI DEMAY (L'EQUIPE, troupe SNCF)

1950. **"L'Île de la Raison"** ou "Les Petits Hommes".

Les insulaires de l'île sont des géants dont on ne peut atteindre la taille qu'en devenant "sages" comme eux. Les naufragés qui y débarquent (une mondaine, un médecin, un philosophe, un paysan) s'efforceront ainsi de grandir. C'est le paysan qui y parvient le plus vite, alors que le philosophe reste minuscule.

AMATEURS.

Curieusement, ce sont des troupes de théâtre amateur qui ont redécouvert Marivaux.
Dès 1912, "La Petite Scène", troupe mondaine, joue "Le Triomphe de l'Amour".

JEAN VILAR (TNP)

Jean Vilar — Maria Casarès — Daniel Sorano

1955. **"Le Triomphe de l'Amour"**.

UTOPIES.

Jugées, à l'époque, indignes de la Comédie-Française, elles font de Marivaux un auteur du XXème siècle.

ROGER PLANCHON

1959. **"La Seconde Surprise de l'Amour."** On change de décor à chaque acte. – Le "cyclorama" : des croquis de costumes d'époque. – Le lit sur scène fait scandale.

1727. L'ÎLE DE LA RAISON. Elle avait "tenté" Louis Jouvet mais c'est l'"amateur" Henri Demay qui en a fait un spectacle célèbre des années 1950. △

PATRICE CHÉREAU

Décor : Richard Peduzzi

1973. **"La Dispute"**. Apologue philosophique en 1 acte dont Chéreau fera un grand spectacle-culte.

1725. "L'ÎLE DES ESCLAVES". Pièce courte qualifiée, lors de sa création par les Comédiens Italiens, de « bergerie révolutionnaire ».
Il s'agit encore d'un État insulaire qui exige des nouveaux arrivants la permutation d'identité valets-maîtres afin que ces derniers apprennent à recevoir des ordres.

VOLTAIRE, LEKAIN, LA CLAIRON

TOUT AU LONG DU RÈGNE de Louis XV, Voltaire se veut le continuateur de Corneille et de Racine. Dès l'âge de 24 ans, il donne à la Comédie-Française un "Oedipe" avec grand succès, où (innovation!) il réintroduit le chœur antique supprimé, on l'a vu, dès la professionnalisation des comédiens, comme trop coûteux!

Et, de fait, les Comédiens-Français n'en voudront plus dès sa seconde tragédie.

Voltaire (1694-1778) 84 ans

Pour se mettre à l'abri de la censure, il a l'audace de dédier son "**Mahomet** ou **le fanatisme**" au pape Benoît XIV qui accueille avec esprit cet hommage ironique.

Voltaire se préoccupe de la mission **civique, sociale** et philosophique du théâtre. Hélas, plat, froid, arbitraire quant à l'action, son théâtre, très apprécié de son vivant, n'est plus du tout joué aujourd'hui. Le grand "philosophe" n'était pas très dramaturge! Mais quel expérimentateur!!...

Il a imaginé la tragédie ...médiévale ("Adélaïde du Guesclin": 1734)...aux Croisades ("Zaïre": 1732)... chinoise ("L'Orphelin de la Chine": 1755) ...sans femme ("La Mort de César": 1732)... satirico-philosophique ("Mahomet": 1743) ...péruvienne ("Alzire": 1736).

INFLUENCÉ PAR SHAKESPEARE qu'il a découvert à 31 ans lors d'un exil en Angleterre

et qu'il n'a de cesse de révéler au public français ... avant d'en être jaloux et de l'appeler le « sauvage ivre »

il affectionne les coups de théâtre, changements de lieux (si faciles dans le dispositif scénique élisabéthain!), apparition de spectres, "couleur locale".

D'où sa fougue à soutenir les réformes qui sont dans l'air : costumes adaptés à chaque pièce, scène libérée enfin de ses occupants abusifs.

SES COMPAGNONS DE LUTTE seront La Clairon et LeKain qu'il a découvert dans la troupe d'un « théâtre de société » (amateurs mondains) que les Comédiens-Français, faisant jouer leur "monopole", obligeront d'ailleurs à se saborder.

LeKain, sociétaire du Français durant 27 ans, joue tous les grands rôles de Voltaire (en reprise ou en

Henri **LeKain** (1720-1778) 58 ans

Le plus grand "homme de théâtre" de son temps.

La Clairon (1723-1803) 80 ans

Courageuse, elle revendique le droit des Comédiens à un statut civil et religieux. Devant l'inertie des autorités, elle quitte le théâtre à 43 ans (1766).

création). Egalement : Rodrigue, Néron, Oreste. Son physique plutôt ingrat ... sa voix peu agréable... choquent au premier abord, mais l'intelligence de son jeu et sa sensibilité bouleversent bientôt le spectateur. « *Sa voix pénétrait jusqu'au fond de l'âme, dit Grimm, et l'impression qu'elle y faisait, semblable à celle du burin, y laissait des traces profondes et de longs souvenirs* ».

Il invente la mise en scène moderne : il tient des livres de régie indiquant les entrées, les sorties et la place sur scène des comédiens. Ainsi que les mouvements de la figuration.

Il règle avec précision éclairage et musique.

Avec sa camarade, Mlle Clairon, il s'attache à réformer le costume tragique dans le sens d'une plus grande rigueur, qu'il s'agisse d'évoquer la simplicité antique ou l'exotisme oriental... et refuse panaches, tonnelets et paniers jusqu'alors indispensables au jeu tragique.

Il innove également en matière de tournées en province ou à l'étranger. Egalement, en ce qui concerne l'Administration, dans le sens de l'amélioration du sort des comédiens.

Il projette également la création d'une école dramatique qu'il n'aura pas lui-même la chance de voir naître.

Mlle Clairon et LeKain dans "**L'orphelin de la Chine**" de Voltaire (1755). Costumes chinois.

1753. "**Le Dissipateur**" de Destouches. *Illustration « idéale » de la pièce. Décor impossible à cette date.*

CLAIRE-JOSÈPHE-HIPPOLYTE LERIS, dite La Clairon, est une tragédienne à la voix profonde, au jeu sobre qui "continue" Adrienne Lecouvreur. Diderot vante son jeu et ses recherches dans son "Paradoxe sur le Comédien".

Appuyée par Voltaire, elle proteste avec LeKain contre la présence sur la scène des spectateurs privilégiés qui encombrent l'aire de jeu et harcèlent les comédiennes.

Les nouveaux auteurs, comme Destouches, qui réclament un certain réalisme pour les décors de leurs comédies "sérieuses" (annonçant les drames bourgeois de Diderot) ne sont pas en reste pour soutenir cette action.

ET PENDANT CE TEMPS...

EN ANGLETERRE

EN 1660, LA DICTATURE de Cromwell s'effondre. Le roi légitime, Charles II, accède au trône. C'est la Restauration. En particulier celle des théâtres, tous détruits dix-huit ans auparavant. On les reconstruit sur le modèle parisien : deux à Londres pour commencer. Fini, hélas, le dispositif élisabéthain ! On veut maintenant des décors peints que l'on doit changer en baissant le rideau.

Le public londonien, privé de théâtre de 1642 à 1660, fait un triomphe à un marionnettiste qui s'empare du Polichinelle italien pour en faire l'affreux **Punch**, bossu, cynique et séduisant que les Anglais préféreront à Arlequin.

△ les spectateurs par Hogarth

△ **Le théâtre de Drury Laine** (Londres) où l'on joue "**à la française**" (mais sans spectateurs sur scène)....

PUNCH

..."**Hamlet**" (la scène des fossoyeurs étant supprimée)

..."**Les Joyeuses Commères**..." (qui ont perdu leur truculence!)

LE GRAND ACTEUR ANGLAIS du temps, c'est **David Garrick** (1717-1779) qui "régularise" Shakespeare. En 1751 et 1765, il vient se faire applaudir à Paris ... où il joue, dans les salons, avec la Clairon.

BERTOLT BRECHT homme de théâtre allemand du XXème siècle, à la recherche d'auteurs du passé s'intéressant à la "lutte des classes", redécouvre deux pièces oubliées de cette époque.

David Garrick

Il décalque son célèbre "Opéra de Quat'Sous" sur l'"**Opéra du Gueux**" de John Gay (1685-1732).

Parodie de pastorale-opéra, la satire est truffée de chansons qui la commentent. Parmi les receleurs, mendiants faux-infirmes, voleurs de haut-vol, le Gueux (un clochard figurant l'auteur) déclare : « Il est bien difficile de décider si les gentilshommes imitent les bandits ou si les bandits imitent les gentilshommes». (1728)

BRECHT

Thomas Otway (1652-1685)

bohème impénitent, il imite d'abord Molière et Racine avant de "trouver sa voie" avec

1682. **Venise sauvée**

Sombre histoire de complot espagnol contre la République de Venise. Les "jeunes" contre les "vieux" rusés et déloyaux.

Autre découverte de Brecht : "**L'Officier recruteur**" (1706) de George Farquhar (1678-1707) qu'il va adapter sous le titre "Tambours et Trompettes".

Critique de l'armée et de ses méthodes de recrutement par surprise.

Mais la plus célèbre pièce de Farquhar, c'est "**Le Stratagème des Roués**" (1707).

Deux jeunes étourdis sans le sou se font passer l'un pour un riche seigneur, l'autre pour son valet. Du théâtre de tréteaux qui a tenté Charles Dullin en 1930.

AUTEURS DIVERS : Otway et Congreve (ci-contre).

Également l'Irlandais Richard **Sheridan** (1751-1816), féroce auteur comique de l'"**Ecole de la médisance**" (1777) où il peint les "gens du monde" cancaniers, intrigants, cyniques. Célèbre à son époque, il le restera tout le XIXe siècle.

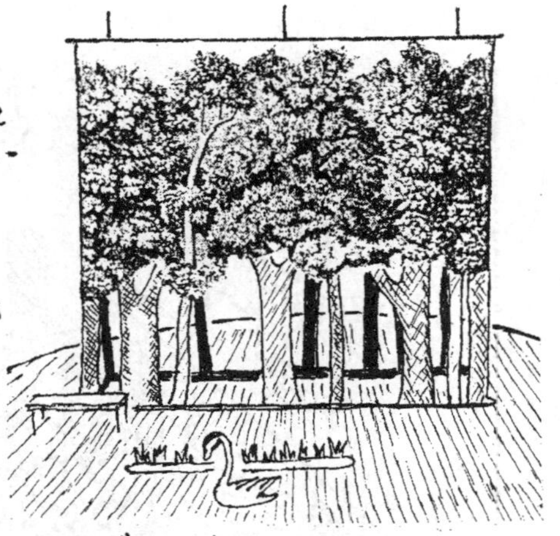

1955. "Tambours et Trompettes"

William Congreve (1670-1729)

Satiriste allègre aux scintillants duels verbaux, il est jugé immoral et contraint d'abandonner le théâtre à 40 ans.

Théâtre Bourgeois

Prenant conscience, au beau milieu du XVIIIè siècle, du rôle de plus en plus grand qu'elle joue dans la vie de la nation, la bourgeoisie française éprouve le besoin de voir le théâtre s'intéresser à elle, la représenter enfin...

Un certain Jean-Marie-Bernard CLÉMENT (1742-1812), critique spirituel et acerbe (surnommé par Voltaire "l'Inclément"), lance la célèbre formule : « <u>Qui nous délivrera des Grecs et des Romains !</u> »

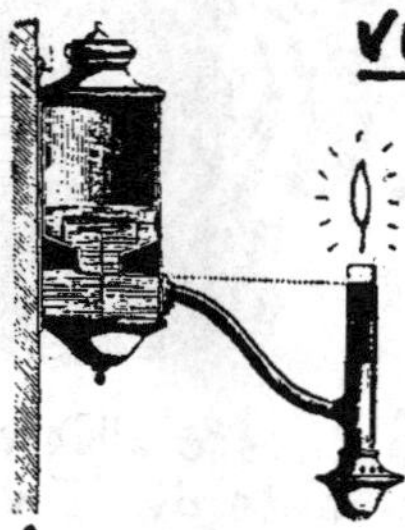

De fait, la quasi-totalité des pièces tragiques se déroule dans l'Antiquité. Seule la comédie peut se passer dans les "temps modernes"... Mais, notez bien, que tous les personnages de Molière (et maints héros de Marivaux) portent toujours des noms grecs !

Les bourgeois (qui vont bientôt faire la Révolution) s'exclament : « Assez de Néron et de Phèdre ! Donnez-nous des héros contemporains (nous !) évoluant dans des lieux, des meubles actuels ! »

Pas facile avec, sur la scène, des spectateurs privilégiés (et arrogants !) qui perturbent le spectacle par leur présence même. D'ailleurs de plus en plus nombreuse...

Trois dates déterminantes pour l'évolution souhaitée : 1759... 1762... 1791.

1759. Le comte de Lauraguais (mécène ami du trio Voltaire-LeKain-La Clairon) libère la scène du "Français" de ses spectateurs abusifs.

1762. Incendie de l'ensemble de la Foire Saint-Germain. Le boulevard du Temple accueille provisoirement ses théâtres.

1791. La Révolution Française abolit le Monopole du théâtre à Paris attribué à une seule troupe.

À LA VEILLE DE LA RÉVOLUTION, PARIS SE PASSIONNE POUR LA "CONQUÊTE DE L'AIR".

1783. Une montgolfière sur la place d'Armes à Versailles.

1759. LA SCÈNE "LIBÉRÉE"

LE RICHE COMTE DE LAURAGUAIS, généreux mécène, était l'auteur d'une "Iphigénie" reçue à la Comédie-Française mais qu'il voulait voir jouer avec **chœur antique** (toujours cette obsession des auteurs !) et donc avec réduction du nombre de spectateurs sur la scène. Les Sociétaires se plaignant du « manque à gagner », Lauraguais décida de frapper un grand coup : il paya la location de l'ensemble des « banquettes » pour un mois... et les fit toutes démonter.

IL S'ENGAGEAIT À SUPPORTER les frais des travaux. Le devis fut dépassé ! ... Il paya mais retira sa pièce.

Les banquettes supprimées, LeKain s'en donne à cœur joie : défilés, pompes nuptiales ou funèbres dans des décors impressionnants de perspectives en trompe-l'œil.

▽ ... →

SPECTATEURS SUR SCÈNE :

Plusieurs rangs de spectateurs de part et d'autre de l'aire de jeu. On en était même arrivé à ajouter des chaises au fond. Un jour, le spectre de Ninus, dans la "Sémiramis" de Voltaire, resta bloqué en coulisses malgré le régisseur criant : « Place à l'Ombre, messieurs ! Place à l'Ombre ! »

SERVANDONI Jean-Jérôme (1695-1766) : architecte et décorateur florentin qui a beaucoup travaillé en France. — Il imagine de "cacher" dans les cintres la partie supérieure des décors du premier plan ... et de peindre en perspective, sur une toile de fond, leurs homologues vus "en entier". L'effet est saisissant et le succès considérable.

LAURAGUAIS

Célèbre séducteur, amant en titre de la cantatrice Sophie Arnould, il était, selon Edmond de Goncourt, « un fou d'infiniment d'esprit, avec une incroyable jeunesse de caractère ».

« ... une cervelle à la dérive, sautant d'études en études, accrochant les paradoxes, volant de la science à la politique, et de la chimie à la poésie, remuant le rien et la foudre, touchant au droit public, à la porcelaine, à la tragédie, à l'inoculation, à l'éther, à la Compagnie des Indes, aux banquettes de la Comédie-Française [...] une sorte de grand homme manqué et dévoré d'inconstance en qui s'agitait, mal à l'aise, une âme d'un autre temps logée dans un esprit du XVIIIe siècle. »

LES CLASSIQUES (Athalie, Polyeucte ...), les tragédies de Voltaire (les anciennes et les nouvelles) bénéficient de l'aire de jeu libérée. De même, les pièces "modernes" à sujets contemporains réclament meubles, paravents, décors réalistes.

Les spectateurs étaient si enthousiastes qu'il fut impossible de revenir en arrière.

PROVINCE. Les troupes de campagne itinérantes disparues, c'est au milieu du XVIII è siècle que s'ouvrent, dans la plupart des villes, des salles à l'italienne sur le modèle de la salle de la Comédie-Française. Souvent à l'initiative de l'Intendant de la province.

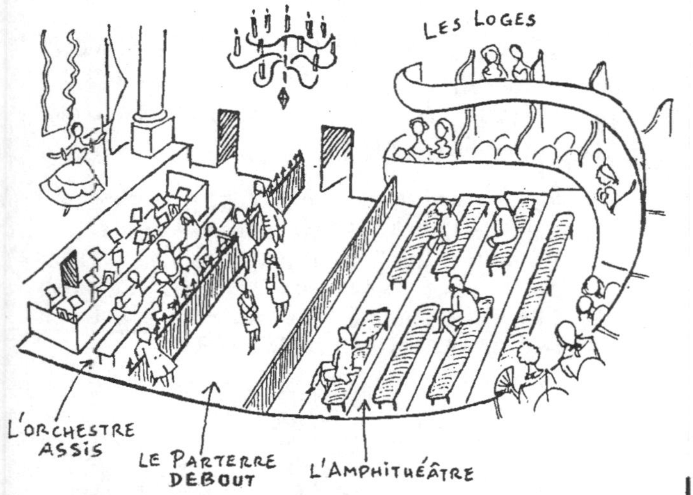

Les spectateurs privilégiés chassés de la scène sont installés sur des banquettes tout contre la fosse d'orchestre, d'où le nom des futurs fauteuils d'orchestre. Une cloison hérissée de piques de fer les sépare du parterre, de moins en moins important.

Le "Directeur de la Comédie" (comédien chevronné qui a constitué une troupe homogène) exploite la salle (fournie par la municipalité) à ses risques et périls selon un statut de **concession libre**. Il peut faire faillitte. Répertoire : "les succès do Paris", un décret de 1773 interdisant toute pièce non représentée avant à Paris !

MOLIÈRE (QUE MARIVAUX N'AIME PAS) est moins joué. Il fait place à la comédie larmoyante dont le maître est l'ennuyeux et moralisateur **Nivelle de la Chaussée** (1692-1754) qui donne, en 1735, sa comédie en vers : "Le Préjugé à la mode".

Dire, ou montrer, qu'on aime sa femme légitime est devenu sottement ridicule. Il faut se faire accompagner, au concert ou au théâtre, par une autre femme (pour faire croire que l'on a des "maîtresses"). Et l'épouse légitime reste chez elle à pleurer !

JEAN-JACQUES ROUSSEAU *ET LA PASSION DE LA VERTU*

Grand homme de l'époque, il reproche à Molière de ridiculiser Madame Jourdain, épouse irréprochable !

LE DRAME

À MI-CHEMIN ENTRE la tragédie et la comédie, c'est le **genre théâtral nouveau** tant attendu. Le philosophe Diderot, (célèbre pour avoir dirigé et mené à bien "L'Encyclopédie") en est l'inventeur alors qu'il frise la cinquantaine.

Denis Diderot (1713-1784) - 71 ans -

Après l'échec de ses drames, toujours passionné par le théâtre, il rédige son "Paradoxe sur le comédien" (1773-1778) publié seulement en ... 1830 ! « Ce n'est pas que la pure nature n'ait ses moments sublimes ; mais je pense que s'il est quelqu'un sûr de saisir et de conserver leur sublimité, c'est celui qui les aura pressentis d'imagination ou de génie et qui les rendra de sang-froid ». Car :

- l'émotion ne se répète pas toujours sur commande.
- c'est connu : des comédiens qui donnent l'impression d'être très émus ne le sont pas.
- ce n'est jamais dans la fougue de l'émotion primitive (mais après des semaines de travail) que le comédien est le meilleur.

Le problème est posé. Pour le résoudre, il faut inventer une "méthode". C'est Stanislavski qui l'élaborera de 1898 à 1906, à Moscou.

PS : À noter que Diderot est souvent joué de nos jours. Mais il s'agit toujours d'adaptations de ses contes dialogués ("Le Neveu de Rameau", "Jacques le Fataliste") ou de sa comédie "Est-il bon ? Est-il méchant ?", fantaisie mondaine (très réussie) destinée à un "théâtre de société" et jamais jouée de son vivant.

Quant à ses drames bourgeois, ils sont totalement oubliés.

Evitant en principe l'enflure de la tragédie et la gaieté exagérée de la comédie, il traite des calamités domestiques, du désordre des passions contraires à l'ordre bourgeois.

Ecrit **en prose**, il est plus démocratique que l'aristocratique "comédie larmoyante" rédigée **en vers**.

Mais il est aussi larmoyant qu'elle ... et aussi ennuyeux !

DIDEROT VEUT REMPLACER l'étude des **caractères** (l'avare, le distrait, le joueur...) par l'étude des **professions**.

Pourquoi pas ? Mais si l'on prend celle de magistrat par exemple... l'homme sera dur ou affable, triste ou enjoué, grave ou frivole. Ce sont précisément ces traits de caractère qui en feront un personnage.

LE BUT DU DRAME ? Édifier les bourgeois et les rendre meilleurs par l'image de leurs malheurs et de leurs vertus.

Sur la scène, on se jette à genoux les uns devant les autres en s'apostrophant de mots grandiloquents et pathétiques. On pleure ou on "bénit". ...

1761. "L'Accordée de village" de Jean-Baptiste Greuze, le peintre favori de Diderot. Ses tableaux marquent une réaction contre l'école mythologique de Boucher. Ici, l'attitude emphatique du père (de la future mariée) correspond bien à l'esthétique théâtrale de Diderot.

...

Et le spectateur s'éclipse avant la fin ! C'est ce qui est arrivé à Diderot pour son "PÈRE DE FAMILLE" (1761) et, dix ans plus tard, pour son "FILS NATUREL" qui n'a eu qu'une seule représentation.

Mais il a suscité des disciples, plus doués que lui théâtralement, comme Sedaine (ci-contre) ou Mercier (page suivante).

Michel-Jean Sedaine (1719-1797)

Fils d'un maître-maçon ruiné, il vit une enfance misérable dont il se souviendra toute sa vie. Il est généreux, bienveillant. Après avoir travaillé pour la Foire (pièces « à ariettes »), il crée pour les "Italiens" d'après 1762, l'opéra-comique larmoyant. En 1765, il donne à la Comédie-Française "Le Philosophe sans le savoir", sorte de fausse-tragédie qui, passant pour une apologie du duel, a quelques ennuis avec la censure. Tragédie bourgeoise s'entend. Un jeune homme se bat en duel le jour du mariage de sa sœur. On annonce sa mort. Douleur du père et de toute la famille. Mais la nouvelle était fausse ! Joie et attendrissement général. Sedaine possède un don du dialogue (vif, léger, pas du tout "écrit") qui fait défaut à tous ses rivaux.

THÉÂTRES DE SOCIÉTÉ

À l'époque des Lumières, toute la bonne société (nobles et riches bourgeois) pratique avec passion le théâtre amateur. Mme de Pompadour comme Marie-Antoinette sont des comédiennes enragées !

Un grand magistrat probe et zélé, jurisconsulte éminent, **Thomas Gueullette** (1683-1766), ne rougit pas, même en son âge mûr, de s'enfariner afin d'interpréter, avec ses amis et quelques comédiens et comédiennes professionnels, des farces italiennes ou des pièces de la Foire. Dans ses maisons de campagne de Charenton et de Choisy-le-Roi, on s'amuse beaucoup. Spécialiste du rôle de Polichinelle, Gueullette avale, un jour, sa "pivetta" (*instrument de métal introduit dans le gosier pour obtenir la voix particulière de ce personnage*) et s'étouffe. On s'affole et on fait venir le curé qui, entendant cette voix comique, croit qu'on se moque de lui et se fâche tout rouge. Heureusement tout s'éclaircit : la pivetta recrachée, le curé revient de son erreur et Gueullette de ses émotions.

Il compose une série de "Parades", « traduction mondaine des grossièretés foraines et transposition française de l'improvisation italienne » (X. de Courville). Le Théâtre Libre (1889), Baty (1924), les Copiaux (1925), les Comédiens Routiers (1933) et, à leur suite, les amateurs (jusque dans les années 50-60) s'y sont intéressés.

Compétent dans son métier, passionné par son "violon d'Ingres", il apparaissait à ces amateurs d'une époque sans chômage, un peu comme leur "saint-patron".

EN 1762, UN ÉVÉNEMENT INATTENDU et capital pour l'évolution du théâtre français : **l'incendie de la Foire St-Germain** ! Tout est détruit.

En attendant sa reconstruction, on permet que ses petits théâtres s'installent <u>provisoirement</u> sous les arbres du boulevard du Temple.

Là, de nombreux parisiens (non clients des boutiques de la Foire) découvrent ces salles confortables où tout le monde est assis. Et dont le répertoire va s'élargir.

APRÈS LA RECONSTRUCTION, on tolère que certaines de ces salles restent sur le boulevard. Mieux : leur succès est tel que, boulevard du Temple, d'autres théâtres s'ajoutent impunément aux premiers. (Le fameux Monopole – qui approche les 400 ans – est insupportable !).

EN 1776, AU THÉÂTRE DES ASSOCIÉS (voir p. 197), Mercier, dit "le Polygraphe", auteur d'ouvrages sur les mœurs du temps, donne le premier **drame à personnages populaires** : " LA BROUETTE DU VINAIGRIER ".

Louis-Sébastien Mercier (1740-1814)

La Brouette du Vinaigrier

Un brave homme de vinaigrier fait le porte-à-porte, avec son baril et sa brouette, dans les rues de Paris, afin de vendre son vinaigre. Il a un fils unique qu'il a fait instruire et qui est secrétaire d'un honnête négociant, Mr Delomer. Or le jeune homme est amoureux fou de la fille de ce dernier, promise malgré elle à un certain Jullefort, coureur de dot. Et Mlle Delomer n'est pas insensible à cet amour... Mais, en bons jeunes gens, ils souffrent en silence.

Soudain : coup de théâtre ! ... des aigrefins ruinent Mr Delomer. Jullefort s'éclipse. Affolement général. C'est la faillite, le déshonneur ! Le jeune secrétaire offre ses économies, mais c'est son père le vinaigrier qui, pénétrant dans le salon du négociant avec tout son attirail, vient lui apporter la somme salvatrice : des louis, cachés sous son baril, ses économies d'honnête petit marchand. Évidemment : larmes et mariage final.

Moralité : le peuple travailleur et la bourgeoisie industrieuse doivent être solidaires.
Le succès de la pièce, vite imitée, va susciter l'apparition sur scène de personnages-types (le fidèle domestique, l'ouvrier vertueux, la pure jeune fille, le traître, l'héroïque galérien ...) qui seront ceux du mélodrame-XIXème siècle. Ils évolueront alors dans des "sujets" nouveaux inspirés de la tourmente révolutionnaire et des guerres napoléoniennes.

LA PROMENADE DES REMPARTS

(futurs boulevards Beaumarchais, des Filles du Calvaire, du Temple)

1670 : Louis XIV commence la démolition de la vieille enceinte Charles V (voir p. 87). On récupère les pierres taillées, on aplanit le sol où seront plantées quatre rangées d'arbres. Lorsque ces derniers "font de l'ombre", on obtient la promenade favorite des Parisiens à la "belle saison".

LA FUTURE "PROMENADE DES REMPARTS"

En particulier, sur le futur Bd du Temple, on voit : des athlètes au tapis, des spectacles de chiens savants entre les marchands de boissons et de gâteaux. Un certain **Nicolet** construit une baraque en toile (1760), puis en bois (1764). Il faut alors payer sa place à l'entrée. (Spectacle de marionnettes, d'acrobates, exhibition de "phénomènes" ...) Devise de Nicolet : « De plus en plus fort ! » D'autres baraques suivront. Nicolet s'étant "produit" devant Louis XV et Mme du Barry avec sa troupe, il peut intituler celle-ci : "Les Grands Danseurs du Roi". (Entendez : les grands danseurs... de corde !)

INCENDIE DE LA FOIRE St GERMAIN

En **1762**, la Foire St Germain brûle. Trois de ses quatre théâtres sont accueillis provisoirement ici. Dont le "Théâtre des Associés" qui créera "La Brouette du Vinaigrier" (voir p. 196).

APPARITION DES THÉÂTRES

En **1791**, la proclamation de la "Libertés des théâtres à Paris" transforme le « provisoire » en « définitif ». On va aboutir à la prolifération des salles sur le Bd du Temple - Bd du Crime.

ET, PENDANT CE TEMPS, EN ITALIE...

LES 2 CARLO ENNEMIS

(– leur seul point commun : avoir vécu 86 ans !)

1707 - 1793
(86 ans)

Carlo **GOLDONI**
le réformateur

LE MOLIÈRE ITALIEN DU SIÈCLE DES LUMIÈRES.

Né à : Venise. **Père** : médecin ...et marionnettiste ! **Etudes** : (médecine et droit) traversées de fuites, de plaisirs, d'aventures. **Professions** : (avec zèle et compétence) il sera, tour à tour, fonctionnaire de la justice criminelle, consul de Venise à Gênes, avocat à Pise, directeur de théâtre.

À 30 ans : mariage avec la fille d'un notaire de Gênes (où il a suivi une troupe de comédiens) : mariage d'amour, enlevé en courant, et qui durera toute la vie.

212 pièces réparties en 4 périodes ...

1 - RÉNOVATION de la C^die^ des Masques :
Goldoni rédige entièrement les dialogues (suppression des "blancs" laissés à l'improvisation des acteurs) qu'il purge de toute grossièreté.
– 1745. "ARLEQUIN SERVITEUR DE DEUX MAÎTRES" : Les personnages-types sont conservés et encore masqués.

1751. "**Molière**"

Sous l'auteur de génie, on découvre un homme un peu faible, amoureux, vulnérable. Mais capable de réactions violentes face aux faux dévots qui veulent faire interdire "Tartuffe."

1760 : "**Les Rustres**"

2 - SUPPRESSION DES MASQUES :
« Le masque fait du tort à l'action de l'acteur : qu'il soit amoureux, farouche ou plaisant, c'est toujours le même "cuir" qu'il montre au public ». GOLDONI.
– 1749. "LA FAMILLE DE L'ANTIQUAIRE". Le ridicule Pantalon est devenu le sympathique commerçant « retiré » qui rétablit l'ordre tant familial que financier d'un Comte ruiné par Arlequin et Brighella devenus des escrocs.

3 - INVENTION DU "THÉÂTRE CHORAL" :
Plus de "protagonistes" et de "petits rôles" : la place publique où chacun dit son mot.

– Suite page 200 –

1720 - 1806
(86 ans)

Carlo GOZZI
le traditionnaliste

CRÉATEUR DE LA FABLE SATIRICO - FÉERIQUE

Né à : Venise. **Famille** : de très vieille noblesse ruinée... par la découverte de l'Amérique. (Venise perdant alors son importance de plaque tournante commerciale). **Caractère** : difficile. Don Quichotte masochiste. « On a raison d'être toujours le plus pessimiste possible » écrit-il dans ses "Mémoires inutiles" (1797). **Il est** : toujours en procès (contre ses locataires, sa cousine, ses voisins) ou furieux (contre le "progressiste" Goldoni ; contre l'abbé Chiari, dramaturge sentimental et sirupeux). **Il reproche** : à Goldoni de caricaturer les nobles... mais surtout d'avoir détruit la Comédie des Masques. **Il prend** : la plume et... le contrepied de sa "bête noire" (qui impose sa méthode depuis 15 ans). **Avec l'aide** : de la troupe de l'Arlequin Sacchi (qui avait créé jadis l'"Arlequin serviteur de deux maîtres"), Gozzi triomphe de Goldoni en ... un an !

1928

"**Turandot**" à l'Odéon (troupe soviétique du metteur en scène russe **Vakhtangov**.)

10 pièces en quatre ans *où l'on voit*
... une fée entrant dans le corps d'un serpent
... l'oiseau apportant, dans son bec, un panier de victuailles à une reine couchée dans son cercueil. Ici, on entend un chœur de pommes et l'eau d'une fontaine danse. Gozzi nous fait souvenir que Venise est aux portes de l'Orient et des Mille et une nuits.

— 1761. "*L'AMOUR DES TROIS ORANGES*". **Sa première pièce.** Il transforme un conte célèbre en satire littéraire. La fée Morgane, c'est l'abbé Chiari. Le magicien Célio, c'est Goldoni. Maints prodiges dont celui des 3 oranges qui, coupées, laissent échapper 3 jolies filles.

— 1762. "*LE ROI CERF*". **Sa meilleure pièce.** Le roi Derame a interrogé 2748 jeunes filles sans se décider à se fiancer. Un buste magique rit si l'on ment devant lui. Derame devient magiquement cerf.

— 1764. "*LE MONSTRE TURQUIN.*" Zélou, génie subalterne de la Chine, a été transformé pour cent ans en un monstre au visage bleu, à la crinière hérissée. Il ne doit reprendre sa forme humaine que s'il rencontre un jeune couple s'aimant d'un premier amour infini.

– suite page 201 –

GOLDONI

– suite de la page 198 –

1978

– 1756. "IL CAMPIELLO". Il s'agit de la place de Venise où les femmes se réunissent pour leurs parlottes. Commérages, jalousies, amours juvéniles, procès ... tiennent lieu d'intrigue et aboutissent à un dénouement heureux.

4- LES GRANDES COMÉDIES :

– 1753. "LA LOCANDIERA". **La plus jouée.** Mirandoline, "l'aubergiste", voit deux de ses clients lui faire la cour: un comte (qui lui fait des cadeaux) et un marquis (qui lui offre le vain appui de sa protection). Un 3e client, un jeune chevalier, l'irrite par sa misogynie et lui donne envie de le conquérir (tentation de la noblesse pour une bourgeoise). Ce qu'elle réussit ... grâce à l'excellence de sa cuisine (conversion d'un noble à la vie bourgeoise). Mais c'est finalement, Fabrice, son fiancé (et valet), qu'elle épousera. C'était la sagesse.

1956. THÉÂTRE DES NATIONS

"La Locandiera"/Luchino Visconti
Le grand cinéaste se montre ici un grand metteur en scène de théâtre.
— Cette scène de la lingerie (avec le linge étendu) a été beaucoup imitée par la suite.

– 1760. "LES RUSTRES". Ou: "Les rabat-joies". Quatre bourgeois vénitiens veulent obliger leurs femmes à rester à la maison même pendant le Carnaval. Elles se rebiffent. Goldoni leur donne raison.

– 1761. "LA VILLÉGIATURE", trilogie. Le vieux Pantalon devient ici le sage Fulgenzio qui dit aux jeunes nobles parlant toujours d'"honneur" mais criblés de dettes ... et qui veulent tout de même partir en vacances par snobisme : « L'honneur, c'est payer ses fournisseurs ! »

– 1762. "BAROUFE À CHIOGGIA". Un jeune pêcheur de Chioggia a offert un plat de courges à la fiancée d'un autre. Goldoni montre la vie rude de pauvres pêcheurs qui ne savent parler que leur patois face à un jeune juge d'instruction (lui-même, jadis !) rempli de bienveillance et de préjugés involontaires.

1951. THÉÂTRE MARIGNY

"Arlequin serviteur de deux maîtres"
Mise en scène : Giorgio Strehler (*Piccolo Teatro de Milan*). Les acteurs changent eux-même les décors, tout en jouant.

À 55 ans : Goldoni, vaincu par le retour à la féerie et aux masques, vient à Paris accueilli par les Italiens de l'Hôtel de Bourgogne (1762). **Il écrit :** (en français) "LE BOURRU BIENFAISANT" joué, en 1771, à la Comédie-Française. **Devient :** professeur d'italien à la cour. **Il meurt :** (sous la Révolution) dans la misère (1793).

GOZZI

— suite de la page 199 —

1937. "**Le Roi cerf**", à la Comédie des Champs-Elysées par la Compagnie des Quatre Saisons (Barsacq, Dasté, Jacquemont)

Croquis d'André Barsacq

DÉCORS D'ANDRÉ BARSACQ

Dans le cadre de l'Exposition Universelle de 1937.

— 1762. "LA PRINCESSE TURANDOT", fable tragi-comique. La princesse Turandot promet sa main à qui résoudra trois énigmes. C'est Kalaf, prince tartare (qui voyage incognito), l'heureux élu...

Après 1765 : Gozzi cesse d'écrire pour le théâtre. **1797** : il assiste à l'écroulement de sa chère "République" de Venise (rayée d'un trait de plume par Bonaparte), ce qui le conforte dans son pessimisme.

POSTÉRITÉ DES 2 CARLO ENNEMIS :

Au XVIIIe siècle : seul Goldoni est connu en France.

Au XIXe siècle : Alphonse Royer traduit Gozzi en français (1865) sous le titre : "Théâtre fiabesque".

Au XXe siècle : seul Goldoni est d'abord joué par Antoine ("La Locandiera", en 1912), par Copeau ("La Locandiera", en 1923), Dullin ("L'Eventail", en 1924), Pitoëff ("La Locandiera", en 1931).

Mais, en 1928, Vakhtangov, séduit par la "théâtralité" non réaliste de Gozzi, vient à Paris jouer "Turandot". *(voir p. 199)*

En 1937, le Théâtre des Quatre Saisons (co-dirigé par Barsacq, Dasté, Jacquemont), dans le sillage de Copeau, fait triompher "Le Roi cerf". *(voir ci-dessus)*

Avec le "brechtisme", retour à Goldoni :
- 1951. "Arlequin, serviteur de deux maîtres" par Strehler (page 200).
- 1956. "La Locandiera" par Visconti (d°)
- 1961. "Les Rustres" par le TNP-Vilar.

Puis Gozzi revient en force grâce au suisse Benno Besson ("L'Oiseau vert" en 1982... puis "Le Roi cerf" en 1998).

1982. **"L'Oiseau vert"** Cdie de Genève-Th. de l'Est Parisien (Benno Besson)

LES 3 GÉANTS

EN FRANCE

L'ÉPOQUE PRÉRÉVOLUTIONNAIRE

LE "FRANÇAIS" AUX TUILERIES. La salle des Fossés St Germain (voir p. 176) tombe en ruine à la fin des années 1760. En 1770, la Comédie-Française s'installe donc provisoirement dans la Salle des Machines des Tuileries (salle de secours en cas d'incendie ou de vétusté d'un théâtre). Ce "provisoire" durera 11 ans ... dans un lieu fort incommode.

Profondeur de scène : 44 m, profondeur de la salle : 31 m (pour 11 m d'ouverture de scène). Long "couloir" balayé de courants d'air qui enrhument les comédiens.

Créations :

- 1771. "LE BOURRU BIENFAISANT" de Goldoni qui le brouillera avec son ami J.-J. Rousseau.

- 1775. "LE BARBIER DE SÉVILLE" de Beaumarchais.

  Abandonnant la "comédie larmoyante", l'auteur (43 ans) rencontre là son premier grand succès.

  Il se peint lui-même en Figaro, personnage picaresque qui s'épanouira au centre du "Mariage de Figaro", neuf ans plus tard, dans la nouvelle salle du Faubourg St-Germain.

AUX TUILERIES

LA SALLE DES MACHINES : les appellations Cour et Jardin sont nées là !

Le public est encore debout. En 1789, la salle devient le Théâtre de Monsieur (théâtre lyrique italien). "Monsieur", c'est le comte de Provence (futur Louis XVIII). Puis, Bonaparte 1er consul divise le lieu en : chapelle, local du Conseil d'Etat, petit théâtre. 1871 : incendie (événements de la Commune). Destruction.

1778

Le triomphe de Voltaire

En 1778, les Comédiens-Français, à l'occasion du retour de Voltaire à Paris et à l'issue d'une représentation de sa dernière tragédie, "Irène", couronnent sur scène le buste de l'écrivain. Ce dernier est présent au 2e balcon (voir ci-contre : ↗). La salle l'acclame, il est ravi : « Parisiens, s'écrit-il, vous voulez donc me faire mourir de joie ? »

Il s'éteindra quelques semaines plus tard, à 84 ans.

LA SOCIÉTÉ DES AUTEURS.

Au XVIIème siècle, on l'a vu, les comédiens achètent (le moins cher possible) une pièce <u>comme une marchandise</u>.

Mais Tristan L'Hermite, puis Philippe Quinault leur réclament un **pourcentage sur les recettes**.

Dès lors, les deux systèmes coexistent. Mais les comédiens se montrent arrogants et injustes envers les auteurs.

Surtout les Comédiens-Français forts de leur Monopole du théâtre à Paris.

Ils imaginent même la **CHUTE DANS LES RÈGLES** d'une pièce : si, deux fois de suite, la recette n'atteint pas un minimum (fixé par eux), <u>l'œuvre leur appartient définitivement!</u>

Avec l'aide du beau temps (ou d'une circonstance quelconque vidant les salles), les comédiens dépouillent ainsi les auteurs, surtout les jeunes.

Lors du succès du "Barbier de Séville", Beaumarchais est mécontent du pourcentage qui lui est octroyé. Il souhaite recevoir de "ses amis les comédiens" un **bordereau signé et certifié exact**. Refusant la somme qu'on lui apporte à domicile, il ameute les auteurs et les invite à "venir manger sa soupe" en discutant de leurs droits.

Ce faisant, il risque la Bastille pour "sédition" (c'était ainsi sous la royauté absolue). Il se met donc sous la protection du maréchal de Richelieu et du duc de Duras.

La fameuse **soupe** a lieu en 1777.

Présents : Marmontel, Rousseau, Ducis, Sedaine, Favart, Chamfort (qui intitule la réunion : "Etats Généraux de l'Art Dramatique"). Diderot, âgé, ne s'est pas déplacé mais approuve l'"insurgence".

Pierre Augustin Caron de

BEAUMARCHAIS

1732-1799
67 ans

Né à : Paris. **Père** : Horloger. **Horloger** : lui-même, il met au point une montre plate pour les dames. **Vie** : picaresque et aventureuse. **Professeur de musique** : à la cour (il enseigne la harpe aux filles de Louis XV). **Editeur** : de Voltaire. **Munitionnaire** : des "insurgents" américains. **Il tâte même** : de la "traite des noirs". **Dans le monde des affaires** : il gagne des procès, en perd ...mais rebondit toujours. **Polémiste** : redoutable. **Auteur dramatique** : (dans le goût du temps) drame, comédie... sans succès jusqu'au "Barbier de Séville" (1775) et au "Mariage de Figaro" (1784). **Retombe** : (ensuite) dans la "comédie larmoyante" avec "La Mère coupable" (1792). **Lutte** : 16 ans durant (de 45 à 61 ans) en faveur de la Révolution des Auteurs. **Il est boudé** : par la Révolution Française : trop riche, trop gai.

Beaumarchais obtient finalement des Comédiens-Français le bordereau exact pour "Le Barbier". Ses droits d'auteur se trouvent représenter <u>le double</u> de ceux proposés d'abord !

Louis XVI

Les comédiens résistent à outrance aux demandes de réformes des auteurs. Le roi estime les auteurs ... mais ne veut pas qu'on humilie les comédiens. Beaumarchais s'acharne.

En **1780**, le roi « arrête en son conseil » :

— l'interdiction d'acheter une pièce "au forfait".

— un contrôle des circonstances de la "chute dans les règles".

— la production par les comédiens d'un bordereau des recettes "signé et certifié exact".

Mais Beaumarchais veut une loi ! En **1791**, défendue par Mirabeau et feu Voltaire, elle est votée.

FRAMERY

Le bureau de Législation Dramatique (de 1777) devient le bureau de Perception des Droits d'Auteurs. L'auteur Framery est désigné comme Agent Général. Très vite il représente **70** auteurs au nom desquels il perçoit dans toute la France.

C'est la victoire ? Non ! Les comédiens envoient pétitions sur pétitions à la Législative. En **1792**, un "décret fatal" rogne les conquêtes de 1791.

Heureusement la Convention (présidée par Robespierre) rétablit les auteurs dans tous leurs droits, en **1793**.

NOUVEAUX THÉÂTRES. Le "théâtre chanté" échappe au Monopole ... L'Opéra de la rue St Honoré (au Palais-Royal) ayant brûlé en **1781**, Marie-Antoinette demande sa reconstruction immédiate ... Les Italiens (l'Opéra-Comique) quittent, en **1783**, l'Hôtel de Bourgogne (vétuste) pour les jardins du duc de Choiseul (les Grands Boulevards à l'Ouest) ... En **1782**, le Théâtre Français s'installe près du Luxembourg (après 4 ans de travaux).

1781 lyrique

Bâti en 86 jours (!) sur un terrain vide à la Porte St Martin. L'Opéra restera ici 13 ans. Ensuite : **Th. de la Porte St Martin** (théâtre parlé, 1802).

1783 lyrique

Tourne le dos au boulevard. (Pour se distinguer des "forains"). Déjà l'**Opéra-Comique** actuel.

"L'Odéon" **1782**

Le 1er théâtre monumental parisien. Toutes les places sont assises. Occupé 12 ans par le "Français". Ensuite : **l'Odéon** (1796)

AU PALAIS-ROYAL ...

Philippe-Egalité

Th. du "Palais-Royal" actuel :

1784

– 800 places –

1783 : construction
1784 : Marionnettes à fil.
Puis : Enfants chantant en "play-back" (voix d'adultes en coulisses), "Les Petits Comédiens" ou "Les Beaujolais".
1789 : acheté par La Montansier.

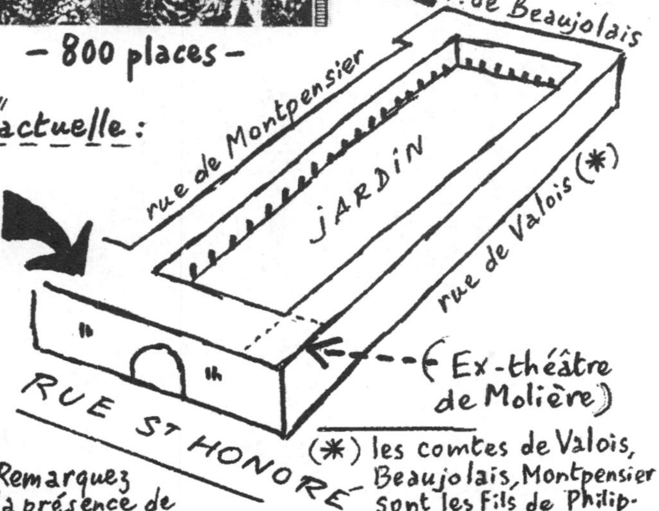

(*) les comtes de Valois, Beaujolais, Montpensier sont les fils de Philippe-Egalité.

1790 – "Cdie Fse" actuelle :

– 1000 places –

Remarquez la présence de spectateurs au-dessus du cadre de scène !

1786-1790 : construction
1790 : "Les Variétés Amusantes"
1791 : "Théâtre de la Rue de Richelieu" (le Monopole étant supprimé, on peut utiliser le mot "théâtre").
1792 : "Théâtre de la République" (Talma et sa troupe s'installent ici).
1799 : "La Comédie-Française" (ce sera son "logis" définitif).

PALAIS ROYAL.

VARIÉTÉS. Aujourd'hui 6, la 2e représ. de *l'honnête Homme, ou le Rival généreux*, Com. en trois actes, en vers, précédée *du Mensonge excusable*, Com. en un acte, en prose, suivie d'*Arlequin Roi dans la Lune*, Comédie en trois actes, en prose, avec ses agrémens.

PETITS COMÉDIENS de S. A. S. Mgr. le Comte *de Beaujolois*. Aujourd'hui 6, *le bon Père*, Opéra-bouffon en un acte ; *Annette & Bazile*, Mélodrame en un acte, & *Florette & Colin*, Opéra-bouffon en un acte.

1790. "Le Journal de Paris"

À sa mort (1642), Richelieu lègue à la famille royale son Palais-Cardinal qui passe ensuite aux Orléans (les descendants de "Monsieur", frère de Louis XIV). Le duc de Chartres (fils de l'arrière petit-fils de "Monsieur"), futur 5e duc d'Orléans et futur "Philippe-Egalité" (lorsqu'il se rallie à la Révolution) décide, en 1781, la construction d'un vaste ensemble immobilier pour le louer : il manque toujours d'argent. Architecte : Victor Louis qui construit 60 pavillons avec péristyle sur le jardin., boutiques, entresols. Et deux grands théâtres ! C'est illégal, mais Philippe répond : « Ce ne sont pas de vrais théâtres ... mais des salles de marionnettes et de "variétés" ! » C'est évidemment une ruse. (Voir ci-dessus les 2 annonces).

L'ODÉON.

Tout un quartier de Paris actuel porte ce nom. Mais le théâtre qui en est le centre (construit pour la Comédie-Française) s'appellera d'abord (de 1782 à 1796) simplement : « Théâtre des Comédiens du Roi ». (Voir l'affiche ci-dessous).

Dès 1770, Louis XV envisage une nouvelle salle pour « ses » comédiens... mais l'argent manque. C'est seulement en 1777 que le comte de Provence (futur Louis XVIII) offre gracieusement une partie de ses terrains du Palais du Luxembourg (dont il vient d'hériter).

Il financera même personnellement la construction du nouveau lieu. Son frère, Louis XVI, le remercie chaleureusement.

1782

Au début, l'édifice est relié par des "ponts", aux maisons de la rue Corneille (à gauche) et de la rue Molière (à droite) qui deviendra la rue Rotrou.

Architectes : Peyre et De Wailly. Façade de temple antique. Salle "à l'italienne" en fer à cheval. Cinq étages de galeries.

Toutes les places sont assises, ce qui inquiète certains :

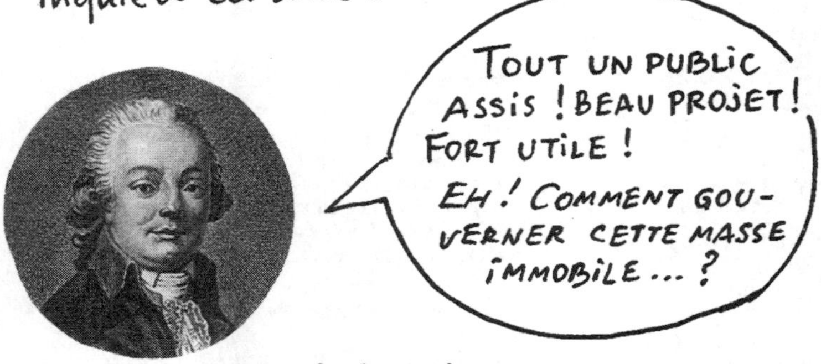

La Harpe (1739-1803), auteur de tragédies

Des mécontents traitent la nouvelle salle de « carrière de sucre blanc » : c'est cette couleur qui domine dans la décoration.
Inauguration en présence de la Cour avec "Iphigénie". Salle houleuse : on critique l'architecture et la décoration.

1782. Théâtre Français

1789. Théâtre de la Nation

1794. Théâtre de l'Égalité (Marat)

1796. L'Odéon

1808. Théâtre de l'Impératrice (...Joséphine)

1814. L'Odéon

1819. L'Odéon, Second Théâtre Français.

LES COMEDIENS
ORDINAIRES DU ROI
DONNERONT aujourd'hui Lundi 15 Août 1785,
RELACHE AU THEATRE.
Mardi 16, LA VEUVE DU MALABAR
Tragédie de M. LE MIERRE, suivie DE POURCEAUGNAC
Comédie en trois Actes, de MOLIERE, avec ses Divertissemens.
Mercredi 17, la soixante-quatorzieme Représentation
DE LA FOLLE JOURNÉE.
OU LE MARIAGE DE FIGARO
Comédie nouvelle en cinq Actes, avec un Divertissement.
Jeudi 18, TANCREDE, Tragédie.
Samedi 20, la 7e Représentation DU JALOUX SANS AMOUR.
Comédie en cinq Actes, en vers. Lundi 22, 14e DE MELCOUR ET VERSEUIL. Comédie nouvelle en un Acte, en vers.

Deux pièces (à 5 ans d'intervalle) obtiennent un énorme succès de scandale : "Le Mariage de Figaro" ou "La Folle Journée" ... et "Charles IX" ou "L'Ecole des rois"

1784. "LE MARIAGE DE FIGARO",

de Beaumarchais (son chef d'œuvre !). Comédie en 5 actes, en prose.

C'est la « suite » du "Barbier de Séville". Quelques années ont passé. Le comte Almaviva (qui, avec l'aide de Figaro, a séduit et épousé Rosine à la barbe de son tuteur Bartholo) est maintenant un mari volage qui a des vues sur Suzanne, camériste de la comtesse et fiancée à Figaro.

Chef-d'œuvre d'intrigue, de verve et d'esprit, la pièce est traversée par des personnages savoureux... comme Chérubin, un page adolescent « amoureux de l'amour »... ou Brid'Oison, le juge formaliste, qui chante le dernier couplet du **vaudeville** final. Dernier vers : "Tout finit par des chansons".

" Le Mariage ... ". Almaviva découvre Chérubin caché au fond d'un fauteuil.

Préville

1721 - 1799

Le grand acteur comique du temps : Mascarille, Scapin, Crispin, Mr Jourdain.

— Figaro (du "Barbier")

— Brid'Oison (du "Mariage")

Inventé par Mr Quinquet, le **quinquet** (lampe à huile) remplace la chandelle, en 1784.

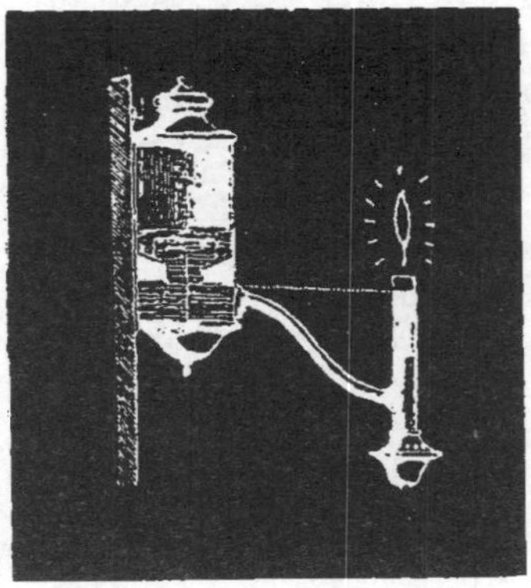

Plus de "mouchage" de chandelles toutes les 20 minutes. Possibilité de supprimer l'entracte.

Dazincourt

1747 - 1809

« valet de bonne compagnie », nombreux élèves dont... la reine Marie-Antoinette.

— Figaro (du "Mariage")

Figaro à Almaviva : « Parce que vous êtes un grand seigneur, vous vous croyez un grand génie ! Noblesse, fortune, un rang, des places, tout cela rend si fier ! Qu'avez vous fait pour tant de biens ? Vous vous êtes donné la peine de naître et rien de plus ... »

Lors d'une "avant-première", la Cour applaudit !! Pas le roi qui aimerait interdire la pièce. Son entourage le presse de n'en rien

"Le Mariage ...". Acte V : « Sous les grands marronniers ... »

faire… Notamment la reine qui a joué la Rosine du "Barbier" à Versailles ! Louis XVI finit par céder. La Comédie-Française crée la pièce fin avril 1784.

De 1784 à 1787, le "Mariage" est joué 100 fois, ce qui est triomphal pour l'époque. Mais, en 1788, on tombe à 5 représentations. Et à 3 en 1789 ! La Révolution (qu'elle avait contribué à déclencher) rejette l'œuvre : son insolence est jugée aristocratique !

Marie-Joseph Chénier (1764-1811)

Frère cadet (de 2 ans) d'André Chénier. Tous deux, d'abord partisans de la Révolution, protesteront contre les excès de la Terreur. Cela sera fatal à André qui finira sur l'échafaud.

Soutenue par Mirabeau et Camille Desmoulins, une tragédie « à la Voltaire » est jouée au "Théâtre de la Nation" (nouveau nom du "Français"), avec grand succès, en novembre 1789 :

"CHARLES IX", de Marie-Joseph Chénier.

Le sujet en est le massacre de la St-Barthélémy. Catholiques et protestants, apparemment réconciliés, finissent de célébrer les noces de Henri de Navarre (futur Henri IV) avec la fille de Catherine de Médicis.

Talma
1763-1826

Cette dernière convoque au Louvre les amis protestants de son gendre (dont l'amiral de Coligny). Prétextant un soi-disant complot contre lui, elle pousse le roi Charles IX, son fils, à ordonner le massacre des protestants. Accablé de remords, le souverain sombre dans la folie.

Pièce froide et simpliste, elle abonde en allusions à Louis XVI, roi faible et irrésolu. L'acteur pressenti pour le rôle-titre s'étant désisté, ce dernier échoit à un tout jeune sociétaire : François-Joseph Talma.

"Charles IX", « tragédie nationale ».

Danton

DUCIS

PREMIER VULGARISATEUR DE SHAKESPEARE

Employé de ministère, auteur de tragédies "à la Voltaire", il entreprend d'en écrire « imitées de l'anglais ». C'est à dire : évoquant Shakespeare. Mais il n'est ni un traducteur (il ignore l'anglais), ni même un adaptateur (il change totalement les intrigues)...

Jean-François **Ducis** (1733-1816) conseillant le jeune Talma.

Il reprend les titres des pièces du « grand Will » et fait jouer, au Français, (sous son nom seul !)... un "**Hamlet**" (1769) dont la situation rappelle celle du "Cid". Ophélie, fiancée d'Hamlet, est la fille de Claudius l'usurpateur-meurtrier qu'Hamlet tue. À la fin, son mariage avec Ophélie "dans l'avenir" ne semble pas impossible. (La pièce sera jouée jusqu'en 1846.)

un "**Roméo et Juliette**" (1772) où Roméo devient un terrible guerrier élevé avec Juliette.

un "**Roi Lear**" (1783) qui récupère son trône au dénouement.

un "**Macbeth**" (1784) qui raconte à son confident le meurtre de Duncan et sa rencontre avec les sorcières. Quant à Lady Macbeth, elle n'est plus folle de remords, mais folle tout court.

un "**Othello**" (1792) poignardant "noblement" Desdémone (au lieu de l'étouffer sous un oreiller).

FAVART

CRÉATEUR DE L'OPÉRA-COMIQUE

1710 - 1792

Charles-Simon FAVART
il forme avec sa femme (Madame Favart) un couple célèbre.

Il règne d'abord à la Foire (voir p. 181) sur la comédie **à vaudeville** : entre les scènes parlées, il s'agit, « sur des airs de chansons connues », de paroles originales en rapport avec l'action.

C'est seulement, au XIX ème siècle, que le mot désignera l'ensemble de la comédie.

L'Opéra, détenteur du "privilège" du chant sur scène, réclame des redevances aux Forains.

De nouveaux auteurs imaginent ensuite des comédies **à ariette** : couplet à musique originale. Favart se rallie à ce nouveau "genre".

L'hypertrophie de ces parties chantées aboutit bientôt à l'opéra-"comique". (L'opéra "où l'on parle").

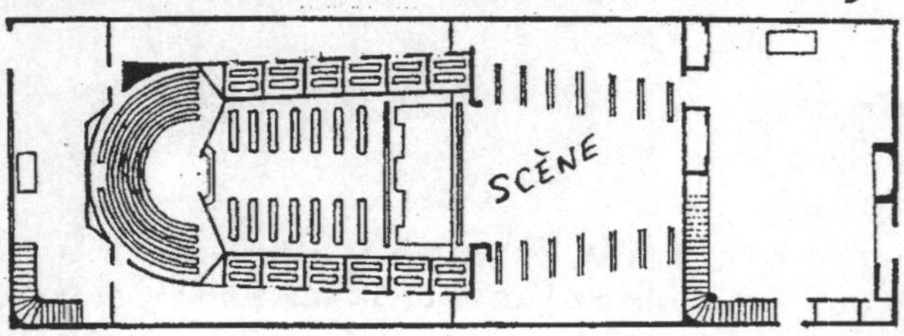

Salle de Favart à la Foire St Laurent (le parterre debout a disparu).

LA RÉVOLUTION FRANÇAISE

1791 :
LIBERTÉ DES THÉÂTRES À PARIS

FINI LE MONOPOLE d'un seul théâtre parlant français à Paris ! Privilège aboli ! Il aura duré officiellement 389 ans (1402-1791) : voir p. 71.

IMMÉDIATEMENT, IL VA S'ÉDIFIER à Paris une <u>trentaine</u> de théâtres dont une <u>dizaine</u>, côte à côte, Bd du Temple. (Salles "à l'italienne" à peu près toutes sur le même modèle.)

Th. des Elèves de l'Opéra
1792 : "Théâtre Lazzari"
1798 . *Détruit par un incendie*

Selon la loi du 13 janvier 1791, tout citoyen peut désormais ouvrir un théâtre à Paris. Pantomimes, ballets, drames bourgeois, arlequinades, on fait feu de tout bois. <u>Innovation</u> : on fait appel constamment à la musique, en particulier pour les drames. (On souligne musicalement les coups de théâtre : « tremolo à l'orchestre ! » dit-on). D'où le nom de **mélo**drame qui apparaît soudain.

Th. de Monsieur ou **Th. Feydeau**
19 rue <u>Feydeau</u> (= <u>famille de magistrats</u> du XVIIIe siècle). « Th. italien lyrique » qui fusionnera avec l'Opéra-Comique en 1801.

ÉGALEMENT, la Révolution libère les comédiens de leur condition subalterne et en fait des citoyens à part entière. Jusque là, on a vu que l'Eglise (qui tenait les registres d'Etat Civil) les excluait. L'État laïc leur donne maintenant la pleine citoyenneté. D'où la ferveur révolutionnaire de nombreux comédiens.

1791- 1807

Th. Français Comique et Lyrique
r. de Bondy (52 rue René-Boulanger)
1794. "Th. des Jeunes-Artistes".

TOUTE CENSURE est supprimée dans un premier temps : textes libres, plus de rideau de gaze filtrant certains spectacles du boulevard du Temple (voir p. 197)...

1791 - 1834

Théâtre Molière, 157 r. St Martin.
1793. "Th. des Sans-Culottes".
1798. "Th. des Amis des Arts et des Élèves de l'Opéra-Comique".
1801-1806. "Th. des Variétés Nationales et Etrangères".
1807. *Fermeture.*
1831. "Théâtre Molière".
1834. *Fermeture (pendant 160 ans!)*
1994. *Reconstruction. Réouverture:* "Th. Molière / Maison de la Poésie".

....

SUPPRESSION de la contrainte de ne pas dépasser un nombre donné d'acteurs sur scène ... pour les ex-théâtres « tolérés » du boulevard.

MAIS TRÈS VITE SE POSE la question du **répertoire**. Que jouer ! Les nouveaux auteurs ne sont pas encore prêts. Il faut donc parfois se rabattre sur les classiques ... Le (nouveau) public acclame "Tartuffe" sans même connaître le nom de Molière. Et, à la sortie des artistes, le comédien tenant le rôle-titre est copieusement hué comme le "traître" d'un drame ...

"CHARLES IX" de Marie-Joseph Chénier, joué au Théâtre de la Nation durant toute la saison 1789-1790 (et un peu au-delà), est mis à l'affiche de <u>plusieurs théâtres en même temps</u> dès 1791.

1791 - 1825

Th. des Amis de la Patrie ou Th. Louvois
r. de Louvois actuelle (borde le square).
1798. "Théâtre Louvois".
1805. "Théâtre de l'Impératrice".
1807. *Fermeture. Sert de <u>dépôt</u> pr l'Opéra.*
1820-1821. L'Opéra s'y replie provisoiremt
1825. *Fermeture définitive.*

La Montansier, Ordonnatrice des Fêtes de la Cour ... et entremetteuse de haut vol.

1730-1820

1793 - 1820

Th. des Arts (emplacemt du square Louvois).
Construit par Victor Louis pour La Montansier de 1792 à 1793.
1793. Comédie-ballet, drame.
1794. L'Opéra (venu de la Pte St Martin : La Montansier emprisonnée arbitrairement).
1820. Assassinat, dans le hall, du duc de Berry (fils du futur Charles X). L'archevêque de Paris n'accepte de pénétrer dans le théâtre pour "assister" le mourant qu'à la condition qu'il soit fermé puis démoli. Ce qui est fait.

TENSIONS AU "FRANÇAIS"

Talma

En 1790, les acteurs du Théâtre de la Nation sont toujours "Comédiens du Roi". Talma, sur les conseils de son ami, le peintre prorévolutionnaire David, veut aller plus loin que LeKain et imposer le costume antique « archéologique ». Les "Vieux" de la troupe ne sont pas d'accord.

Le succès de Talma, dans le rôle-titre de "Charles IX", agace. L'orateur de la troupe, Naudet, chargé d'annoncer l'interruption de la pièce, prétexte une indisponibilité de Talma. Celui-ci dément ... Il y aura duel entre les deux comédiens.

Dialogue avec Naudet :
— Vous avez les bras nus, Talma !
— Comme les avaient les Romains.
— Mais, Talma, vous n'avez pas de culotte !
— Les Romains n'en portaient pas.

Le "Français" exile Talma. Le public le réclame. C'est l'émeute. « Nous pensions que Talma avait des partisans... nous découvrîmes qu'il avait tout un peuple ! » (Mémoires du sociétaire Fleury). Talma est réintégré. Aussitôt, Mesdemoiselles Raucourt, Contat et Saint-Val démissionnent.

UNE HISTOIRE DU COSTUME :

La dernière scène de "Bérénice" de Racine par Le Barbier. Disciple du peintre David, il est le co-auteur d'un livre paru en 1790 : "Recherches sur les costumes et sur les théâtres de toutes les nations".

Dès lors, la troupe se scinde en deux : les **ROUGES** ("prorévolutionnaires" menés par Talma) et les **NOIRS** (les conservateurs).

Ces derniers, plus mondains que réactionnaires : ainsi Dazincourt était le professeur de théâtre de Marie-Antoinette et Fleury le régisseur du petit théâtre où elle se produisait à Versailles.

14 juillet 1790. Fête de la Fédération
À Paris, au Champ de Mars, devant l'autel de la patrie, en présence de 400 000 personnes, La Fayette jure fidélité à la Constitution que prépare l'Assemblée Nationale. **Talma joue le rôle de Jean-Jacques Rousseau.**

1790

LES ROUGES

Talma

Mlle Vanhove

Mlle Raucourt

Joue les princesses de tragédie
Mlle Vestris

Auteur de (médiocres) pièces "révolutionnaires"
Dugazon

Egalement :

Mlle De Garcins
Grandmesnil

LES NOIRS

La Rochelle

Mlle Joly

Fleury

Molé
• Alceste
• Almaviva

Dazincourt

Mlle Lange

Egalement :

Naudet
Mlle Contat
Saint-Prix
Saint-Phal

DANS LA TOURMENTE.

Janvier 1791 : RÉCONCILIATION des Noirs et des Rouges (avec embrassade publique sur la scène du "Français") lors de la promulgation de la « liberté des théâtres ».

Mais le 4 avril suivant, Talma part s'installer, avec ses Rouges, au théâtre de la Rue de Richelieu (ex-théâtre des Variétés Amusantes) qui prend le nom de **Théâtre de la Liberté et de l'Egalité**. Et, en 1792, celui de **Théâtre de la République.**

Sylvain Maréchal

Matérialiste, auteur en 1800 d'un "dictionnaire des athées", il fait partie, en 1795, de la Conjuration des Egaux, aux côtés de Babeuf et Buonarotti.

La Comédie-Française est scindée en deux.

Et on dit que la troupe de Talma, excellente dans la tragédie, est médiocre dans la comédie.

Ses auteurs ? Marie-Joseph Chénier (dont Talma va monter, dès avril 1791, "Henri VIII"), Ronsin, Olympe de Gouges, Dugazon, Fabre d'Eglantine.

Les sujets romains sont à la mode (voir ci-dessous), mais on doit à Sylvain Maréchal le plus grand succès de cette époque terrible avec son étonnante et naïve comédie satirique : "LE JUGEMENT DERNIER DES ROIS" (1793). Il s'agit d'une anticipation jacobine :

Sur une île déserte et volcanique, un seul habitant ! Qui est un vieillard déporté là, victime de l'injustice des rois. (Il est heureusement ravitaillé par les bons sauvages de l'île voisine.) Soudain débarquent les Sans-Culottes porteurs d'une excellente nouvelle : la Révolution a triomphé partout, l'Europe unifiée a pour capitale Paris.

Tous les souverains ont été jugés à Paris et condamnés à la déportation sur l'île du vieillard.

Arrivent les déportés : le roi d'Angleterre, l'empereur d'Autriche, la tsarine Catherine II, les rois de Pologne, d'Espagne, de Prusse... sans compter le Pape. Ils se disputent comme des chiffoniers, se battent en duel. Le volcan se réveille : tous sont brûlés vifs.

La pièce, imprimée à 6000 exemplaires, est distribuée aux armées.

AU THÉÂTRE DE LA RÉPUBLIQUE

1792. "**Caïus Gracchus**" de Marie-Joseph Chénier. Au IIe siècle avant J.-C., les deux frères Caïus et Tiberius Gracchus proposent la réforme agraire et le partage égalitaire des terres.

CEPENDANT, au **Théâtre de la Nation**, les Noirs affrontent un public turbulent qui "arrête" une pièce, en réclame une autre ! ...

Deux oeuvres ("L'AMI DES LOIS" de Jean-Louis Laya, en janv. 1793 ... et "PAMELA" de François de Neufchâteau, en août 1793) font d'eux des « suspects ». En effet, ces deux auteurs entendent dénoncer l'arbitraire et prôner la tolérance. Résultat : dès septembre 93, le théâtre est fermé et ses comédiens emprisonnés.

Sauf Molé, sauvé par sa notoriété ... Naudet, réfugié en Suisse ... Des Essarts, malade et qui mourra de saisissement en apprenant l'arrestation de ses camarades.

Jean-Louis Laya

13 actrices sont enfermées à Ste Pélagie, 16 acteurs aux Madelonnettes, l'auteur de "Pamela" au Luxembourg.

Des Essarts
dit
"l'Éléphant"

Le théâtre devient **Théâtre de l'Egalité, section Marat** (1794). Un amphithéâtre à l'antique est édifié dans la salle !

Pour la comédie, les acteurs doivent porter le « costume civique » : jupes rayées, pantalons, carmagnoles, bonnets rouges ... Pour la tragédie, une cocarde tricolore doit toujours orner le costume. On supprime, dans les textes, les mots "roi", "seigneur", "prince" !

Quant aux "emprisonnés", ils échappent à la guillotine grâce à Labussière, un employé du Comité de Salut Public, comédien amateur qui, au péril de sa vie, détruit leurs dossiers. Libérés après la Terreur, fin août 94, ils retrouvent leur théâtre sous son aspect normal : plus d'amphithéâtre, les directives absurdes (cocardes, textes modifiés) abandonnées...

Mais ils y sont rejoints par les acteurs de la Montansier dont on vient de réquisitionner le théâtre pour y loger l'Opéra. C'est la confusion. La Raucourt tente de créer ailleurs sa propre troupe. Dispersion générale. Talma, de son côté, est hué par les Muscadins qui lui imposent des pièces anti-jacobines.

Et, en 1799, c'est chez Talma qu'a lieu la reconstitution de la Comédie-Française.

Théâtre de rue. Outre les cérémonies officielles (fêtes de la Fédération ou de l'Être Suprême), on peut voir, en 1793, des parodies de processions religieuses (ci-dessus).

ET PENDANT CE TEMPS LÀ, EN ALLEMAGNE...

DÈS 1777, OUTRE-RHIN, UN MOUVEMENT littéraire et artistique, le "**Sturm und Drang**" ("Tempête et Passion"), fait l'apologie ... de l'indivualisme passionné ... de la révolte contre les préjugés et contre l'oppression ... de la glorification du hors-la-loi ! Le Romantisme avant la lettre...

DEUX GRANDS AUTEURS, nés à dix ans d'intervalle, Goethe et Schiller, en sont issus.

1749 - 1832
83 ans

De haute taille, d'un abord assez froid et guindé, très "grand bourgeois", Goethe n'en fut pas moins un étonnant génie.

Wolfgang GOETHE, LE PLUS GRAND ÉCRIVAIN ALLEMAND

Né à : Francfort-sur-le Main. **Famille** : de grande bourgeoisie. **Études** : de droit (à Leipzig et Strasbourg). **À 26 ans** : se fixe à Weimar (duché dont il devient premier ministre). **Après un voyage** : en Italie (1786-1788), il est nommé, en 1791, directeur du théâtre de la cour de Weimar. (Il le restera 25 ans). **Il est tour à tour** : homme d'Etat, poète lyrique, auteur dramatique, praticien de la scène, traducteur, épistolier, philosophe, savant (naturaliste). **Œuvre** : shakespearienne, avec des retours au classicisme et à la Grèce antique. « Œuvre-culte » pour les Allemands. **En 1794** : Goethe rencontre Schiller, qu'il verra mourir en 1805.

AU THÉÂTRE, IL DONNE...

... à **24** ans (1773), "GOETZ", un drame absurde et véhément : Au XVIè siècle, un chevalier se met à la tête d'une jacquerie dont la barbarie l'écœure.

... à **38** ans (1787), "EGMONT" : Les Pays-Bas de 1566 sous domination espagnole. L'idéaliste Egmont (prince du Hainaut) et sa fiancée Claire défendent le peuple tout en étant contre une révolte sanglante. Tout se termine au plus mal : Claire se suicide, Egmont est exécuté.

De **23** à **83** ans, il travaille à son "**FAUST**" jamais vraiment achevé.

Sources : Le Dr Faust, personnage semi-légendaire du début du XVIè siècle. Aventurier, alchimiste et magicien, pseudo-philosophe, il se vante d'avoir passé un pacte avec le Diable. Il est le héros populaire des théâtres de marionnettes.

Muriel Chaney et André Reybaz dans **Egmont** au Théâtre Marigny, en 1954, dans une mise en scène de Raymond Hermantier. (Dessin de Garcia publié dans les "Lettres Françaises".)

L'œuvre de Goethe, immense poème dialogué en deux parties (le Premier Faust et le Second Faust) est composée d'une suite de tableaux qui tiennent de l'épopée et du drame philosophique. *Au début*, un pari entre *Dieu* et *le Diable* (Mé-

1532

Faust et le démon. Gravure allemande sur bois

"FAUST" au TH. DE L'ODÉON **1912** Direction : André ANTOINE

Adaptation : Emile VEDEL

Le "Prologue dans le Ciel", devant la rosace d'une cathédrale, avec un Méphistophélès-"chauve-souris" dialoguant avec la Voix du Seigneur venant de derrière le vitrail éclairé.

phistophélès) concernant le "salut" de Faust, vieux savant médiéval entouré d'élèves et du respect général.

Le Premier Faust (pratiquement le seul joué) voit Faust retrouver la jeunesse à la suite du pacte avec le Diable, séduire Marguerite, pure jeune fille, et l'abandonner avec un enfant. Infanticide, Marguerite sera "sauvée" par son **repentir**.

Dans le Second Faust, on retrouve Faust (toujours suivi de Méphisto) rechercher ... Hélène de Troie et Pâris (acte I), assister à la création scientifico-magique d'Homonculus, androïde très puissant (acte II), s'éprendre d'Hélène (acte III), offrir ses services à un empereur en guerre contre "l'anti-César" (acte IV), entreprendre de grands travaux pour gagner sur la mer un territoire capable de nourrir des millions d'hommes (acte V). Il sera "sauvé" par l'**action**.

Les deux dernières scènes évoquaient le Second Faust. Ci-dessus : apparition d'Hélène aux Enfers.

Faust. Le démon Méphistophélès, sorti du corps d'un chien noir (qui a démesurément grossi avant d'exploser), apparaît au vieux Faust vêtu en étudiant.

FAUST AVANT GOUNOD

Pour les Français, "Faust" c'est avant tout l'opéra archi-célèbre de Charles Gounod (livret de Barbier et Carré) créé, en **1859**, au Théâtre Lyrique du boulevard du Temple.

Mais sait-on qu'on avait pu voir, en 1828, à la Porte St-Martin, un "Faust" (écrit par 3 auteurs dont Charles Nodier) avec Frédérick Lemaître (Méphistophélès) et Marie Dorval (Marguerite).

La Malibran, en 1831, chantera le rôle de Marguerite dans un opéra du Théâtre Italien.

Et c'est en 1846 que l'Opéra-Comique va donner "La Damnation de Faust", « opéra-concert » d'Hector Berlioz ... devant un public apathique.

1759 - 1805
46 ans

Friedrich SCHILLER
LA PASSION DE LA LIBERTÉ

Naît : dans le Wurtemberg. **Père** : chirurgien militaire. **Brillant élève** : destiné par sa famille à devenir un pasteur luthérien. **Mais** : l'autoritaire duc de Wurtemberg entend que les fils (intelligents) de ses officiers embrassent la carrière des armes. **Enfermé** : à la "Solitude", tel est le nom de l'école militaire qui l'accueille. **Terrible discipline** : les rares visites autorisées des parents d'élèves ont lieu en présence d'un sous-officier. **Dévore** : en cachette Rousseau, Shakespeare, Goethe (son "Werther" surtout) tout en étudiant la médecine et le droit. **Médecin régimentaire** : à Stuttgart et à 23 ans. **Fait jouer** : "*Les Brigands*", à Mannheim. **Trop grand succès** : le Duc lui fait défense d'écrire. **Il déserte** : et passe en Thuringe. Il sera auteur dramatique à plein temps.

1782. Les Brigands (*c'est à dire : Les Rebelles*)

PREMIERS THÈMES d'un dramaturge civique : **La révolte** contre les barrières qu'opposent les lois au libre développement de l'individu ("LES BRIGANDS". 1782)...

où l'on voit un vieux comte, véritable "Roi Lear", emmuré vivant par un de ses fils et sauvé par l'autre qui s'est mis à la tête de rebelles généreux. Le fils indigne se pend mais la situation de hors-la-loi du "fils brigand" provoquera la mort (de douleur) du vieux comte.

1786. Intrigue et Amour

La dénonciation des préjugés tragiques ("INTRIGUE ET AMOUR". 1784)...

où la fille d'un musicien de village et le fils d'un popentat s'aiment malgré l'inégalité sociale et la rigidité des pères. Le potentat ourdit un abominable mensonge pour séparer les amoureux qui les conduira à la mort.

Le droit des peuples à disposer d'eux-mêmes ("DON CARLOS". 1787)...

CES TRAGÉDIES BOURGEOISES issues des Lumières (et où les conflits familiaux prennent une dimension politique) fascinent les Révolutionnaires français !

1787. Don Carlos

1800. Marie Stuart

En 1792, la République Française « confère la **citoyenneté française** à Schiller »!!
EN 1794, SCHILLER, À 35 ANS, rencontre Goethe, de dix ans son aîné.

Amitié immédiate entre les deux dramaturges. Dès lors, Goethe se laissera davantage influencer par le « Sturm und Drang » et Schiller par le monde antique.

Schiller maintenant s'attaque à ses fresques historiques où il dramatise la vie de personnages célèbres.

1803. La Fiancée de Messine

1804. Guillaume Tell

1951

création en France

UN AUTEUR "MAUDIT" :
Jakob LENZ

Lenz (1751-1792) 41 ans

« Les poètes dont on dit qu'ils reproduisent la réalité n'en ont pas la moindre idée, pourtant ils sont plus supportables encore que ceux qui veulent transfigurer la réalité »
Lenz

Né en Livonie (Russie balte) dans une famille de pasteurs, **Lenz** suit deux barons baltes venus s'engager dans l'armée française à Strasbourg où il devient l'ami de Goethe. Précepteur dans une famille riche, il s'éprend de la jeune fille de la maison. On le chasse. Il écrit Le Précepteur (1774) que Brecht "révèle" en l'adaptant : la fille séduite a un enfant, l'abandonne, se jette dans un étang de désespoir, est repêchée, pardonnée. Quant au précepteur, il se castre pour se punir de ses excès sensuels.

Les Soldats (1776) suivront. A Strasbourg (45 000 hab.ts), la garnison est de 12 000 hommes, presque tous jeunes. Malgré la discipline sévère de l'armée et des familles, les registres de police regorgent d'adultères, d'infanticides, d'assassinats ... Un séducteur (un officier!) fait le malheur de la petite Marion (et ruine son commerçant de père) non parce que coquin, mais parce que membre d'un corps social à qui le mariage est interdit, ce qui est monstrueux. Quant à la petite bourgeoisie boutiquière, elle est à la fois victime et complice. Patrice Chéreau a monté la pièce, début 1968, à Sartrouville et Chaillot-Gémier.

Scènes courtes (fréquents changements de lieux), dialogues brefs, brutaux, personnages écorchés, maladroits comme leur auteur, que Goethe rejettera très vite, effrayé par ses excentricités, lui refusant son théâtre... et qui mourra, dans la misère et la démence, à Moscou.

L'ÉPOQUE NAPOLÉONIENNE

ALORS QU'IL N'EST ENCORE que Bonaparte, le futur Napoléon fréquente assidûment le Théâtre de la République puis la "Comédie-Française reconstituée", surtout lorsque Corneille, son auteur favori, est à l'affiche. Il fait très tôt la connaissance de Talma et devient son ami.

Le tragédien, qui a épousé Julie Carreau, une danseuse célèbre et riche (de sept ans son aînée), habite un superbe hôtel particulier à la Chaussée d'Antin. Il « dépanne » volontiers l'impécunieux (à cette époque) Bonaparte.

TALMA DONNANT À NAPOLÉON Ier DES LEÇONS DE MAINTIEN

Caricature satirique d'époque

LA SOIRÉE PRÉCÉDANT la fameuse fusillade des royalistes révoltés devant l'église St Roch (le 13 vendémiaire 1795) qui va "lancer" Bonaparte ... les deux amis avaient eu une longue discussion à propos de la tragédie classique, dans un café du Palais-Royal !

DEVENU EMPEREUR, Napoléon ne cesse de protéger « sa » Comédie-Française, les "Comédiens Ordinaires de l'Empereur", qu'il fait jouer dans ses palais impériaux et à l'étranger : à Erfurt (1808) devant « un parterre de rois » !

La Montansier (77 ans)

ÌL RÉDUIT LE NOMBRE des théâtres parisiens à 8 (en 1807) :
Outre les "subventionnés" (dont l'Odéon-Th. de l'Impératrice), il tolère :
2 théâtres de MÉLODRAMES : la Gaîté et l'Ambigu.
2 théâtres de VAUDEVILLES : le Vaudeville et les Variétés.

Dès 1805, il ordonne à La Montansier d'abandonner son théâtre du Palais-Royal, les "Variétés-Montansier" (à l'environnement

1807

Les "Variétés" boulevard Montmartre. Elles y sont toujours !

Melle George (1787-1867)

Débute au Français, à 15 ans ½, dans ... Clytemnestre d'"Iphigénie".

Enfant de la balle, elle est sur les planches à 10 ans. (Sa carrière durera 56 ans!)

Tragédienne très sculpturale.
- 1804. Sociétaire du Français.
Longue liaison avec l'Empereur.
- 1808. Fugue en Russie 5 ans, puis retour au Français jusqu'en 1817.
- Ensuite : Odéon, Pte St Martin (qu'elle dirige), tournées.

Fin misérable.

libertin choquant près du Théâtre Français) et de "faire bâtir" une salle à la campagne, c'est à dire sur la partie Ouest des Grands Boulevards.

DANS LE BUT de renouveler le répertoire tragique, l'Empereur fonde (en vain, d'ailleurs) un prix de tragédie de 10 000 francs.

MÊME À LA GUERRE, il songe à l'organisation de la Comédie-Française. Le fameux **décret de Moscou** (1812) codifie les actes déjà rédigés devant notaire en 1804 par les comédiens regroupés dès 1799. À leur tête, désormais, un Commissaire Impérial, ancêtre des futurs **administrateurs généraux**.

C'EST QUE LA "MAISON DE MOLIÈRE" n'est plus protégée, depuis 1791, par son Monopole de seul "théâtre parlé" à Paris. Elle doit faire face à la terrible concurrence du mélodrame à grand spectacle inventé, en 1800, par Pixérécourt avec sa "Cœlina ou l'Enfant du Mystère" qui fait courir toute la capitale.

Guilbert de Pixérécourt :

- UN PERSONNAGE <u>TRÈS POPULAIRE</u> :

Mme ANGOT, la poissarde parvenue.

Ancienne marchande de poissons aux Halles, enrichie par l'achat de "biens nationaux" et par des spéculations sur l'assignat, elle est entichée de belles manières.

Nombreuses aventures, nombreux auteurs. Notamment :
1797. "Mme Angot" de Maillot, son créateur (Th. de l'Emulation)
1800. "Mme Angot au sérail de Constantinople" de Aude (Ambigu). 237 représentations !
1803. "Mme Angot au Malabar" (Pte St Martin).
1806. "Mme Angot monte en ballon"...
1872 : "La Fille de Mme Angot", opérette de Lecoq où l'on chante : « Pas bégueule, forte en gueule, elle avait un beau magot ... »

Mme Angot au Cirque Olympique. (En travesti ?)

1840

BOULEVARD

ON APPELLE AINSI, APRÈS 1815, la partie du Boulevard du Temple débouchant sur la place du Château d'Eau ... et où s'alignent (tous sur le côté Nord) une dizaine de grands et de petits théâtres. Le **crime** "évoque" ceux perpétrés sur la scène des théâtres de mélodrames.

1811-
1867

Le Château d'Eau. Grande fontaine publique avec ses lions cracheurs d'eau. On peut la voir maintenant devant la Grande Halle de La Villette.

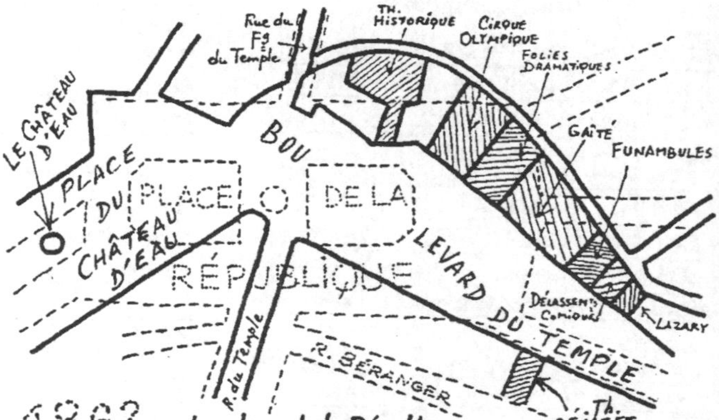

En 1862 = La place de la République détruit le "Bd du Crime".

ON POUVAIT LIRE, s'agissant des comédiens connus, dans l'"Almanach des Spectacles 1823" : « En 20 ans, Tautin a été poignardé 16 302 fois. Marty a subi 11 000 empoisonnements avec variantes. Fresnoy a été immolé, de différentes façons, 27 000 fois. Mlle Dupuis a été 75 000 fois "innocente", séduite, enlevée ou noyée ... »

En 1815, sur les balconnets à l'entrée des théâtres, petits spectacles, échantillons de ce qu'on voit à l'intérieur (sorte de "film-annonce"!): Supprimés en 1820. Quant aux "aboyeurs" à la porte, chargés d'attirer la clientèle, ils seront interdits en 1830. Dès lors, tout devient "payant".

DÈS LA RESTAURATION, Louis XVIII redonne la **liberté totale des théâtres** à Paris. Le Boulevard, même après la suppression des balconnets et des aboyeurs, reste une exceptionnelle concentration de lieux de distraction : cabarets chantants, musées de figures de cire, marionnettes, athlètes au tapis.

Toutefois, pour ouvrir un théâtre, il faut une autorisation ministérielle. Et on bénéficie alors d'un privilège stipulant le nombre d'acteurs permis, le droit à avoir (ou non) un orchestre, ou simplement le droit de parler.

DU CRIME

1815 - 1862 = 47 ans

BOULEVARD DU CRIME, tout est excessif : ... la longueur des spectacles ... la turbulence des spectateurs ... l'insolence des grands acteurs ... la "consommation" effrénée de pièces, d'auteurs, de décors, de machineries ... la multitude des figurants ... la somptuosité des ballets entrecoupant les drames ... la fréquence des coups de théâtre ...

ÉMEUTE À St ROCH

Le 15 janvier 1815, le convoi mortuaire de la grande tra-

La Raucourt 1756 1815

gédienne se voit refuser l'entrée de son église par le curé de St Roch, en raison de sa profession. L'affaire tourne à l'émeute. Louis XVIII, qui vient d'accéder au trône, donne l'ordre d'enterrer chrétiennement la célèbre actrice.

LES AUTEURS ? On se met souvent à plusieurs pour écrire une pièce. Dramaturge, c'est désormais un métier rentable grâce à la Société des Auteurs qui perçoit scrupuleusement le pourcentage sur la recette dû à l'auteur.

MOINS BIEN LOTIS, les acteurs sont maintenant payés (le moins possible) par le patron du théâtre. Plus de chef de troupe répartissant la recette en "parts" équitables.

QUANT AU PUBLIC, il prend désormais « sur son sommeil » pour aller au théâtre ...
Maintenant tout le monde est (ou se veut) actif dans la journée... Fini le spectacle d'après-midi réservé aux privilégiés, comme aux deux siècles précédents.

Mais une différenciation s'opère entre le théâtre bourgeois pour le peuple (mélodrame, pantomime) et le théâtre bourgeois pour la bourgeoisie (vaudeville, comédie parfois en vers, drame).

1860

SALLES DU Bd DU CRIME...

← Bd St Martin →

PORTE St MARTIN

1781

1500 places

1781-1794. l'Opéra.

1794-1802. Fermé (travaux).

1802. Ballets, Mimes.

1827. "Trente ans" ou "La Vie d'un joueur" (Ducange) avec Frédérick Lemaître.

Melle George (43 ans)

1831. Direction : Harel et sa compagne, Mlle George. Nouveauté : l'éclairage au **gaz**. Drames en prose de Hugo, Dumas, Balzac.

1847. "Le Chiffonnier de Paris" de Félix Pyat, avec Frédérick Lemaître. ▷

1874. "Les deux orphelines" (Dennery)

1897. "Cyrano de Bergerac" (E. Rostand).

AMBIGU

1828

(Vient du Bd du Temple)

1100 places

△

... 2 ter, Bd St Martin.

1845. "Les Mousquetaires" (Dumas).

1879. "L'Assommoir" (adaptation d'après Zola). Gros frais engagés... mais 254 représentations !

▽

Dès 1886 : série des MÉLOS À SUJETS "SOCIAUX", dont : "Roger la Honte" (Jules Mary), "Les Deux Gosses" (Pierre Decourcelle), "La Porteuse de Pain" (Xavier de Montépin).

1952. "Le Colonel Foster plaidera coupable" (Roger Vailland), interdit pour « trouble de l'ordre public ».

1965 : DÉMOLITION

THEATRE HISTORIQUE D'ALEXANDRE DUMAS

1847

2500 places

Alexandre Dumas (qui déclare ne plus vouloir enrichir les directeurs de salles à ses dépens) fait construire « son » théâtre. Etroite façade, immense salle. Ouverture : 1847 avec "La Reine Margot", 15 tableaux.

Lors de la Première, le public fait la queue pendant 24 H d'horloge. La pièce dure de 6 H du soir à 3 H du matin (9 heures !). Les commissariats sont assaillis de familles affolées... "Un des leurs" n'est pas rentré

Hélas, le Théâtre Historique se fracasse sur les événements politiques de 1848... Il rouvre, fin 48, sous le nom de : **Théâtre-Lyrique**. Et, dès lors, se consacre au théâtre chanté. Dumas n'est plus là.

1859. Création de "Faust" (Gounod)

1862 : TRANSFERT PL. DU CHÂTELET

1879. Devient : Théâtre des Nations

1899. Théâtre Sarah Bernhardt.

1968. Théâtre de la Ville.

2, place du Châtelet (4e)

Théâtre de la Ville

Existe encore au 16, Bd St Martin (10e)

...ET DE SES ENVIRONS

Bd du Temple →

CIRQUE OLYMPIQUE

1827

Les Franconi, écuyers vénitiens, installent leur cirque ici. La piste est surplombée par une vaste scène.

– **PIÈCES MILITAIRES** (avec charges de cavalerie !) dont les sujets sont fournis par les grandes victoires de la République et de l'Empire. (Mais interdiction de parler de Napoléon entre 1815 et 1830)

Egalement, des

– **PIÈCES FÉERIQUES** :

1837. "Les Pilules du Diable" (Anicet-Bourgeois & Ferdinand Laloue)

1862 : TRANSFERT PL. DU CHÂTELET
(la piste est supprimée)

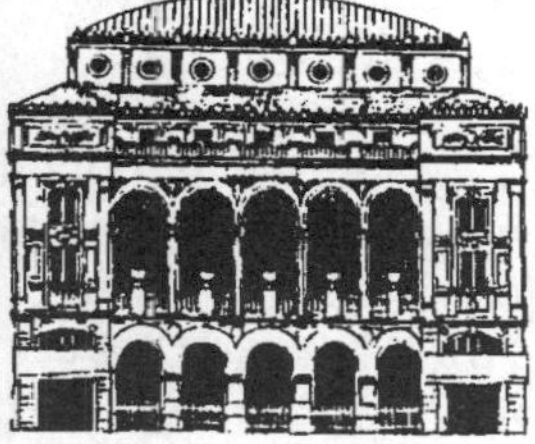

1, pl. du Châtelet (1er)
Châtelet

GAÎTÉ

1789

Nicolet, pionnier du Boulevard (voir p. 197) fait bâtir ce théâtre pour ses "Grands Danseurs du Roi".

2000 places

1795. † Nicolet. Sa veuve dirige.

– **MÉLOS** Auteurs attitrés :

Pixérécourt "le Corneille"
Caigniez "le Racine" } ..."du Boulevard".
Dennery, "le Shakespeare du peuple".

1805. "Le Pied de Mouton", féérie (Martainville).
1815. "Christophe Colomb" (Pix.t).
1835. "La Grâce de Dieu" (Dennery)
1850. "Paillasse" (Dennery) avec Frédérick Lemaître qui transporte alors son répertoire de la Porte St Martin à la Gaîté.

1862 : TRANSFERT AUX "ARTS ET MÉTIERS"

Devient la Gaîté-Lyrique : opéras, opéras-comiques, opérettes.

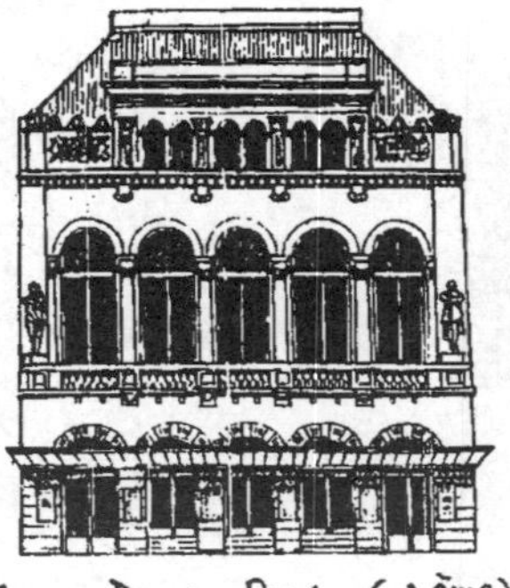

5, rue Denis-Papin (3ème)
ex- **Gaîté-Lyrique**
(1990 : FERMETURE)

AMBIGU

1789

Vient de la Foire (voir p. 180)

1789. Bd du Temple (Direction : Audinot). Allure caractéristique de maison de campagne.
1803. "Mme Angot au sérail".

– **MÉLOS** divers :

1823. "L'Auberge des Adrets", mélo « détourné » par Frédérick Lemaître (23 ans).
1827. † Audinot.
1828. Incendie, et transfert...

←...Bd St Martin (p. 224)

LES FUNAMBULES

1815

Jean-Gaspard-Baptiste Deburau →

– **PANTOMIMES**

1862 : DÉMOLITION

LE MÉLODRAME

LA LUTTE DU BIEN ET DU MAL, tel en est toujours le thème. (Accompagnement musical important).
Un "traître" persécute une innocente femme (ou jeune fille).
Un (beau) héros vole à son secours au milieu d'invraisemblables péripéties. Mais le traître est rusé.
Finalement surgit le "bon génie" (Cf. le "deus ex machina", le "dieu (grec) de la machine") qui, par ses révélations, arrange tout in extremis.
Un personnage comique, le "niais" (homme du peuple) est chargé de détendre l'atmosphère de temps à autre.

Guilbert de Pixérécourt
1773-1844

– J'ÉCRIS POUR LES GENS QUI NE SAVENT PAS LIRE.

« Il faut, par la description d'actions héroïques, la peinture de sentiments généreux et la présentation de personnages nobles et valeureux, amener le peuple à pratiquer la vertu ».

DÉCORS. Multiples.
D'abord, l'auberge où se rencontrent des inconnus... qui vont se révéler, par la suite, proches parents.
Ensuite : la forêt où l'on se cache.
Puis de hautes montagnes sauvages où l'on s'exile.
Enfin, au sommet, un mystérieux château où se trouve la clef du mystère.

Frédérick Lemaître (1800-1876)

(LE GRAND ACTEUR DU MÉLO)

PIXÉRÉCOURT.
L'auteur pionnier du « mélo » (1798 : *Victor ou l'enfant de la forêt*, 1800 : *Cœlina ou l'enfant du mystère*)... en tout quinze volumes préfacés par Charles Nodier, le "pape" du Romantisme dont il fréquente le célèbre salon. Il écrit : « Une pièce de théâtre ne peut être ...

... dans le personnage de Robert Macaire qu'il incarnera toute sa vie.

INSOLENCE. Un soir, Frédérick Lemaître, quelque peu éméché, escamote son texte. « Plus fort ! » crie-t-on de divers points de la salle. Et lui de répondre : « Imbéciles !! ». Scandale. Le lendemain, son directeur exige des excuses publiques. Comment l'orgueilleux "Macaire" va-t-il s'en sortir ? Suspense. A son entrée en scène, il s'avance et dit : « Je vous ai traités, hier, d'imbéciles. J'ai accepté de vous faire des excuses. J'ai tort ! »

....
bien pensée, bien faite, bien dialoguée, bien jouée, bien répétée que sous les auspices et par les soins d'un seul homme ayant le même goût, le même jugement, le même esprit, le même cœur, la même opinion.»

Ne croirait-on pas lire Jacques Copeau ou l'un de ses disciples?

Hélas! échantillon du style de Pixérécourt :

« Maudit soit le despote cruel dont le caprice inhumain, en bouleversant les lois éternelles de la raison ou de la nature, ravit à cet infortuné tout le charme attaché aux titres sacrés d'époux et de père, et le livre, au sein de l'union la plus légitime, à toutes les craintes et pour ainsi dire aux remords qui suivent et accompagnent le crime et la séduction.» ("Les Ruines de Babylone").

L'Auberge des Adrets

drame" à spectacle" en 3 actes par MM Benjamin Antier, Saint-Amand et Paylyante

Musique de M. Adrien   Ballets de M. Maximien

Création : Ambigu (2-7-1823)

Reprise : Porte St Martin (28-1-1832)

Bertrand   Robert Macaire (Frédérick Lemaître)   Pierre (le niais)

LA PIÈCE :

Devant une auberge de campagne. Des tables en plein air. Dumont, le patron, marie son fils, Charles, avec Clémentine Germeuil, fille d'un riche paysan. On attend l'arrivée de la "promise", avec la dot, dans une voiture à cheval conduite par son père. Dumont apprend alors à Charles qu'il n'est pas son fils mais un enfant trouvé.

Deux inquiétants clients loqueteux mais arrogants s'installent. Ils font des manières mais on voit bien qu'ils n'ont pas le sou. Arrive Germeuil et sa fille. Embrassades. Les deux clients (échappés de la prison de Lyon) observent et écoutent. Il s'agit de Robert Macaire et de Bertrand, son compagnon.

Les jeunes du village surgissent. On danse. Mais (coup de théâtre!), au milieu de la fête, une femme en noir (Marie) s'avance. Elle vacille et s'évanouit d'inanition. On la nourrit. Germeuil la fait transporter dans sa chambre. Elle se confie : son mari l'a abandonnée ... elle n'a pas un sou. Germeuil, brave homme, lui donne un peu d'argent.

La nuit suivante, alors que tout dort, Pierre (le domestique) surprend Marie qui quitte furtivement l'auberge avec l'argent de Germeuil. On découvre ce dernier poignardé. C'est Bertrand qui a «fait le coup» (sur l'ordre de Macaire) pour voler la dot. Les gendarmes arrivent.

Finalement Germeuil n'est pas mort. Macaire est confondu. En essayant de fuir, il est mortellement blessé par Bertrand qu'il voulait trahir. Avant de mourir, il innocente Marie. Elle était l'épouse qu'il avait abandonnée et Charles était leur fils ! ... →

Scène de naufrage au "Cirque Olympique".

Lors des premières représentations, le public est réticent. On court à l'échec. Frédérick Lemaître décide alors de jouer la parodie : il en "fait des tonnes" et surtout modifie la fin de la pièce... (Il a 23 ans !) Macaire saute de la scène dans une loge d'où il dit au public : « Qu'est-ce que c'est que cette pièce-là ? C'est détestable ! » Quant à Bertrand, pour fuir les gendarmes, il descend dans la fosse d'orchestre et ressort par le trou du souffleur. Puis, les deux voleurs jettent du tabac dans les yeux des gendarmes et chantent :
« Tuer les marchands et les gendarmes, ça n'empêche pas les sentiments ! »
Les spectateurs hurlent de rire.
On imprimera les deux fins. Mais c'est la parodie qu'on jouera.

Avec Antier et Saint-Amand, Frédérick Lemaître, en 1835, reprendra Macaire, devenu champion du charlatanisme, de l'impudence, de l'escroquerie dans la banque, le journalisme, la justice, sous la Monarchie de juillet. Daumier adore le dessiner.

Mélingue dans "Le Bossu"

AUTEURS. Ils sont légion et créent des héros célèbres, comme le Lagardère du "*Bossu*" (Paul Féval. 1855) ... et des victimes non moins célèbres : "*Les Deux Orphelines*" (Dennery. 1874). Sans oublier les monstres des féeries à grand spectacle comme (ci-dessous) : "**La Biche au bois**" de Coignard Frères (1845.)

– 9ème tableau : *Le Royaume des Poissons* –
(Th. de la Porte St-Martin)

DEBURAU

FIGURE CÉLÈBRE DU BOULEVARD du Crime : le grand mime Jean-Gaspard Deburau, dit Baptiste (nom courant alors des mimes), qui se "produit" aux **Funambules**, petite salle de 500 places assez sordide (des champignons poussent dans les loges des artistes). Le "privilège" qui est attribué à la salle stipule que l'entrée sur scène doit toujours se faire « sur les mains ». Aucun mot ensuite ne doit être proféré...

Deburau (1796-1846) 50 ans

Né en Bohème d'un père français. Enfance au sein d'une famille d'acrobates de rue. Peu doué, Jean-Gaspard se borne à faire le "paillasse" entre les numéros sérieux de ses frères.

Par petites étapes, les Deburau gagnent Paris et se font embaucher aux Funambules.

C'EST LE CRITIQUE Jules Janin →

qui "découvre" Deburau. Il s'enthousiasme :

« Il sait de quoi rit le peuple, de quoi il s'amuse, de quoi il se fâche. Il sait à fond ce que le peuple admire, ce qu'il aime, ce qu'il est. »

Charles Nodier, George Sand viennent s'encanailler aux Funambules. Théophile Gautier admire "Marrrchand d'Habits" de Cot d'Ordan, auteur-maison :

Pierrot/Deburau
(costume de base)

Deburau invente le Pierrot flegmatique. « Tranquille comme Baptiste », l'expression est née ici...

Les personnages des italiens, via la Foire, se retrouvent Bd du Crime. Mais Arlequin est devenu élégant, cynique et méchant. →

Ci-dessus : les costumes portés parfois par Pierrot.

Pierrot, clochard, tue un marchand d'habits ambulant pour lui voler un costume élégant afin d'aller au bal.
À la sortie du bal, le fantôme du marchand mort agresse Pierrot et l'entraîne avec lui en enfer.

Notez que le mime alors est « au présent » : toute une troupe avec décors et accessoires. Alors que le mime moderne, « à l'absent », suggère tout.

MIME AU PRÉSENT

MIME À L'ABSENT

LA FLAMBÉE ROMANTIQUE

À LA FIN DES ANNÉES 1820, les jeunes Romantiques sont fascinés par les "mélos" du Bd du Crime.

Ils mettent, avec plus ou moins de bonheur, leurs textes théâtraux à l'épreuve du public, sur la scène de l'Odéon. Mais c'est la Comédie-Française qu'ils visent.

Le premier à s'y imposer, c'est Alexandre Dumas "père" (27 ans) parfaitement inconnu. Les vieux abonnés, farouchement "classiques", pris de court, n'ont pu s'opposer à l'enthousiasme des spectateurs. Mais la pièce est <u>en prose</u>. Elle ne saurait lutter contre Corneille ou Racine.

Alexandre Dumas père (1802-1870)

1829. "**Henri III et sa cour**"

- Guise : <u>Ecrivez, vous dis-je !</u>
- La Duchesse : <u>Vous me faites bien mal, Henri ; vous me faites horriblement mal. Grâce ! Grâce ! Ah !</u>

Cette scène du troisième acte où le duc de Guise, broyant les poignets de sa femme, la force à donner rendez-vous à Saint-Mégrin, stupéfie la salle par son réalisme et, l'étonnement passé, déclenche de vifs applaudissements. <u>Un an avant "Hernani", le Romantisme marque un point.</u>

LE CHEF DE FILE des Romantiques, Victor Hugo, se doit de "monter au créneau". Ce sera "**Hernani**".

Auparavant (1827), il avait terminé un "Cromwell", en vers, destiné à Talma ... qui, hélas, venait de mourir. Pièce, à vrai dire, injouable : action confuse, trop de personnages, longueur excessive. Mais <u>préface-manifeste</u> importante (et devenue célèbre) : « Faire passer à chaque instant l'auditoire du sérieux au rire ... du grave au doux, du plaisant au sévère. Le drame, c'est le <u>grotesque</u> avec le <u>sublime</u>. »

En 1829, sa "Marion Delorme", en vers, reçue par le Français, est censurée : « dans le rôle de Louis XIII, chasseur et gouverné par un prêtre, tout le monde verra une allusion à Charles X ».

LE ROMANTISME

Mélange du laid et du beau, négation des "règles". Stendhal écrit, dès 1825 : « À le bien prendre, tous les grands écrivains ont été romantiques de leur temps. Un siècle après leur mort, ce sont les gens qui les copient au lieu d'ouvrir les yeux et d'imiter la nature qui sont classiques. » "Racine et Shakespeare", essai, 1825

Victor Hugo (1802-1885)

1830. "**Hernani**"

LA BATAILLE D'HERNANI

LE 25 FÉV. 1830, c'est la "première" d'**Hernani** soigneusement préparée par Hugo et sa femme qui, avec l'accord du baron Taylor (le "patron" de la Comédie-Française), répartissent judicieusement dans la salle leurs partisans menés par Théophile Gautier (19 ans) qui porte le fameux gilet rouge (provocation et signe de ralliement).

LA PIÈCE EST SIFFLÉE (et défendue !) vers par vers. C'est un succès de scandale : jour après jour, la recette sera énorme. Victoire des Romantiques. Mais victoire "à la Pyrrhus" ! ....

HERNANI, le "hors la loi", le "bandit". Schiller sert de modèle. [Illustration d'une parodie : d'où la grande cuillère].

LA PIÈCE. Espagne 1519, à Saragosse. Jean d'Aragon (20 ans), fils d'un grand d'Espagne exécuté sur l'échafaud par le roi, reporte sa haine sur le fils de ce dernier, Don Carlos (19 ans) qui règne à son tour. Caché dans les bois avec ses partisans, Jean d'Aragon a pris un nom de guerre : Hernani.

Coïncidence : les deux jeunes gens sont rivaux, amoureux de Doña Sol de Silva (17 ans) que son vieil oncle, Don Ruy Gomez de Silva (60 ans) veut épouser ! Doña Sol aime Hernani et voudrait partager sa vie de proscrit.

Hernani, poursuivi par le roi et ses soldats dans les montagnes d'Aragon, doit se cacher au château de Ruy Gomez. Le roi surgit et demande qu'on lui livre le hors-la-loi. Le vieux Gomez temporise et lui fait visiter la galerie des portraits de ses ancêtres, tous irréprochables. Comment pourrait-il trahir, lui, les lois de l'hospitalité ? Le roi emmène alors Doña Sol en otage. Hernani, mis au courant, explose : « – Vieillard stupide (1), il l'aime ! » →

(1). À la création, tout le monde avait entendu : « Vieil as de pique, il l'aime ! ». Réactions : « Scandaleux ! » ou « Admirable ! »

....

LA COULEUR LOCALE, chère aux Romantiques, réclame des décors et des accessoires dont le coût effraye la Comédie-Française. Elle accepte tout de même la nouvelle pièce de l'auteur d'"Hernani" : "Le Roi s'amuse" (1831) qui, après une seule représentation, est censurée...

comme pour "Marion Delorme", on juge la royauté attaquée (François Ier dépeint comme un débauché)

... alors que la censure était supprimée officiellement après la "Révolution" de 1830.

Procès intenté au "Français" par Hugo devant... le Tribunal de Commerce (qui se déclare incompétent).

1833. "**Lucrèce Borgia**"

LES ROMANTIQUES vont alors se "replier" sur la Porte-St-Martin dirigée par Mlle George.

... HERNANI

Don Ruy Gomez a sauvé la vie d'Hernani. Elle lui appartient. Ce dernier lui propose un pacte : s'allier contre leur ennemi commun, ravisseur de Doña Sol et le tuer. Quant à sa propre vie, Hernani donne au vieillard un cor et s'engage à se suicider immédiatement dès que le son lui en parviendra !

La scène est maintenant à Aix-la-Chapelle, à l'intérieur du mausolée qui contient le tombeau de Charlemagne. Les princes allemands vont élire, ce jour, le nouvel empereur d'Allemagne et Don Carlos est candidat ! Il vient se recueillir près du tombeau. Et c'est, par hasard, précisément dans le mausolée que les conjurés contre lui (dont, bien sûr, Hernani et Ruy Gomez) se réunissent secrètement.

Mlle Mars (1779-1847)

Doña Sol

Mais le canon annonce que Don Carlos est élu empereur. Il paraît, sortant de la crypte : il est maintenant Charles-Quint. Il n'est plus le même : il pardonne à tous, renonce à son amour pour Doña Sol et rétablit Hernani dans tous ses titres et biens.

Nouveau décor. Les jardins du château de Jean d'Aragon (ex-Hernani), le soir de son mariage avec Doña Sol. Le bonheur des nouveaux époux est à son comble quand retentit le fameux cor. Le vieillard s'avance avec une fiole de poison. Doña Sol boit la première. Hernani l'imite. Il meurt le premier suivi bientôt de la jeune femme. Don Ruy Gomez, frappé par l'horreur de son geste : « Morte ! Oh, je suis damné. » Et il se poignarde. (*C'est cette scène terminale que l'on voit page 231*).

Musset (20 ans) à l'Odéon

donne "La Nuit vénitienne" (1 acte, en prose) en décembre 1830. L'héroïne tache sa robe à un décor.

Chahut des spectateurs. La pièce "tombe". (voir p. 236)

Mais tous leurs drames (sauf "Marion Delorme) devront, dès lors, être en prose : "Antony" (Dumas) et "Marion Delorme" (Hugo) en 1831. "La Tour de Nesle (Dumas) en 1832. "Lucrèce Borgia" et "Marie Tudor" (Hugo) en 1833. "Vautrin" (Balzac) en 1840.

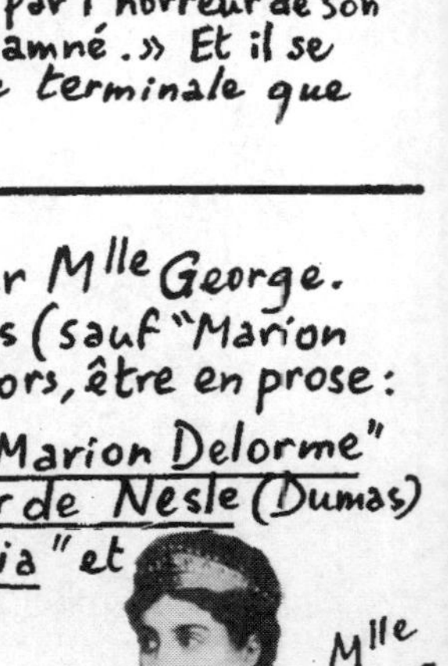

Mlle George

Rôles "sur mesures" pour Mlle George : la reine de "La Tour de Nesle", Lucrèce Borgia, Marie Tudor.

Marie Dorval joue Marion Delorme, Adèle d' "Antony"...

1835. "**Chatterton**" (en prose)

d'Alfred de Vigny →

Comédie-Franc^se^

un drame austère et émouvant avec Marie Dorval. Au fond, la fameuse rampe d'escalier sur laquelle elle glissait, mourante, à la fin de la pièce.

....

ALFRED DE VIGNY avait déjà donné au Français, en 1929, son adaptation d'"Othello", en vers, (avec, pour la première fois, l'oreiller meurtrier !) Il y revient avec le drame ci-dessus : le poète rejeté par la Société.

1838 : HUGO CRÉE SA TROUPE (éphémère !) : "La Renaissance" qui s'installe, pour créer son "Ruy Blas", à la salle Ventadour (désaffectée mais qui existe encore rue Méhul, près de l'avenue de l'Opéra).

LA MÊME ANNÉE, une jeune tragédienne-prodige fait affluer tout Paris au Français.

....

1838. "**Ruy Blas**"

(Hugo) en vers "Th. de la Renaissance" ← Salle Ventadour

Frédérick **Lemaître**

LA PIÈCE :

Fin du XVIIe siècle, à la Cour d'Espagne. En est chassé, par la Reine, le duc Don Salluste, ministre et ... suborneur. Son dernier ordre à son laquais Ruy Blas : « *Plaire à cette femme et être son amant !* » ("Cette femme", c'est la Reine). Puis, Don Salluste fait passer Ruy Blas pour son noble et fantasque cousin Don César (parti naguère aux Indes) et en fait un ministre.

Une fois la Reine séduite, Salluste révélera qu'elle a pour amant un laquais. **Coïncidences de mélo** : Ruy Blas est vraiment amoureux de la Reine. Il *s'improvise* un grand ministre fustigeant les corrompus, généreux envers le peuple (1). Le truculent Don César revient !

On a dit de la pièce que c'était un "opéra" au livret absurde et à la musique sublime.

La fin est aussi sanglante que celle d'"Hernani" : Ruy Blas tue le duc et s'empoisonne.

Rachel (1821-1858)

1838 : Rachel entre à la Cdie-Fse

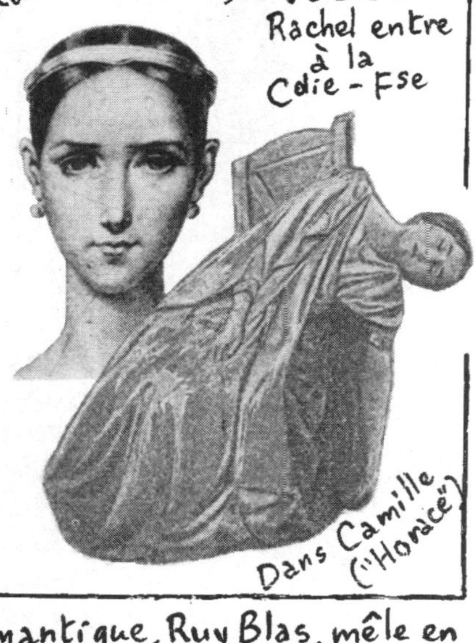

Dans Camille ("Horace")

(1) Héros romantique, Ruy Blas, mêle en lui le **sublime** (son action) et le **grotesque** (son état de laquais).

1831. "**Antony**" (Dumas)

Drame en prose. Ci-contre : la fin. Adèle s'est faite poignardée par son amant avant que surgissent les témoins de son adultère.

Porte St-Martin

Antony, l'amant : « *Elle me résistait, je l'ai assassinée !* » La réputation d'Adèle est sauve.

DEUX GRANDS ACTEURS ROMANTIQUES :

Marie Dorval

. Marion Delorme
. Kitty Bell ("Chatterton")
. Catarina ("Angelo, tyran de Padoue" d'Hugo.)
. Lucrèce (de Ponsard)
. Adèle ("Antony")

Bocage

. Didier ("Marion Delorme")
. Gilbert ("Marie Tudor")
. Antony
. Buridan ("La Tour de Nesle")

1843. **Lucrèce**, tragédie néo-classique de Ponsard. À l'Odéon. Triomphe ! La "romantique" Marie Dorval (Lucrèce) renverse du pied les Burgraves.

. . . .

Au milieu des statues en trompe-l'œil de "palais à volonté" défraîchis, **Rachel** (page 233) triomphe dans Corneille, Racine, Voltaire... Ce qui encourage les néo-classiques (comme Ponsard) et précipite le déclin des Romantiques. "Les Burgraves" (Hugo, 1843), mélodrame épique en vers, est un grave échec.

QUANT À DUMAS, il déclare « en avoir assez d'enrichir les directeurs de salles » et il fait construire B^{d} du Temple son théâtre, le Théâtre Historique (2500 places). Il n'existera que quelques mois, en 1847. (Voir p. 224).

LE DRAME ROMANTIQUE, trop proche du mélodrame (sauf en ce qui concerne la fin systématiquement heureuse de ce dernier), restera au répertoire de la Comédie-Française et renaîtra quelque peu, à la fin du XIXe siècle, avec Edmond Rostand.

— 1847 —

Le Chiffonnier de Paris
de Félix Pyat
avec Frédérick Lemaître

Porte-St-Martin

Ancien dandy aux idées avancées, Félix Pyat fait se mêler, à la Porte St-Martin, les redingotes (venues des quartiers Ouest) aux blouses (venues des quartiers ouvriers de l'Est).

Le père Jean, chiffonnier, vide sa hotte en déclamant. Le jour de la chute de Louis-Philippe, Frédérick Lemaître ajoute aux détritus une couronne royale !

1847. **La Reine Margot**, mélo d'Alex. Dumas dans son propre théâtre, le "Théâtre Historique". (voir p. 260).

LA COMÉDIE DE MŒURS

PENDANT 1/2 SIÈCLE, **Eugène SCRIBE** (1791-1861) fut l'auteur le plus joué en France et à l'étranger (400 pièces).

SCRIBE
caricaturé en "épicier en gros":

Inscriptions sur les tiroirs: "bons mots", "effets", "situations comiques".

Un contrat de 25 ans le lie au théâtre du Gymnase (B^d Bonne Nouvelle) qui lui demande des comédies familiales-bourgeoises que l'on peut voir avec sa mère, sa femme, sa fille et ses enfants. ▷

IL DÉBUTE AVEC des vaudevilles en un acte (seule longueur tolérée au Gymnase des années 20) où le sujet est "ramassé" avec précision et sûreté. Excellente école pour les futures grandes pièces. Ses personnages sont neufs: le garde national, le journaliste "faiseur", le négociant parvenu, l'officier mondain.

ENTRÉ AU RÉPERTOIRE de la Comédie-Française à 31 ans. Totalement oublié de nos jours. Citons une de ses pièces: **"Le verre d'eau"**, comédie historique.

ÉTRANGE AUTEUR-COMÉDIEN, **Henry MONNIER** (1805-1877) part sur les routes avec sa femme et sa petite troupe. Adepte du « frégolisme », il peut jouer la majorité des rôles masculins (et féminins) d'une pièce écrite par lui dans ce but.

H. MONNIER

« Le "photographe" de la fange »... d'après les Goncourt. Car il s'intéresse aux marginaux (grisettes, bagnards, voyous).

IL CRÉE "Mr PRUDHOMME", imbécile solennel qui débite les pires sottises. Il se laisse imprégner, dans la vie, puis dévorer, par son personnage.

Mr Prudhomme:

« Ce sabre est le plus beau jour de ma vie. »

« C'est mon opinion et je la partage. »

« Le char de l'Etat navigue sur un volcan. »

Sténographe du langage quotidien des humbles, il est aussi un grand ◁ dessinateur d'un naturalisme inquiétant.

LA CONCIERGE vue par H. Monnier

Un titre de pièce: **"La Garde-Malade"**.

MUSSET, AUTEUR DU 20ème SIÈCLE !

Alfred de Musset
1810 – 1857
47 ans

Il est issu d'une demi-aristocratie un peu déclassée, mécontente parce que ruinée, bonapartiste, voire républicaine. Lithographie de Gavarni (1834)

L'ENFANT TERRIBLE du Romantisme. Il aime Shakespeare et le XVIIIème siècle (détesté de Dumas père et d'Hugo). Or, un certain Carmontelle (1717-1806) écrit de petites comédies illustrant un proverbe que les spectateurs doivent essayer de deviner. Lui, Musset, écrira de grandes comédies dont les titres mêmes sont des proverbes : "**On ne badine pas avec l'amour**" (1834), "**Il ne faut jurer de rien**" (1836) "**On ne saurait penser à tout**" (1849).

ULCÉRÉ PAR L'INCIDENT de "**La Nuit vénitienne**" (1830), voir page 232, il fait dès lors éditer ses pièces (réputées injouable – trop de décors !) par La Revue des Deux Mondes.

SUCCESSIVEMENT, Musset sera considéré comme :

— un génie avorté (pour ses contemporains). Il est vrai qu'il avait, dès 26 ans, écrit le meilleur de son œuvre.

— le poète de l'amour (pour les profs de Lettres des années 1900).

— le seul grand dramaturge français du 19e siècle (pour Copeau et les animateurs du Cartel). On monte ses pièces à la Comédie-Française même, à l'exception de "**Lorenzaccio**" (1834), ce monstre.

— avant tout : l'auteur de "**Lorenzaccio**" (à la fin du 20e siècle).

AUTOCENSURE. En 1851, la Censure exige les modifications suivantes dans "**Les Caprices de Marianne**" (1833) :

■ Ce ne sont plus des "courtisanes" mais des "courtisans" qui se "suspendent" au manteau d'Octave. ■ "Une certaine Rosalinde" « qui me sert de maîtresse » devient « qui est de mes amis ». ■ Le mot "ivresse" est remplacé par le mot "folie". Etc...

Musset accepte. Il veut être joué : il a des dettes !

LE VAUDEVILLE

NÉ À LA FOIRE, c'est une comédie entrecoupée de chansons (paroles originales, airs connus). **Eugène LABICHE** qui en est le maître, en compose <u>165</u> (57 publiées) de 1837 à 1878.

Eugène Labiche (1815-1888)
73 ans

Enfance : heureuse. **Père** : industriel (fabrique de sirop). **Etudes** : collège Bourbon (futur lycée Condorcet). **Voyages** : en Europe de 19 à 26 ans. **Très vite** : il devient l'auteur-maison du Théâtre du Palais-Royal (la salle actuelle). **Collaborateur** : pour chacune de ses pièces (Marc Michel, Edouard Martin, Alphonse Jolly ou A. Delacour) qui, dit-on, se borne à approuver ses trouvailles comiques.

RÉPLIQUES TYPIQUES. Un prétendant se présente au père d'une jeune fille : « Qui êtes-vous ? — J'ai 22 francs de rente. — Sortez ! — ... par jour ! — Asseyez-vous donc ».

Autre réplique célèbre ("surréaliste" celle-là) : « Ce n'est pas pour me vanter... mais il fait joliment chaud aujourd'hui ! » ("29 degrés à l'ombre").

COLOSSE TOUJOURS gai, il est très moliéresque. Ainsi, dans "**Le Voyage de Mon-**....

<u>**M**aire de Souvigny (Loir et Cher) où il possède une propriété de 900 hectares</u>, il montrera du caractère, en 1870, face à l'occupant prussien.

1851 : <u>"Un chapeau de paille d'Italie"</u> (300 représ.tions)

Vaudeville "en mouvement". Sorte de "film à poursuite" du cinéma muet.

....

sieur Perrichon" (1860). Mlle Perrichon a deux prétendants : Daniel (le rusé) et Armand (le naïf). Ce dernier a la chance de sauver le père Perrichon qui a glissé dans une crevasse (nous sommes dans les Alpes). Mais Daniel, fin psychologue, feint de se faire sauver lui-même par Perrichon. Et c'est lui qui obtient toutes les faveurs du bonhomme, la seule vue d'Armand agaçant prodigieusement ce dernier.
Mais, hélas pour Daniel, Perrichon entend ce qu'il confie à Armand : « Un imbécile est incapable de supporter longtemps cette charge écrasante qu'on appelle la reconnaissance ».

PERSONNAGES DE LABICHE :

Dessin : Pierre Devaux

ET PENDANT CE TEMPS, EN ALLEMAGNE, DEUX AUTEURS "MAUDITS" :

TOURMENTÉ ET RÉVOLTÉ, **Heinrich von KLEIST** exalte le sentiment national allemand, jaillissement d'un peuple opprimé, après les victoires napoléoniennes.

1777 – 1811
34 ans

Né à : Francfort-sur-l'Oder. **Famille** : de hobereaux. **Renonce** : très vite à la carrière militaire pour écrire (poèmes, nouvelles, pièces de théâtre). **Envoie** : à Goethe (59 ans), directeur du théâtre de Weimar, une comédie ("La Cruche cassée") qui, édulcorée par Goethe, est un échec. **Activité** : politique (jusqu'à la défaite de l'Autriche à Wagram, en 1809, qui ruine ses espérances en un sursaut national). **Déteste** : Napoléon Ier ... et envisage d'organiser son assassinat. **Fonde** : une revue littéraire (échec) et une maison d'édition. **Etudie** : le somnambulisme. **Publie** : des pièces de théâtre dont "Le Prince de Hombourg" qui sera jouée seulement en 1821. **Se montre** : instable, velléitaire, en proie au « mal de vivre ». **Se suicide** : en se jetant, avec une amie suicidaire comme lui, dans un lac près de la ville de Postdam.

OEUVRES : "**La Cruche cassée**" (1803). Une nuit, un inconnu pénètre dans la chambre d'une jeune fille. Contraint de s'enfuir par la fenêtre, il casse une cruche précieuse. Procès, présidé par le juge Adam. Le fiancé de la jeune fille est d'abord soupçonné. Puis le juge lui-même qui se condamne en s'enfuyant du tribunal. Comédie moliéresque et souvent jouée en France.

"**Le Prince de Hombourg**" (1810). C'est une tragédie (un peu le "Cid" allemand !). En 1675, la Suède envahit l'Allemagne et se heurte à l'Electeur de Brandebourg. Ce dernier place à la tête de sa cavalerie le jeune et bouillant Prince de Hombourg qui troublé par ses rêves de gloire et d'amour, ne tient pas compte du plan de bataille et charge avec ses cavaliers sans attendre le signal. Les Suédois sont culbutés. Mais le Prince est emprisonné : il a commis une faute militaire. On lui fait croire qu'il va être exécuté. Tour à tour révolté, incrédule, épouvanté, il s'abandonne au désespoir et à la supplication. L'Electeur vient le voir, lui parle. Il se ressaisit. On lui pardonne.

CRÉATION EN FRANCE :

LE PRINCE DE HOMBOURG à Avignon (1951). Dessin d'époque de Garry paru dans le jal "L'Accent".

"**La Petite Catherine de Heilbronn**" (1810). Littéralement ensorcelé par l'amour fou qu'elle éprouve pour un chevalier "qui n'en peut mais". Mélodrame médiéval traversé de prédictions, de songes, de maléfices. Fin heureuse.

AUTEUR DE 3 PIÈCES, **Georg BÜCHNER** agitateur politique, philosophe, savant (« victime de la science ») a composé <u>le premier drame autour d'un prolétaire</u> : le soldat Woyzeck.

1813 – 1837
23 ans

Né : près de Darmstadt (Hesse). **Père** : chirurgien. **Lycéen** : brillant. Il lit Shakespeare et se passionne pour la Révolution Française. **Etudiant** : en médecine et en philosophie à Strasbourg (1831). **Y Rencontre** : l'opposition républicaine à Louis-Philippe. Puis les « néo-babouviste » (Babeuf ou l'idée de la révolution continue). **Se fiance** : avec la fille de son logeur, un pasteur. **Soudain** : (en 1833) sa famille le rappelle en Hesse (il doit y passer ses diplômes de médecine). **Fonde** : en Hesse (grand-duché) un club révolutionnaire et un journal clandestins. **Répression** : brutale de la police du Grand-Duc. Büchner s'enfuit à Strasbourg (1835). **Activité** : frénétique sur les plans scientique, philosophique, littéraire. **Nommé** : professeur à l'Université du Zürich. (cours d'anatomie). **Dissèque** : des poissons pour étudier leur système nerveux. **Travail dangereux** : les cadavres de poissons pourissent. Büchner contracte le typhus. Il en meurt en 1837.

OEUVRES : **La mort de Danton** (1835), *drame. Danton sera détruit parce qu'il a voulu arrêter un instant la Révolution et rêver.* <u>Création en France par Jean Vilar, en 1951</u>.

Léonce et Léna (1836), *comédie. On ne peut échapper à son vrai destin... Un jeune prince et une jeune princesse, promis l'un à l'autre sans qu'ils se connaissent et se fuyant pour cette raison, se rencontrent ... et s'aiment !*

Woyzeck (1836), *drame. Tiré d'un fait divers. Woyzeck, pauvre soldat de métier, malade mental (hallucinations), sert de cobaye au médecin-major et de laquais au capitaine. Il a fait un enfant à une pauvre fille, Marie, qui le trompe avec un sergent-major. Fou de jalousie, il la tue et se suicide.* Création en France en 1946 (Mise en scène : André Reybaz). <u>Les mises en scène suivantes seront soit de type réaliste, soit de type onirique</u>.

1961. M. en sc. = R. Rodriguez-Vigouroux

1973. M. en sc. = Jean-Pierre Vincent

COMPLAISANTS
CONFORMISTES
CONVENTIONNELS

AUGIER, SARDOU, DUMAS fils

APRÈS LA DESTRUCTION du Boulevard du Crime (page ci-contre) et l'exil de Victor Hugo, figure de proue du Romantisme ils passent respectivement pour le Molière, le Corneille, le Racine du temps. Au regard de la bourgeoisie affairiste et frivole du Second Empire.

1820 - 1889

AUTEUR DE GRANDES COMÉDIES, **Emile AUGIER** est joué à la Comédie-Française. Il écrit tantôt en prose, tantôt en vers. Comme Molière ! On ne retient guère de lui que son "**Gendre de Monsieur Poirier**", quatre actes en prose :

Un marquis ruiné refuse d'aider son beau-père, bourgeois nouveau riche, à réaliser son rêve : devenir "pair de France". Dans une tirade vengeresse, Poirier oppose la valeur de la bourgeoisie industrieuse à la noblesse oisive et inutile.

CRÉÉE À LA COMÉDIE-FRANÇAISE, en 1849, sa "**Gabrielle**" (cinq actes, en vers) est typique de l'esprit d'Augier.

La jeune femme d'un grand avocat, convaincue d'avoir vaguement flirté avec le jeune secrétaire de son mari, se jette aux pieds de ce dernier qui, magnanime, lui pardonne... comme Auguste !

Éperdue de reconnaissance, elle lui lance la dernière réplique de la pièce :
« Ô père de famille ! ô poète ! je t'aime ! »

DANS LA SALLE, les braves bourgeois (accompagnés de leurs épouses) applaudissent à tout rompre. Les voici devenus des héros de tragédie. Au lieu de "châtier", Augier flatte.

1854. "**Le Gendre de Mr Poirier**" (Théâtre du Gymnase)

— suite page 242 —

DÉMOLITION DU BOULEVARD DU CRIME 1862

Élément capital de son action "anti-barricades révolutionnaires", le préfet Haussmann aménage la vaste place de la République et y crée (en 1864) sa caserne du Prince-Eugène (2000 hommes), point stratégique de surveillance des quartiers turbulents que pénètrent ses boulevards de Magenta et Voltaire, son avenue de la République, sa rue de Turbigo...

Les travaux de démolition.

Une image de désolation.

HAUSSMANN

1864. La caserne de Prince-Eugène écrase tout.

Tous les théâtres sont détruits...

Sauf le théâtre Déjazet ! Il est situé sur le trottoir sud (épargné). Fondé en 1859 par une comédienne de ce nom âgée de 62 ans et spécialiste des rôles de jeunes gens (ci-dessous), il existe encore aujourd'hui.

Virginie Déjazet (1787-1875)

Le théâtre Déjazet

"La douairière de Brionne"

"Bonaparte à Brienne"

"Monsieur Garat" première pièce de Victorien Sardou.

TRÈS HABILE CONSTRUCTEUR d'intrigues, **Victorien SARDOU** tâte de tous les genres. Mais ce sont ses pièces historiques <u>en prose</u> qu'on retiendra, surtout " **Madame Sans-Gêne** " (1893), une comédie encore jouée de nos jours.

Ancienne blanchisseuse, c'est une Madame Angot "parvenue" grâce à Napoléon Ier qui a nommé maréchal son mari, ancien sergent de la Révolution.

1831 - 1908

Quant à " **Théodora** ", c'est un drame qui nous mène, dans des décors minutieusement "archéologiques", de la ménagerie de l'Hippodrome de Bysance au palais de l'empereur d'Orient honni et contesté par des émeutiers qui s'attaquent à sa femme ex-prostituée et chantent :

Jadis, beauté fatale,
Tu valais un sou d'or.
Que l'empereur détale
Tu vaudras moins encore !
Ah ! Ah ! Théodora !

La chanson devient une "scie" pour les boulevardiers.

1884. "**Théodora**". Incarnée par Sarah Bernhardt.
(Théâtre de la Porte Saint-Martin)

EXPLOSION DE L'OPÉRETTE

← Offenbach

Hortense SCHNEIDER
dans

1864. "La Belle Hélène" d'Offenbach (la création).

Dérivant des farces foraines et de l'opéra-comique, **l'Opérette** (aves ses ballets, ses décors, son érotisme hypocrite) répond exactement au besoin de divertissements luxueux et fous des bourgeois enrichis. Offenbach (musicien), Meilhac et Halévy (librettistes) sont le trio initial qui la "lance".

Dans sa "Nana", Zola écrit : « <u>L'Olympe traîné dans la boue, toute une religion, toute une poésie bafouées</u> ». Allusion à la "Belle Hélène".

L'opérette devient très "populaire". Les comédiens des théâtres de province doivent désormais être capables de "chanter l'opérette".

Un précurseur du Naturalisme

1837 - 1899

Henry Becque

Un industriel, dans la force de l'âge, meurt subitement. Sa veuve et ses trois filles, désarmées, voient hommes d'affaires et financiers s'abattre sur elles comme des corbeaux féroces. Elles doivent quitter leur bel appartement pour un galetas... Un fiancé lâchement s'éloigne. Atroce dénouement "heureux": le sacrifice de la cadette (16 ans) qui épouse un corbeau sexagénaire. Tel est le sujet de la comédie dramatique "Les Corbeaux" que Becque fait jouer à la Comédie-Française en 1882. 20 représentations. Succès d'estime. Mais le public bourgeois est scandalisé.

N'aimant pas plus Alexandre Dumas-fils que Zola, doctrinaire du Naturalisme, Becque est un naturaliste indépendant. Intransigeant, misanthrope, pauvre ... il rêve d'un théâtre vrai, brutal comme la vie. Terriblement difficile à imposer.

Avec "La Parisienne", pièce grinçante mais comique, il pense arriver à séduire. Hélas, la Comédie-Française la refuse et sa création à la Renaissance est un échec (1885). Décors trop riches. Rôle-titre tenu par une "grande coquette". Alors qu'il s'agit d'une petite bourgeoise mère de famille qui a son ménage et ses enfants à mener, son mari à soutenir dans sa carrière ... Avec, sur le dos, un amant qu'elle n'aime plus.

Certes Becque a été "repris" par la Comédie-F^se ▶ et par Antoine. Mais on a toujours vu, à tort, dans "La Parisienne", le prototype du théâtre de Boulevard avec le trio classique : femme, mari, amant !

1890. "La Parisienne" à la Comédie-Française

1824 - 1895

FILS NATUREL DE DUMAS père, **Alexandre DUMAS fils** « reconnu » à l'âge de sept ans par ce père célèbre qu'il admire, ne le rencontrera qu'à l'âge adulte. Il sera, comme lui, auteur dramatique ... mais de pièces « à thèse » traitant de sujets de société comme le divorce qu'il admet et défend. Son grand triomphe sera "**La Dame aux Camélias**" créée par Eugénie Doche (1852). Vingt ans plus tard, Sarah Bernhardt en fait son rôle-fétiche. La thèse? Une prostituée peut « avoir un cœur ».

Mais Dumas fils choisit de montrer une « lionne » et non pas une fille des rues !

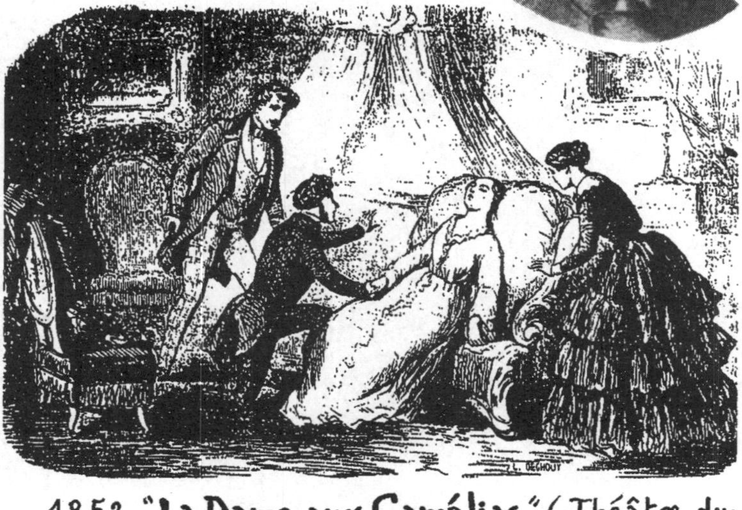

1852. "**La Dame aux Camélias**". (Théâtre du Vaudeville).

NOTES SUR LE 19è SIECLE

LE THÉÂTRE EST DEVENU le « divertissement d'un soir ». On "prend sur son sommeil" pour aller au théâtre.

- COMPARTIMENTAGE SOCIAL :
- LOGES : officiels, notables
- ORCHESTRE : gens riches
- CORBEILLE (1er balcon) : mondains
- 2è BALCON : bourgeois simplement aisés
- 3è BALCON : artisans, commerçants
- POULAILLER (ou "Paradis") : employés, domestiques, menu peuple.

EXCOMMUNICATION.

Grâce à la Révolution Française (1791), les comédiens y échappent désormais. Mais, en 1815, l'enterrement de la Raucourt fait cependant problème (voir p. 223). En 1816, c'est la "terreur blanche" : l'inhumation en terre chrétienne est interdite de nouveau aux acteurs. En 1824, le curé de St Laurent refuse l'entrée de son église au cercueil d'un acteur qui a joué un rôle de vampire. (Enterrement "civil" pour l'acteur.) 1849 : le concile de Soissons supprime l'excommunication des comédiens.

<u>Pour la première fois, acteurs et public ne se trouvent plus dans un même lieu : le spectacle est « sous vitrine ».</u>

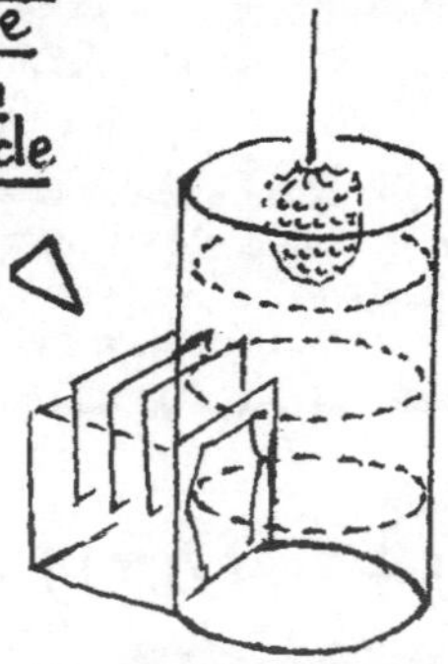

SOUFFLEUR.

Au milieu de la "rampe", dans sa "boite", il pallie les trous de mémoire. Indispensable en province où l'on joue beaucoup "en alternance".

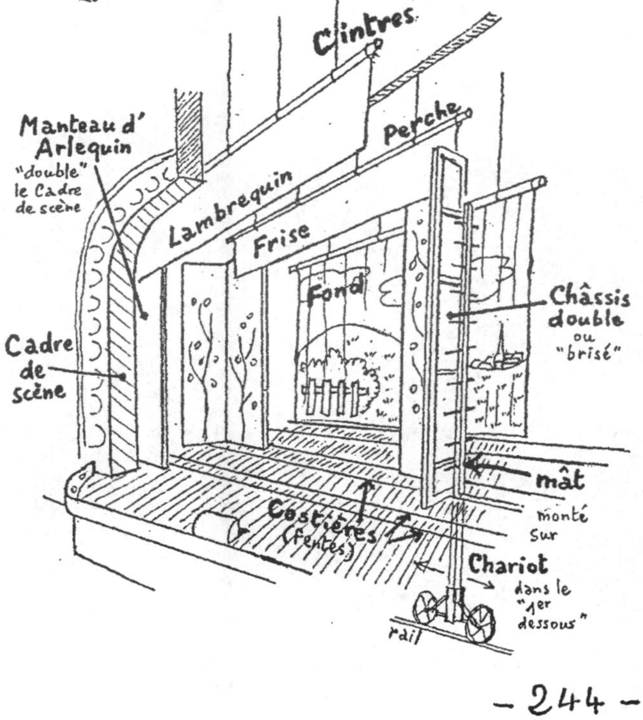

SALLE-PUITS.

Cylindre rouge annelé de galeries dorées.
La scène est un **cube** s'ouvrant sur la salle par un cadre doré que dévoile un rideau rouge peint en trompe-l'oeil sur un immense panneau montant tout droit dans les cintres. (Rideau dit « à l'allemande »). *Voir page 246.*
Egalement peints sur de semblables châssis tendus de toile, les **décors**, suspendus parallèlement dans les cintres, descendent à la commande sur scène. (Chaque salle, selon son importance, comporte un jeu de décors plus ou moins grand.)

LUSTRE. Ornement principal des grands théâtres. Toujours allumé même pendant le jeu : on est là autant pour être vu que pour voir !

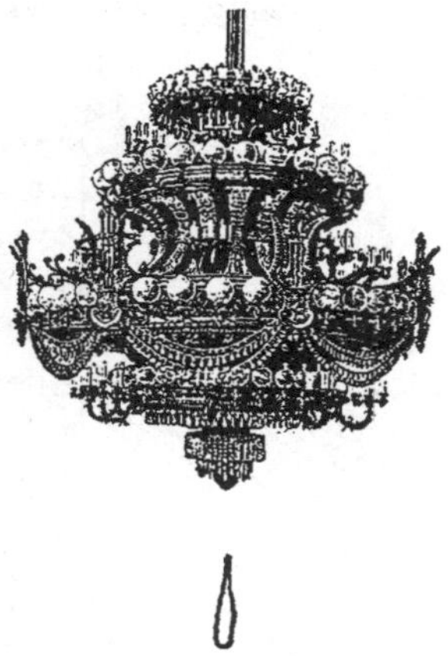

CENSURE. Supprimée en 1791. Rétablie le 2-8-1793. Conservée par Napoléon et la Restauration. Elle est supprimée ensuite pendant les périodes révolutionnaires :

- en 1830 pendant 5 ans
- en 1848 — 2 ans
- en 1870 — 6 mois

(Rétablissement le 18-3-1871)

Suppression définitive en 1906.

LA CLAQUE ou "Les Chevaliers du Lustre". Sous les ordres du "chef de claque", ce sont des spectateurs payés applaudissant sur commande.

On les place sous le lustre dont les lampes laissent échapper parfois des gouttes d'huile.

COSTUMES.

Pour les "pièces modernes" (les plus courantes), les comédiens et les comédiennes doivent posséder leur propre **garde-robe**.

Pour les hommes, principalement un habit de soirée. (Ce qui est relativement peu coûteux).

Pour les femmes, c'est autre chose !

Chaque actrice doit avoir un jeu de "toilettes" conformes à la dernière mode.

Or, les comédiennes touchent des cachets inférieurs à ceux des comédiens.

Leur garde-robe qui coûte une fortune les pousse dans la voie de la "galanterie".

À LA BROCHE OU À LA CANE

— UN "CAFÉ DE COMÉDIENS", QUARTIER DE LA PORTE St MARTIN :

Un directeur de province surgit. Il faut « sauver » une situation... Deux possibilités. Le remplaçant connaît le texte exact de la pièce : il jouera "à la broche" (conformément à la brochure). Ou il en connaît seulement le canevas et il jouera "à la cane" : en improvisant son texte. Avec l'aide de ses partenaires et du souffleur.

RIDEAUX :

← Grands Théâtres
Petits Théâtres
↓

– À L'ALLEMANDE :

– À L'ITALIENNE :

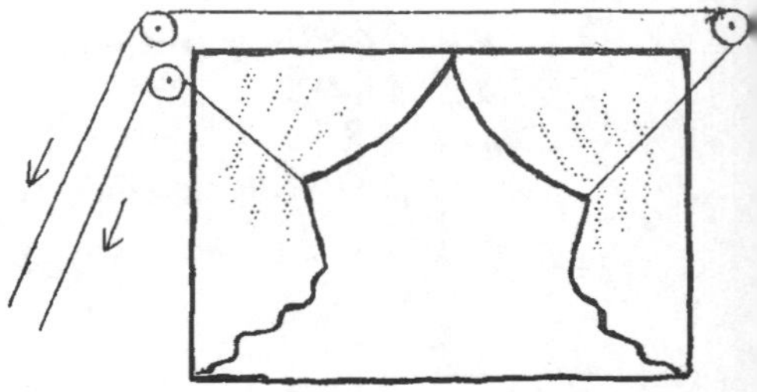

– À LA GRECQUE :

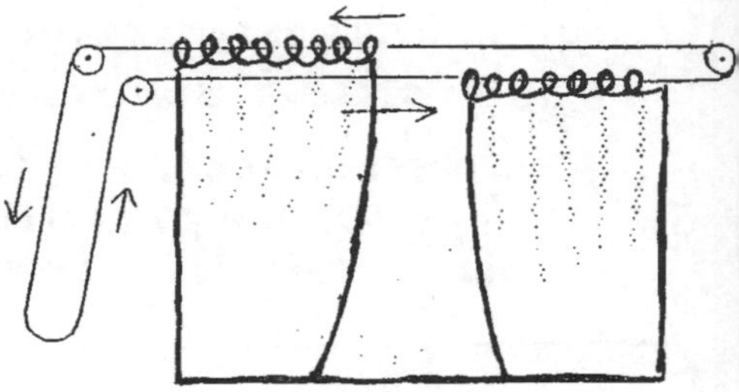

ECLAIRAGE.

Aux **quinquets** (voir p. 207), apparus en 1784, succède le **gaz** installé à l'Opéra en 1822 et à la Porte St-Martin en 1831 (voir p. 224). En 1846, premiers essais, à l'Opéra, de l'**électricité** qui se généralise en 1898 dans tous les théâtres.
La Comédie-Française a utilisé le gaz seulement pour sa rampe. Pour le reste, elle est passée directement des quinquets à l'électricité !

LA RAMPE. Principal éclairage de la scène, dirigé de bas en haut, la rampe aplatit tout. Pommettes et mentons des comédiens doivent être fardés pour en accuser le relief. Tandis que les comédiennes les mieux faites doivent recourir aux bustiers baleinés.
L'ombre portée des acteurs sur le décor est fréquente (voir ci-dessus).

SUBVENTIONS. En ce qui concerne le "théâtre parlé", seuls le Théâtre-Français et l'Odéon (« Second Théâtre-Français ») reçoivent des subventions. En 1863, respectivement 240 000 et 100 000 F.

Contre 620 000 F à l'Opéra et 240 000 F à l'Opéra-Comique. Le Théâtre Italien (lyrique), salle Ventadour, recevait 100 000 F.

rah Bernhardt (1844-1923)

dans **L'Aiglon** d'Edmond Rostand 1900

EMPLOI. Type de rôle d'un comédien (ou d'une comédienne) correspondant à son aspect physique, son âge, le style de son jeu.

CÔTÉ HOMMES, le débutant talentueux sera amoureux (Horace de "L'Ecole des Femmes") ou jeune premier (Valère de "Tartuffe"). Le bon acteur d'âge moyen sera grand premier rôle (Alceste du "Misanthrope") ou manteau (Arnolphe). S'il est une «rondeur», on l'étiquettera ventre doré (M. Jourdain) ou financier (Chrysalde). Mais il peut devenir aussi premier comique (Argan), raisonneur (Cléante de "Tartuffe") ou grime (Géronte du "Médecin malgré lui"). La «qualité» au-dessous, c'est: second comique (Petit Jean des "Plaideurs"), bas comique (Pierrot de "Don Juan")... À 60 ans, on devient père noble (Don Louis de "Don Juan").

COMÉDIE-FRANÇAISE 1894

la comédie, le drame

CÔTÉ FEMMES, on commence par ingénue (Agnès) ou jeune première (Elise de "L'Avare"). Puis on est grande jeune première (Elvire de "Don Juan"), grand premier rôle (Elmire), grande coquette (Célimène), soubrette (Dorine) ou seconde soubrette (les femmes de chambre de Marivaux). Un physique quelque peu ingrat aiguille la comédienne vers les rôles marqués (comme Arsinoé). L'âge crée la mère noble (Philaminte des "Femmes Savantes") ou la duègne (Mme Pernelle).

Chaque troupe possèdent ses "chefs d'emploi... souvent inamovibles. On peut parfois rester "jeune premier" ou ingénue quasiment à vie !

En tout cas, il est impossible à un jeune comédien de tenir le rôle principal d'une pièce. C'est pourquoi "L'Aiglon", qui est un tout jeune homme, ne pouvait être interprété que par une femme : Sarah Bernhardt (56 ans). Voir ci-dessus.

COMÉDIE-FRANÇAISE 1894

la tragédie

LE TEMPS DES AUTEURS

POINTS DE REPÈRE

ANGLETERRE. 1576. Premier théâtre fixe ("Le Théâtre").
1594. Ouverture du "Globe".
1589-1614. Shakespeare.
1642-1660. Destruction des théâtres (Cromwell).
1728. "L'Opéra du Gueux" de John Gay.

ESPAGNE. 1583. "Numance" de Cervantès.
1550-1681. Le Siècle d'Or.
1630. "Le Trompeur de Séville" de Tirso de Molina.
1635. "La Vie est un Songe" de Calderon.

ITALIE. 1512. "La Mandragore" de Machiavel.
1525. "La Moschetta" de Ruzzante
1550. Naissance de la Commedia dell'Arte.
1753. "La Locandiera" de Goldoni.
1762. "Le Roi Cerf" de Gozzi.

FRANCE. 1548. L'Hôtel de Bourgogne.
1634. Le Théâtre du Marais.
1636. "Le Cid" de Corneille
1661-1673. Molière au Théâtre du Palais-Royal.
1680. La Troupe Unique du Roi (Comédie-Française).
1697-1716. Bannissement des Italiens.
1759. La scène débarassée de ses spectateurs privilégiés.
1791. La liberté des théâtres à Paris.
1815-1862. Le Boulevard du Crime.
1830. "Hernani" de Hugo.
1852. "La Dame aux Camélias" de Dumas-fils

ALLEMAGNE. 1787. "Egmont" de Goethe.
1800. "Marie Stuart" de Shiller.
1810. "Le Prince de Hombourg" de Kleist.
1829. "Faust" de Goethe.
1836. "Woyzeck" de Büchner.

III

LE TEMPS DES METTEURS EN SCÈNE

XXe SIÈCLE

NATURALISME

SYMBOLISME

STYLISATION

« Par mise en scène, nous entendons le dessin d'une action dramatique. C'est l'ensemble des mouvements, des voix et des silences, c'est la totalité du spectacle scénique émanant d'une pensée unique qui la conçoit, la règle et l'harmonise ».

Ce texte, signé Jacques Copeau, pourrait être de chacun des pionniers de la mise en scène.
Il est dirigé contre les CABOTINAGES du XIXe siècle :
– celui de l'acteur (bas de pantalon roussi par les feux de la rampe).
– celui de l'auteur (tirades creuses, répliques à effet, « scènes à faire »).
– celui du décorateur (trompe-l'œil virtuose sans souci de vérité).

« Tout ce qui est arrivé de vraiment intéressant dans l'art scénique a été l'œuvre d'initiatives particulières, souvent poursuivies dans des conditions d'indigence pathétique ». Paul Claudel.

Cela peut concerner Lugné-Poe (découvreur de Jarry et de Claudel) aussi bien que Roger Blin (découvreur de Beckett).
La Décentralisation des années 50, puis l'extension du Service Public subventionné des années 70 donnent enfin des moyens matériels aux « animateurs ».
Mais on voit alors fleurir un nouveau CABOTINAGE, celui du... metteur en scène !

THÉÂTRES D'ART

A la fin du XIXè siècle, l'Impressionisme rénove la peinture, Wagner révolutionne la musique, Zola et ses disciples naturalistes font enfin du roman le miroir de la "vraie vie".
Tout bouge, sauf le Théâtre!

– On vient s'encanailler dans des lieux de hasard...
L'entracte au Théâtre Libre, rue de l'Élysée des Beaux-Arts, au pied de la place des Abbesses. (1887).

Enfermé dans ses conventions, il stagne. À la moindre audace, auteurs, comédiens et directeurs de théâtre craignent de chasser le public. Quant à la censure, tatillonne et stupide, elle est le pire des éteignoirs.

Devant le désastre, 3 spectateurs vont monter sur scène pour fonder le théâtre contemporain :
– un petit employé du gaz (André Antoine).
– un lycéen de 17 ans (Paul Fort).
– un gérant de galerie d'art (Jacques Copeau).

Malgré leurs dix heures de travail quotidien (et en l'absence de « loisirs » : pas de télévision, pas de voyages...) des employés de bureau, des vendeurs de magasin, de petits fonctionnaires — jeunes en général — se retrouvent, le soir, dans des groupes de théâtre amateur... où l'on joue Scribe ou Emile Augier.

Ainsi, au flanc de la Butte Montmartre : le Cercle Pigalle, rival du Cercle Gaulois. Dans ce dernier cercle animé par un officier en retraite, un jeune "gazier" (1), André Antoine (29 ans et sortant de 5 ans d'"armée") va galvaniser une partie de la troupe : une patronne-modiste, un fruitier, un peintre en bâtiment, une "demoiselle du téléphone" (PTT) etc...

Ils vont fonder "Le Théâtre Libre", société d'abonnés. (On louera une salle deux (ou trois) jours tous les deux mois environ. Pas de caisse à l'entrée du théâtre. Les billets seront souscrits avant par les membres de la société. On joue donc en privé et on échappe ainsi — point capital ! — à la censure). La réussite sera totale. Antoine, le pionnier des pionniers, va régner sur le théâtre contemporain durant une trentaine d'années. En champion du Naturalisme puis du Réalisme. Suscitant des "adversaires" Symbolistes en une concurrence féconde, il va déclencher la mode des Théâtres d'Art = laboratoires étrangers au commerce.

---

(1) - Second de la ville de Paris (1871) pour le certificat d'études (son seul diplôme) avec une bourse de 7 années pour le Lycée Charlemagne (que son père refuse par pauvreté).

Eté 1913. Jacques Copeau réunit ses futurs comédiens dans sa propriété du Limon (Seine et Marne).

Le 1er à partir de la gauche : Charles Dullin.

Le 3è à partir de la droite : Louis Jouvet.

— On répète à la campagne...

2 COURANTS...

NATURALISME

LE THÉÂTRE LIBRE

1887

André Antoine (1858-1943)

Le rideau ("le 4ème mur") se lève sur une tranche de vie. On joue, parfois « de dos », comme s'il n'y avait pas de spectateurs. Ces derniers pénètrent par effraction dans des lieux jamais vus au théâtre : le vestiaire d'une prison de femmes (voir p. 256), une chambrée militaire (idem), une boucherie, un tribunal correctionnel, un taudis.

Par pauvreté, on utilise des meubles véritables (prêtés par les parents et les amis). Et même des quartiers de viande (empruntés au boucher voisin). Les costumes viennent du fripier, non du loueur.

37, Passage de l'Elysée des Beaux-Arts (Place Pigalle)

MERCREDI 30 MARS 1887

à 8 heures très-précises du soir

Première Représentation

Jacques Damour
Pièce en 1 acte, en prose
Tirée de la nouvelle de M. Emile ZOLA
par M. LÉON HENNIQUE

La Cocarde
Comédie en 1 acte, en prose
par M. JULES VIDAL.

Mademoiselle Pomme
Comédie-Farce en 1 acte, en prose
par DURANTY
et M. PAUL ALEXIS

Un Préfet
Drame en 1 acte, en prose
par M. ARTHUR BYL.

NOTA. — Cette invitation étant **rigoureusement personnelle**, prière de vouloir bien retourner, avant la représentation, les places dont on ne disposerait pas.

A. ANTOINE.

La formule du "spectacle coupé" (plusieurs pièces courtes) permet des expériences multiples.

Auteurs "naturalistes", mais pas seulement : le Théâtre Libre peut monter des œuvres rejetées par les scènes régulières. Surtout si ce rejet est motivé par la crainte de la Censure.

– LE MILIEU DES RECELEURS :

1887. **En famille**, d'Oscar Méténier.

Première œuvre représentée : "Jacques Damour", d'après Zola. Un acte refusé par l'Odéon.

Sujet : Un déporté de la Commune, dont on avait par erreur annoncé la mort, rentre de Nouméa après dix ans d'exil.

Or, se croyant veuve, sa femme avait épousé, il y a quelques années, un brave homme de boucher. Une petite fille leur est née...

L'ex-bagnard devra s'effacer.

Un tel sujet "fait du bruit". Le Théâtre Libre est d'emblée "lancé" !

– suite page 256 –

... CONCURRENTS :

SYMBOLISME

L'OEUVRE

1893

Comédien-régisseur au Théâtre Libre d'oct. 88 à mars 90, deuxième prix de comédie au Conservatoire en 1891, **Lugné-Poe** rejoint le Théâtre d'Art (voir encadré ci-dessous) dès mai 91. Il est effaré par l'inexpérience du jeune Paul Fort qui amène la fin de l'entreprise par manque d'argent....

-ÉVOCATION DU THÉÂTRE DE MAETERLINCK :

Père : cadre dans une banque. Etudes au Lycée Condorcet ! À 19 ans, il entre au Conservatoire et au Théâtre-Libre. Plus cultivé que l'autodidacte André Antoine, il s'entend assez mal avec lui, mais reconnaît avoir appris à son contact « l'art de simplifier une scène, de lui donner du mouvement »... également l'habitude de « tout donner » au théâtre sans redouter la misère.

LE THÉÂTRE D'ART

1890-1892

Lycéen à Louis-le-Grand, il se lance, dès 17 ans, dans le théâtre. Ce qui lui vaut son renvoi par le proviseur. – À 20 ans, il "passe la main" à Lugné-Poe venu le seconder. – Il se consacre à la poésie pendant 70 ans ! Élu "Prince des Poètes" en 1912. – L'Odéon de Gémier crée, en 1924, son "Ysabeau", chronique en 4 actes.

Calqué (par un jeune homme féru de poésie symboliste) sur le Théâtre Libre. Même organisation, même fréquence des séances, mêmes lieux. Innovation : on fait l'obscurité dans la salle. Décoration : « La parole crée le décor comme le reste » dit Paul Fort qui, avec ses amis peintres Nabis (Vuillard, Bonnard, Maurice Denis ...) affectionne les toiles peintes de style tapisserie. Récitals de poésie avec diffusion de parfums ... et chahut des spectateurs. On joue le Victor Hugo du "Théâtre en Liberté", Rachilde, Verlaine ... et le "Faust" de Marlowe (1892). Découverte de Maeterlinck en 1891, avec deux courtes pièces dont "Les Aveugles" : Dans une forêt près de la mer, six hommes et six femmes, tous aveugles, s'inquiètent. Ils ont perdu leur guide qui, en fait, est assis, mort, au milieu d'eux. Lugné-Poe joue un des aveugles.

– suite page 257 –

1891. **Le Canard sauvage**, seconde pièce d'Ibsen au Théâtre Libre. *Ibsen est "lancé". Son "Hedda Gabler" sera créée au Vaudeville, fin 1891 !*

Prix de l'abonnement = 100F donnant droit aux 8 spectacles de la saison : un tous les deux mois, puis un par mois. Le Théâtre Libre doit louer un théâtre pour deux jours : le 1er pour les invités (amis, critiques), le 2e pour les abonnés. En 1893, on atteindra **670** abonnés : il faudra louer un 3e jour.

Un employé gagnant 150F par mois à l'époque, chaque abonné est un petit mécène...

Outre les jeunes naturalistes (oubliés aujourd'hui, le Théâtre Libre révèle :

- **Tolstoï** (*"La Puissance des Ténèbres"* en 1888).
- **Ibsen** (*"Les Revenants"* en 1890).
- **Tourguéniev** (*"Le Pain d'autrui"*, 1890).
- **Strindberg** (*"Mademoiselle Julie"*, 1892).
- **Hauptmann** (*"Les Tisserands"*, en 1892).

Tous ces auteurs étant considérés comme naturalistes.
Réticences : les Scandinaves sont « peu clairs pour nos cervelles de latins » (*un critique*).

1891. **La Fille Elisa** (d'ap. E. de Goncourt) *Le magasin d'habillement d'une prison de femmes. Du jamais vu !* – Drame de la misère : Elisa, pauvre prostituée, tue son client, un pauvre militaire.

L'auteur comique du Théâtre Libre, c'est Georges **Courteline** (1858-1929), finalement son seul auteur français qui ait *survécu*. Il n'est en rien le vaudevilliste qu'on voit souvent en lui. Ses thèmes ? Les mille petites tyrannies administratives, judiciaires ou matrimoniales... On l'appelle « le contemplateur ». Comme Molière ! Son style, très soigné, agace un peu aujourd'hui. Mais quelle verve !

1891. **Lidoire**, de Georges Courteline.
Une tranche de vie comique.

Le Théâtre Libre vivra 7 ans (**111** pièces, 88 auteurs découverts) et aura des imitateurs à l'étranger, en particulier en Allemagne : la "Scène Libre", dès 1889.
(Des associations de spectateurs s'y créent : la "Nouvelle Scène Populaire Libre" totalisera 500 000 adhérents en 1932. Mais en 1933 : Hitler !)

– suite page 258 –

Lugné-Poe va alors, à titre personnel, demander à Maeterlinck de lui confier son drame : "**Pelléas et Mélisande**", cinq actes en prose.

Dans un Moyen-Âge légendaire avec donjons mystérieux, étangs d'eaux noires, sous-bois à fontaines, silhouettes grelottantes, obscurs présages de malheur... les amours illégitimes de très jeunes gens : Pelléas, sorte d'Hamlet épris d'"ailleurs", et Mélisande, enveloppée de longs cheveux d'or, que Goland, demi-frère aîné de Pelléas, a trouvée dans une forêt et épousée. Un anneau perdu fera naître sa jalousie qui amènera un dénouement shakespearien.

Salle de répétions : 27 rue Turgot (9è) dans une cour d'immeuble.

Sigle:

Une seule représentation le 17 mai 1893, sur la scène des Bouffes-Parisiens, à ... 13 H 30 ! Certains costumes sont en papier.

Succès auprès du Tout Paris culturel.

Répliques :

— Comme nos ombres sont grandes, ce soir, elles s'enlacent au fond du jardin.

— Il y a toujours un silence extraordinaire, on entendrait dormir l'eau.

— Oh ! comme tu dis cela ... On dirait que ta voix a passé sur la mer au printemps.

Debussy, en 1902, tire de la pièce oubliée un opéra célèbre.

Maurice Maeterlinck (1862-1949)

Fondation du Théâtre de l'Oeuvre sur le modèle exact du Théâtre Libre mais qui ne dépassera jamais 130 abonnés (contre 670 à la troupe d'Antoine).

«Le grand "taiseux"»... tel est le surnom de ce peu bavard jeune poète belge de langue française, fils de châtelains, vivant chez ses parents lorsque Mirbeau le "découvre", en 1889, dans un retentissant article du "Figaro" où il compare "La Princesse Maleine" (pièce pour marionnettes) à du Shakespeare. Pas moins ! — De fait, il sera le grand dramaturge symboliste de la Belle Époque... Connu longtemps seulement pour son "Oiseau bleu" (1908. Théâtre Artistique de Moscou) joué dans le monde entier : Un petit garçon et une petite fille partent vainement à la recherche du bonheur — l'oiseau bleu — et s'aperçoivent à leur retour que leur oiseau est bleu !

LES 2 LUGNÉ-POE :

... l'acteur halluciné ... le patron "façon Antoine"

— Suite page 259 —

875 PLACES

"Les Menus-Plaisirs"
14 Bd de Strasbourg

LE THÉÂTRE ANTOINE

1896

Après une longue tournée à travers l'Europe, Antoine s'installe enfin au Th. des Menus-Plaisirs (loué fréquemment par le Théâtre-Libre) que l'on nomme alors : Théâtre Antoine.

Jules Renard

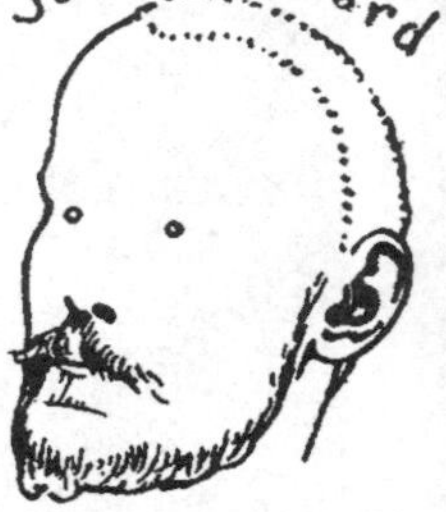

Antoine fait installer, au-dessus du cadre de scène, une horloge pour que l'on puisse vérifier le respect des horaires. (Elle s'y trouve toujours).

Suzanne Després

• rôle de Poil de Carotte

Prix des places à l'orchestre : 5F (contre 10F sur les boulevards).

Les costumes féminins seront à la charge du théâtre et non des comédiennes (voir page 245).

Henry Bernstein

Antoine reprend ses succès du Théâtre Libre et découvre de nombreux auteurs non plus naturalistes mais simplement réalistes, comme :

- Jules Renard ("Poil de carotte", 1900),
- Henry Bernstein,
- François de Curel,
- Eugène Brieux.

Ces deux derniers, auteurs de pièces à thèses sociales (et totalement oubliés aujourd'hui.)

1898. "Une Faillitte" de Björnson, norvégien comme Ibsen. – Tragédie de l'argent. – Avec André Antoine, en noir.

Georges Courteline

Coup d'éclat en 1904 : "Le Roi Lear" intégral (traduit en prose par Pierre Loti) et qui ouvre à Antoine les portes de l'Odéon.

Antoine joue le Père Fouan ← de "La Terre" (Zola, 1902)

→ et le rôle-titre du "Roi Lear" (1904) de Shakespeare.

François

de Curel

Eugène Brieux

– suite page 260 –

L'OEUVRE

LES SCANDINAVES

– Titres soulignés = création de "L'Oeuvre".
– (TL) = créations du "Théâtre Libre".

Henrik Ibsen (1828-1906)
norvégien

Bjoernstjerne Bjoernson
(1832-1910)
norvégien

13 Fev. 1894. "Au delà des forces humaines".
19 Fev. 1894. "Une Faillite" (TL).

August Strindberg
(1849-1912) suédois
1893. "Mademoiselle Julie" (TL)
1894. "Créanciers", "Père"

1890. "Les Revenants" (TL)
1891. "Hedda Gabler" (au Vaudeville) Matinées du Jeudi
1891. "Le Canard sauvage" (TL)
1892. "La Dame de la Mer" (Escholiers)
1894. "Maison de poupée" (au Vaudeville) av. Réjane
1894. "Un ennemi du peuple"
1895. "Brand"
1896. "Peer Gynt"
1897. "La Comédie amoureuse"
1898. "Rosmersholm"

Par manque de pièces symbolistes, Lugné-Poe va se tourner vers les Scandinaves ... surtout Ibsen (découvert par Antoine) ... et les jouer à la lumière du Symbolisme.
Chez des personnages aux réactions indécises ou abruptes, Antoine voyait pathologie, hérédité ... Lugné-Poe veut voir : fatalité extérieure, malédiction.
Il va inventer le jeu "somnambulique" (lenteur, gestes décalés, texte psalmodié) qui sera la marque de "L'Oeuvre". On l'appelle le "clergyman somnambule" à cause de ses costumes stricts ... et de sa gestuelle.

En 1894, "**Un ennemi du peuple**" d'Ibsen, aux Bouffes du Nord, suscite des remous.

Le sujet ? – Un médecin dénonçant la pollution d'eaux thermales (comme c'est son devoir), se trouve désavoué par la majorité de la population : il ruine la station.

DANS LE LOCAL DE LA RUE TURGOT :

– Sérusier et Bonnard, sous l'œil du Lugné-Poe, peignent (bénévolement) les décors.

On crie dans la salle : « Vive l'Anarchie ! ».
Maurice Barrès – le nationaliste soutient la pièce ! Ennemi de la loi du plus grand nombre (le suffrage universel), il rejoint curieusement sur ce point l'individualisme anarchiste.

Trouble de l'ordre public. On reproche à Lugné-Poe de vendre (illégalement) des billets ici ou là ... alors que "L'Oeuvre" est protégée de la Censure par son statut de société d'abonnés.

– suite page 261 –

ANTOINE À LA TÊTE DE

L'ODÉON

1906

Caricature malveillante concernant la nomination d'Antoine à l'Odéon appuyée par Clemenceau et A. Briand.

C'est le Second Théâtre Français. Seul théâtre parlé subventionné avec la Comédie-Française qu'il doit seconder dans le défilé du repertoire ... et la création d'auteurs nouveaux.

Dès son arrivée, Antoine fait rénover la salle (couleur "feuille morte") et supprimer 300 "mauvaises" places (il en reste 1264 !).

À raison d'une quarantaine de "créations" par saison, il va monter Shakespeare : "*Jules César*" dès 1906 (voir page 106) avec reprise du "*Roi Lear*" (1907), le rôle-titre étant joué par De Max. Antoine, directeur de l'Odéon, ne montera plus sur scène.

1906. **Jules César**. Mort de Cassius.

Egalement "*Tartuffe*" (1907), son premier Molière, avec entrée en scène sensationnelle de Tartuffe descendant de profil un escalier et montrant successivement ses pieds, son corps, sa tête ... Apparition attendue pendant 2 actes.

Il fait débuter des vedettes de café-concert dans Molière : Dranem ("*Le Médecin malgré lui*") et Vilbert ("*Mr de Pourceaugnac*").

Il découvre Jules Romains, l'unanimiste, et présente son "*Armée dans la ville*" (1911) «en prose cadencée».

Hélas, Antoine «en fait trop». Il monte coup sur coup des spectacles trop lourds. "*Psyché*" (1911) de Molière le met quasiment en faillite. En 1914, un gala organisé à l'Opéra le sauve : il y aura "concordat". Mais il va être contraint d'aborder le cinéma (de façon brillante !) pour payer ses dettes.

«Tiens ! meurs !» Assuérus tue sa maîtresse qui refuse de s'exhiber nue.

1912. Une "Esther" romantique, colorée, sensuelle ... en vers parnassiens ... par André Dumas et Sébastien-Charles Leconte.

-Suite page 262-

Alfred Jarry (1873-1907)

Né à Laval. Père : négociant. Séparation de ses parents. À 15 ans, il est au lycée de Rennes. À 18 ans, poursuit ses études à Paris et entre dans la bohème "fin de siècle". **P**ince-sans-rire érudit, mystificateur maniant sans cesse le paradoxe d'une voix mécanique, il est habillé en cycliste et passe pour tirer au revolver dans les glaces ! "**F**igure" pittoresque du Quartier Latin, il mourra d'alcoolisme (et de misère) à 34 ans.

Autre "scandale" en 1896 : "**Ubu-Roi**", une farce d'avant-garde d'Alfred Jarry, l'excentrique secrétaire de "L'Oeuvre".

Le bedonnant Père Ubu, énorme, sale, d'un cynisme absolu, goinfre, plutôt asexué... monstre de bêtise, de cruauté, d'égoïsme, c'est (avec sa femme, l'ignoble Mère Ubu) un Macbeth de guignol. Il est porté au pouvoir (dans une Pologne de fantaisie) par son absence totale — et hilarante — de sens moral, ce qui (horreur !) nous le rend sympathique : vengeance de nos bas instincts réprimés ?

À l'origine, il s'agit d'une pièce pour marionnettes, canular de lycéens de Rennes se moquant d'un prof de physique chahuté, Mr Hébert, dit « Père Hébé ».

Le grand mérite de Jarry, c'est d'avoir résisté à l'envie d'"améliorer" la forme fruste, grossière, sauvage de l'original.

Le père Ubu et sa gidouille (son ventre). Gravure sur bois de Jarry lui-même.

1908 : Reprise, au Th. Antoine, et en spectacle public, d'Ubu Roi par les créateurs, Louise France et Firmin Gémier (devenu directeur du Th. Antoine).

Éléments scéniques et décoratifs provocateurs. Côté cour : un lit avec pot de chambre. Côté jardin : un palmier avec boa. Au fond, un paysage polaire avec cheminée d'appartement... qui se scinde en deux et devient une porte ! Un digne vieillard à barbe blanche vient accrocher (parfois à l'envers) des pancartes indiquant les changements de lieux.

Le premier mot du texte (« Merdre ») déchaîne la tempête : sifflets, protestations... On entend : « Mangre ! », « Stercoraires ! », « Lugné Poe... de chambre ! ». Courteline, debout sur son siège crie : « On se fout de nous ! » Jules Renard approuve. Le poète irlandais W.B. Yeats est abattu : « Après nous, le dieu sauvage ! »

« "Ubu" est une œuvre dont la crasse doit déranger comme une ordure dans un salon. » Roland BARTHES

"**U**bu-Roi" est à la source du "théâtre de l'Absurde" des années 1950. Cependant Jean Vilar, en 1958, en a magnifiquement dégagé le côté **civique** : la caricature (prémonitoire) des régimes totalitaires.

— suite page 263 —

RÉALISME PARTOUT

-À LA PORTE S^T MARTIN :

1897 "Cyrano de Bergerac"

Edmond Rostand, hugolâtre, triomphe, en fin de siècle, avec ses drames en vers. Or, il y met la "poésie des petits objets" : « Le manche de mon fouet est un saucisson d'Arles ! » clame Ragueneau dans "Cyrano". L'Aiglon dit : « Qui ?... a trouvé le moyen dans ce bagne où nous sommes / De repeindre pour moi tous ces petits bonshommes ? » (C'est le grognard Flambeau qui a repeint aux couleurs françaises des soldats de plomb autrichiens.)

1900. "L'Aiglon"

-AU TH. DE LA RENAISSANCE :

1908. "**Samson**" de Bernstein. Avec Lucien Guitry (à droite), la brutalité naturaliste dans le grand monde.

1910. "**Chantecler**" de Rostand.
-Une poule on ne peut plus réaliste.

-À LA COMÉDIE-FRANÇAISE :

Mounet-Sully dans "**Œdipe-Roi**" ... et un costume hyperréaliste.

Et Feydeau lui-même, le créateur du vaudeville "fin de siècle" (dénué de tout « air chanté » entre les scènes)... accumule les sonnettes électriques sous les lits et d'inquiétants appareils pseudo-scientifiques. →

Georges Feydeau (1862-1921)

1899

-LE FAUTEUIL EXTATIQUE DE "LA DAME DE CHEZ MAXIM'S"

Courteline, né au Théâtre Libre, est à l'époque incontournable.

Paul Claudel (1868-1955)

Auteur "amateur".
Profession : diplomate.
Poète à la tête d'une œuvre-océan centrée sur le théâtre.

En 1912, nouvelle "découverte" qui fait moins de bruit : **"L'Annonce faite à Marie"**, étrange pièce de Paul Claudel (attendue parce que déjà publiée) :

Une ferme "d'aspect seigneurial" au temps des Croisades. Violaine aime Jacques : elle doit l'épouser mais donne par charité un baiser au constructeur de cathédrales, le lépreux Pierre de Craon. Elle contracte la maladie et, calomniée par sa sœur Mara (elle aussi amoureuse de Jacques), elle devra vivre comme une bête au sein d'une forêt tandis que Jacques épouse Mara.

Des années après, l'enfant de Mara meurt. En pleine nuit de Noël, la lépreuse va faire un miracle : ressusciter l'enfant avant de mourir tuée par sa sœur. (« Ressusciter ? » Non ! Elle va le concevoir de nouveau comme la mère du Christ conçut, immaculée... L'enfant aux yeux noirs, de nouveau en vie, a les yeux bleus de Violaine !)

DÉCORATION : JEAN VARIOT

Sorte de mystère médiéval, la pièce touche par son aspect cordial, chaleureux, profondément humain.

Depuis 1895, Lugné-Poe a épousé la très vivante (et pas du tout somnambulique ...) **Suzanne Desprès** avec qui il effectue, en dehors de ses recherches de "L'Œuvre", des tournées européennes nécessaires à sa survie financière. En 1899, il dissout sa société d'abonnés. "L'Œuvre" reste son label d'imprésario. En particulier de la Duse, la Sarah Bernhardt italienne.

La Duse

DÉCOUVERTE D'1 GRAND AUTEUR IRLANDAIS :

John Millington Synge

1913. **Le Baladin du Monde Occidental** au Th. Antoine, dir. Gémier

– **U**n jeune paysan faraud, qui prétend avoir tué son père, fait figure de héros pour ces fous d'Irlandais.

... ET EN RUSSIE

Constantin **STANISLAVSKI**, le réaliste et les "actions physiques".

1863 - 1938

UN ANDRÉ ANTOINE qui aurait eu les moyens matériels de s'exprimer. Pendant vingt ans, bénéficiant d'une subvention quasi illimitée, Stanislavski a été le maître vénéré du théâtre soviétique et, partout dans le monde, du théâtre tout court. Surtout pour sa **pédagogie de la formation de l'acteur**.

Sa "Méthode," qui a d'abord pour but de combattre l'insincérité, sert encore de base à l'enseignement de l'Actor's Studio, la prestigieuse école américaine.

Il est contre la convention, le système des "emplois", les trucs, les "effets", le métier.

Il veut aboutir au "revivre" du personnage à partir d'un long et rigoureux travail de préparation.

Un peu comme Pascal conseillait à l'incroyant de s'astreindre à mimer les gestes de la dévotion afin d'accéder à la foi... Stanislavski préconise l'imitation répétée des **"actions physiques"**, gestes typiques, tics... propres au personnage que l'on veut interpréter.

(Nouveau pour l'époque :) Il demande à l'acteur une relaxation musculaire totale avant d'entrer en scène. Puis une concentration absolue dès qu'il est sur le plateau.

Stanislavski était lui-même un très grand acteur de composition. Il a écrit : " Ma vie dans l'art" (1924). et de nombreux ouvrages sur la formation de l'acteur.

Grand-mère (maternelle) : actrice à Paris. **Père** : industriel qui, grand amateur de théâtre, fait édifier, chez lui, un théâtre à l'italienne pour l'amusement de ses enfants. **Etudes théâtrales** : à l'Ecole dramatique de Moscou. **Rencontre** : Némirovitch-Dantchenko (auteur et critique) avec qui il fonde le "Théâtre d'Art de Moscou" (1898). Il le dirigera durant 40 ans. **Reprend** : dès 1898, "La Mouette" de Tchékhov qui avait été un échec, en 1896, à St Petersbourg et qui est maintenant un tel succès qu'elle devient l'emblème du

Théâtre d'Art dont Tchékhov va être l'auteur attitré. **Répertoire** : aussi bien les classiques russes que Molière, Shakespeare, Pirandello ... et même Maeterlinck. Ainsi que le théâtre politique ("Le Train blindé 14-69"). Toujours avec la même rigueur : équilibre, mesure, cohésion ... qui lui gagneront l'estime des tenants du Réalisme Socialiste dont il dépasse les limites, mais sans provocation aucune.

Anton Tchékhov (1860 - 1904)

Ce médecin des pauvres, généreux et observateur, connaît, comme auteur dramatique, des débuts difficiles ... C'est qu'il rompt avec tous les artifices : pas d'intrigue, pas de thèse. Avec un "sous-texte" (non dit mais fascinant) ... Il fallait Stanislavski pour comprendre cela. Dès lors, les réussites se pressent : "Oncle Vania" (1899), "Les Trois Sœurs" (1901), "La Cerisaie" (1904).

La fête de l'acte III de **"La Cerisaie"** de Tchékhov (1904)

1874 - 1942

Vsevolod
MEYERHOLD, le constructiviste
et la "biomécanique".

ENNEMI DU RÉALISME et du « revivre », il pense que le théâtre n'a pas à imiter la vie... (Cf. Apollinaire, p. 335). Il préconise donc un **art de convention**.

« Convention » ?! qu'est-ce à dire ? Il ne s'agit pas, bien sûr, de la convention routinière, odéonesque, non avouée, inconsciente même ... mais d'une convention consciente, revendiquée, réfléchie : jeu de théâtre mené selon des règles admises par acteurs et spectateurs.

Ainsi Meyerhold est fasciné par les types de la Commedia dell'Arte dont le costume, le grimage, la démarche... sont fixes.

Fils : d'une grande famille d'origine allemande. **Elève** : de Stanislavski dès 1895, il est du "Théâtre d'Art" mais fonde rapidement une troupe rivale antiréaliste. Premiers essais de stylisation de l'acteur. **1917** : L'un des premiers artistes à rallier le bolchevisme. **1920** : Fonde le "Th. de la République des Soviets" qui devient (1923) le "Th. Meyerhold". Son opposition aux consignes trop strictes lui vaut le désaveu de Lénine. **1923** : "Mystère-Bouffe" (Maïakovski). **1934** : Jdanov préconise le Réalisme Socialiste et condamne le "formalisme". **1938** : Le "Th. Meyerhold" est fermé (malgré l'action de Stanislavski). Son directeur est déporté.

IL DEMANDE À SES COMÉDIENS une discipline d'athlètes non pas affectifs (Cf. Artaud) mais capables de créer un système de **signes** que le public devra comprendre ...et qu'il déchiffrera dans la mesure où il se montrera "connaisseur".

On voit surgir là, pour la première fois, la notion de "théâtre élitaire".

Seul l'acteur compte pour Meyerhold. Il supprime toute décoration parasite : même les volumes d'Appia et les sobres rideaux de Craig sont de trop !

Machines à jouer la pièce, ses dispositifs (que les critiques soviétiques en viennent à appeler plaisamment : "maisons d'étourneaux") évoquent le monde du travail que le régime entend magnifier.

Y évoluent des foules de comédiens gymnastes et acrobates formés par la méthode biomécanique qui calcule les mouvements (individuels et collectifs) avec une précision mathématique.

...Dans des costumes souvent uniformes et qui évoquent parfois ceux des prolétaires du film de Fritz Lang : "Métropolis".

1922. Scène constructiviste pour "Le Cocu Magnifique" de Crommelynck. Conçue pour faire ressortir « le dynamisme industriel de la pièce » (dixit Meyerhold). Farce paysanne flamande haute en couleurs ! Curieuse conception.

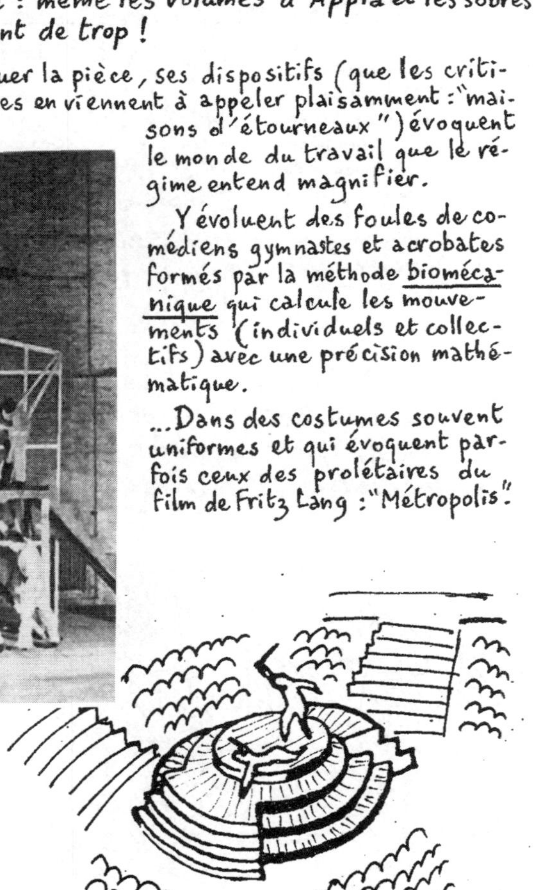

— DISCIPLES DE MEYERHOLD :

- Eugène VAKHTANGOV (1883-1922) : voir p. 199
- Nicolaï OKHLOPKOV (né en 1900) qui, en 1933, donne une célèbre mise en scène, en rond, de "La Mère" de Gorki, au *Théâtre Réaliste de Moscou*. ▷

DEUX VISIONNAIRES

L'anglais CRAIG, le suisse APPIA. Ce dernier, architecte de formation, commencera ses travaux dès 1888, c'est-à-dire avant Paul Fort et Lugné-Poe, dont il partage la même haine du Réalisme. Craig surgit en 1893. Ni Craig, ni Appia n'ont de théâtre. Ils travaillent (peu) à travers l'Europe (sauf en France). Ils collaborent pour "Rosmersholm" d'Ibsen, à Florence, avec La Duse (1906). Avant tout plasticiens, ils multiplient les esquisses, **rêves dessinés**, fous pour l'époque.

Gordon **CRAIG** (1872-1966)

ici, très jeune, en Hamlet

Père : architecte. Mère : actrice célèbre. Carrière de (brillant) comédien entre 17 et 25 ans : les grands rôles shakespeariens. À 27 ans : 87 estampes en un an (1899). 1902 : quitte l'Angleterre et s'installe en Italie. **10** mises en scène (Allemagne, Italie, Danemark après l'Angleterre) en tout. Vit en France de 64 à 94 ans.

Pour CRAIG, le Théâtre, art autonome, pourra se passer, un jour, de l'auteur. En attendant, il faut monter uniquement les grands classiques, tous les élé-

"Macbeth", la fin de la pièce.

Etude pour "Hamlet"
En 1912, à Moscou, chez Stanislavski
– 3 ans de préparation, 400 représ.ons

ments du spectacle se pliant à la volonté du metteur en scène. Quant à l'acteur, il devient une "**surmarionnette**", simple « élément mobile » du décor. Ces propos font, bien sûr, scandale. Une école de théâtre à Florence (1908-1914). Une revue "The Mask" (1908-1929). Un livre : "L'Art du Théâtre" (1905).

Pour APPIA, le théâtre est un **art total** comprenant le jeu de l'acteur, son rythme, la décoration, l'éclairage...

"**Le Roi Lear**" (Actes 1 & 2 seulement. Il ne s'agit donc pas d'un dispositif fixe)

« Le metteur en scène, dit-il, inscrit dans l'espace ce que l'auteur a écrit dans la durée ».

- Concrètement, il supprime la rampe ainsi que le rideau, cherchant à relier scène et salle.
- Il met surtout en scène des ouvrages lyriques (Wagner principalement, en frisant le scandale) ... mais ses théories et ses dessins influencent beaucoup le théâtre parlé.
- Un livre : "L'Oeuvre d'art vivant" (1921)

Adolphe **APPIA** (1862-1928)

Fils du fondateur de la Croix-Rouge. Etudes musicales. Timide et bègue, il sera surtout un théoricien.

JACQUES COPEAU

1879 - 1949
(70 ans)

LE VIEUX COLOMBIER

1913

IL NE VEUT PAS RÉNOVER le théâtre, mais le **réformer**, le **refonder**.

Au courant des travaux de Craig et d'Appia, il va les adapter au goût français.

Avant de rechercher de nouveaux auteurs (comme Antoine et Lugné-Poe), il veut, rejetant la scène à l'italienne, ré-inventer le dispositif scénique. Ce sera la **scène architecturée**.

Il lui faut donc un lieu fixe, à lui.

Né : à Paris. **Père** : petit industriel (ferronnerie). **Lycée** : Condorcet. **Etudes** : de Lettres. **Se marie** : (à 23 ans) avec une danoise. **Très vite** : 3 enfants. **Devient** : gérant d'une galerie d'art. **Succède** : à Léon Blum comme critique théâtral à la "Grande Revue". **Fonde** : (avec Gide, H. Ghéon...) la "Nouvelle Revue Française" qu'il dirige jusqu'en 1913.

PROLOGUE

AU TH. DES ARTS
(futur Th. Hébertot)
Dir. Jacques Rouché

Copeau (32 ans)

En 1911, Copeau fait jouer son adaptation d'un roman de Dostoievski au Th. des Arts. Dans la troupe : Dullin (26 ans), Jouvet (24 ans), Roger Karl (29 ans)...

Eté 1913 : tout le monde à la campagne !... au Limon (Seine et Marne) près de La Ferté-sous-Jouarre, dans la propriété de Copeau : escrime, lectures, gymnastique...

Charles Dullin (au centre) se révèle un grand acteur

THÉATRE DES ARTS

PREMIÈRE REPRÉSENTATION DE

LES FRÈRES KARAMAZOV

DIMANCHES ET FÊTES, MATINÉE à 2 heures

– POUR GAGNER SA VIE, COPEAU EXERCE LA PROFESSION DE "GÉRANT DE GALERIE D'ART".

– Extraordinaire pour l'époque.

LA PREMIÈRE SALLE (Saison 1913-1914)

Oct. 1913. **Une femme tuée par la douceur** (Thomas Heywood)

Nov. 1913. **Barberine** (Musset)

- fond orange, lettres bleues.

AIDÉ PAR LA N.R.F., Copeau s'installe dans une salle de patronnage (appartenant à St Sulpice), 21 rue du Vieux-Colombier.

AMÉNAGÉE DE FAÇON SPARTIATE par le décorateur Francis Jourdain, c'est déjà un dispositif fixe avec proscenium desservi par deux portes latérales.

Oct. 1913. **L'Amour médecin** (Molière). Une couleur par personnage ... qui se détache sur le rideau "gris perle".

DIFFÉRENCE AVEC "Le Théâtre Libre" ou "L'Oeuvre", on joue tous les soirs.

Commencée dans l'indifférence, cette première saison se clôt dans l'enthousiasme (d'un public lettré).

En **8** mois, **15** pièces dont **3** d'auteurs nouveaux (Schlumberger, H. Ghéon, Martin du Gard).
... **2** "créations en France" d'auteurs élisabéthains :
"*Une femme tuée par la douceur*" de Thomas Heywood.
"*La Nuit des Rois*" de Shakespeare [où Jouvet se fait remarquer dans le bouffon Sir André (voir p. 110).]
... la création de "L'Echange" de Claudel.
... "L'Avare" de Molière, avec Dullin.

NB. Copeau qui n'est jamais monté sur scène (même pas en amateur) tient d'entrée de grands rôles ... tout en assurant la mise en scène !

COPEAU DULLIN (à terre)
Janv. 1914. **L'Echange** (Claudel)

PARENTHÈSE AMÉRICAINE Nov. 1917 juin 1919

Clemenceau souhaite l'installation d'une troupe française à New-York (face à une troupe allemande déjà sur place). Il choisit le Vieux-Colombier. Copeau (mobilisé à Paris "dans l'auxiliaire") va tirer Jouvet et Dullin (à grand peine) du Front.

Ils s'installeront au Garrick-Theatre dont Jouvet dessinera le dispositif fixe qui évitera les grands décors et donnera une unité à l'ensemble des spectacles.

Une quarantaine de créations d'auteurs variés, ceux du Vieux-Colombier ("Les Frères Karamazov" ici font scandale!), mais aussi ceux réclamés par le public, Emile Augier, Eugène Brieux, Porto-Riche. On joue même "Les Romanesques" d'Edmond Rostand dont le "critique" Copeau disait: *« Il porte au plus haut degré ce don funeste entre tous à la sincérité poétique : l'ingéniosité littéraire ! »*.

Début juillet 1919, Copeau débarque au Havre, épuisé. Dullin était revenu dès février.

LA SECONDE SALLE (oct. 1920 - mai 1924)
du 21 rue du Vieux-Colombier

Sigle:

D'après un pavement de San Miniato (région de Florence)

Le rideau est vert

Les deux boites rondes de part et d'autre de la scène sont des projecteurs à facettes colorées (et à rotation électrique) les "jouvets"... inventés par Louis Jouvet.

Copeau

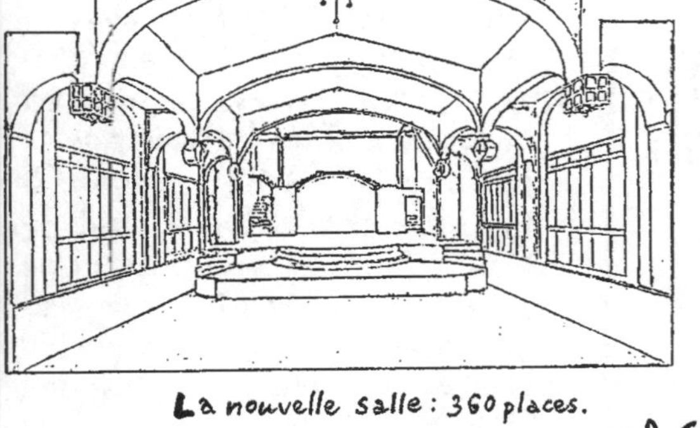

La nouvelle salle : 360 places.

LA SCÈNE ARCHITECTURÉE du Vieux-Colombier, c'est le **théâtre élisabéthain + l'electricité**.

Suppression de la "rampe". La scène est reliée à la salle par des marches. Dispositif "ouvert" rappelant celui du Palais Cardinal (voir p. 143).

Scénographie : Louis Jouvet

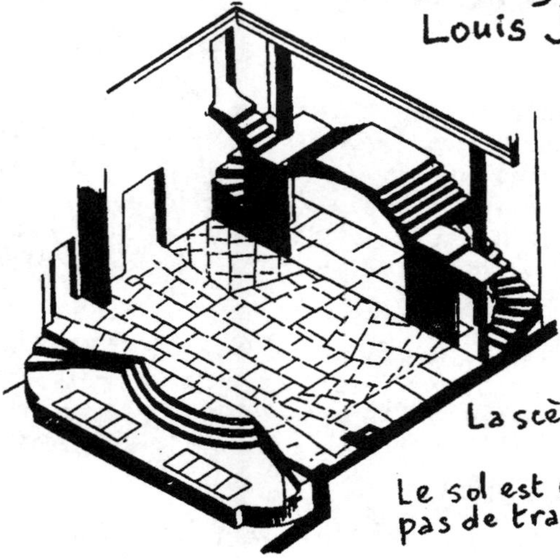

La scène nue.

Le sol est cimenté : pas de trappes.

Reprise de **La Nuit des Rois**

Roger Martin du Gard

Fév. 1914 : "Le Testament du Père Leleu".
(Farce paysanne réussie. Succès.)

Copeau justifie la sobriété de l'ensemble : « **Pour l'œuvre nouvelle qu'on nous laisse un tréteau nu !** » Cela étant valable pour les classiques, montés de façon stylisée...

Les échotiers ironisent : "Copeau, le janséniste"... "les Folies-Calvin".

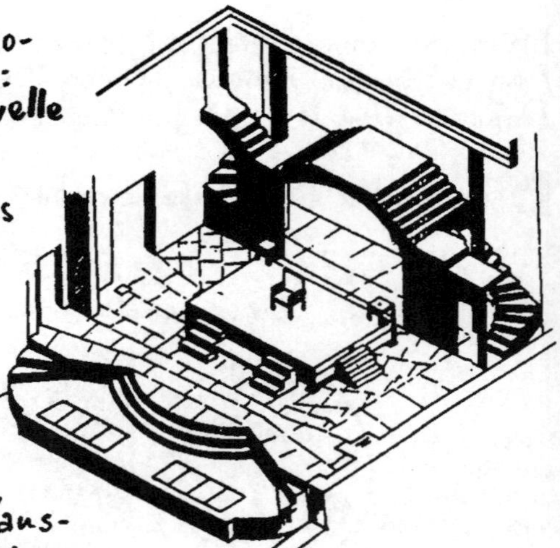

1920. **Le Médecin malgré lui**

ET POURTANT RIEN DE GRIS, d'austère au Vieux-Colombier... Des couleurs franches, une allégresse dans le jeu (fort éloignée du "somnambulisme" de Lugné-Poe !).

Jean Schlumberger

Nov. 1913 : "Les Fils Louverné"

Mars 1921 : "La Mort de Sparte"

AUTEURS. De nombreux classiques (c'est nouveau dans le théâtre non subventionné) : Molière, Shakespeare, Marivaux, Mérimée, Beaumarchais...

Jules Romains

Mai 1920 :
"Cromedeyre-le-Vieil"
(Succès d'estime)

Charles Vildrac

Mars 1920 : "Le Paquebot Tenacity".

Quant aux "modernes", il s'agit, bien sûr, des auteurs NRF mais pas seulement.

Curieusement la pièce la plus jouée ("Le Paquebot Tenacity") est assez réaliste : Deux jeunes imprimeurs en attente d'un bateau pour le Canada (où ils veulent tenter leur chance) prennent pension dans une auberge. Une jeune servante, Thérèse, hésite entre les deux. Le plus timide partira seul pour le Canada.

Mai 1920. Scène de **Cromedeyre-le-Vieil**, de Jules Romains. (en prose cadencée)
- Un "enlèvement des Sabines" en Haute-Loire actuelle.

Mai 1921. **L'Amour médecin**, de Molière.
- *Nouvelle gestuelle stylisée qui aboutira au "jeu sautillant" des années 50 ; sa dégradation.*

Mars 1921. **La Mort de Sparte**, de Jean Schlumberger.

Nov. 1921. **Les Frères Karamazov**, d'après Dostoïevski. *Reprise.*

Juin 1922. **Saül**, d'André Gide

FINANCEMENT.

« Je ne veux pas de l'argent des financiers, il me lierait. Je ne veux pas de la subvention de l'Etat, elle m'étoufferait », déclare Copeau. (1)

Il entend faire vivre son théâtre avec ses seules recettes journalières. Or la jauge d'une salle de 360 places, comme celle du Vieux-Colombier, rend la chose pratiquement impossible.

MAI 1924.

Copeau ferme brusquement son théâtre.
Raisons médicales ? Grande fatigue ?
Conversion à la foi catholique ?
Départ, en octobre 1922, de son "bras droit" Louis Jouvet ?
Difficultés financières ? Echec, en décembre 1923, de sa pièce "La Maison Natale" que Copeau avait mis des années à écrire (et à laquelle il tenait beaucoup) ?... On ne sait pas.

La troupe licenciée, Copeau entraîne ses "fidèles" (jeunes comédiens, "vieux" élèves de l'Ecole) à la campagne : Morteuil (Saône et Loire), puis Pernand-Vergelesse (Côte d'Or).

(1) Etrange réflexion : les subventions n'existent pas encore (hors le "Français" et l'Odéon) !

L'ÉCOLE

Copeau estime que "le théâtre de son temps est vicié dans sa forme, dans son fond, dans son esprit et dans ses mœurs". D'où la nécessité d'une école. Elle se situe au 5 rue du Cherche-Midi, juste derrière le théâtre. Les élèves (sexes séparés) n'ont pas droit aux coulisses (sauf s'ils assurent une "figuration" ou un petit rôle).

Matières enseignées : *Culture générale, Hébertisme et acrobatie, Pantomime, Cirque (prof. les Fratellini), Chant, Danse, Travail sous le masque.*

Les cours sont gratuits. Direction : Copeau, Suzanne Bing.

Deux sections : A et B. Les élèves de la section B (*directeur : Jules Romains*) ne se destinent pas nécessairement à la profession théâtrale.

Déc. 1920. **Les Fourberies de Scapin** (Molière) où Copeau compose un Scapin blasé et "revenu de tout".

JOUVET en GÉRONTE des "Fourberies"

Le dernier rôle de Copeau au Vieux Colombier : ALCESTE. Face à Célimène (Valentine Tessier).

LES "COPIAUS" (1924-1929).

Surnom donné par les vignerons Bourguignons (= "les petits Copeau") à la trentaine de transfuges du Vieux-Colombier qui les régalent de comédies de tréteaux conçues pour eux (avec danses, chants, mimes, masques, recherches de nouveaux personnages-types).

rôle de la Célestine

1926. **L'illusion** de Copeau, condensé de "La Célestine" de Rojas et de "L'illusion Comique" de Corneille. Jeu dramatique.

FORMIDABLE EXPÉRIENCE d'où sortiront les pionniers de la Décentralisation (Jean Dasté, Michel St Denis ...)

Hélas, Copeau se comporte en cyclothimique (tantôt trop directif, tantôt "absent") et il dissout le groupe en 1929.

Oscar Knie (Michel St Denis)

LA "COMPAGNIE DES 15" (1930-1934).

Des "Copiaux" sans Copeau.
Directeur : Michel Saint-Denis.
Un auteur-maison, André Obey : "Noé", "Le Viol de Lucrèce"

Installation au Vieux-Colombier, pendant quatre ans, dans un dispositif nouveau.

- Un récitant côté Jardin.

Son sigle : les 2 colombes dans un "15".

Le nouveau dispositif fixe du Vieux-Colombier. Utilisé seulement deux saisons : 1930-1931 et 1931-1932.

– EN MÊME TEMPS...

LE BOULEVARD DES ANNÉES FOLLES

On construit à Paris, quartier de l'Opéra, des « bonbonnières » de 500 places, juste après la guerre de 1914-1918 : la Potinière (1919), la Michodière (1921), le Daunou (1923)... Le public afflue.

3 GRANDS ACTEURS

Victor BOUCHER

Jules BERRY

Pierre FRESNAY

ANTOINE à l'époque où il était critique dramatique à "L'Information" (1922-1940)... et critique de cinéma au "Journal" de 1930 à 1940. Resté influent, il reçoit les jeunes auteurs dans son petit appartement du 28, place Dauphine. C'est ainsi qu'il découvre Marcel Pagnol.

Sacha Guitry par lui-même

THEATRE EDOUARD VII

1920

1921

1923

1925

Yvonne Printemps dans le rôle de Mozart

1925

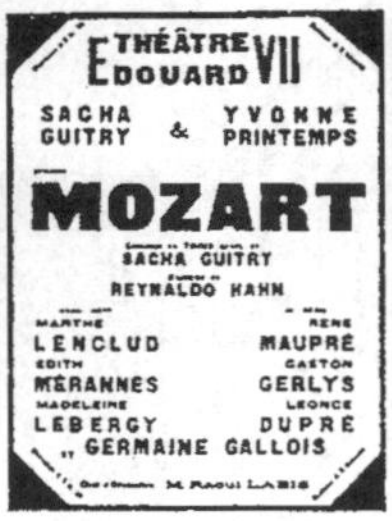

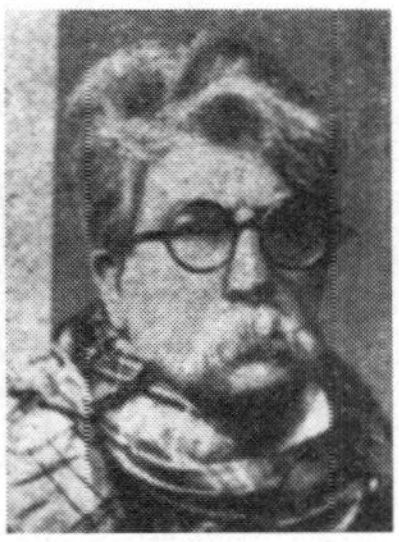

Lucien Guitry dans "Un Sujet de roman"

Marcel PAGNOL

1929. "Marius" de Marcel Pagnol – Une "tranche de vie" marseillaise. Mise en scène de Raimu.

1931 Harry Baur

dans "Fanny".

Jacques DEVAL

D auteur de "Tovaritch" 1933 Un couple d'aristocrates russes devenus valets de nouveaux riches parisiens...

Théâtre Stylisé

C'est ainsi que l'on nomme le nouveau théâtre que l'expérience du Vieux-Colombier a suscité.

Dullin, puis Jouvet veulent voler de leurs propres ailes : diriger une troupe, découvrir des auteurs, les faire travailler (en respectant leur personnalité). Baty (venu de chez Gémier) et les Pitoëff (venus de Russie, via la Suisse) les imitent. On leur donne à tous le beau nom d'"**animateurs**".

C'est la nouveauté des décors à l'esthétique simplifiée qui va d'abord frapper le grand public habitué encore au « trompe-l'œil ». Surtout que nos "hussards" de la mise en scène sont contraints de s'installer sur des scènes "à l'italienne" bien connues ... alors que Copeau avait complètement transformé la petite salle du Vieux-Colombier, mais au fin fond du Quartier Latin !

Réunis au sein du **Cartel des 4** (publicité commune, achat en commun de matériel...), ils entendent pratiquer (sans subventions) un théâtre exigeant en comptant sur leurs seules recettes.

Pas de hiérarchie dans les noms portés sur l'affiche. Sus au vedettariat !

Découverte de classiques oubliés. Dépoussiérage de pièces célèbres. À l'instar de Copeau.

Pas de décors et de costumes «passe-partout». De l'inédit et du personnalisé pour chaque œuvre !

Leur public ? Des amateurs de théâtre parisiens... Bourgeois ou petits-bourgeois cultivés... Et quelques autodidactes intelligents, bien sûr.

Le Cartel, c'est-dit on - "**l'avant-garde**" opposant ses petites salles souvent à demi pleines aux grandes salles du Boulevard..., c'est-à-dire au théâtre normal. Un certain mépris - nouveau ! - pour ce dernier date ainsi des années 1920-1930.

1936

SUR LE TOURNAGE DES "BAS-FONDS" de Jean Renoir auquel participe Louis Jouvet

ses amis du Cartel sont venus lui faire une petite visite.

Dullin Pitoëff Baty Jouvet Jean Renoir

"L'ŒUVRE" DANS UN LIEU FIXE 1920

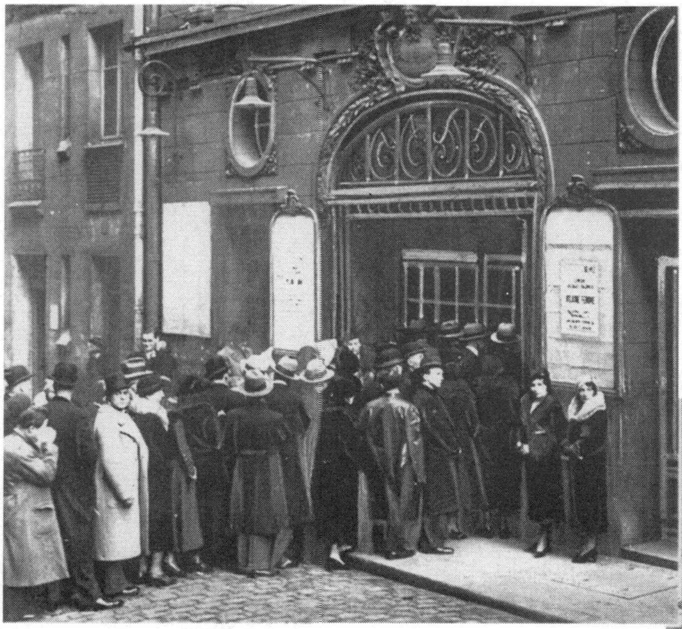

APRÈS PLUS DE 20 ANS d'errance, Lugné-Poe acquiert le bail de la salle Berlioz, salle de concert, cité Monthiers, sorte de cour d'immeuble sise au 55, rue de Clichy.

La cité Monthiers sera le décor du film Le Sang d'un poète de Jean Cocteau (1930) avec sa célèbre bataille de boules de neige.

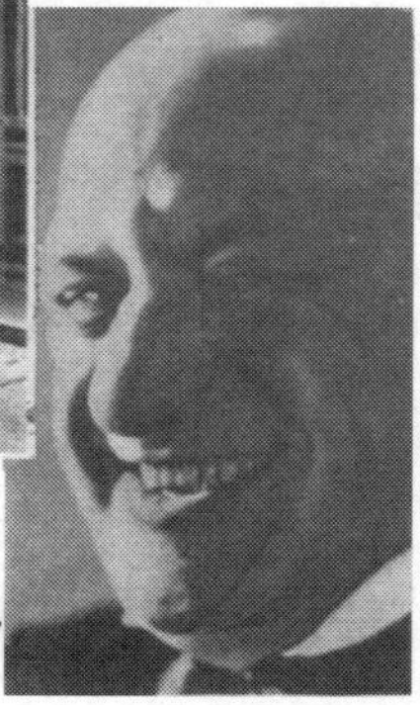

Lugné-Poe (51 ans) ▷

F. CROMMELYNCK

Jean SARMENT

ON JOUE TOUS LES SOIRS, mais pas de caisse à l'entrée... Pour assister à la représentation il faut être abonné. (Cf. Lettre d'Antonin Artaud nouvellement arrivé de Marseille et refoulé à l'entrée de la salle).

PENDANT UNE DIZAINE D'ANNÉES, Lugné-Poe va faire débuter à la "Maison de l'Œuvre" de jeunes auteurs (2 pièces par soirée) qu'il adressera ensuite aux animateurs du Cartel.

PEU DE TALENTS NEUFS lui auront échappé... Voir tableau ci-contre: ▷ – entre crochets, les «animateurs» concernés.

LUGNÉ-POE DÉCOUVRE...

En 1920, Jean Sarment avec **La couronne de carton** [→ Jouvet, Dullin] & Fernand Crommelynck avec **Le Cocu magnifique** [→ Jouvet]

En 1923, Marcel Achard avec **La Messe est dite** [→ Dullin, Jouvet]

En 1924, Stève Passeur avec **La Maison ouverte** [→ Jouvet]

En 1925, Armand Salacrou avec **Tour à Terre** [→ Dullin]

En 1932, *sous la direction de Paulette Pax*, Jean Anouilh avec **L'Hermine** [→ Pitoëff, Barsacq]

*Après 1929, il n'est plus directeur de "L'Œuvre" où il travaille encore souvent. Il aura monté, en tout, **157** auteurs!*

LE CARTEL DES 4

JOUVET, DULLIN, BATY, PITOËFF

EN 1927, CES ANIMATEURS, aux styles fort différents, s'associent (selon la loi de 1901) dans un esprit de respect réciproque. Des quatre :

JOUVET est le seul à n'avoir pas monté Shakespeare.
DULLIN est le seul à diriger, parallèlement à sa troupe, une école de comédiens.
BATY est le seul à ne pas être comédien.
PITOËFF est le seul à n'avoir pas monté Molière.

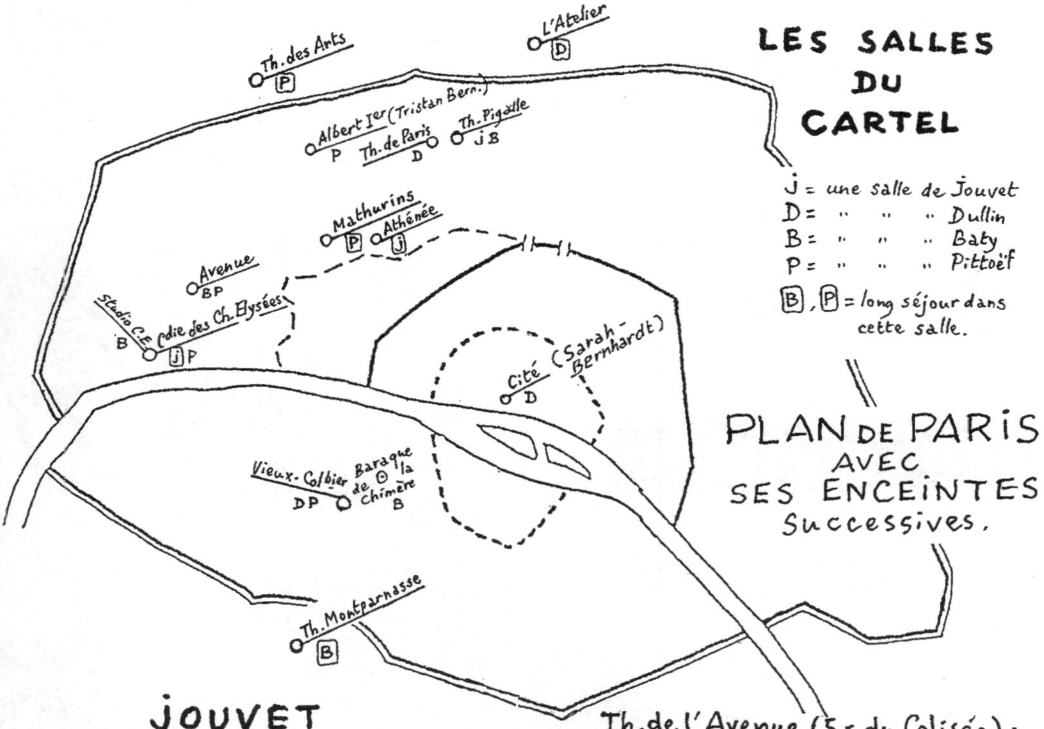

JOUVET

Cdie des Chps-Elysées : 1923-1934
Athénée : 1934-1951
(Tournée en Amérique du Sud : 1941-1945.)

DULLIN

7 r. Honoré-Chevalier : 1921
Th. Montmartre (l'Atelier) : 1922-1940
Th. de Paris : 1940
Th. de la Cité (Sarah-Bernhardt) : 1941-1947

BATY

Cdie Montaigne (Cdie des Ch. Elysées) : 1920-1921
Troupe "La Chimère" : 1921-1924
(Baraque "La Chimère" : mai-juin 1923)
Studio des Chps-Elysées : 1924-1928
Th. de l'Avenue (5 r. du Colisée) : 1928-1929
Th. Pigalle (10 r. Pigalle) : 1929-1930
Th. Montparnasse : 1930-1942
La "Comédie de Provence" (Aix-en-Provence : janv.-oct. 1952

PITOËFF

Th. des Arts (futur Th. Hébertot) : 1919-1921
Comédie des Chps-Elysées : 1922-1925
Théâtre des Arts : 1925-1927
Th. des Mathurins : 1927-1928
Th. des Arts : 1928-1931
Th. Albert Ier (Th. Tristan Bernard) : 1931
Th. de l'Avenue (5 r. du Colisée) : 1932-33
Th. du Vieux-Colombier : 1933-1934
Th. des Mathurins : 1934-1939

BUT DU CARTEL : publicité commune, achat de matériel en commun.

JOUVET :

■ Après avoir été l'auteur de la "scène architecturée" du Vieux-Colombier, il doit s'installer dans des salles à l'italienne. Il en étudie en profondeur la scénographie et son

Louis JOUVET

1887 - 1951

Père : conducteur de travaux publics (profession itinérante). **Enfance** : provinciale et ballottée (élève d'institutions religieuses successives où l'on "fait du théâtre"). **Etudes** : de pharmacie à Paris. **Conservatoire** : 3 échecs. **Dirige** : le "Théâtre d'Action d'Art" (1909-10) sous l'égide de l'Université Populaire du Fg St Antoine. Il y joue Arnolphe, le colonel Chabert, Mercadet... **Rencontre** : Copeau (1911), alors chez Rouché. Puis c'est le Vieux-Colombier (voir ci-dessus).

SES AUTEURS :

- Récupère ceux du Vieux-Colombier, en 1924.
- Jules ROMAINS
- JEAN GIRAUDOUX
- Jean Cocteau
- Marcel ACHARD

« *Il faut subir une pièce, non la juger* ». Louis Jouvet

Voir illustration page 110

1936

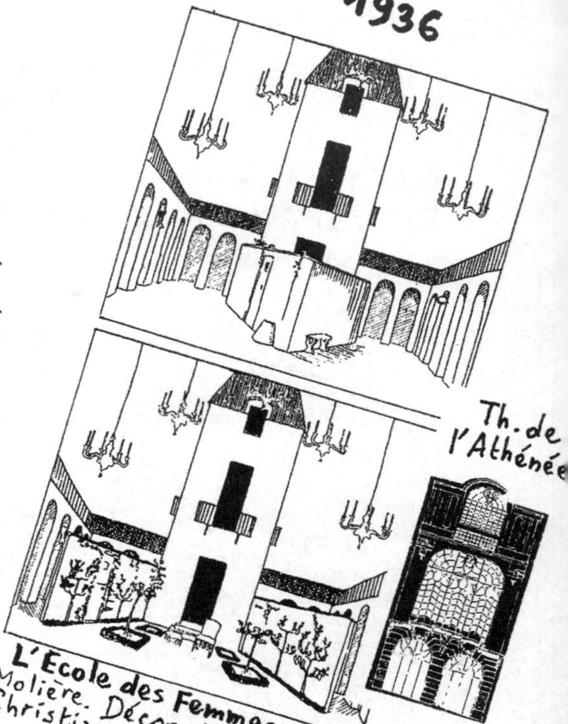

L'Ecole des Femmes de Molière. Décor et costumes : Christian Bérard.

1923

Knock ou le Triomphe de la Médecine de J. Romains

Jouvet est nommé, en 1922, par J. Hébertot, directeur de la scène des 2 théâtres des CHAMPS-ELYSÉES :

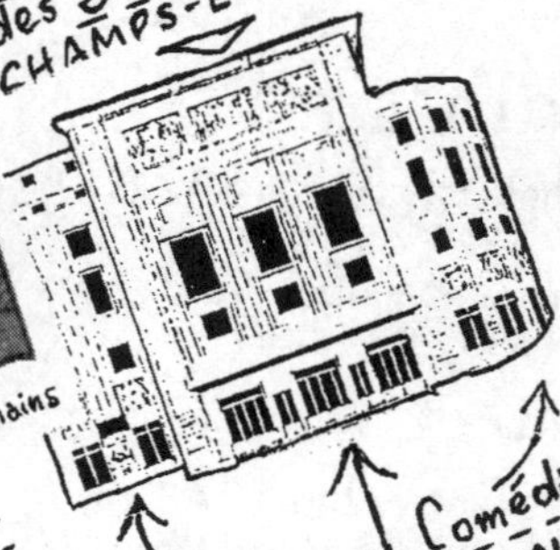

La première comédie sans intrigue amoureuse !
– La formule « les gens bien portants sont des malades qui s'ignorent » est appliquée à la lettre et à la population d'un gros bourg par un médecin-"grand-prêtre" de la Science médicale.
« ... pièce saint-bernard, pièce providence, protectrice et tutélaire, pendant 25 ans j'ai repris "Knock" 50 fois par saison. »
L. J.

Au 1er acte de Knock : l'horizon mobile, la voiture fixe.

« L'INGÉNIEUR »

histoire. Sa préface pour l'œuvre de Niccolo SABBATINI (1574-1654), "Pratiques pour fabriquer scènes et machines de théâtre", traduite en 1942, fait autorité.

1929

Amphitryon 38, de Jean Giraudoux (qui en a décompté 37 avant le sien). – En étroit compagnonnage avec Jouvet, il sonde dans ses pièces (aussi littéraires que théâtrales) les "mythes" du monde contemporain ("**Intermezzo**", 1933) comme ceux de l'antiquité.

1945 1er acte

La Folle de Chaillot (Giraudoux). – Une clocharde folle habite les profondeurs de la colline de Chaillot... On y découvre du pétrole !

Lieu de rencontre quotidien de Jouvet avec Giraudoux, la brasserie ci-dessus existe toujours au Pont de l'Alma.

M. Moreno dans "La Folle de Chaillot"

Décors, costumes: Christian Bérard

1930

DONOGOO de Jules Romains

1930 Décor: Paul Colin

Théâtre Pigalle

Un vieux géographe célèbre, une
cite par erreur, dans une encyclopédie, une
ville qui n'existe pas. Il faut la fonder d'urgence !

1934. **La Machine infernale** (Cocteau)

Œdipe et le sphynx

1950

1947

Don Juan Sganarelle (Fernand-René) Tartuffe

1951

Le Diable et le Bon Dieu – de Jean-Paul Sartre

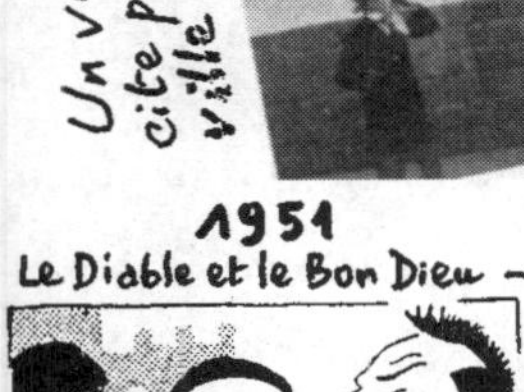

Casarès Vilar Brasseur

THÉÂTRE ANTOINE

← Sa dernière mise en scène

Ses derniers rôles →

DULLIN : « LE

■ Dès sa création, il intitule sa troupe : "L'Atelier, école nouvelle du comédien". Comme Copeau, Dullin entend

Charles DULLIN

1885 - 1949

Né : au vétuste "château" Châtelard, près de Yenne (Savoie). Il est le dernier des 18 enfants de ses parents. **Père** : juge de paix. **Un oncle** : ermite excentrique aimant déclamer dans le vent les poètes. **Enfance** : rurale et heureuse. Etudes (malgré lui) au Petit Séminaire d'où il se fait chasser. **Découvre** : (à 15 ans) le théâtre à Lyon et les cercles anarchistes. "**Monté" à Paris** : il est acteur de mélos, dit du Villon au "Lapin Agile", y est remarqué par Antoine qui l'engage à l'Odéon. Puis, c'est le rôle de Smerdiakov et l'aventure avec Copeau.

SES AUTEURS :

- Jules ROMAINS
- Marcel Achard
- Luigi PIRANDELLO (découverte en France)
- ARMAND SALACROU
- Aristophane
- Balzac

« *Si Oedipe ne plaît pas au public, c'est Oedipe qui a tort* ». Charles Dullin

Voir illustrations pages 41, 101, 107, 129, 130.

SON THÉÂTRE, place Dancourt, au flanc de la Butte Montmartre.

Harpagon dans "L'Avare", rôle qu'il jouera toute sa vie.

Devise :

Saison 1922-1923

Dullin dans "La vie est un songe"

1923 Premier grand succès : "Voulez-vous jouer avec môa ?" du jeune Marcel Achard.

L'ÉCOLE DULLIN :

Dullin innove en centrant son enseignement sur le corps (ci-dessus). Elèves célèbres : Barrault, Vilar, Vitold, Cuny, Jean Marais, Marguerite Jamois, Dufilho, Claude Régy, Jean-Marie Serreau. (NB. L'Ecole Dullin existe toujours)

1928

1928. **Les Oiseaux**, d'Aristophane.

Dullin, pour "Les Oiseaux", a l'idée de fermer les portes de la salle au début de la séance. Un critique ne peut entrer. Scandale ! La presse refusera dorénavant de parler de "L'Atelier". Riposte du Cartel : plus de publicité dans les journaux ! La presse cède.

SALTIMBANQUE »

former lui-même ses acteurs. Novateur en la matière, il introduit en France l'improvisation.

1935

de Balzac

1928. *"Volpone"*
Décors : André Barsacq

– Le grand succès de "L'Atelier". On va le jouer un an ! Mais, revers de la médaille, les "fidèles" risquent d'oublier le chemin du théâtre.

Par l'auteur-maison de "L'Atelier" : Armand Salacrou…

1931

… qui donnera, en 1938, son chef-d'œuvre, **La Terre est ronde**.

Th. de la Cité
(Th. Sarah Bernhardt)
– Dullin directeur
1941 1947

1945. **Le Roi Lear** de Shakespeare. – Un grand rôle pour Dullin, mais incompréhension d'une partie de la critique. →

1943. Les Mouches, la 1ère pièce de J-P Sartre. – Il s'agit des Erynies poursuivant Oreste.

Décors et costumes : H.G. Adam

1947. Charles Dullin dans "L'An Mil" de Jules Romains

Echec.

1947. **Cinna** (Corneille) : succès.

ÉMILIE

CINNA

chambre d'Emilie — couloir du palais — salle du trône — galerie

Décor : Pierre Sonrel

Sa dernière mise en scène à Paris :

1948
L'Archipel Lenoir
(Salacrou)

BATY :

■ **Plasticien perfectionniste, il donne des gants blancs à ses machinistes pour éviter de salir ses décors.**

Sigle de la Chimère

Gaston BATY

1885 – 1952

Né : à Pélussin (Loire) **Père** : dirige un commerce de bois. **Etudes** : (très libérales) chez les Dominicains, à Oullins. Puis à Lyon. Enfin à Munich où il étudie l'Histoire de l'Art (en fait, surtout le théâtre allemand). **Se marie** : à 23 ans. Sa femme sera aussitôt (et restera toujours) la plus attentive des collaboratrices. **Travaille** : avec son père de 23 à 29 ans. Voyages "professionnels" (avec "crochets" culturels) en Europe. **Collabore** : (de 1919 à 1921) avec Gémier : voir p. 304.

SES AUTEURS :

- Jean-Victor Pellerin
- Simon Gantillon
- H.-R. Lenormand

- Baty adapte lui-même des romans célèbres (Flaubert, Cervantès, Dostoïewsky ...)

« **Le texte est la partie essentielle du drame. Il est au drame ce que le noyau est au fruit, le centre solide autour duquel viennent s'ordonner les autres éléments, mais le texte n'est pas tout** ».
Gaston Baty

Voir illustration page 107

1922

"L'école du silence"

Martine de Jean-Jacques Bernard

1924. **Maya** de Simon Gantillon.

1926. **Têtes de Rechange** de Jean-Victor Pellerin.
– *Un oncle et son neveu s'affrontent. Leurs pensées se matérialisent.*

1923

340 places

La Baraque de la Chimère (sur un terrain vague au 143 Bd St Germain). Seulement du 2 mai au 18 juin 1923 : un mois et demi ! — Salle assez grande, bien équipée scéniquement. Emplacement actuel du Madison-Hôtel.***

→ de Paul Demasy
– Une Jeanne d'Arc bolchevique !

« L'ENLUMINEUR »

Création en France 1930 – Echec

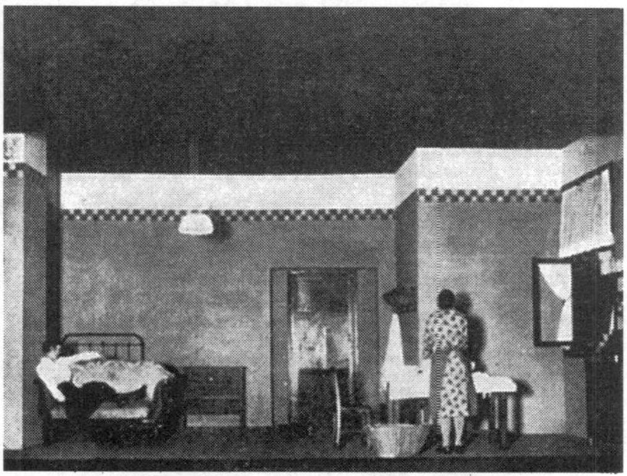
1929. **Karl et Anna** de Léonhard Frank. – *Réalisme stylisé.*

2è Sigle :

Baty s'attaque au __cabotinage d'auteur.__ Dans son livre "Le Masque et l'Encensoir" (1926), il fustige "*Sire le Mot*" et fait scandale. Il est alors le metteur en scène de la jeune "Ecole du Silence" (Lenormand, Pellerin, J-J Bernard).

Après 1930, installé au Th. Montparnasse, il adapte des __romans célèbres__ pour son public populaire du quartier de la rue de la Gaîté.

1939. **Dulcinée** (d'après Cervantès)

1929. **Le Malade imaginaire.** – La séance qui fut fatale à Molière.

– célèbre spectacle.
– adaptation et décors de G. Baty.

1933 **Crime et Châtiment** (d'après Dostoïewsky)

1945. Marguerite JAMOIS...

... dans "Lorenzaccio"

– À LA COMÉDIE-FRANÇAISE :

1950. **Bérénice** (Racine).
– Le critique Paul-Louis Mignon ironise : « À la Comédie-Française, Annie Ducaux fait ses débuts dans : "Les cruelles amours de Tite et Bérénice", un mélodrame à grand spectacle de Gaston Baty. Paroles de Jean Racine Musique de Rameau »

1935. **Les Caprices de Marianne** (Musset) en costumes 19è siècle.

Dès 1948, Baty se consacre aux marionnettes à gaine.

PITOËFF :

■ Les Pitoëff (7 enfants) – qu'on surnomme "les Pitoyables" – se servent de leur pauvreté même pour styliser puissamment sur scène les rêves de leurs auteurs.

1922. Partage avec la troupe de Jouvet de la Cdie des Chps Elysées.

Georges PITOËFF

1884 – 1939

Origine : géorgienne. **Père** : directeur du Théâtre de Tiflis. **Voyage** : (1898) en Suisse et en France avec sa famille qui finit par se fixer à Paris (1905). **Études** : architecture, droit. **Débuts comme acteur** : à Moscou où il était retourné (1908). **Rencontre** : ◁ Ludmilla, à Paris (1914) et l'y épouse en 1915. (Ils auront 7 enfants.). **Fondation** : de leur troupe, dès 1915, à Genève.

& Ludmilla Pitoëff (née à Tiflis) 1895 – 1951

Monter le maximum d'auteurs contemporains sera leur but constant.

1923. **Six personnages en quête d'auteur** (Pirandello). Succès.

LEURS AUTEURS :

- Luigi PIRANDELLO
- Bernard Shaw
- H. R. Lenormand
- Jean Cocteau
- Jean Anouilh

ANTOINE. Monsieur Pitoëff, où avez-vous vu un salon sans plafond ?

PITOËFF. Mais... au théâtre, Monsieur Antoine. Au théâtre !

1923. **Liliom** (Ferenc Molnár, auteur hongrois) – Un voyou bon garçon, une petite bonne et du fantastique !

Voir Illustrations p. 60 et 107

1926. **Orphée** (Jean Cocteau). – La 1ère tansposition moderne d'un mythe antique. – Un cheval "poète".

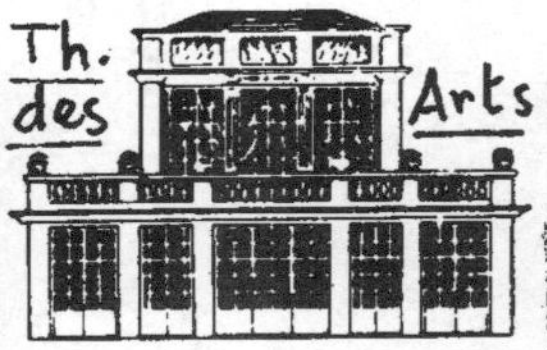

– Un chauffeur de paquebot à l'allure de gorille s'attaque, seul, à la société. → 1929. **Le Singe velu** (Eugène O'Neill). – La première grande pièce en France du grand dramaturge US.

« LE MAGICIEN »

1926. **Jean le Maufranc** (Jules Romains)
— Décors brossés par Pitoëff lui-même.

1925. **Sainte Jeanne** (de l'Irlandais Bernard Shaw). — Une Jeanne d'Arc patriote et... "protestante"!

Décors : Alexéiev.

THÉATRE PITOËFF

GENÈVE Théâtre de Plainpalais 6e ANNÉE SAISON 1921-22

Pièces montées les saisons précédentes et dont certaines seront reprises

Théâtre Français : CLAUDEL, L'Echange — LENORMAND, Le Temps est un songe; Les Ratés — DUHAMEL, Dans l'Ombre des Statues; Lapointe et Ropiteau; Quand vous voudrez — S. GUITRY, Deburau — MÉRIMÉE, Amour Africain — MUSSET-OGIER, Habit Vert — R. DESCARTES, La Naissance de la Paix — R. SCHLEMMER, Edifice sur le sable; Naufrage — C. OULMONT, Clarté — ALFRED MORTIER, Galatée — MORHARDT, Vocalises — DELLUC, Ma femme danseuse. — ST-GEORGES DE BOUHELIER, La vie d'une femme — CH. VILDRAC, Le Paquebot Tenacity — F. COUTAZ & Comtesse M. PROZOR, Karma.

Théâtre Russe : GOGOL, Revisor — LÉON TOLSTOI, La Puissance des Ténèbres; Le Cadavre Vivant; Toutes les qualités viennent d'Elle — POUCHKINE, Le Festin pendant la peste — TCHEKHOV, Oncle Vania; La demande; Le Chant du Cygne — TOURGÉNIEW, Sans argent — OSTROWSKY, L'Orage — L. ANDREEW, Celui qui reçoit les gifles — BLOCH, Les Tréteaux — SOURGOUTCHEW, Les Violons d'automne — BRANTHAY, Estomac — M. GORKI, Dans les Bas-Fonds.

Théâtre Norvégien : IBSEN, Hedda Gabler; Le Canard Sauvage; Les Revenants; Rosmersholm — BJÖRNSON, Au-Dessus des Forces Humaines; Amour et Géographie.

Théâtre Suédois : STRINDBERG, Mademoiselle Julie; Père.

Théâtre Belge : MÆTERLINCK, La Mort de Tintagiles; Sœur Béatrice; L'Oiseau Bleu; Le Miracle de St-Antoine.

Théâtre Suisse : F. CHAVANNES, La Vénus du Lac; La Halte au Village; Bourg-St-Maurice. EDMOND FLEG, La Maison du Bon Dieu.

Théâtre Irlandais : BERNARD SHAW, Candida; Le Héros et le Soldat; Le Disciple du Diable — J.-M. SYNGE, Le Baladin du Monde occidental; Les Noces du Rétameur.

Théâtre Anglais : SHAKESPEARE, Hamlet; Mesure pour Mesure.

Théâtre Hollandais : HEYERMANS, Toutes les Ames.

Théâtre Polonais : PRZYBYSEWSKY, La Neige.

Théâtre Italien : GOLDONI, La Locandiera — G. D'ANNUNZIO, La Ville Morte.

Théâtre Arménien : NAHABET KOUTSCHAK, Chansons d'Amour.

Théâtre Indou : RABINDRANATH TAGORE, Sacrifice.

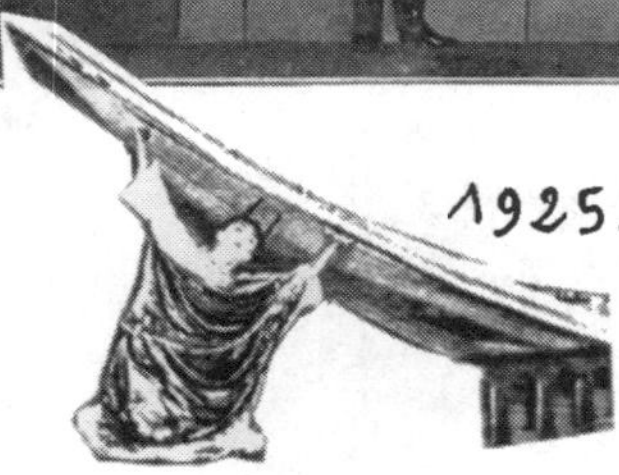

1925. **Henri IV** (Pirandello)
— Un des grands rôles de Georges Pitoëff.

1937.
Roméo et Juliette (Shakespeare)
joué à 42 et 53 ans par les Pitoëff sans aucun ridicule.

1937

MATHURINS·PITOËFF

36, Rue des Mathurins · (Paris 8e)

LE VOYAGEUR SANS BAGAGE

Cinq tableaux, de Jean ANOUILH, Musique de Darius MILHAUD

LUDMILLA et GEORGES PITOËFF, MARTHE MELLOT,
NADINE PICARD, NORA SYLVÈRE, MADELEINE MILHAUD,
LOUIS SALOU, LÉON LARIVE, RAYMOND DAGAND,
HENRY GAULTIER, GABRIEL GOBIN
HENRY GRALL, ANDRÉE TAINSY.

— Consécration de Jean Anouilh.
— Un ancien "poilu" amnésique choisit sa réinsertion.

1939. **Un ennemi du peuple** (Ibsen).
— Le rôle principal épuise Georges Pitoëff qui meurt en septembre 1939.

LE CARTEL À LA COMÉDIE-FRANÇSE

Edouard Bourdet (1887-1945)
-administrt de la Cdie Fr.se :
1936 - 1940

IL ACCUEILLE LE CARTEL
— PITOËFF (1)
+ COPEAU

- auteur de comédies satiriques à succès : du "Sexe-faible" (les gigolos) à "Fric-Frac" (les voyous) en passant par "Vient de paraître" (l'édition), il se montre un maître du Boulevard littéraire. -

(1) Pitoëff étant russe, il est écarté.

DULLIN

1937. **George Dandin** (Molière).
Egalement : 1937. **Chacun sa vérité** (Pirandello).
1939. **Le Mariage de Figaro** (Beaumarchais).

JOUVET

Alcandre

Isabelle

1936. **L'illusion** (Corneille)
Décors et costumes : Christian BÉRARD

BATY

1937. **Le Chandelier** (Musset)
Décor : A.-E. MARTY

Décor : TOUCHAGUES

1938. **Le Chapeau de Paille d'Italie.** (Labiche)

COPEAU

Il imagine, pour les tragédies classiques, un décor de base modifiable.

Il y monte : 1937. **Bajazet** (Racine).

Egalement : 1938. **Asmodée** (Mauriac).

LE CINÉMA PARLANT

EN FRANCE, IL SE RÉPAND au début des années 30. D'un jour à l'autre, les villages les plus reculés, les banlieues les plus déshéritées peuvent applaudir Arletty, Raimu, Fresnay... dans des pièces de théâtre à succès. Comme sur les boulevards parisiens. Car le "film parlant" des débuts, c'est toujours du théâtre filmé : on ne peut pas encore capter le son en plein air !

CERTAINS COMÉDIENS SONT RÉTICENTS, tel Raimu à qui ...

Sa "trilogie" : "Marius" (1929) devient film en 1931, "Fanny" (1931) film en 1932, "César" (directement film en 1936).

◁ Marcel PAGNOL (1895-1974). Dès "**Topaze**" (1929), il est illustre.

> Au cours des siècles, l'art dramatique a pris bien des formes diverses : il a été la cérémonie religieuse, le ballet, la tragédie, la comédie, le théâtre de marionnettes, le guignol, l'opéra, le cirque, l'opérette, le film muet.
>
> Il a trouvé aujourd'hui un moyen d'expression qui englobe tous les autres, et qui donne au dramaturge la plus entière liberté : ce moyen, c'est le film parlant.
>
> Marcel Pagnol
>
> **1937**

... son ami Pagnol déclare : « J'ai calculé qu'en un seul dimanche après-midi, tu touches autant de spectateurs que Molière dans toute sa carrière ! »

Debout : Victor Boucher

Couchés : Michel Simon — et —— Arletty

◁ Sur la scène du Th. de la Michodière, en **1936**, la comédie "**Fric-Frac**" d'Edouard Bourdet (nommé la même année "administrateur de la Comédie-Fr.^{se}" voir p. 286) est une leçon d'argot pleine d'esprit. Immédiatement, elle deviendra un film à succès avec Fernandel (au lieu de Victor Boucher).

BEAUCOUP D'AUTEURS DRAMATIQUES de pièces de divertissement « passent » au cinéma... devenant scénaristes-dialogues, voire réalisateurs comme Pagnol. Il s'opère une véritable purgation du théâtre : le répertoire d'avant-garde du Cartel gagne en audience.

6 AUTEURS

Jean GIRAUDOUX (1882-1944) L'auteur de Jouvet

LE RETOUR DE LA LITTÉRATURE sur scène... après 30 ans de réalisme. De "Siegfried" (1928) qui prêche la réconciliation franco-allemande à "La Guerre de Troie n'aura pas lieu" (1935) qui dénonce la folie belliciste ... son style correspond au théâtre en vers d'antan.

D'abord romancier (fantaisiste) de la province française, il s'en souvient dans "Intermezzo" (1933) où l'on voit une jeune institutrice amoureuse d'un (faux) fantôme à qui un petit fonctionnaire, pour lui faire la cour, ... vante la poésie de sa profession.

Armand SALACROU (1899-1949) L'auteur de Dullin

LA COMÉDIE ANGOISSÉE par le scandale du mal universel «faisant douter de l'existence de Dieu».
Jeune, Salacrou "reprend" l'entreprise pharmaceutique de son père et s'exerce à des slogans publicitaires qui deviendront célèbres ("La Marie-Rose, la mort parfumée des poux"). Son théâtre est d'une grande variété qui va de "La Terre est ronde" (1938) à "Histoire de rire" (1939) ... de l'évocation du « totalitariste » Savonarole à une pièce gaie qui raconte un double adultère. Enfin des sujets sociaux : des "Nuits de la colère" (1948) sur la Résistance à "Boulevard Durand" (1960), histoire d'un syndicaliste du Havre, condamné à tort et devenu fou en prison.

Luigi PIRANDELLO (1867-1936) Auteur de Dullin et de Pitoëff

LE THÉÂTRE DANS LE THÉÂTRE. Une famille de 6 personnes, esquissée par un auteur dramatique, demande à des comédiens d'achever sa création! Mais ces quasi-fantômes sont horrifiés par le "traitement" archi-conventionnel que ces acteurs leur font subir. Tel est le sujet de "Six personnages en quête d'auteur" (1922). Autre sujet : un jeune homme, à la suite d'une chûte de cheval au cours d'une fête costumée, se prend pour le personnage qu'il y figurait : Henri IV d'Allemagne, empereur du XIème siècle. Sa famille (richissime) flatte sa folie en l'entourant de décors et de costumes médiévaux. Mais il se révèle un "Simulateur" qui se sert de sa soit-disant démence pour assouvir impunément une vengeance. ("Henri IV": 1925).

DU CARTEL

Jean SARMENT (1897-1976) | Auteur de Jouvet et Dullin

LE MUSSET DES ANNÉES 20. Jeune comédien chez Copeau lors de l'aventure américaine de 1917 à 1919, il est ensuite un auteur-acteur qui joue ses propres pièces avec son épouse, Marguerite Valmond (Th. de l'Oeuvre, Odéon...). Il y a incarné d'abord une sorte d'Hamlet moderne. Puis Jouvet interprète son "*Léopold le Bien-Aimé*" (1927), misogyne par dépit (adressée jadis à une jeune fille, sa lettre d'amour est restée sans réponse). Avec vingt ans de retard, la réponse lui parvient... positive ! Dès lors, il se prend pour un ex- Don Juan. En 1940, Dullin monte son "*Mamouret*". À noter que Sarment a adapté magistralement Shakespeare : "*Othello*" (1937).

Marcel ACHARD (1899-1974) | Auteur de Dullin et Jouvet

LUNAIRE ET SENTIMENTAL. Dullin l'enferme à double tour pour qu'il écrive "*Voulez-vous jouer avec moâ ?*" (1923), le 1er succès de L'Atelier (200 repr.ons). Il s'agit d'une farce de cirque : les clowns Crockson (joué par l'auteur) et Rascasse sont amoureux de l'écuyère. Ils ont pour rival (heureux !) un spectateur beau garçon et poète. (On a dit que cette œuvre faisait pressentir le théâtre de Beckett). En 1927, Jouvet monte "*Jean de la Lune*" dont il interprète le rôle-titre, surnom de Jeff, un fleuriste épris d'une femme légère flanqué de Clo-clo, son frère à la moralité douteuse. L'amour inébranlable de Jeff aura raison de tout. Et, en 1938, toujours chez Jouvet, "*Le Corsaire*", c'est « le cinéma dans le théâtre » (tournage d'un film).

Jules ROMAINS (1885-1972) | Auteur de Jouvet, Dullin et Pitoëff

L'UNANIMISME AU THÉATRE. J. Romains publie, à 23 ans, "*La Vie Unanime*", poèmes décrivant tel groupe humain (la caserne, le village, la foule d'une rue, l'enterrement) comme un être vivant autonome. En 1911, Antoine reçoit à l'Odéon "*L'Armée dans la Ville*". (Le titre dit tout : une armée d'occupation confrontée à la dignité d'une ville, deux "êtres" s'affrontent). En 1920, Copeau monte "*Cromedeyre le Vieil*" du nom d'un village de montagne sévère et orgueilleux qui pratique un moderne « enlèvement des Sabines » à l'encontre d'un bourg de la vallée, Cromedeyre ne voyant naître chez lui que des garçons. En 1923, Jouvet joue le rôle-titre de "*Knock*" ou "*Le Triomphe de la Médecine*" : l'Âge médical pénètre et réveille une bourgade assoupie. (Voir p. 278).

UN VISIONNAIRE

ANTONIN ARTAUD
ET LE THÉÂTRE DE LA CRUAUTÉ

1896 - 1948 = 52 ans

Issu de la bourgeoisie marseillaise, il est très tôt victime de troubles nerveux qui le poursuivront toute sa vie. De 1939 à 1946, il sera interné à l'hôpital de Rodez. "Libéré" par ses amis, il est hébergé dans une maison de santé d'Ivry de 1946 à 1948.

LES SURRÉALISTES venant systématiquement chahuter le "Théâtre Alfred Jarry", Artaud paraît sur le devant de la scène avant "Le Songe" de Strindberg (mis en scène par lui)... et, paraphrasant Jarry lui-même lors de la "générale" d'"Ubu-Roi", il déclare : « La pièce que nous vous présentons ce soir se passe en Suède, c'est-à-dire nulle part ! » L'ambassadeur de Suède (qui a financé le spectacle) se lève et sort de la salle. (1928).

COMÉDIEN DE THÉÂTRE (Dullin), de cinéma (Dreyer, Abel Gance), poète surréaliste (exclu du mouvement), animateur d'une compagnie théâtrale ("Le Théâtre Alfred Jarry"), il a été surtout un "théoricien-poète" dont les écrits, regroupés sous le titre "**Le Théâtre et son Double**", ont eu une influence considérable sur les gens de théâtre de la fin du vingtième siècle. (Livre paru en 1938).

1928

Fleuron du théâtre surréaliste, cette pièce, farce et drame (une mort et 3 suicides), se déroule entre 8 heures et minuit durant la fête organisée pour les 9 ans de Victor Paumelle (qui a la taille et le raisonnement d'un adulte) et où ses parents et ceux d'Esther Magneau (une petite fille amie) montrent : hypocrisie, adultère, gâtisme patriotique... Passe une belle dame, Ida de Mortemart (la Mort), affligée d'une tare : elle pète !

ARTAUD VEUT RÉVEILLER le théâtre des années trente…

1935

« **un théâtre d'idiot, de fou, d'inverti, de grammairien, d'épicier, d'antipoète, de positiviste** »

… pour lui substituer

« **un théâtre grave qui bouscule toutes nos représentations, nous insuffle le magnétisme ardent des images et agit finalement sur nous à l'instar d'une thérapeutique de l'âme** »

Décors et costumes de Balthus.

A. Artaud (rôle du père)

CE QUI L'INTÉRESSE, c'est moins la **Cérémonie théâtrale** (répétitive, immuable) que l'**Événement** fortuit qui la perturbe (trou de mémoire d'un acteur, incendie du théâtre, épidémie se déclarant dans la ville où il est situé).

"**Les Cenci**" d'après Shelley et Stendhal. Texte et réalisation d'Artaud. (Folies-Wagram ; "L'Empire" actuel).

— Italie, XVIe siècle. Un père grand seigneur que la mort de ses fils réjouit, qui viole sa fille avant d'être assassiné par elle…

Des haut-parleurs diffusent aux quatre coins de la salle des carillons de cloches.

— **17 représentations. Peu de spectateurs.**

IL ÉCRIT :

« Tout ce qui agit est une cruauté. C'est sur cette action poussée à bout, et extrême, que le théâtre peut se renouveler ».

« Nous ne jouerons pas de pièce écrite, mais autour de thèmes, de faits ou d'œuvres connus, nous tenterons des essais de mise en scène directe ».

— 2 CARICATURES…

« Le spectacle s'étendra, par suppression de la scène, à la salle entière du théâtre. Il gagnera les murailles […], enveloppera matériellement le spectateur, le maintiendra dans un bain constant de lumières, d'images, de mouvements et de bruits ».

« Fanfares, feux d'artifice, détonations, phares … échos, reflets, apparitions, mannequins … » seront utilisés.

EN 1931, À "L'EXPOSITION COLONIALE", il découvre le **Théâtre Balinais**, révélation d'un théâtre sans psychologie où le texte « ne joue qu'un rôle secondaire pour son sens mais primordial par sa profération ».

LES AUTEURS DU "THÉÂTRE DE L'ABSURDE" des années 1950 (Ionesco, Beckett, Adamov…), ainsi que Jean Genet … les metteurs en scène Jean-Louis Barrault et Roger Blin … sont fascinés par Artaud.

… DE PRESSE.

LA GUERRE

1939 - 1945

DÈS 1940, LA FRANCE est coupée en deux. Au nord : la Zone Occupée, au Sud : la Zone Libre. Dans cette dernière, Lyon voit se former des troupes de comédiens fuyant les Allemands et qui se mettent à sillonner la France non occupée.

UNE DÉCENTRALISATION FORCÉE s'instaure. Tandis qu'à Paris, le théâtre est l'une des rares distractions qui subsiste.

PARIS

HORAIRES. Vu le "couvre-feu" (23H), les spectacles débutent à 19H30 pour finir vers 21H30.

COMÉDIE-FRANÇAISE. Le passage du Cartel (page 286) suscite ici les débuts à la scène de deux écrivains célèbres : **François Mauriac** ("Asmodée", 1941. Un nouveau Tartuffe) et **Henry de Montherlant** ("La Reine Morte", 1942. Drame historique).

Le grand homme de la Maison, c'est alors Jean-Louis Barrault (30 ans), pensionnaire en 1941, sociétaire en 1942, élève de Dullin, comédien connu au cinéma, qui a épousé la grande sociétaire Madeleine Renaud.

Il monte "Phèdre" (1942) puis un spectacle-fleuve : "Le Soulier de Satin" de Paul Claudel. (Paradoxal à une époque de pénurie...)

1942

Décor de Jean Hugo pour PHÈDRE

1942

1680 COMÉDIE FRANÇAISE 1950
SALLE RICHELIEU
Place du Théâtre-Français — (Metro : Palais-Royal)

LA REINE MORTE

DRAME EN 3 ACTES et 5 TABLEAUX DE
HENRY DE MONTHERLANT
Rideaux de scène, décors et costumes de Roland Oudot

MM. YONNEL JEAN MARTINELLI
ANDRÉ FALCON MARCEL LE MARCHAND
LE GOFF MICHEL VADET
JACQUES CLANCY RAOUL-HENRY
GEORGES VITRAY PAUL ECOFFARD
DANIEL LECOURTOIS BERNARD NOËL
JEAN-LOUIS JEMMA
Mmes MONY DALMÈS JANE FABER
THÉRÈSE MARNEY SUZANNE NIVETTE
Mme JANINE DEHELLY
Le petit MICHEL ROB
et les petits CLAUDE BERTIN, LEBEL
MISE en SCÈNE de PIERRE DUX
Bureau à 20 h. 15 Rideau à 20 h. 45

- Alphonse IV à son fils dom Pedro : « En prison, en prison pour médiocrité ! »

Montherlant

- Portugal, XIVe siècle. À la mort de son père, Dom Pedro, devenu roi, fait exhumer et couronner Inès de Castro, sa femme "secrète".

Claudel

1943

"**Le Soulier de Satin**". Décors de Lucien Coutaud.

BOULEVARD. De mai 1942 à la Libération, Guitry joue 600 fois "N'écoutez pas, mesdames" (son plus grand succès!) au milieu de ses propres tableaux et objets d'art authentiques. Son personnage déclare s'être fait antiquaire pour rendre service à un ami qui « a des ennuis » (courageuse allusion pour l'époque !).

1941. Jean Marais, nouvelle vedette de cinéma, joue Néron de "Britannicus" qu'il a mis en scène aux Bouffes-Parisiens.

ORDRE MORAL. "La Parisienne" de Becque devient "Clotilde du Meshil » (= son personnage principal), les honnêtes mères de famille habitant Paris ne sauraient être assimilées à une femme légère.

Avril 43:

Ambassadeurs - Alice Cocéa

Mais n'te promène donc pas toute nue

de Georges FEYDEAU

Clotilde du Mesnil

le chef-d'œuvre d'Henry BECQUE

ALICE COCEA
JACQUES BAUMER
JEAN JACQUES
BENAUD MARY
PH. OLIVE
DOLENE VINCI
M. DUHAMEL
et MARION DELBO

PETITS THÉÂTRES. 1943

Marcel Oger ouvre, en 1943, 75 bd du Montparnasse, une minuscule salle de ... 60 places ! (Stupéfiant pour l'époque).

Premier spectacle par la "Compagnie des Sept" de Jean Vilar. Tout Saint-Germain-des-Prés (Sartre, Camus, Queneau) se déplace et s'enthousiasme.

En 1944, la troupe de Vilar joue "Don Juan" au

Jean Vilar (31 ans)

... dans "Orage" de Strindberg

THÉATRE DE POCHE

Compagnie Théâtrale de Marcel OGER

CÉSAIRE

ou "La puissance de l'esprit"

Pièce en 2 actes de Jean SCHLUMBERGER

Césaire	Jean VILAR
Benoît	Louis ARBESSIER
Lazare	COUSSONNEAU

ORAGE

Pièce en 3 actes d'August STRINDBERG
Décor d'AUDOUIT

Le Monsieur	Jean VILAR
Le Frère	Louis ARBESSIER
Le Confiseur	Jean MERCURY
Agnès	Jacqueline CLARYS
Louise	Yvette BARRAN
Gerda	Hélène GERBER
Fischer	REPP
Le Facteur	COUSSONNEAU
L'allumeur de réverbères	Jean SMAITH

Réalisations de Jean VILAR

Secrétariat Général : Jean SERMAIZE

1944

Vilar dans le rôle de Don Juan (Molière)

THEATRE LA BRUYERE

5, RUE LA BRUYÈRE (Pl. St Georges) — TRI. 76-99

nouvellement ouvert dans une salle de conférence. (360 places).

TOUT LE VILAR FUTUR EST DANS CE TEXTE DE 1944

Programme

Réduire le spectacle à sa plus simple et difficile expression qui est le jeu scénique ou plus exactement le jeu des acteurs. Et donc éviter de faire du plateau un carrefour ou se rencontrent tous les arts majeurs ou mineurs (peinture, architecture, électromanie, musicomanie, machineries, etc...)

Confier au décorateur sa seule tache qui est de résoudre sans fastes inutiles le problème des découvertes, des frises et de réaliser la construction des éléments scéniques (meubles ou accessoires) strictement indispensable au jeu des acteurs.

Laisser au music-hall et au cirque l'utilisation abusive des **projecteurs**, des casseroles et du mercure.

Donner à la partie **musicale** le seul rôle d'ouverture ou de liaison entre deux tableaux. Ne l'utiliser qu'aux seuls endroits ou le texte indique formellement l'intervention d'une musique lointaine ou proche, d'une chanson, d'un divertissement musical.

CRÉATIONS.

"Antigone":

Innovation sensationnelle : les héros grecs en costumes modernes (tenue de soirée pour les protagonistes, cirés noirs pour les gardes-policiers.)

Fév. 44 :

Habile transposition de Sophocle dans le monde contemporain. Très grand succès. (La formule depuis fait fureur !). Un toit "ouvrant" permet de jouer à la lumière du jour lors des coupures d'électricité...

(On joue "vite" à l'époque. D'où la pièce de Musset en complément).

Mai 44 :

Jean-Paul Sartre et Albert Camus, les philosophes romanciers à la mode, donnent à la fin de l'Occupation, deux œuvres fortes qui poursuivront leur carrière dans les années d'après-guerre.

Juin 44 :

ZONE LIBRE

UN ORGANISME EST CRÉÉ par le gouvernement de Vichy : Jeune-France. Il est dirigé par Pierre Schaeffer (venu du scoutisme et qui deviendra célèbre, la paix revenue, à l'ORTF pour son action en faveur de la musique contemporaine).

(Nov. 40-Mars 42)

But : regrouper les artistes dispersés en Zone Libre.

En particulier, pour le théâtre, patronner les meilleures troupes qui bénéficieront de bourses et du droit d'utiliser, sur leurs affiches, le sigle ci-dessus.

L'expérience durera 16 mois. En mars 42, Vichy y met brutalement fin, Jeune-France étant devenu... un nid de résistants !

Les troupes révélées devront dès lors se "débrouiller" seules.

"LES 4 SAISONS PROVINCIALES"

Direction : Maurice Jacquemont.

Décors et costumes du peintre Jean Bazaine.

1941. George Dandin

Les Sotenville

Un spectacle shakespearien : les animaux de la forêt, masqués, viennent consoler Dandin de ses infortunes.

Voir p. 127 : "L'Etoile de Séville"

— et, page 201 : la création des "4 Saisons" à l'Expo Un.lle 1937 avec leur Gozzi.

"L'ÉQUIPE". 1941 : Le Cid et Le Malade imaginaire

Etienne HERVIER qui signe mises en scène et décors

Sigle de "L'Equipe"

Décor du "Cid"

Décor du "Malade imaginaire"

Etienne Hervier, disciple de Gaston Baty constitue, à Lyon, une troupe où l'on retrouve des acteurs de cinéma du passé (Jeanne Marken, Robert Lynen) et du futur (Roger Pigaut).

L'APRÈS-GUERRE
ANNÉES 50-60

ALLANT DE PETITE SALLE en petite salle, suivie par de jeunes spectateurs fanatiques, une **troupe de tréteaux** menée par Jean-Pierre Grenier et Olivier Hussenot (ex-Comédiens Routiers) invente un théâtre satirico-poétique dont l'influence sera considérable durant ces années-là. Les Frères Jacques font, au début, partie de l'équipe.

"La Parade" 1946

Bobêche (Grenier) & Lapopie (Hussenot)
-décors et costumes : Jean-Denis Maldès

1949 CIE GRENIER-HUSSENOT

"Les Gaîtés de l'escadron" de Courteline
Décoration : J.-D. Maldès
Le naturalisme transfiguré.

— SCÉNARIO : Jean-Pierre Grenier
— TEXTE du poète Maurice Fombeure

1946. "Orion le tueur"

-décors et costumes : Raymond Peynet
mise en scène : J.-P. Grenier

le commissaire Justica (Hussenot) et sa brigade existentialiste (Les Frères Jacques)

1947.

Histoire d'amour aigre-douce d'un voyou bon garçon et d'une petite bonne naïve.

Créée en France par les Pitoëff en 1923.

Deux succès...

"L'Amour des 4 colonels" (Peter Ustinov)
"La Visite de la vieille dame" (Dürrenmatt)

... à la fin du parcours de la Cie, dissoute en 1957.

La Comédie-Française...

Décor de Suzanne Lalique pour "Le Bourgeois Gentilhomme".

... connaît une époque brillante, conséquence du travail effectué là par Jouvet, Dullin, Baty et Copeau, une quinzaine d'années auparavant.

Jean Meyer, ancien élève de Jouvet au Conservatoire, sociétaire-metteur en scène, anime une troupe remarquable, notamment dans la comédie ... avec Jacques Charon, Robert Hirsch, Micheline Boudet, Louis Seigner.

De 1946 à 1959, la Comédie-Française dispose, outre sa Salle Richelieu, d'une seconde salle, l'Odéon (devenue Salle Luxembourg).

ex-Th. des Arts

JACQUES HÉBERTOT, géant autoritaire, dirige le Théâtre des Arts-Hébertot où il monte **Montherlant** ("Le Maître de Santiago", 1948. Avec Henri Rollan), **Mauriac** ("Le Feu sur la terre"), **Albert Camus** ("Les Justes"), **Bernanos** ("Dialogue des Carmélites"), **Malraux** ("La Condition Humaine", adaptation de Thierry Maulnier), **Harold Pinter** ("La Collection" et "L'Amant").

Henri Rollan "Le Cardinal d'Espagne" de Montherlant (Cdie Fse. 1960)

"LE THEÂTRE EN ROND de Paris" ouvert en 1954, au 2 de la rue Frochot, dans le local d'un ancien cabaret, est dirigé par Paquita Claude et André Villiers. Ce dernier, théoricien de cette nouvelle forme de théâtre, réalise toutes les mises en scène ... Plus de décors et d'accessoires volumineux.

De 1954 à 1957 (fin du bail), on peut voir ici des pièces de **Pirandello, Sartre, Steinbeck Oscar Wilde, Marcel Achard** ("Voulez-vous jouer avec moâ?").

300 places

"Douze hommes en colère" de Reginald Rose.

GRAND SUCCÈS : **"Ouragan sur le Caine"** de l'américain **Herman Wouk** (1957):

Un typhon malmène un cuirassé dont le commandant est "dépassé". Il est remplacé par un lieutenant qui va passer ensuite pour cela en Conseil de Guerre pour mutinerie.

JEAN ANOUILH & MARCEL AYMÉ,

DEUX AUTEURS À SUCCÈS, se partagent les théâtres de l'Atelier et de la Comédie des Champs-Elysées. « Anarchistes de droite », dit-on à leur sujet.

Henri Crémieux — Valentine Tessier — Robert Arnoux

"**Lucienne et le Boucher**" de Marcel AYMÉ (Vieux-Colombier. 1948)

Gaillarde et féroce comédie de mœurs. Lucienne fait tuer son mari l'horloger par le boucher, son amant… et demande des dommages et intérêts en raison de cette mort.

Marcel AYMÉ

(1902-1967)

Violente satire du monde judiciaire, "La Tête des autres" (1952), fait scandale.

Jacques Dumesnil

Mona Goya

Léonce Corne

"**Clérambard**" de Marcel AYMÉ (Comédie des Chps-Elysées. 1950)

Sans foi ni pitié, un hobereau méchant homme et ruiné fait trimer sa famille (tissage de pull-overs) pour sauver le château. Saint-François d'Assise soudain lui apparaît : il va changer du tout au tout. En apparence !

Jean ANOUILH

(1910-1987)

Né à Bordeaux d'un tailleur et d'une pianiste. Première pièce : "L'Hermine" (1932) à L'Oeuvre. Premier grand succès : "Le Voyageur sans bagage" (1937) chez les Pitoëff. Il vit uniquement de ses droits d'auteur ! Virtuosité et sincérité.

1956 Michel Bouquet joue "Bitos"

Après "Antigone" (1944), ses pièces "**costumées**" (= historiques) sont jouées 600 fois chacune : "L'Alouette" (1953), "Beckett" (1959).

Dans ses pièces "roses", "noires" ou "brillantes", il imagine sa propre "commedia dell'arte" : la jeune fille (intransigeante, avide d'absolu), le jeune homme (moins héroïque, mais à soif de pureté), le héros (solitaire), la mère (refuse de vieillir, indigne et pitoyable), le père (veule, mesquin, grotesque), la vieille farfelue (autoritaire, distraite), le salaud (laid, avare, envieux), la vieille fille (prude et obsédée), les enfants (petits monstres), le parasite (lâche, amer, vindicatif).

1959. "Becket" ou "L'Honneur de Dieu" d'Anouilh (Dec. & Cost. Malclès)

Jean Anouih : grand auteur français des années 50-60.

1955

Claude SANTELLI, l'auteur

AUTRE TROUPE DE "TRÉTEAUX" : la Compagnie Jacques Fabbri. Ce dernier, formé à la discipline du cabaret et du mime, invente avec ses comédiens, un style de farce trépidant. Sa diction délibérément mécanique et son ton volontairement monocorde produisent des effets comiques syncopés. Son grand auteur ? Pierre-Aristide Bréal ("Les Hussards", 1953. "La Grande Oreille", 1962).

Mais la plus étonnante réussite de la Compagnie sera "La Famille Arlequin" (1955) de Claude Santelli. Il s'agit d'une sorte de revue racontant l'évolution de la "Commedia dell'arte" des origines à... Charlie Chaplin !

Jacques FABBRI — Rosy VARTE — Michel BOULAU — Colette COTTI — André GILLE — Charles CHARRAS comédien-auteur adapte — Gabriel JABBOUR — Raymond DEVOS

JEAN VILAR

monte avec succès Strindberg et Eliot

1945

Th. des Noctambules

Jean Vilar dans "La Danse de Mort". On lit dans la presse : « ...interprétation d'une qualité exceptionnelle. » « ... il faut mettre hors de pair M. Vilar qui a composé le personnage du Capitaine d'une façon prodigieuse ».

1945

"Meurtre dans la cathédrale" de T.S. Eliot (J. Vilar)

Vieux-Colombier

RAYMOND HERMANTIER, grand escogriffe inspiré, passe un temps pour le successeur de Dullin. Il excelle dans de vastes spectacles en plein air ("Jules César" de Shakespeare à Nîmes, en 1950) il part ensuite pour l'Algérie, Madagascar et le Sénégal afin d'y fonder des Théâtres Populaires.

1951

L'affiche ci-dessus : Th. de l'Humour (future Comédie de Paris)

R. Hermantier vu par Sennep dans "Le Figaro".

1951

Th. Verlaine : 66 r. Rochechouart
- Vitez (21 ans) fait partie de l'équipe.

LA "GUERRE FROIDE" produit un théâtre politique non brechtien qui n'est pas du goût de tout le monde. Pièce polémique sur la <u>contemporaine</u> guerre de Corée dont voici le sujet :

Un colonel américain est forcé de se conduire malgré lui en criminel de guerre... tant sa "cause" est mauvaise.

La pièce n'aura qu'une seule représentation à Paris. Dès la seconde, des manifestants saccagent les décors, molestent les comédiens et brisent les vitres de l'entrée de l'Ambigu. Trouble de l'ordre public : le préfet de police interdit la pièce.

1952

À PROPOS DE "Le Colonel Foster plaidera coupable", de Roger Vailland.

..."L'Aurore" titre :

Assez de cette provocation qu'est la pièce de l'Ambigu !

ON N'A PAS LE DROIT sur une scène parisienne **d'insulter aussi bassement LES SOLDATS ALLIÉS**

avec

Pierre Asso

Loleh Bellon

Ouvert en 1948. 86 places. Les spectateurs du premier rang ont la tête dans la salle et le corps sous la scène !

GEORGES VITALY

← Son auteur principal, Jacques Audiberti (1899-1965), lui apporte "Le Mal court" (1947) qui, mal accueilli par la critique, triomphera 8 ans plus tard. Autres pièces : "La Fête noire" (1949), "La Hobereaute" (1956). Un Giraudoux surréaliste.

CLÉMENT HARARI (Le Théâtre Indépendant) présente un théâtre progressiste. Ci-dessus à gauche : l'affiche d'une pièce soviétique se passant sur un cuirassé. Comme le Potemkine.

Ancien café-concert où Mayol créa "Viens, Poupoule" et où l'on vit Colette (en mime) fort dévêtue. En 1945, Agnès Capri en fait un théâtre. En 1948, Christine Tsingos prend la direction, associée, un temps, à Roger Blin. Elle "refuse" *En attendant Godot* de Beckett. Blin s'en va.

LE THÉÂTRE DIONYSIAQUE

FACE À UN THÉÂTRE RAISONNEUR (Sartre, Montherlant), de jeunes metteurs en scène préconisent un théâtre **dionysiaque**... L'expression est d'<u>André Reybaz</u> qui découvre Jacques Audiberti (« Quoat-Quoat ». 1946) et Jean Vauthier (« Capitaine Bada ». 1952) ▷

Déluge verbal, théâtre de l'imaginaire, libération totale du verbe... mais aussi humour constant, jeux de mots inattendus, goût de la parodie, telles sont les caractéristiques de ces auteurs.

La Cie du Mirmydon (André Reybaz) remporte le prix 1949 du Concours des jeunes Compagnies avec "Fastes d'Enfer" de Michel de Ghelderode (auteur "dionysiaque" belge) à l'univers truculent et démoniaque.

LA C^IE RENAUD-BARRAULT, installée au Théâtre Marigny de 1946 à 1957, prolonge et renouvelle le Cartel.

Influencé par Artaud, Barrault préconise le Théâtre Total dans lequel comédie, danse, musique, pantomime, peinture, s'unissent.

1937. "Numance" de Cervantès, par J.-L. Barrault
- Sa première grande mise en scène (Au Th. Antoine, pendant la Guerre d'Espagne).

1946. Hamlet

Jean-Louis Barrault

1947. "Amphitryon" (Molière). Décor de Christian Bérard : les jeux "magiques" de la perspective.

1950. "La Répétition" (Anouilh)

Texte : André Gide

1947. "Le Procès" (Kafka)

LE THÉÂTRE DE L'ABSURDE

IONESCO, BECKETT, ADAMOV

UNE TENTATIVE DE théâtre **littéral**. C'est à dire : refusant la littérature, la psychologie et tous les trompe-l'oeil. Ce qui donne un théâtre volontairement pauvre.

Thème principal : **l'incommunicabilité**.

C'EST LE CRITIQUE Jacques Lemarchand ("Combat", "Le Figaro Littéraire") qui va réunir ces trois auteurs dans ses articles et nommer leur travail : Théâtre de l'Absurde. Les philosophes "de l'absurde" (Sartre, Camus) sont à la mode.

... On dira ensuite "Nouveau Théâtre" : le Nouveau Roman est en vogue.

JACQUES LEMARCHAND

LES SPECTACLES ONT LIEU dans de petites salles assez sordides (surtout du côté coulisses et loges des acteurs) qu'Albert Camus appelait "les pissotières du Quartier Latin" car elles se situaient toutes Rive Gauche.

L'ANTITHÉÂTRE

Eugène
IONESCO
(1912-1994)

Père : avocat roumain. Mère française. Enfance en France. Adolescence en Roumanie.

« Je te donnerai les pantoufles de ma belle mère si tu me donnes le cercueil de ton mari » est une réplique de la "Cantatrice chauve".

1950. **La cantatrice chauve** m. en sc. Nicolas Bataille

1952. **Les Chaises** m. en sc. Sylvain Dhomme

Ionesco prend tout "au pied de la lettre" et l'exagère jusqu'à l'absurde. Tout enseignement est une agression : "La Leçon" se termine par un viol et un meurtre.

1951. **La Leçon** Marcel Curelier (m. en sc.)

PASCAL CHEZ LES CLOWNS

Samuel
BECKETT
(1906-1989)

Irlandais. Lecteur d'anglais à Normale Sup. Se fixe à Paris en 1938. Ecrit en français.

Dans l'hebdomadaire "Arts-Spectacles", Jean Anouih, généreux, vole au secours d' "En attendant Godot" : « Godot ou le sketch des Pensées de Pascal par les Fratellini. "Rien ne se passe, personne ne vient, personne ne s'en va, c'est terrible." C'est un personnage de la pièce qui la résume le mieux dans cette réplique. Godot est une sorte de chef d'œuvre désespérant pour les hommes en général et pour les auteurs dramatiques en particulier. Il n'y a plus qu'à tirer son chapeau [...] et à prier le ciel d'avoir encore un peu de talent. »

1953. **En attendant Godot**. m. en sc. Roger Blin. — Deux clochards, un "employeur" (?), un "esclave".

Succès inattendu ! Roger Blin (qui joue Pozzo) s'inquiète : se serait-il trompé ?

Roger Blin

découvreur de Beckett

LE THÉÂTRE DE LA TERREUR

Arthur
ADAMOV
(1908-1970)

Père : riche pétrolier arménien ruiné par l'URSS. Mère : castratrice.

Sa situation d'immigré jamais vraiment en règle (il a été interné pendant l'Occupation) lui inspire l'univers de la "Manœuvre" : rues balayées par des pinceaux de projecteurs, sirènes de police. Répondant à l'appel de mystérieux moniteurs (d'une gymnastique d'épouvante), le Mutilé (Roger Blin) perd peu à peu tous ses membres. Son "opposé" (le Militant) sera lui aussi détruit.

Le Mutilé

1950. **La Grande et la Petite Manœuvre.** m. en sc. Jean-Marie Serreau et Roger Blin.

La Grande Manœuvre ... de la condition humaine contient et domine La Petite Manœuvre ... du désordre social.

1954. **Amédée** ou **Comment s'en débarasser.**
m. en sc. Jean-Marie Serreau
Un couple de petits-bourgeois dissimulent dans leur appartement un étrange "cadavre" (celui de leur amour passé ?) qui ne cesse de grossir de jour en jour.

1962. **Le Roi se meurt.**
m. en sc. Jacques Mauclair
Inondations, séismes, invasions d'armées étrangères ... le royaume (en même temps que le Roi !) se meurt.

1955. **Jacques** ou **La Soumission**
m. en sc. Robert Postec
La fiancée de Jacques est si parfaite qu'elle a trois nez.

1960. **Rhinocéros.**
m. en sc. J.-L. Barrault
Une petite ville est sillonnée par ... des rhinocéros ! On découvre très vite que ce sont ses habitants eux-mêmes qui se transforment ainsi. Satire du totalitarisme.

1957. **Fin de partie**
m. en sc. Roger Blin
Enfermés dans un lieu clos et vide, à peine éclairé par un vasistas, quatre personnages... Dans leurs poubelles respectives croupissent les parents de Ham, lui-même aveugle, paralysé et très autoritaire avec Clov, son fils-valet, qui traîne la patte en s'activant pour tous.

En 1927, Beckett (21 ans) sort de la Closerie des Lilas. Un clochard, sans raison, le poignarde. On le transporte à l'hôpital Tenon : il a la plèvre transpercée. Guéri, il tient à revoir son agresseur qui a été arrêté. Il lui demande : Pourquoi m'avoir blessé ? Réponse : « Je ne sais pas, monsieur ... »

1963. **Oh les beaux jours.** *Avec Madeleine Renaud.* m. en sc. R. Blin

Dans une atmosphère de fin du monde, une vieille femme est enterrée à mi-corps. Et pourtant, elle trouve à chaque réveil la vie merveilleuse. Bientôt, seule la tête dépasse. En côtoyant le néant et le désespoir, Beckett réussit là un hymne à l'existence.

1950. Le cours de dactylographie pour manchots dirigé par Erna, sœur du Mutilé, d'abord "consolatrice", puis "ennemie". (La Grande et la Petite Manœuvre).

"**P**osons donc la question : Adamov ou Claudel ? Je réponds : Adamov"
Jean Vilar
(1950)

1955. **Le Ping-Pong**
m. en sc. Jacques Mauclair
Un billard électrique fascine ses utilisateurs quotidiens comme une drogue. De même ceux qui en tirent profit.

1957. **Paolo-Paoli**
m. en sc. Roger Planchon
décor René Allio
Le mécanisme des trafics (papillons de collection, boutons d'uniformes) pendant la 1ère Guerre Mondiale. *Influence de Brecht.*

AUTEUR ALLEMAND CONSIDÉRABLE...

Bertolt BRECHT

1898 - 1956

D'ABORD ANARCHISTE rimbaldien, puis marxiste anti-nazi ... inventeur du **théâtre épique** (c'est-à-dire "narratif") et de la **distanciation** (l'acteur devenu conteur) ... il fut le dramaturge le plus influent du XXème siècle.

Brecht en 1918

I- Jeunesse en Bavière (→ 1924)

[Bavière = vie forte, goût du concret.]

Né : à Augsbourg. **Père** : dirige une fabrique de papier. Catholique. **Mère** : protestante. **Dès 16 ans** : poèmes progressistes. **Fasciné** (comme Claudel !) : par Rimbaud. **Mobilisé** (en 1918) : comme infirmier dans un hôpital militaire (il avait "commencé" sa médecine). **Chante** (la paix revenue) : ses propres textes dans des caves et des cabarets, en s'accompagnant à la guitare. **Aide** : son ami Karl Valentin, comique de brasserie, en participant à son petit orchestre. Il apprend beaucoup avec lui. **Prend part** : au mouvement révolutionnaire Spartakiste de Bavière. **Ecrit** : ses premières pièces étranges et brutales...

KARL VALENTIN

Une des incarnations favorites de K.V. : le pauvre type grave.

"Baal" (1918). Poète débauché, d'une impitoyable voracité : « Parfois il fait le mort, un vautour fond sur lui / Et Baal, muet, mange un vautour pour son dîner ».

"Tambours dans la nuit" (1920). Retour de captivité, le "héros" fait le coup de feu avec les Spartakistes mais, ayant retrouvé sa fiancée, enceinte d'un autre, il abandonne avec mauvaise conscience ses camarades. [Pièce jouée à Münich].

"Dans la jungle des villes" (1923). Combat "spirituel" entre un négociant et un bibliothécaire. Le premier se suicidera. Le second se vouera au "fric". Pièce étrange. [Jouée à Münich en 1923 et à Berlin en 1924].

Film de Fritz Lang > **Peter Lorre** (le futur "M" le Maudit) dans Galy Gay le héros de "Homme pour homme", la pièce des transformations. ... Finalement optimiste : l'homme est "transformable" en mal comme en bien !

"Homme pour homme" (1923). Comment la britannique armée des Indes transforme un simple docker en farouche guerrier ... et même en criminel de guerre. [Pièce jouée à Darmstadt en 1923, à Berlin en 1924].

II- Brecht à Berlin (1924-1933)

Max Reinhardt :

Se fait engager : par Max Reinhardt, célèbre metteur en scène qui passe d'un illustre "Songe d'une Nuit d'été" hyperréaliste (avec frémissement des arbres de la forêt) à du <u>**théâtre de masse**</u> devant des auditoires d'une telle ampleur qu'il faut faire usage de moyens techniques insoupçonnés auparavant. (Puissance des associations allemandes de spectateurs : *voir page 256*).

Passe ensuite : chez Piscator (formé par Max Reinhard) devenu le père du <u>théâtre politique</u> (marxiste). *Il multiplie les techniques : haut-parleurs, ombres chinoises, scènes tournantes, projections de slogans, cinéma... mais sans véritable système.*

Brecht aide : Piscator à adapter au théâtre le "Soldat Schweyk" du tchèque Hasek (1926). **Il étudie :** le marxisme. **Monte :** "Homme pour Homme" à la Volksbühne (Théâtre populaire). **Il écrit et monte :**

"L'Opéra de quat'sous" (1928).

Musique de Kurt Weill. Adaptation de "L'Opéra du Gueux" de l'anglais John Gay (1728) : *voir page 189*. Transposition de l'intrigue au temps de la reine Victoria, à Londres.

Erwin Piscator :

1927. "Hop là, nous vivons !" d'Ernst Toller, au Théâtre Piscator. *L'ombre immense du profil de Piscator lui-même.*

<u>Peachum</u>, qui se dit « l'homme le plus pauvre de Londres », dirige en fait toute la mendicité de la ville en fournissant aux mendiants de faux moignons, des béquilles truquées.

<u>Mackie</u>, un assassin-souteneur de haut-vol séduit sa fille et l'enlève. Il le dénonce à la police. Mais Mackie a des relations ! Il a la corde au cou en punition de ses crimes quand un héraut de la Reine surgit en apportant sa grâce et son anoblissement.

– Répliques explosives :

« La bouffe vient d'abord. Ensuite la morale ».

« Qu'est-ce qu'un passe-partout comparé à une action de société anonyme ? Qu'est-ce que le cambriolage d'une banque comparé à la fondation d'une banque ? »

Costumes de "L'Opéra de quat'sous".

Mais le public que Brecht voulait choquer est ravi. Il y aura 200 représentations consécutives. ***Brecht se voit contraint d'inventer une <u>méthode</u> théâtrale.***

Brecht possède (désormais) : son théâtre. **Il a épousé** : la comédienne Hélène Weigel. **Il élabore** : le théâtre épique qui s'oppose au théâtre dramatique (le théâtre normal).

THÉÂTRE DRAMATIQUE	THÉÂTRE ÉPIQUE
On fait croire à une action	On fait observer une action
On est plongé dans l'intrigue	On est confronté à l'intrigue
L'Homme est immuable	L'Homme se transforme et transforme
Vif intérêt pour le dénouement	Vif intérêt pr le déroulement de l'intrigue
Le monde tel qu'il est	Le monde tel qu'il devient

III - L'Exil (1933-1948)

15 ans

Hitler prend le pouvoir. Brecht, farouche opposant, doit s'exiler avec sa femme et ses deux garçons. Il hésite entre Prague, Vienne, Zurich. Il choisit le

DANEMARK (Copenhague) 1933

Séjours à Paris où H. Weigel lit des scènes de "Grand Peur et Misères du IIIe Reich" (1936)

Il écrit les 1ères versions de "Mère Courage", "Galilée", "La Bonne Âme de Set-Chouan"

Les Allemands occupent le Danemark. Brecht s'installe en

FINLANDE 1940

= "Mère Courage" est créée à Zurich, en Suisse (1941)

qui lui inspire "Maître Puntila et son valet Matti" (1940). *Un gros propriétaire terrien finnois. Il est féroce quand il est "à jeun" et d'une grande humanité dès qu'il a bu.*

Les Allemands pénètrent en Finlande. Brecht et les siens fuient en URSS.

TRAVERSÉE RAPIDE DE L'URSS EN 1941

sans s'y attarder : son œuvre y est "mal vue" (trop d'avant-garde !)

Il gagne la Californie où il retrouve les exilés Fritz Lang, Paul Dessau, Peter Lorre à

HOLLYWOOD 1941

Travaux cinématographiques, notamment avec Fritz Lang.
Ecriture de :

"Schweik dans la seconde guerre mondiale" (1943) (*Reprise du personnage de Hasek.*)

"Galileo-Galilei" (la Vie de Galilée) en 1947. Créé à Los Angeles en anglais (m. en sc. Joseph Losey et Brecht) avec dans le rôle-titre : Charles Laughton qui, de 45 à 47, avait collaboré au texte anglais avec Brecht.

Laughton / Galilée par John Hubley

Interrogé par la Commission des Activités Antiaméricaines, il ruse ... et rentre en Europe !

IV - Retour à Berlin.

1948 - 1956

Brecht s'installe (quelques mois) : à Zürich (Suisse). **Il y travaille** : à une adaptation d'"Antigone" de Sophocle. **Il se procure** (pour lui et sa femme) : des passeports autrichiens leur permettant de regagner l'étranger à tout moment. **En octobre 1948** : il pénètre à Berlin-Est. **Il est consterné** : par la vue des ruines et des survivants affamés. **Il note** (dans son journal) : « Berlin, eau-forte de Churchill d'après une idée de Hitler ». **On lui confie** : le Deutsches Theater : **Il y monte** : "Mère Courage" et "Puntila et son valet Matti". **En 1949** : il fonde sa propre compagnie, le Berliner Ensemble. **Il adapte** : et met en scène "Don Juan" (d'après Molière), "Le Précepteur" (d'après Lenz), "Le Procès de Jeanne d'Arc" d'Anna Seghers. **Il écrit et monte** : "Les Journées de la Commune".

Hélene Weigel
(Mère Courage, Antigone etc...)

1953 : soulèvement ouvrier de Berlin-Est. L'officielle Union des Ecrivains déclare : « *Le peuple, par sa faute, a perdu la confiance du gouvernement, et ce n'est qu'en redoublant d'efforts qu'il peut la regagner* ». Brecht réplique : « *Ne serait-il pas plus simple pour le gouvernement de dissoudre le peuple et d'en élire un autre* ».

1954

Sigle :

◁ Au centre du rideau : la colombe de Picasso

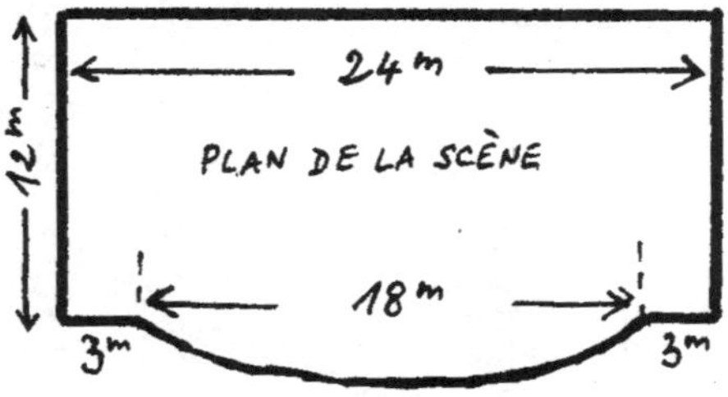

Le "Berliner" est installé dans la salle "à l'italienne" (de 800 places) du théâtre "Am Schiffbauerdamm" où avait été créé "L'Opéra de Quat'sous", vingt ans auparavant.

Brecht y crée : son "Cercle de craie caucasien." **Juillet 54** : 1er prix du Festival de Paris attribué à "Mère Courage" (Théâtre Sarah Bernhardt). **Il meurt** (d'un infarctus) : en 1956.

BB (son surnom !), auteur et metteur en scène :

Il a beaucoup écrit sur le Théâtre. Mais c'est son "**Petit Organon**" (1949) qui deviendra la "bible" des jeunes **metteurs en scène** des années 50-6 « Le spectateur doit être l'observateur **impartial** et **vigilant** de ce qui est montré ».

RUY BLAS & MÈRE COURAGE. Apport de Brecht au personnage de théâtre ...

Ruy Blas (1) personnage "classique"	Mère Courage (2) personnage "brechtien"
– il est courageux. (Il usurpe l'identité d'un noble : il risque sa vie).	– on l'appelle Courage, parce qu'un jour elle a traversé un pont, avec sa boutique roulante, sous la mitraille et les boulets de canon. Son stock de miches de pain, explique-t-elle, risquait de devenir invendable. Courage "intéressé".
– il est pur (Il fustige les mauvais serviteurs de l'Etat, affameurs du peuple).	– elle rend service aux soldats par sa présence de commerçante dynamique. Mais elle est si "âpre au gain" qu'elle finit par les exploiter.
– il est intelligent (Il s'improvise un brillant premier ministre)	– sauf en de rares moments de lucidité, elle redoute la fin de la guerre qui, pourtant, la détruit, elle et sa famille. (1)

(1) – Voir page 233.
(2) – Elle traverse l'Europe et la Guerre de Trente Ans avec sa carriole-magasin et ses 3 enfants. La guerre les nourrit mais "prend" successivement ses enfants. Elle poursuit sa route, seule. "La guerre, c'est les affaires". Mais pas pour le peuple !

SCÉNOGRAPHIE & DÉCORATION "BRECHTIENNES" D'UNE PIÈCE IMAGINAIRE :

Les costumes sont réalistes (matières rudes, usure artificielle), de même que les décors et meubles touchés par les acteurs ... Un arbre, au loin, est stylisé, le panneau du fond abstrait. Le cyclorama (le "contenant") suggère l'environnement (éloigné) du "contenu" : des costumes de cour (alors que des villageois sont en scène).
Halte à l'illusion : projecteurs apparents, rideau ("tympan") à mi-hauteur (laissant voir les changements de décor).
En haut : écran pour projection ... ... de diapositives (citations, dates, documents).

LE BOULEVARD des ANNÉES 1950

JEAN-BAPTISTE ACHARD vu par Sennep

Depuis ses débuts chez Dullin, **Marcel ACHARD** évolue de l'avant-garde au Boulevard, peut-être sans vraiment s'en rendre compte. En 1957, alors que sa carrière "marque le pas", il triomphe avec "**Patate**". Sennep ci-contre le dessine en Molière.

Sacha **GUITRY**, après une interruption de près de quatre ans, fait sa "rentrée" sur scène dans le rôle de Talleyrand.

1948. **Le Diable boiteux**

André **ROUSSIN**

1911-1987

Auteur fécond, joué par les plus grands acteurs, sa meilleure pièce, "**Les Oeufs de l'Autruche**" (1948), est une comédie de mœurs : un riche représentant de commerce est père de deux adolescents qui lui donnent du « fil à retordre » Malgré l'évidence, il se refuse à admettre que son aîné est homosexuel.

1947

- Annonce de la reprise de 1979.

700 représentations de 1947 à 1949. Avec Suzanne Flon

D'abord "fantaisiste" raconteur d'histoires d'une fantaisie teintée de loufoquerie, **Robert LAMOUREUX** joue Sacha Guitry. Il écrit alors des comédies où certains discernent des qualités qui feraient de lui un disciple du Maître. Un de ses succès : "**La Brune que voilà**".

Robert Lamoureux

Influencé par le travail au cirque et au music-hall de Gilles Margaritis (élève de Copeau), Robert **DHÉRY** (avec sa femme Colette Brosset) crée ce spectacle burlesque qui aura de nombreuses "suites".

1947

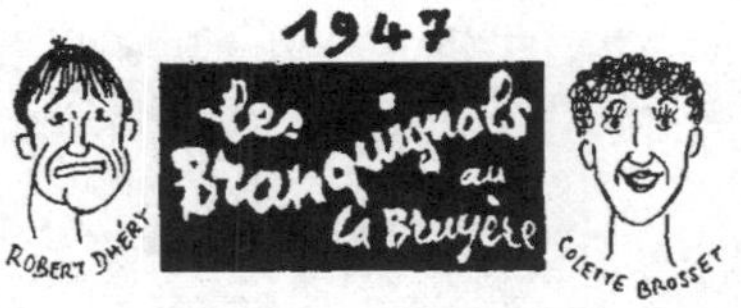

1954

"<u>Ah ! les belles Bacchantes</u>" de Robert Dhéry, avec Jacqueline Maillan et Louis de Funès qui se "révèle" ici.

Théâtre Populaire

D'abord, il faut s'entendre sur l'adjectif « populaire ».

Il vient d'un projet envisagé dès les années 1900 : créer un Théâtre National Populaire, troisième salle parisienne subventionnée s'ajoutant au Théâtre Français (la Comédie-Française) et au Second Théâtre Français (l'Odéon).

But : permettre aux spectateurs les plus pauvres (vu la modicité du prix des places) d'accéder aux phares.

1919 "Oedipe, roi de Thèbes" de Saint-Gerges de Bouhélier (Cirque d'Hiver)

Les phares ... c'est-à-dire les très grands auteurs du passé qui (au-delà des époques, des frontières, des races) éclairent toute l'Humanité : Shakespeare, Calderon, Corneille, Molière, Schiller, Musset, Marivaux...

Donnons les phares au peuple ! Il suscitera ensuite, n'en doutons pas, ses propres auteurs contemporains, les nouveaux phares peut-être.

On objectait aux promoteurs du projet :
— Vous croyez que des ouvriers, de petits employés ... vont s'intéresser à "Hamlet" ? Ils ne tiendront pas dix minutes !

— Détrompez-vous ! Peut-être se révèleront-ils plus proches des "phares" que ces bourgeois soit-disant cultivés qui se délectent d'Alexandre Dumas-Fils.

Mais, au fait, qui étaient ces généreux utopistes ? ... Une poignée d'écrivains progressites réunis sous l'égide de la "Revue d'Art Dramatique" :

Il leur fallait d'abord trouver une salle très vaste pour compenser le prix des places peu élevé.

— Cher Conseil Municipal, vous avez de superbes locaux...
— C'est pour les louer, mon enfant ...
— Cher Conseil Municipal, vous avez d'admirables terrains...
— C'est pour les vendre, mon enfant ...
— Ne pourriez-vous pas nous aider un peu ?
— Comment donc ! Tout ce que vous voudrez, sauf du terrain, des locaux ou de l'argent ...

Octave Mirbeau ("Le Journal" du 9-2-1902)

À la veille de la guerre de 1914-1918, le projet en était encore au point mort.

LE TNP - GÉMIER

1920

EN JUIN 1920, sur proposition de loi du député Paul Boncour, la Chambre des députés vote un crédit de 110 000 F pour l'installation d'un théâtre populaire au Palais du Trocadéro. Firmin Gémier, ami personnel du Président du Conseil, Aristide Briand, en est nommé directeur. Inauguration le 11 novembre 1920.

HÉLAS, L'IMMENSITÉ (6 000 places !) de la salle (de concert !!), située au sous-sol du Palais, la rend impropre au théâtre. Acoustique déplorable (écho), absence d'équipement scénique, frais d'entretien qui engloutissent à eux seuls la subvention.

GÉMIER NE PEUT QU'INVITER les autres "subventionnés" nationaux pour qu'ils présentent, à son TNP, outre des classiques, les spectacles "tout prêts" « aimés du public ». On joue "L'Arlésienne" d'Alphonse Daudet, « Le luthier de Crémone" de François Coppée. On est loin des phares !

— Les pièces classiques se jouent, bien sûr, principalement devant des lycéens « en service commandé ».

Le Palais du Trocadéro 1878-1934

Sa salle de concert (6000 places)

Précurseurs

LE THÉÂTRE DU PEUPLE DE BUSSANG

2500 habitants (Vosges)

1895. Cadre de scène en plein air

Maurice Pottecher (28 ans), poète et auteur dramatique, fonde, en pleine campagne, près de sa ville natale, un théâtre dont tous les acteurs sont des gens du pays (1895). Il en compose le répertoire : des légendes paysannes, des adaptations (« Le Médecin malgré lui » en patois vosgien.)

André Antoine viendra y jouer « Poil de Carotte » (1904). Copeau y donne son « Scapin » et « Le Testament du père Leleu » (1921)

1898. Salle fermée en bois dont le fond de scène s'ouvre sur la forêt vosgienne. La salle fonctionne encore aujourd'hui.

LE TNA THÉATRE NATIONAL AMBULANT

1910-1912

Firmin Gémier (1869-1933)

Gémier, ex-collaborateur du Théâtre Libre, ex-directeur du Théâtre Antoine, fonde, en 1910,

Été 1911 : SUR ROUTE, 37 voitures, 8 tracteurs à vapeur, un jour de montage.
Été 1912 : PAR CHEMIN DE FER, nouveau chapiteau : 6 heures de montage.

un grand théâtre ambulant pour apporter aux populations de toute la France des spectacles présentés dans des conditions idéales. Hélas, la largeur des ponts, souvent insuffisante, est un handicap inattendu pour la caravane... C'est l'échec financier.

le chapiteau

la salle (1650 places)

LE CIRQUE D'HIVER - GÉMIER

En 1919, Gémier le transforme en théâtre antique pour 64 représentations : voir p. 308. (Ci-dessus : Gémier en Oedipe)

JEUNES AMATEURS...

CATHOS — COMÉDIENS ROUTIERS

1929-1939

1886-1965

Léon CHANCEREL

Documentaliste de Copeau, après la dissolution des Copiaux il imagine de fonder, au sein des Scouts de France, une troupe de théâtre : les Comédiens Routiers. (routier = scout de + de 16 ans).

Il lui écrit des jeux dramatiques inspirés de Rabelais ou de Sophocle, adapte des farces médiévales, des fables, de vieilles chansons. Public surtout provincial et très populaire.

Les jeunes comédiens cousent eux-mêmes leurs costumes, fabriquent leurs masques, leurs accessoires, leurs décors. Style de jeu : « sportif ».

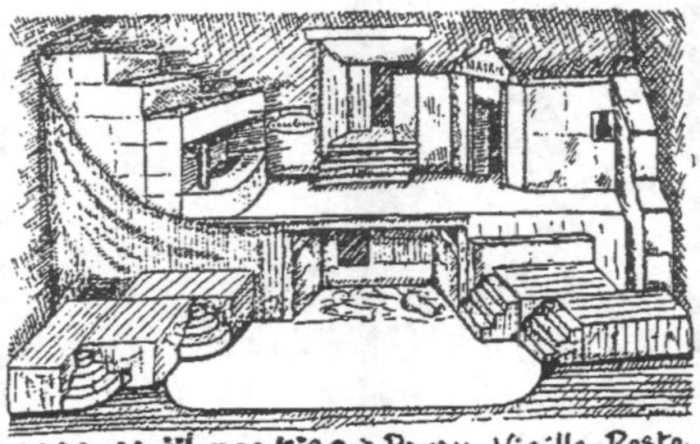

1933. Noël routier à Paray-Vieille-Poste dans une grange. Dispositif en bottes de paille !

Chœur dramatique

pour "La Ballade des Pendus" de Villon

Sigle des Comédiens-Routiers

1937. Un velum transforme la salle Gaveau en théâtre pour "Le Mariage Forcé" de Molière

Sganarelle (masqué).

On joue devant les pêcheurs bretons

..et Théâtre Populaire

Groupe Octobre

1932-1937

MARXISTES

1900-1977

Jacques PRÉVERT

La seule troupe française "d'agit-prop". (= "agitation-propagande", terme forgé dès 1917, en URSS ... et employé aussi en Allemagne et aux Etats-Unis).

En 1931, Raymond Bussières (qui deviendra par la suite un acteur de cinéma connu) rencontre à l'A.E.A.R. (Association des Ecrivains et Artistes Révolutionnaires) le poète Jacques Prévert et lui demande des textes pour le Groupe Octobre, troupe de jeunes militants marxistes qu'il vient de fonder avec quelques amis.

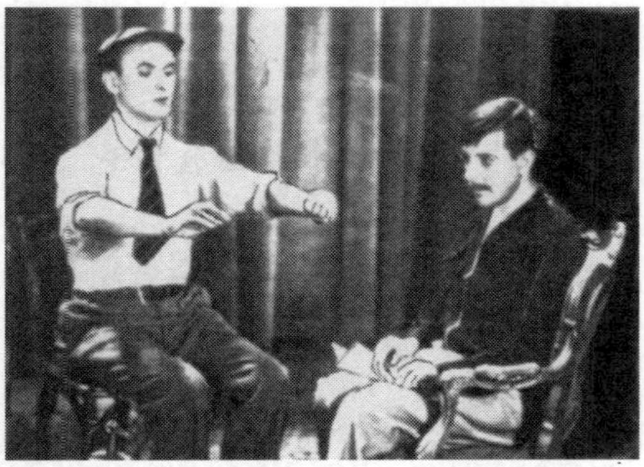

1931. Lou Bonin (metteur en scène attitré) et J. Prévert dans "La pêche à la baleine".

Jacques Prévert s'enthousiasme pour l'entreprise et c'est sa faculté à créer rapidement des dialogues "collant" à l'actualité qui va être le moteur de la compagnie.

Sketches, "choeurs parlés", spectacles de rue (défilés burlesques) rendront célèbre le Groupe Octobre qui se produira surtout lors de grèves "sur le tas": on joue alors sur le lieu de travail occupé.

En 1933, lors des Olympiades du Théâtre Ouvrier à Moscou, "La Bataille de Fontenoy" (dont on peut trouver le texte dans "Spectacle" de Prévert) est distinguée par le jury.

LA DÉCENTRALISATION

Jeanne Laurent (1902-1989)

VÉRITABLE "MÈRE COURAGE" du renouveau théâtral à la Libération, **Jeanne Laurent**, haut fonctionnaire à l'Education Nationale, prend tout le monde de vitesse...

Depuis la Crise économique de 1929-1930, les troupes municipales (de vaudevilles et d'opérettes) provinciales sont partout supprimées.
Les villes de l'Hexagone sont, dès lors, vouées uniquement aux "tournées" (de type Tournées Baret)
qui apportent aux bourgeois du lieu, les succès parisiens et boulevardiers de la saison passée... donnés dans les décors passe-partout du Théâtre Municipal.

Le vieux Lugné-Poe, Gaston Baty ou Charles Dullin visitent (rarement) les grandes villes avec leurs décors et leurs costumes...
Mais c'est surtout la **décentralisation provisoire et forcée** des Années Noires (en particulier en zone non-occupée. *Voir p. 294*),
... le théâtre dans les camps d'officiers (Oflags) prisonniers en Allemagne,
... les discussions dans les Maquis lors des "veillées d'armes",
qui vont inciter la IVe République naissante à **subventionner** l'Art Dramatique partout.

Nommée, à la Libération, sous-directrice des Spectacles et de la Musique à la direction générale des Arts et des Lettres, au ministère de l'Education Nationale ... elle est un peu le ministre de la Culture de l'époque.

La Décentralisation théâtrale (qui fut son œuvre et qui lui a coûté sa carrière) a fait d'elle un personnage historique. (1)

Bretonne têtue, elle place Jean Dasté à St Etienne en 1947 et Jean Vilar à Chaillot en 1951.

Son dernier combat, dans les années 80, fut pour le retour de la notion de troupe s'opposant au système d'engagement « au coup par coup » des comédiens.

(1). *Dès 1952, elle est évincée de son poste. Trop dérangeante.*

THÉÂTRE EN PROVINCE (XIXe SIÈCLE ET 1ère MOITIÉ DU XXe)

Tous les Théâtres Municipaux possèdent leur **jeu de décors** utilisé par les troupes locales, mais aussi par les "tournées". Quand Virginie Déjazet ou Réjane se déplacent avec leur troupe, elles n'apportent que leurs costumes. Leurs régisseurs respectifs combinent les divers éléments de décors pour présenter la pièce de la façon la plus satisfaisante possible. Ce n'est qu'à partir des années 1950 que les tournées (Galas Karsenty) apportent leurs décors.

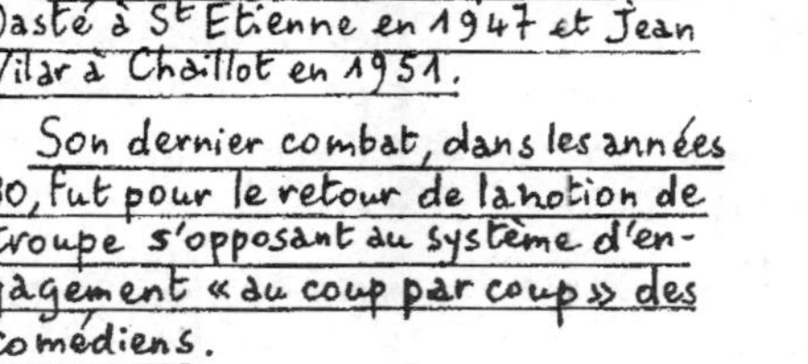

- LA PLACE PUBLIQUE "INTEMPORELLE" : Le balcon à gauche peut être celui de Roméo et Juliette ... ou celui de Cyrano.

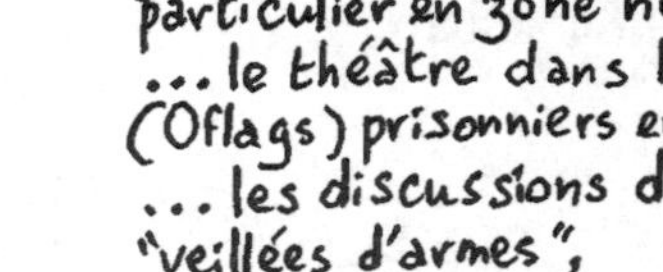

- LE SALON LOUIS XIV, XV, XVI... pour Molière, Musset ou... Scribe.

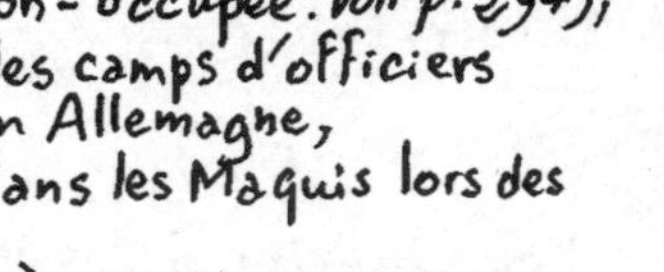

- ON REMPLACE LES PORTES par des tentures rouges pour la tragédie !

JEANNE LAURENT COMMENCE, dès 1945, l'installation, dans cinq grandes villes, de Centres Dramatiques Nationaux dont la mission est de "rayonner" sur toute leur région.

Elle crée aussi l'Aide à la Première Pièce (1947. Secrétaire général : Charles Dullin) et le **Concours des jeunes Compagnies :**

AUDIBERTI

But de ce dernier, créé en 1946 : inciter les jeunes comédiens à se regrouper en "troupes". (Avec un metteur en scène – leader en tête de chacune d'elles).

Huit jours de concours... une troupe par soir... en fin de saison ... dans un théâtre ("L'Atelier", par exemple). Un jury étendu. La critique est là. Et un public passionné présent tous les soirs. Une bourse permet à la troupe victorieuse de présenter son spectacle dans un grand théâtre parisien. (On est mieux "noté" si on monte un auteur nouveau plutôt qu'un classique).

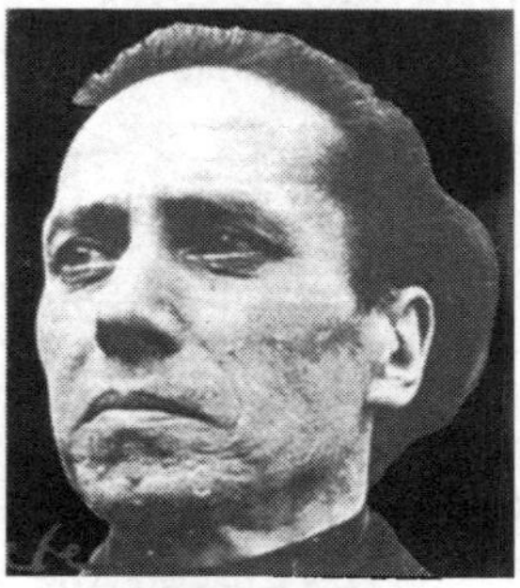

GHELDERODE

Il y a des polémiques. La critique est divisée. Le public aussi. En 1949, la Compagnie du Myrmidon (André Reybaz) propose "Fastes d'Enfer" du dramaturge belge Michel de Ghelderode ...et gagne. Jean-Louis Barrault accueille immédiatement le Myrmidon à son Théâtre Marigny. Mais le sujet, d'une grande hardiesse, heurte le public bourgeois du Marigny qui siffle. André Reybaz doit se "replier" sur le petit Théâtre des Noctambules.

1947 : Premier "festival" d'AVIGNON

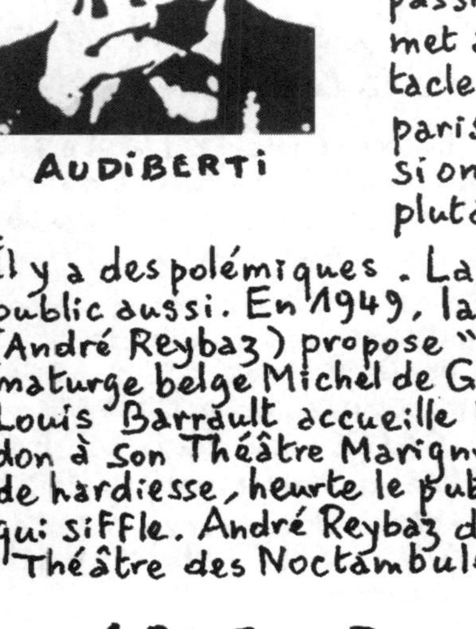

Semaine d'Art en Avignon

Les 4, 7 et 10 Septembre 1947

Au Palais des Papes, à 21 heures, création de

RICHARD II

DE W. SHAKESPEARE

Les 5 et 8 Septembre 1947

Au Palais des Papes, à 21 heures, création de

TOBIE ET SARA

DE PAUL CLAUDEL

Les 6 et 9 Septembre 1947

Au Théâtre Municipal, à 21 heures, création de

LA TERRASSE DE MIDI

DE MAURICE CLAVEL

PRIX DES PLACES 100, 200, 300 Francs

Location Agence Havas • Tél. 9-12

...il s'appelle "Semaine d'Art en Avignon", et il a lieu... en septembre !

Paul Zervos (marchand de tableaux) et le poète René Char organisent, à l'intérieur du Palais des Papes, une grande exposition de peinture moderne.

Ils demandent à Jean Vilar de venir donner dans la Cour d'Honneur son "Meurtre dans la cathédrale" du Vieux-Colombier.

Vilar hésite et propose... trois "créations" : "Richard II" (inédit en France) et deux pièces modernes.

Des chaises de jardin devant un podium construit par le régiment voisin du 7ème Génie.

Le premier dispositif d'Avignon : 1500 places, 430 spectateurs par soirée

LES CINQ PREMIERS CDN : CENTRES DRAMATIQUES NATIONAUX

L'ESPRIT ET LE RÉPERTOIRE du Cartel décentralisés partout en France.

Jean Dasté

1904-1994

La Comédie de St Etienne.

(1947). Animateur : JEAN DASTÉ.

Ancien "copiau", acteur de cinéma de Jean Vigo ("L'Atalante", "Zéro de conduite"), co-directeur des "Quatre Saisons", fondateur de "La Saison Nouvelle" en Zone occupée (1942), troupe ambulante, Jean Dasté était tout indiqué à la tête de ce CDN-pilote

LA "BARAQUE".
Peut se monter dans une grange ou dans une Salle des Fêtes...
(LABICHE, ANOUILH)

Dès 1945, Jeanne Laurent incite Dasté à installer à Grenoble une "coopérative ouvrière de comédiens". Les Comédiens de Grenoble vivront deux saisons (1945-1947).

Mais la municipalité est réticente pour subventionner la troupe contrairement à celle de St Etienne qui accueille Dasté dès 1947. LOCAL DE TRAVAIL : un vaste grenier prêté par l'Ecole des Mines. SALLE : un cinéma "L'Eden" (qui tient lieu de Théâtre Municipal). VIE DE LA TROUPE : semi-communautaire. Popote, mais chambres en Ville. Dasté habite un village des environs et circule à vélo.

LE "JEU DE CUBES ET DE MÂTS"
(SHAKESPEARE)

RÉPERTOIRE : Molière, Labiche, Cervantès, Anouilh, Musset, Synge, Marivaux, Lorca, Shakespeare, Gogol, Sophocle, Brecht, Roblès, Beaumarchais, Sartre, Obey, Frisch...

Adaptation de nôs japonais.

THÉÂTRE EN PLEIN AIR : devant les "crassiers" (collines de déchets de minerai des hauts-fourneaux), on joue "Macbeth". Public très populaire.

Ambiance familiale : les Sorcières, en cours de représentation, viennent faire taire les consommateurs qui parlent trop fort aux terrasses des cafés.

"MACBETH"

LES SORCIÈRES

En plein air, à St Etienne. Derrière la palissade, on est debout mais c'est gratuit.

Les crassiers ↓ ↓

ST ETIENNE

"Les Noces Noires"

AUTEURS-MAISON :
- Roger Boutefeu ("Tirant d'Eau")
- Jean Lescure ("Les Noces Noires") Evocation de la vie des mineurs. ("La Nuit").
- Gabriel Cousin ("Le Drame du Fukuriu Maru") Tragédie écologique au Japon.

THÉÂTRE SOUS CHAPITEAU. De 1958 à 1961, location de petits cirques (avec leur personnel technique) pour gagner un public intimidé par la salle municipale. Mais cela s'avérera ruineux !

Brecht sous chapiteau :

André CLAVÉ

Le Centre Dramatique de l'Est (1946). Animateur : ANDRÉ CLAVÉ. Le premier CDN en date. Il était urgent d'effacer quatre ans d'influence (et de langue) allemande. D'abord installé à Colmar, il est transféré à Strasbourg en 1954. Michel St Denis, nouvel animateur (1953) y fonde l'Ecole Nationale Supérieure d'Art Dramatique.

M. SARRAZIN

Le Grenier de Toulouse (1949). Animateur : MAURICE SARRAZIN. (pendant 41 ans). Mutation en CDN d'une troupe d'amateur de 1945. La verve méridionale. Le CDN qui brûle les planches.

H. GIGNOUX

Le Centre Dramatique de l'Ouest (1949). Animateur : HUBERT GIGNOUX. Dès 1940, une troupe d'amateurs, "Les Jeunes Comédiens" de Rennes, prospecte la région. Ancien "Comédien Routier", rentré de captivité où il a « fait du théâtre », avec ses camarades prisonniers, Hubert Gignoux est mis à la tête des "Jeunes Comédiens".

Gaston BATY

Le Centre Dramatique du Sud-Est (1952)

Installé à Aix-en-Provence pour raisons de santé, G. Baty assiste à une représentation du Grenier de Toulouse. Enthousiasmé, il suscite à Aix un CDN. Hélas, il mourra fin 1952.

Jean Vilar (1912 - 1971)

LE TNP - VILAR

« LE THÉÂTRE POUR LE PLUS GRAND NOMBRE »

1951 - 1963

Né : à Sète. **Parents** : petits commerçants. **À 12 ans** : il joue comme violoniste dans un orchestre de jazz. **Etudes** : baccalauréat (lycée de Sète). **Sport** : football. **Monte** : à Paris préparer une licence de Lettres. **Pion** : au collège Ste Barbe. **Assiste** : à une répétition, chez Dullin. Il décide d'être comédien. **S'inscrit** : à l'école de Dullin. **Débuts** : dans de petits rôles à l'Atelier. **Armée** : de 1937 à 1940. *Puis ce sont les théâtres Lancry, de Poche, La Bruyère, des Noctambules...*

LORSQUE JEANNE LAURENT, en plein Festival d'Avignon (juillet 1951), propose la direction du TNP à Vilar, ce dernier a, chez les intellectuels, une très grosse réputation.

« Il faut aider Vilar, ou bien renoncer à se plaindre » dit Sartre.

A LA LECTURE du "cahier des charges", Vilar hésite puis accepte.

LE TNP ?... un vaste bâtiment (propriété de l'Etat) situé en grande partie sous la colline de Chaillot et comportant une salle de spectacle de 3000 places... (largeur de la scène : 20 m, trois fois la normale).

PAR ARRÊTÉ MINISTÉRIEL, il est confié (pour 3 ans renouvelables) en **concession libre** à un homme de théâtre qui, à sa direction, risque ses biens et son honneur : qu'un créancier impayé le mette en faillite, il ne pourra plus jamais diriger de théâtre. C'est la loi.

OR, LA SUBVENTION QU'ON LUI ACCORDE est **5** fois plus faible que celle de la Comédie-Française, **14** fois plus faible que celle de l'ensemble Opéra-Opéra Comique.

La 1ère affiche, en 1951, du TNP-Vilar. Fond blanc. Ovale bleu au centre entre deux ovales rouges.

— Le personnage, au centre, est en costume de député de la Première République.

Graphiste (de la plupart des affiches du TNP-Vilar) : JACNO.

LE TNP ENTRE GÉMIER ET VILAR :

Firmin GÉMIER, mort en 1933, est remplacé à la tête du TNP par Alfred FOURTIER. Mais, en 1935, le Palais du Trocadéro est démoli.

← Le Palais de Chaillot, construit immédiatement à sa place, est achevé pour l'Exposition Universelle de 1937.

La nouvelle salle possède "seulement" 3 000 places !

En 1938, nouveau directeur du TNP : Paul ABRAM. Juif, il doit céder sa place, en 1940, à Pierre ALDEBERT qui sera le prédécesseur immédiat de Jean Vilar. Malgré une subvention des plus faibles, il essayera de monter ses propres spectacles et de faire des tournées hors Paris : "Le Menteur" de Corneille (rarement joué).

Vedette de cinéma, aimé des jeunes. Fougue mais lucidité. Désespoir (à la Camus) mais amour de la vie. Syndicaliste actif.

1951 Gérard Philipe / Le Cid

DE PLUS, L'ARTICLE 7 du Cahier des Charges stipule : « Tout le matériel d'exploitation (décors, costumes, accessoires, machines à écrire etc...) acquis par le directeur ou créé par lui pendant la durée de la concession... devient, dès sa première utilisation, propriété de l'Etat ».

AINSI, À SON ARRIVÉE à Chaillot, Vilar trouva-t-il le théâtre vide. Tout, des bottes jusqu'aux rideaux de scène, avait été loué par ses prédécesseurs... et restitué au départ de ceux-ci.

SOUCIEUX D'ASSURER la pérennité d'une entreprise qu'il juge d'intérêt national, Vilar entreprend de doter son TNP d'un équipement complet (costumes, perruques, armes, projecteurs, camions, machines-outils, meubles de bureau etc...) évalué 7 ans plus tard à 103 M de francs (M = million d'anciens francs).

OR, PENDANT CETTE PÉRIODE, le TNP a payé 223 M d'impôts. [Sur 20 M de bénéfices, l'Etat perçoit 11 M 1/2 !]. Il a donc ristourné à l'Etat en matériel et en argent : 103 + 223 = 326 M. Si on déduit cette somme des 353 M de subvention perçus, c'est seulement 27 M que le TNP a coûté en 7 ans à l'Etat.

Et, au lieu de s'en tenir aux 150 représentations annuelles qu'on lui demandait, le TPP a donné, en 8 ans, 311 séances supplémentaires à tarif populaire. Soit l'équivalent de 2 ans d'activité en sus.

Chaque comédien du TNP travaille 14 heures par jour, mais la subvention annuelle ne suivant pas l'augmentation du coût de la vie, Vilar peut parler de « la cruauté qui naît de la contradiction suivante : une exploitation culturelle, donc désintéressée dans un contexte social intéressé ».

Daniel **SORANO** / Sganarelle (Don Juan)

Grand "valet de comédie". Pilier du TNP, il y met en scène "L'Étourdi", "Le Malade imaginaire"...

Maria **CASARÈS**

Lady Macbeth

Pour elle, Vilar monte "Phèdre" de Racine qu'il n'aimait pas : « De la musique de chambre qui sort de la bouche de héros d'épopée » a-t-il dit, un jour, lors d'un "dialogue avec le public".

EN 1951, SUR LE CHEMIN de Chaillot, Vilar n'a pas rencontré beaucoup de concurrents. La place n'est pas enviée. Et, une fois installé, lorsqu'il se fixe pour tâche : conquérir et initier un vaste public au grand théâtre (1), les professionnels sourient, prévoyant un rapide naufrage.

OR VILAR A TENU. Douze ans ! Sans aucune concession, sans aucune démagogie. Pour cela, il s'est donné 3 atouts...

1955. "Le Triomphe de l'Amour".

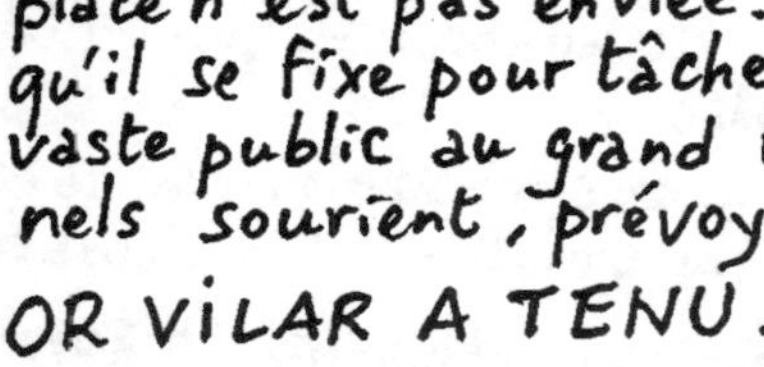

J. Vilar D. Sorano M. Casarès

Georges Wilson dans "Ubu"

(1) C'est-à-dire aux "**phares**" (Voir p. **310**), ce que personne n'avait fait avant lui !

1952 "**Nucléa**"/Henri Pichette.
Eléments scéniques et "mobiles" :
Alexander Calder
Régie : J. Vilar et G. Philipe

– Autre mise en scène de Gérard Philipe : "**La Nlle Mandragore**" (voir p. 114)

1952. Lorenzaccio/Musset.
Costumes : Léon Gischia
Régie : Gérard Philipe
La présentation des étendards

1er atout : SON STYLE.

Suppression (pour la première fois !) du rideau de scène. Les spectateurs, à leur arrivée dans la salle, voient, sur le plateau vide, les éléments scéniques éclairés par des pinceaux de projecteurs.

EN AVIGNON, le mistral renversant les décors, Vilar les avait supprimés. Il en sera de même à Chaillot.

Le plateau est nu, entouré de rideaux noirs non éclairés, donc invisibles. Les acteurs surgissent d'un fond de nuit... et disparaissent de même.

Des praticables peu élevés, des plans inclinés... divisent la scène en aires de jeu multiples. C'est la musique (formidablement évocatrice) de Maurice Jarre qui permet aux spectateurs, en plus du texte, d'imaginer les "décors".

JEU : vu l'immensité du lieu, chaque actrice, chaque acteur est un récitant qui, avec une diction parfaite, projette le texte dans la salle.

VILAR SE REFUSE aux projections (fixes ou cinématographique) didactiques à la Piscator ou à la Brecht dont on abusera ailleurs.

Gérard PHILIPE / "Le Prince de Hombourg".

2ème atout : SON ORGANISATION DU PUBLIC.

Nouvelle en France. Et nécessaire pour fidéliser un vaste public.

- Abonnement à 5 spectacles par saison (150 000 places vendues dès octobre).
- Tous pourboires interdits (placement, vestiaire gratuits).
- Accueil en musique (orchestre de chambre) dès 19 H. Avec, si l'on veut, "buffet froid".
- Séances à 20 H 15. Fin du spectacle : vers 22 H 30. Les travailleurs se lèvent tôt.

Autant Gérard **PHILIPE** hésitera avant d'accepter d'être le Cid (avant de donner son acceptation définitive, il travaillera longuement avec Françoise Spira/Chimène), autant il entrera tout naturellement dans le rôle du Prince.

Costumes de Léon Gischia

- Programme comportant le <u>texte</u> de la pièce représentée.
- Le journal mensuel "Bref" (10 numéros par saison) qui organise pour ses lecteurs :
  - dialogue avec le public (nouveau !) avec Vilar lui-même le dimanche matin.
  - Concerts, conférences, billets réduits pour du théâtre "d'avant-garde" hors TNP.

3ème atout : GÉRARD PHILIPE.

Jeune acteur de théâtre connu et vedette de cinéma prestigieuse, il accepte de jouer, dès 1951, au TNP-Vilar aux conditions des autres comédiens de la troupe ! Mieux : après avoir tenu le rôle titre dans Corneille ou Kleist, il incarne un des fils de "Mère Courage", rôle secondaire.

« UN THÉÂTRE NATIONAL se doit de participer aux inquiétudes de la Nation » déclare Vilar, en 1960. (Et, de fait, la Nation a de quoi être inquiète : la Guerre d'Algérie n'en finit pas de s'aggraver...). Après 9 ans de **grands classiques...**

en ayant soin de substituer le terme de <u>régisseur</u> à celui de metteur en scène pour bien montrer qu'il entend servir les œuvres qu'il présente et non pas s'en servir pour se mettre en valeur

... il va s'attacher à coller à l'actualité en dressant sur la scène un **théâtre civique**.

1953. **Don Juan** / Molière

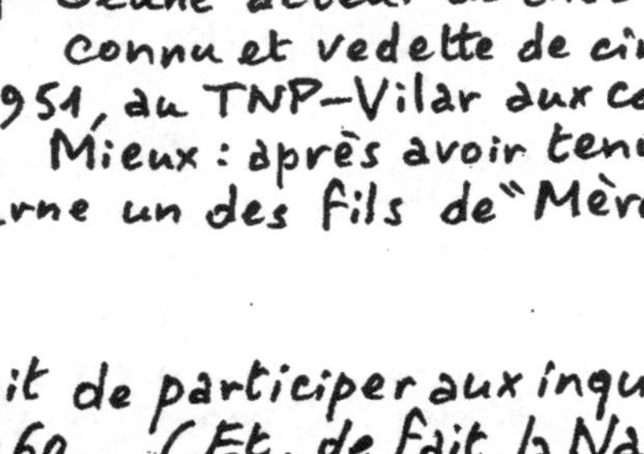

Scène de la forêt : des pinceaux de projecteurs évoquent le soleil à travers un feuillage d'immenses arbres.

- On parle de torture en Algérie ? Il monte l' "Antigone" de Sophocle : « Doit-on obéir aux ordres lorsqu'ils sont inhumains ? »
- Le Procès des Généraux (putschistes) et son verdict trop laxiste lui font

EQUIPEMENT D'UNE SALLE "À L'ITALIENNE" PAR LE TNP EN TOURNÉE.

présenter "L'Alcade de Zalamea" de Calderon (voir p. 131) : « Il ne saurait y avoir deux Justices (la civile et la militaire), mais une seule justice pour tous ! »

— L'OAS et ses attentats font le lit d'un nouveau fascisme. On doit (et on peut) y résister. Vilar met à l'affiche "La Résistible ascension d'Arturo Ui" de Brecht (Hitler assimilé à un gangster de Chicago).

— Et avec son adaptation libre de "La Paix" d'Aristophane, il se permet de parler d'égal à égal avec De Gaulle. Au grand scandale de certains...

... auxquels il répond ainsi : « Le TNP ne peut pas continuer d'exister si la guerre continue, si les explosions et les attentats continuent, si les tortures continuent et si les coupables continuent d'être absous. Je prends la chose sur moi et je vous dis simplement ceci : ce théâtre "subventionné", jamais il n'a fait son devoir comme il le fait aujourd'hui... Chacun à sa place dans ce théâtre et ce théâtre à sa place dans la Cité. La Cité ne me paie pas pour autre chose.

Couverture de programme de Siné.

Textes-programmes

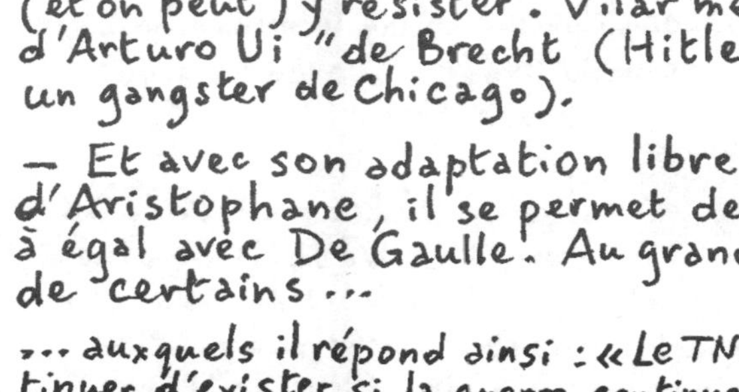

format : 135 x 180 mm

LES UNS REPROCHENT à Vilar de faire trop de politique... les autres de n'en pas faire assez. Jean-Paul Sartre déplore qu'il ne fasse pas de « théâtre ouvrier » (à sujet concernant directement les travailleurs).

Vilar lui demande sans cesse une pièce inédite... Mais Sartre prétend redouter un manque de liberté : le TNP est un théâtre "officiel". Vilar se récrie : il n'a jamais subi de censure.

Oct. 1959. **Le Crapaud-Buffle** d'Armand Gatti

Régie : J. Vilar

NOVEMBRE 1959 : une terrible nouvelle consterne le TNP et ses spectateurs : Gérard Philipe est mort. À 37 ans. Jean Vilar : « La mort a frappé haut ».

LE THÉÂTRE RÉCAMIER

En octobre 1959, sans aide supplémentaire de l'Etat, le TNP prend en charge le Théâtre Récamier (200 places) qui lui est loué (fort cher !) par la Ligue de l'Enseignement.

BUT : posséder un "théâtre d'essai" pour découvrir des nouveaux auteurs contemporains.

Premier auteur découvert : Gatti. *Ci-dessus.*
Second auteur : Boris Vian, avec "Les Batisseurs d'Empire". Régie : J. Négroni, en décembre 1959.
Nouvelle pièce d'un grand auteur : "La Dernière Bande" de Beckett (mai 1960).
Révélation de René de Obaldia : "Genousie" (Sept. 1960) →
Création : "La Bonne Ame de Se-Tchouan" de Brecht. Régie : Vilar, M. en sc. : André Steiger

1963 : Jean Vilar quitte le TNP, tout en restant directeur du Festival d'Avignon.

1960. **Genousie** / R. de Obaldia
Régie : R. Mollien

Roger Mollien — Jean Rochefort — Maria Mauban
Dessin de SENNEP

POLÉMIQUES

D'après le fameux Cahier des Charges, le directeur du TNP n'a droit à aucun cachet ni aucun salaire. Il doit se payer sur les éventuels bénéfices futurs ! Pour faire vivre sa famille (il a 3 enfants), Vilar doit donc pratiquement "emprunter" sur sa subvention. On l'accuse alors de... détourner des fonds de l'Etat. (1952).

De plus, les brillants débuts du TNP suscitent des jalousies...

Autre polémique : les auteurs français contemporains connus n'apprécient pas le goût de Vilar pour les « phares ».

MALAISE AU T. N. P.
OU ALLEZ-VOUS JEAN VILAR ?
Une enquête de Jean CARLIER

UN HOMME GRISÉ
par François MAURIAC
M. JEAN VILAR est un fort bon metteur en scène, comme il en exis-

Jean Vilar quitterait le T.N.P.

Fermeture du Théâtre National Populaire envisagée

POLÉMIQUE AUTOUR DU T.N.P.
Roger-Ferdinand prend à partie Jean Vilar dans une allocution radiodiffusée

IL REPROCHE À VILAR SES ATTAQUES CONTRE FEU EDOUARD BOURDET, AUTEUR "PROSAÏQUE"... SELON LE DIRECTEUR DU TNP.

« Vive la poésie ! » répond Jean Vilar

LE TEMPS DU BRECHTISME

BRECHT À PARIS. En 1954, Bertolt Brecht et son "Berliner Ensemble" débarquent au Théâtre des Nations (Th. Sarah Bernhard en fin de saison). Tous les gens de théâtre français se précipitent. Et c'est le choc. Les spectacles séduisent et fascinent. En outre, on publie en français, les théories de B.B. Tout le monde, dès lors, se veut brechtien. Des auteurs s'y essayent, mais c'est difficile. On monte donc les classiques avec l'obsession d'y trouver (ou d'y mettre) la « lutte des classes ».

Dans "Dandin", par exemple, on a vu, en intermède, la paye des ouvriers agricoles. Des paysans en haillons (à la Callot) reçoivent des mains du patron-Dandin leur maigre salaire... en manifestant sourdement leur colère d'exploités !

La très vivante revue "Théâtre Populaire", née pourtant sous l'aile du TNP-Vilar, n'hésite pas à critiquer ce dernier : pas vraiment brechtien.
Quant à Dasté, son "Cercle de Craie Caucasien", grand succès public, est contesté : trop "sentimental".

1953

théâtre
REVUE BIMESTRIELLE
D'INFORMATION SUR LE THEATRE
populaire

SEPTEMBRE-OCTOBRE 1953 N° 3

EDITORIAL

Shakespeare s'appelait Shakespeare

L'ÉCOLE DES BOUFFONS

CHRONIQUES :

LE THÉATRE ET LES JOURS :

RUE SAINT ANDRÉ DES ARTS AU 57, PARIS VI

"L'Arche", éditeur 1963

MAISONS DE LA CULTURE. En 1959, le "Ministère de la Culture" est créé par la Cinquième République naissante. Ministre (d'Etat) : André Malraux, grand écrivain ami du Général De Gaulle. Sa grande idée :

Chaque ville importante aura son grand lieu culturel polyvalent, sorte de Centre Beaubourg-Pompidou ... avec pour "noyau" le théâtre et non pas un musée d'Art moderne.
Deux salles : l'une de 1000 places (pour le grand théâtre populaire), l'autre de 300 places (pour l'avant-garde).
Autour : des lieux pour concerts, expositions, bibliothèque, garderie.
Financement : l'Etat (50%), la ville (50%).

André Malraux

Sigle de la MC de Bourges, ville de Jacques Cœur – 1 coquille St Jacques – 1 cœur

Hélas, les autorités locales renâclent. Seule, la MC de Bourges (établie, en 1963, dans une ex-Maison du Peuple) survivra quelques années. Animateur (jusqu'en 1968) : Gabriel Monnet.

Gabriel Monnet

ROGER PLANCHON. *Région de Lyon.*

Né : à Saint-Chamond, en 1931. **Parents** : originaires de l'Ardèche (où il passe ses vacances). Ils sont cafetiers à Lyon. **Mis** : en pension dans une institution religieuse. **Y fait** : le mur, pour aller au cinéma ... voir un peu n'importe quoi. Un professeur le surprend, l'interroge : « La prochaine fois, va voir "Citizen Kane" ! » **À 15 ans** : aide-cuisinier, puis employé de Banque. **À 17 ans** : récite Michaux et René Char dans une "cave" lyonnaise.

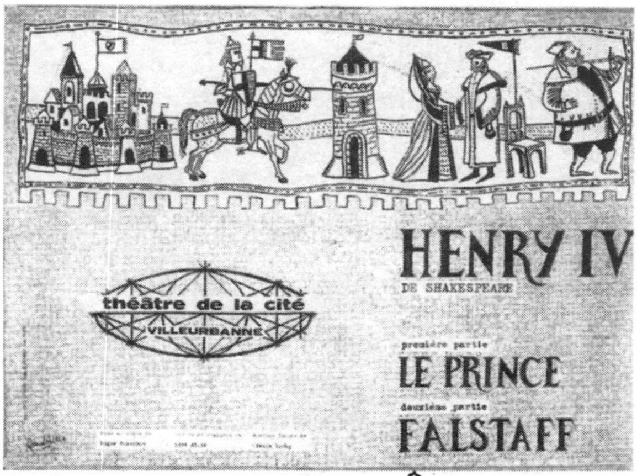

Décors, costumes (et souvent affiche) sont toujours de René Allio (jusqu'en 1962).

VEDETTE DE LA SECONDE génération de la Décentralisation, Roger Planchon est autodidacte, lyonnais, féru de cinéma et de théâtre de tréteaux (la Cie Grenier-Hussenot). Egalement de Brecht dont il apprécie le goût du concret. Il se veut un homme de théâtre complet : metteur en scène, comédien et ... auteur !

TRÈS JEUNE, IL FONDE sa troupe avec des camarades de son âge, et tous resteront d'une fidélité exemplaire tout au long de l'aventure. Ils font des stages "Jeunesse et Sport" et construisent, en partie de leurs mains, un petit théâtre de 100 places dans le vieux Lyon avec pour ambition (réalisée !) de jouer tous les soirs. Ce qui, à l'époque, était impensable hors Paris.

RÉPERTOIRE : Shakespeare, Calderon, Brecht, mais aussi René Char, Ionesco. Avec <u>création</u> de pièces d'Adamov ("Le Professeur Taranne", 1953) et <u>découverte</u> d'un nouvel auteur : Michel Vinaver dont "Les Coréens" (1956) racontaient la guerre de Corée contemporaine vécue par des bidasses français. Avec, sur la scène, de la terre battue !

MONTÉE À PARIS pour la création de "Paolo Paoli" d'Adamov

1957. "**Paolo-Paoli**"/ Adamov

Le titre parodie Brecht qui a écrit "Galileo Galilei" (La vie de Galilée).

1958. "**George Dandin**"/ Molière

Naturalisme distancié.

Un Marivaux "remarqué" :

1959. "**La Seconde Surprise de l'Amour.**" On change de décor à chaque acte. – Le "contenant" : des croquis de costumes d'époque. – Le lit sur scène fait scandale.

au Vieux-Colombier. La pièce (satirique) raconte les trafics commerciaux accompagnant la guerre de 1914-1918. Une partie de la critique attaque le spectacle avec une étonnante violence... qui risque de faire échouer l'accueil de la troupe par la municipalité de Villeurbane (banlieue de Lyon). Il aura pourtant lieu : **Le Théâtre de la Cité** ouvre en octobre 1967.

Tout en jouant Brecht, Marivaux ou Shakespeare, Planchon monte ses propres pièces.

1962. **La Remise**. Histoire romancée de sa propre famille sur fond de guerre d'Indochine.

1963. **O M'Man Chicago**. Comédie musicale onirique et baroque.

1965. **Patte Blanche**. Des adolescents ont construit leur baraque. Il faut « montrer patte blanche » pour y pénétrer.

1967. **Bleus, Blancs, Rouges** ou **Les Libertins**. La Révolution Française vue "de l'intérieur".

1960. "**Schweik dans la Deuxième Guerre mondiale**", de Brecht.
– La tournette tient lieu de caméra : changement de cadrage.

1968. **Dans le vent... Grrr.** De jeunes bourgeois à la mode des années 60.

1969. **L'Infâme.** Le drame du curé d'Uruffe, fait divers récent.

LE CAFÉ-THÉÂTRE.

Début 1966, un très jeune auteur, Bernard Da Costa, imagine de monter une de ses pièces dans la salle d'un café près du carrefour Vavin-Bd Raspail. Installation des plus modestes... et succès immédiat. Le prix des consommations n'est pas augmenté. Après le spectacle, les comédiens "passent le chapeau" et se partagent la recette. La formule se répand très vite. Deuxième formule : on aménage la cave des cafés. Il y a un prix d'entrée, mais, au lieu d'un billet, on donne au client un bonbon... ou un gobelet de thé ! On n'a pas vendu un spectacle mais une consommation.

LA DÉCENTRALISATION ... À PARIS !

Depuis la disparition des théâtres de quartier, aller au théâtre pour les habitants du XXème arrondissement, c'est tout un voyage.

TEP

C'est ce que constate Guy Rétoré, jeune habitant de Ménilmontant. Il fonde une troupe d'amateurs qui fait parler d'elle avec un Shakespeare qui "emballe" la critique (1956).

1965
Raymond Garrivier et Arlette Tephany dans "Macbeth"

En 1957, "La Guilde" (Cie de Rétoré) obtient le Prix des Jeunes Compagnies, avec "Les Grenadiers de la Reine" de Jean Cosmos (d'après Farquhar).

Guy Rétoré

Pour La Guilde, l'Etat achète et transforme un grand cinéma en théâtre de 1000 places à Gambetta.

Le TEP (Théâtre de l'Est Parisien) monte Shakespeare, O'Casey, Brecht... à l'instar du TNP.

LE TNP - WILSON.

Dès 1963, Vilar désigne Georges Wilson pour être son successeur à la tête du TNP. Depuis la mort de Gérard Philipe, il était son "bras-droit" à Chaillot.

Georges WILSON

Acteur-"Protée", metteur en scène avec Vilar (ou seul), il était tout désigné pour "continuer" Vilar.

Fidèle à son esprit, il entend ouvrir cependant davantage le TNP à la production contemporaine.

Il rêve d'un théâtre populaire différent de celui inventé par Vilar, un théâtre qui mette en lumière les problèmes de notre temps.

En 1968, "Passion en violet, jaune et rouge" (d'Armand Gatti) qui "attaque" le général Franco est inter-

1964

Charles Denner & Judith Magre dans "**Puntila**" de Brecht.

1965

Georges Wilson dans le rôle de Matamore de l'**illusion Comique**.

Costumes : Jacques Le Marquet

1965. **La Folle de Chaillot** / J. Giraudoux – Comparez ce décor de Jacques Le Marquet avec celui de Christian Bérard page 279.

dite par le gouvernement : « Un théâtre national ne saurait manquer de respect envers un chef d'Etat étranger ».
À noter que Wilson n'emploie plus le terme vilarien de "régie", mais revient à celui de "mise en scène".

Bref, le journal du **TNP**, devient un magazine passionnant.

L'ODÉON-THÉÂTRE DE FRANCE.

En 1958, Malraux rebaptise ainsi le vieil Odéon (qui venait, pendant 13 ans, d'être la seconde salle de la Comédie-Française dite "La Salle Luxembourg").
Il place à sa tête Jean-Louis Barrault qui y débute avec "Tête d'Or" de Paul Claudel (dont c'est la création). Alain Cuny et Laurent Terzieff sont en tête de la distribution.

De Gaulle (qui ne verra jamais de spectacle de Vilar considéré par lui comme un opposant politique) assiste à "Tête d'Or" et déclare : « Ce Claudel, tout de même ! Il a du ragoût ».

Le répertoire du nouvel Odéon sera résolument contemporain : Ionesco, Marguerite Duras, Jean Genet, Billetdoux, Beckett, Anouilh ...

1959. **Tête d'Or** / Claudel
Décor : André Masson

Dès 1966, on octroie à Jean-Louis Barrault

Création, en 1959, de "La Petite Molière" d'Anouilh (l'histoire d'Armande Béjart). D'où la caricature ci-dessus de Sennep.

1966. **Les Paravents** de Jean Genet. Mise en scène : Roger Blin. Antimilitarisme, anticolonialisme ... la guerre d'Algérie est trop proche : la pièce fait scandale.

la "saison annuelle" du Théâtre des Nations. Seront invités : Peter Brook, Le Living Theater, le polonais Jerzy Grotowski avec son "Prince Constant" d'après Calderon (ci-contre).

1966. **Le Prince Constant**. *Aspect "christique" du héros : nous sommes en Pologne. — Fait partie du 1er Fest^val du Théâtre des Nations à l'Odéon-Théâtre de France. Spectateurs et acteurs sont sur la scène, rideau de fer levé, salle éteinte. Durée : 1 heure. Les comédiens ne "saluent" pas à la fin.*

LA CRÉATION COLLECTIVE

Spectacle produit sans texte initial par un groupe de comédiens qui inventent ensemble tous les éléments de la prestation. C'est une nouveauté de la fin des années 60. Deux exemples très différents :

ARIANE MNOUCHKINE

CIRQUE DE MONTMARTRE (EX-MÉDRANO)

"THÉÂTRE DU SOLEIL"

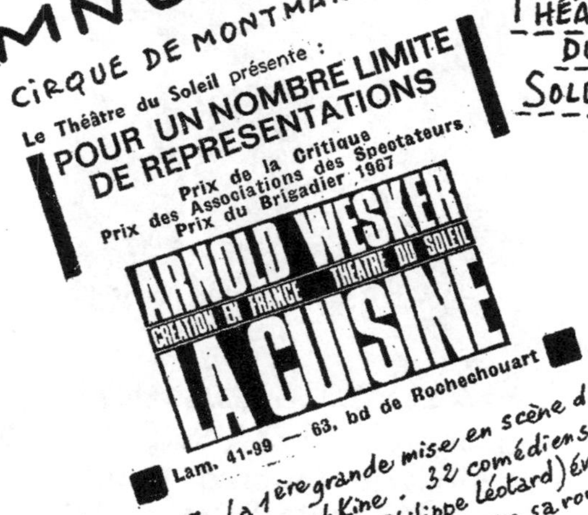

1967. La 1ère grande mise en scène d'Ariane Mnouchkine. 32 comédiens (dont l'adaptateur Philippe Léotard) évoquent le monde du travail avec sa routine, ses colères, ses rêves ...

JÉRÔME SAVARY

"LE GRAND MAGIC CIRCUS et ses animaux tristes"

1968. **Oratorio macabre du radeau de la Méduse** par la Cie Savary, au Studio des Champs-Elysées (Biennale de Paris).

Certaines scènes ont lieu dans un filet suspendu dans la salle au-dessus des spectateurs. On y voit les naufragés se battre, s'entre dévorer.

Certes, "La Cuisine" est une pièce (écrite par un auteur) mais le sujet en est la vie quotidienne de la cuisine d'un grand restaurant parisien ... On ne cesse d'écailler des poissons invisibles, de parer des viandes invisibles, de remuer des sauces invisibles. Quelle somme d'observations ! Quel travail... collectif ! — *En 1969 : "Les clowns", spectacle véritablement collectif.*

LA COMÉDIE-FRANÇAISE (1960-1970).

... Ce sont les dix ans de l'administration de Maurice Escande (ci-contre dans Pyrrhus d'"Andromaque".)

« Ce comédien, interprète des grands rôles de tragédie et des premiers rôles de haute comédie classique et moderne, est ouvert à toutes les expériences de théâtre. Il fait

Décor de Roger **Dornès** / **Britannicus**

Décor de Jacques **Noël** / **La Soif et la Faim** d'Eugène Ionesco. Mise en scène : Jean-Marie Serreau (1966)

entrer à la Comédie ... Bernanos, Sheridan, Shaw, Dostoïevski, Ionesco, Soukhovo-Kobyline, Schéhadé, et confie la mise en scène de leurs œuvres, ainsi que de plusieurs pièces du répertoire classique, à des metteurs en scène dont l'esthétisme irrite fort certains abonnés et habitués de la Comédie-Française, mais attire un nouveau public ».

Sylvie Chevalley, "La Comédie-Française hier et aujourd'hui".

BANLIEUE.

Dès les années 50, le TNP-Vilar visite la banlieue, transformant en théâtres de vagues salles des fêtes. Résultats :

À Aubervilliers, Gabriel Garran fonde le Festival d'Aubervilliers (1961-1965) dans un gymnase. En 1962, le Théâtre de la Commune (600 places) est créé. Il deviendra CDN en 1975.

À Nanterre, Pierre Debauche fonde, en 1965, le Théâtre des Amandiers. En 1968, il est nommé directeur de la Maison de la Culture de Nanterre. Tout en co-dirigeant, avec Pierre Laville, le CDN de Nanterre, en 1971.

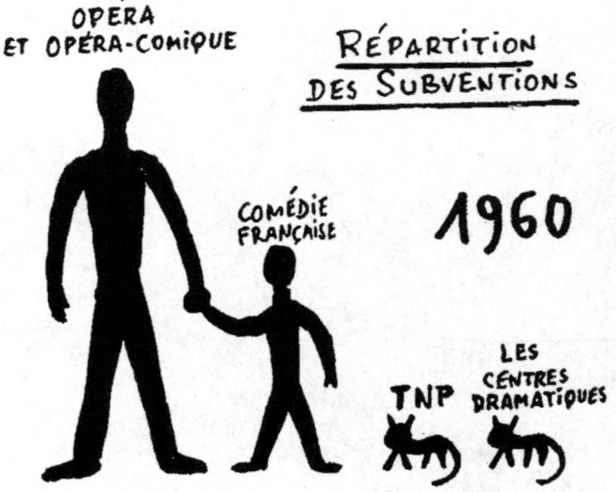

C'est le théâtre lyrique (figuré ici par un homme adulte) qui reçoit l'essentiel des subventions. Le "Français" a la taille d'un enfant de 8 ans. Quant au "théâtre populaire" (pourtant en plein essor), on ne peut le représenter que sous la forme de deux chats.

SUR LE BOULEVARD DES ANNÉES 60

APPARITION DES FEMMES - auteurs dramatiques. En 1960, Françoise Sagan, célèbre à 19 ans avec son roman "Bonjour Tristesse", aborde le théâtre avec "Château en Suède" monté par André Barsacq à l'Atelier. Elle passe ensuite au Boulevard : "Les violons parfois" chez Marie Bell, au Gymnase. (17 représentations seulement, en 1961).

Françoise SAGAN

PALAIS-ROYAL, 38, rue de Montpensier (Mº Bourse - Palais-Royal). Loc. 11 h à 20 h (4 sem. à l'av.). Ric 84-29. Pl. à partir de 3 F. Soir. 21 h. Mat. dim. 15 h. Rel. lundi.

Reprise mardi 2 septembre

JACQUELINE MAILLAN
LA FACTURE
de
FRANÇOISE DORIN

Mise en scène de Jacques Charon. Avec Jacqueline Maillan, Bernard Noël, Henry Guisol, Germaine Delbat, Denise Provence, Christian Barratier.
Une femme trop chanceuse s'inquiète de l'échéance et du montant de sa « facture », tribut que chacun paie à la vie.

En 1963, "La Robe mauve de Valentine" est jouée par Danièle Darrieux. Puis, ce sera au Gymnase, "Le Cheval évanoui" (1966).

AUTRE "AUTEUSE", comme on dit parfois, Françoise Dorin, fille d'un chansonnier célèbre (René Dorin). Elle écrit d'abord des poèmes, des chansons, des textes pour la radio et la télévision, des romans. Sa première pièce, "Comme au théâtre" (1967) est bien accueillie par la critique et le public suit.

1969

VARIETES 7, bd Montmartre. Gut. 09-92. Mº Montmartre. Soir. 20h45 (sauf lundi). Mat. dim. 15h. Pl. 10 à 35 F. Loc. de 11h à 18h (13 j.).

Jacques FABBRI
présente et joue

IL ÉTAIT... 2 ORPHELINES

Jacques FABBRI (Le préfet de police), Théo SARAPO (Pierre), Anik ALANE (La comtesse), Arlette GILBERT (La mère Frochard), Jacques PROVINS (Picard), Delphine DESYEUX (Louise), Danièle VIDAL (Henriette), Claudine COLLAS (Marianne), Pascal BERTHIER (Roger), Jean SALAMERO (Jacques), Louis NAVARRE (Le docteur), Charles CAPEZZALI (Marest), dans une pièce de E. Miréa, mise en scène de J. Fabbri, direction musicale de D. Hussenot :
IL ETAIT... 2 ORPHELINES
(Une chose-de-théâtre-avec-de-la-musique-et des-rires.)

En 1968, "La Facture", interprêtée par la reine du Boulevard, Jacqueline Maillan, est un beau succès, au Palais-Royal.

Françoise Dorin deviendra le grand dramaturge du Boulevard des années 70.

PORTE SAINT-MARTIN, 6, bd Saint-Martin (Mº Strasbourg-St-Denis). Loc. 11 à 20 h (4 sem. à l'av.). Nor 37-53. Pl. à partir de 8 F. Soir. 20 h 45. Relâche dimanche.

HAIR

Comédie musicale de Gerôme Ragni et James Rado. Adaptation de Jacques Lanzmann. Musique de Galt Mc Dermot. Mise en scène de Bertrand Castelli.
La grande cérémonie de l'amour et de l'amitié. Un tourbillon de questions posées par la jeunesse aux adultes.
(Une satire des préjugés et des conformismes bourgeois.)

Anik Alane Jacques Fabbri

◁ CI-CONTRE, Jacques Fabbri (voir p. 299), avec une compagnie en partie renouvelée, essaye de découvrir de nouveaux auteurs "de tréteaux".

QUANT À "HAIR" (ci-dessus), ce fut, en 1969, une célébration - un peu scandaleuse - des hippies.

Théâtre Élitaire

Mai 1968. La révolte estudiantine, immense happening avec barricades, arbres coupés, défilés brandissant drapeaux noirs et drapeaux rouges... Avec la Sorbonne occupée où l'on discute jour et nuit d'une imminente pri-

se du pouvoir... et où s'affrontent tendances anarchistes et multiples courants marxistes.

Tout cela va avoir des répercussions sur le Théâtre. Surtout avec l'occupation de l'Odéon-Théâtre de France, grande salle nationale dont le directeur, Jean-Louis Barrault, fait baisser le rideau de fer qui deviendra immédiatement un vaste panneau d'affichage (voir ci-dessus).

La réserve de costumes (propriété personnelle des Renaud-Barrault) est pillée : cuirasses romaines et crinolines se répandent dans Paris.

Barrault refuse de couper l'électricité comme son ministère de tutelle lui en donne l'ordre. Il craint pour la sécurité de ses "hôtes forcés". Discussions interminables. Barrault finit par interroger : « Soit, Barrault est mort ! ... Et maintenant qu'est-ce qu'on fait ? »

"Barrault est mort" déplait à Malraux qui limoge son directeur du Théâtre de France.

Les contestataires ont gagné. Détruire un grand théâtre national s'est révélé facile. Ils vont "descendre" dans le Sud s'attaquer au mythique Festival d'Avignon. Ils réclament à Vilar l'entrée gratuite aux spectacles. Impossible à obtenir : comment payer artistes et techniciens ? Les manifestants scandent alors un slogan absurde : « Vilar ! Salazar (1) ! Salopards ! » Le Living Théâtre (troupe américaine), invité officiel du Festival, les soutient. Vilar est très affecté. Le Festival perturbé aura lieu malgré tout.

Julian Beck

- Ex-artiste peintre pratiquant du "happening"

Le Living (direction : Judith Malina, Julian Beck) dans "Paradise Now" (Le Paradis maintenant).

Affiche de Jacno

(1) le dictateur portugais.

L'ESPRIT DE DÉRISION

WOLINSKI/CONFORTÈS. Le spectacle le plus représentatif de Mai 68, de type café-théâtre, est tiré des histoires en dessins de l'humoriste Wolinski. Claude Confortès adapte avec lui, sous le titre "Je ne veux pas mourir idiot", des oeuvres publiées, pour la plupart, dans le journal "L'Enragé".

Exemple : (je cite de mémoire)

L'ORATEUR : Du pain ! Nous exigeons du pain !

UN AUDITEUR, se levant : On ne pourrait pas avoir aussi un peu de chocolat ?

1968

LE GRAND MAGIC CIRCUS. Personnage haut en couleurs, issu de la pampa (il est né à Buenos-Aires) et de la fanfare des Beaux-Arts, **Jérôme Savary**, son animateur, débute par le théâtre de rue à Londres et à New-York. Aussi à l'aise à la trompette qu'au micro, il va déplacer les foules (surtout estudiantines) à Paris où il investit, en 1971, le hall, la cour, les salles de la Cité

1971

1974

1972

1978

Universitaire. Après 1974, il aborde les grands théâtres des Boulevards où il invente le café-théâtre à grand spectacle. On finira par lui confier le Palais de Chaillot où il restera de 1988 à 2000. Douze ans ! Comme Vilar.

L'APRÈS MAI 68

LE TNP-WILSON *(suite)*. On "normalise" son fonctionnement financier : désormais le directeur perçoit un salaire. En 1967, ouverture de la petite salle en vain réclamée par Vilar. *Construite dans l'ancien bar, c'est la Salle Gémier (430 places).* Wilson invite des auteurs contemporains, tel Armand Gatti qui vient mettre en scène, dans la grande salle, son "Chant Public devant deux chaises électriques" (qui traite de Sacco et Vanzetti). Le caractère "éclaté" de cette vaste fresque déroute quelque peu le public. **Autres spectacles :**

BRECHT
Turandot

SAUVÉS
D'EDWARD BOND

COMÉDIE POLICIÈRE
par le groupe
ISE

REZVANI
CAPITAINE SCHELLE, CAPITAINE ECCO

ARNOLD WESKER
des frites, des frites,
des frites...

En 1972, fermeture pour travaux de la grande salle ramenée à 1000 places... et devenue (en principe !) modulable. *Le sigle "TNP" est attribué, dès lors, à Villeurbanne.*

JEAN-LOUIS BARRAULT *(suite)*.

L'Elysée-Montmartre

Pierre Bertin

dans "Rabelais" 1968

son fronton célèbre d'ancien bal populaire.

Musique de Polnareff (Grand succès)

... dans "Jarry sur la Butte" montage 1970 (Echec)

Muni d'une licence de forain, il "rebondit" en s'installant dans une salle de catch : l'Elysée-Montmartre. *Puis il construit un chapiteau en bois dans l'ex-gare d'Orsay (1972), transporté ensuite dans l'ex-patinoire des Champs-Elysées (1981) qui devient le Théâtre du Rond-Point.*
— Un montage réussi : "L'amour de l'amour" (1981)

LES ANNÉES SOIXANTE-DIX

LE "NON-PUBLIC". C'est l'immense public populaire qui reste à conquérir. Le terme est né, le 25 mai 68, lors d'une réunion de tous les animateurs du secteur public, au Théâtre de la Cité de Villeurbanne. On y réclamait, pour la Culture, le 1 % du budget de l'Etat. (On en est alors à 0,43 %).

La Décentralisation cependant continue : les CDN se multiplient. On construit, à côté des vieux théâtres municipaux, de vastes salles évoquant (en plus petit) celle de Jean Vilar à Chaillot. Il va falloir les remplir. C'est le temps des relectures de classiques, avec airs d'opéra comme musique de scène.

LE FESTIVAL DE NANCY. Un jeune étudiant de 19 ans, **Jack Lang**, participe activement, dès 1958, à la création d'une troupe théâtrale d'étudiants qui obtient, à partir de 1964, la permission de recevoir des équipes d'amateurs étrangères.

◁ Par exemple, le **Bread and Puppet** américain qui pratique le théâtre de rue, lors de manifestations anti-guerre du Viet-Nam, à l'aide de marionnettes géantes.

◁ sigle

◁ Egalement, le théâtre des ouvriers agricoles mexicains : **El Teatro Campesino.** Sketches satirico-didactiques avec nom du personnage inscrit sur une pancarte.

Autre spectacle (pas du tout "engagé" celui-là !) en 1971. Un certain Robert (dit Bob) Wilson présente **Le Regard du Sourd** : la rééducation d'un jeune noir sourd-muet (présent sur scène) sous forme d'images baroques, "surréalisantes", aux symboles clairs, ambigus ou hermétiques.

Aragon, spectateur, s'enthousiasme : « je n'ai jamais rien vu de plus beau en ce monde depuis que je suis né ».

LA CARTOUCHERIE DE VINCENNES.

En 1970, Ariane Mnouchkine "invente" un lieu magique. Avec sa trentaine de comédiens, elle "squatte", en plein bois de Vincennes, un ancien site militaire désaffecté avant démolition.

Dans un vaste terrain clôturé, d'immenses hangars-entrepôts abandonnés depuis longtemps...

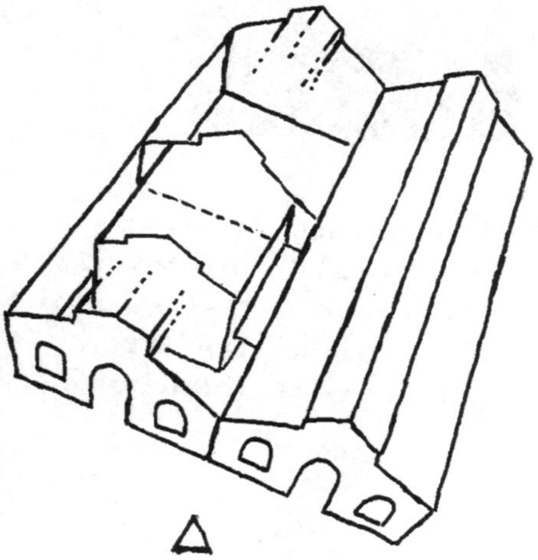

LE THÉÂTRE DU SOLEIL (ARIANE MNOUCHKINE)

L'AQUARIUM

L'ÉPÉE DE BOIS

LA TEMPÊTE

LE CHAUDRON

autres lieux investis par de jeunes troupes sans théâtre.

Tout autour : un dédale de places boueuses, de rideaux d'arbres, de flaques d'eau, de miradors...

Faire prendre au public le chemin d'étendues aussi ingrates et hostiles semblait une vraie folie. Or, la réussite sera parfaite : la Cartoucherie très vite devient "incontournable".

LE THÉÂTRE DU SOLEIL

Premier spectacle en 1971 : "**1789**", une évocation du début de la Révolution française raconté par des bateleurs juchés sur des estrades reliées entre elles. Le public est debout (ou assis). Il devient la foule des faubourgs de Paris à qui on raconte les événements de 1789 en utilisant toutes les formes théâtrales, de la pantomime à la tragédie, des marionnettes à l'opéra-bouffe. Un grand moment : la prise de la Bastille évoquée par des conteurs qui chuchotent çà et là leurs récits avant de les faire fusionner en une explosion de joie. *On a rarement vu un spectacle aussi accordé à un public nostalgique de Mai 68.*

1975

THEATRE DU SOLEIL

L'AGE D'OR

Des tonnes de terre (recouvertes d'un tapis-brosse de couleur rousse) valonnent l'immense salle. On s'y assoit et on y joue (quatre collines-aires de jeu). Plafond étoilé de multiples lampes. Lumière chaude, chaleureuse. Mais, par les fenêtres, filtre une pseudo-lumière du jour très blanche, presque bleue, inquiétante (obtenue par de nombreux tubes fluorescents).

Une conteuse "raconte 1975" à un public censé vivre ... en l'an 2000! Une distance (brechtienne) s'établit entre les spectateurs et leur propre environnement. — *Recherche de personnages-types d'une "commedia dell'arte" contemporaine.*

MEPHISTO 1979

Le roman d'une carrière d'après Klaus Mann

La carrière d'un célèbre acteur allemand qui triomphe dans le rôle de "Méphisto". Sympathisant communiste, il finit dans la peau d'un dignitaire du IIIe Reich, favori de Goering.

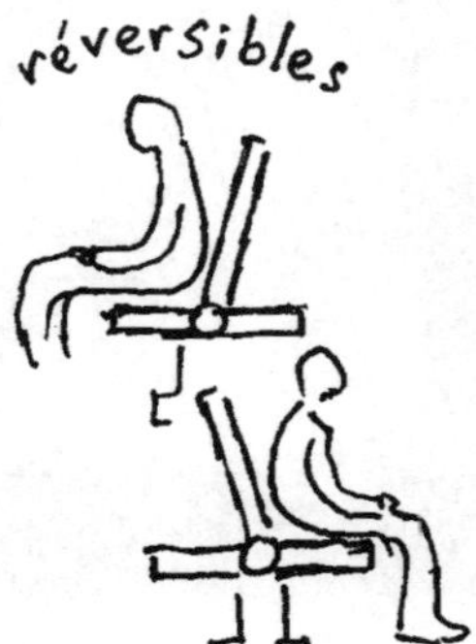

Dans l'"Âge d'Or", il n'y avait pas de scène. Dans "Méphisto", il y en a deux ...

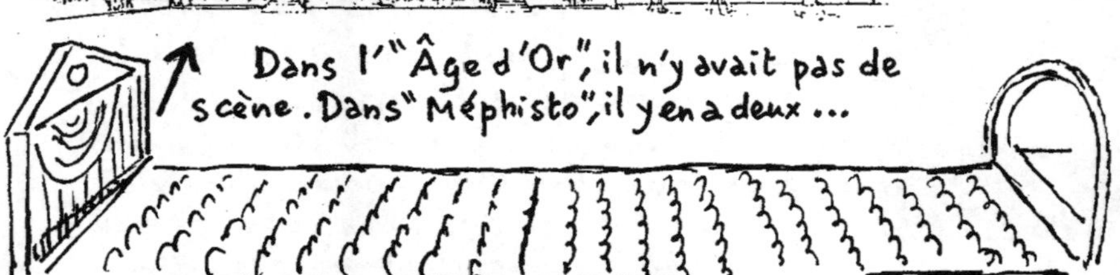

L'entrée caracolante de Richard II suivi de ses chevaliers.

Costume de LA NUIT DES ROIS

PARENTHÈSE SHAKESPEARIENNE.

Au début des années 1980, le Théâtre du Soleil aborde Shakespeare : "Richard II", "La Nuit des Rois", "Henri IV". Le jeu et les costumes sont inspirés du théâtre et du cinéma japonais (les films de Kurosawa). Les chevaliers anglais de "Richard II" prennent la forme de samouraïs rutilants, brutaux et vociférants.
Les costumes de "La nuit des Rois" évoquaient aussi parfois la Perse. L'ensemble était présenté sur un plateau nu, en bois clair (à raies noires) devant d'immenses rideaux de soie colorée.

GRANDES FRESQUES CONTEMPORAINES.

Après avoir monté Euripide, Eschyle, Molière... le Soleil va interroger directement notre époque. La troupe (80 personnes, 35 nationalités, même salaire pour tous) réalise des improvisations à partir de témoignages, de récits pris sur le vif. La romancière Hélène Cixous, intégrée à l'équipe, s'en sert pour établir le texte du spectacle :

1985. "L'Histoire terrible mais inachevée de Norodom Sihanouk, roi du Cambodge".

1987. "L'Indiade" (la sanglante partition de l'Inde).

1994. "La Ville parjure" (la tragique affaire du sang contaminé).

1999. "Tambours sur la digue" (les grandes inondations en Chine).

2003. "Le Dernier Caravansérail (Odyssées)". Le problème des réfugiés à travers le monde.

L'UNIVERSITÉ ENTRE EN SCÈNE

LES ÉTUDIANTS qui se rendaient, sac au dos, aux premiers Festivals d'Avignon (et qu'on logeait dans des dortoirs)... sont maintenant professeurs de lycée. Ils incitent leurs élèves à «faire du théâtre».

Ainsi, à Louis-le-Grand, Jean-Pierre Vincent monte, en 1963 deux pièces d'Henry Monnier (décorateur : Patrice Chéreau) avec, parmi les acteurs, Jérôme Deschamps.

Chéreau et Vincent dans le Labiche

En 1964, Chéreau, à son tour, met en scène une courte pièce de Victor Hugo : "L'intervention". Et, en 1965, il s'attaque à "L'Héritier de village", un Marivaux inconnu (Festival de Nancy). Puis ce sera "L'Affaire de la rue de Lourcine" de Labiche traitée... en comédie musicale d'épouvante. Avec Jean-Pierre Vincent et Chéreau lui-même (Théâtre des Trois Baudets).

En 1966, Vincent s'associe à Jean Jourdheuil (="Théâtre de l'Espérance") tandis que Chéreau s'installe à Sartrouville où il obtient le 1er prix des Jeunes Compagnies avec "Les Soldats" de Lenz. On le retrouve, en 1969, au Théâtre du VIIIème (à Lyon) où, appelé par Marcel Maréchal, il donne (avec ce dernier dans Sganarelle) un curieux "Don Juan" de Molière hyper-brechtien (ci-contre).

APRÈS LES LYCÉES, les Facs.

....

Décor : Patrice Chéreau

Patrice Chéreau

1969. **Don Juan** de Molière/Chéreau

La mise à mort de Don Juan. Le Commandeur est "dédoublé" : deux "Frankenstein-CRS" battent à mort Don Juan (obsessions des charges policières lors des manifestations de Mai 68).

Des esclaves en loques (les paysans de La Bruyère) sont dissimulés dans l'ombre du proscenium... sauf lorsqu'ils actionnent les "machines" censées animer la scène tournante.

....

On n'y enseigne plus le théâtre comme un genre littéraire mais comme un art autonome. À vrai dire, on va bientôt étudier le "Faust" de Vitez ou l'"Hamlet" de Chéreau. Les œuvres des metteurs en scène... Méthode inédite de travail : la **sémiologie** (étude des "signes").

L'Odéon
(suite)

LORS DE LA RÉVOCATION de Jean-Louis Barrault, Roger Blin, son ami de toujours, lance :

ROGER BLIN

Personne ne voulant être une "lotte pourrie", L'Odéon-Théâtre de France sera réduit, pendant trois ans, à être une « salle-garage » :

1975

"Le Théâtre des Nations", "Le Théâtre Sénégalais" de Raymond Hermantier, "Le Cothurne" de Marcel Maréchal, le spectacle expérimental intitulé "XX" de Luca Ronconi (la grande salle est vidée de ses fauteuils pour y installer 20 chambres superposées et visitables successivement par les spectateurs).

1976

EN 1971, RETOUR À "L'ODÉON", exit "Le Théâtre de France"... La direction est confiée « à titre personnel » à l'administrateur de la Comédie-Française (en l'occurence Pierre Dux) qui doit recevoir les CDN de province, des troupes étrangères, et le "Français" lui-même (mais seulement quatre mois par an !)

1979

En 1983, le "Théâtre de l'Europe" (dir. Georges Strehler) s'ajoute à la liste !

En 1990, il occupe entièrement le lieu. (Paris est la seule capitale européenne à posséder une telle institution).

Elle est confiée à l'espagnol Lluis Pasqual, puis à Georges Lavaudant

Beaucoup de spectacles "en langue étrangère" Surtitrés.

ANTOINE VITEZ

1930 - 1990

« UN THÉÂTRE ÉLITAIRE POUR TOUS »

FORMULE AMBIGUË QUI SIGNIFIE : nous allons vous donner un théâtre difficile mais avec des places « à prix populaire ».

Et si le public des employés et des petits enseignants (celui de Vilar) s'étonne et dit qu'il ne comprend rien au spectacle ... on lui fera la réponse de Picasso à cette dame qui, dans une galerie, lui déclarait :

— Je ne comprends pas vos toiles !

— Madame, est-ce que vous comprenez le chinois ?

— Non.

— Eh bien, il faut l'apprendre.

Né : à Paris. **Père** : photographe (d'origine hongroise). Anarchiste, grand théâtrophile (le Cartel). **Diplôme** : de russe (Ecole Nale de langues orientales). **Elève** : de Tania Balachova. **Débuts** : comédien au "Théâtre Indépendant" de Clément Harari (1949-1952). Puis au Théâtre Quotidien de Marseille (1958). **Devient** : (faute d'engagement) traducteur de russe, d'allemand, de grec ancien ... Tchekhov, Lenz, Aristophane. Et les 8 tomes du "Don Paisible" de Cholokhov. **Secrétaire** : d'Aragon de 1960 à 1962 pour l'"Histoire de l'URSS et des Etats-Unis" de ce dernier et d'André Maurois. **Redevient** : acteur au TQM (1962-63) pour lequel il adapte "La Paix" d'Aristophane ... et à Caen, chez Jo Tréhard (1964-67). Il fait là sa 1ère mise en scène : "Electre" de Sophocle (1966). **Animation** : des quartiers de Nanterre (à la demande de P. Debauche, dir.teur des "Amandiers"), de 1968 à 1971. **Directeur** : du Th. des Quartiers d'Ivry (1972-1981), du Th. National de Chaillot (1981-88). **Administrateur** : de la Comédie-Fse (1988-1990).

VITEZ A SOUVENT PASSÉ pour le "nouveau Vilar." Et pourtant, que de différences entre eux.

Vitez écrit, en 1982, dans "Le Journal de Chaillot" :

> Je crois qu'aujourd'hui l'idée du *théâtre service public* – le théâtre, disait Vilar, doit être donné au peuple *comme le gaz, l'eau, l'électricité* –, cette idée-là doit être aujourd'hui examinée. Elle était révolutionnaire il y a trente ans ; Vilar se rattachait ainsi à toutes nos révolutions : 89, 48, la Commune, et à la Charte du Conseil national de la Résistance. En disant ces mots, *théâtre service public,* il entendait une sorte de nuit du 4 août, une abolition des privilèges. Le théâtre allait être le lieu où s'opérerait, dans le registre du simulacre, une abolition des privilèges : ceux qui disposaient jusque-là des biens culturels devraient désormais les partager avec les autres, les dépourvus. Cette idée est en effet révolutionnaire, au sens historique, mais elle contient en germe les éléments de sa propre décomposition : les biens culturels sont considérés comme déjà existants, déjà acquis, et il ne reste qu'à assurer la bonne gestion du partage.

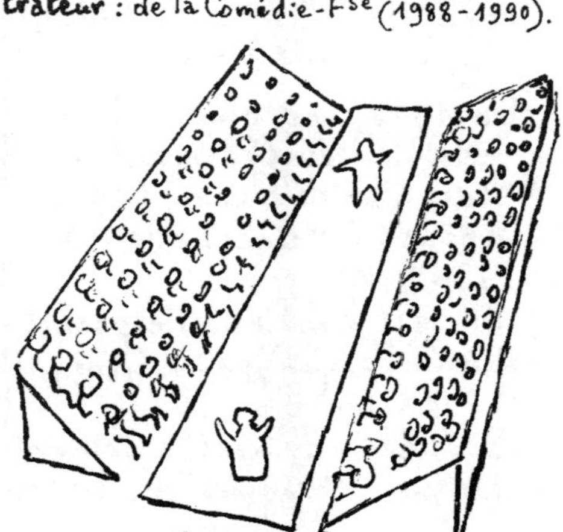

Dispositif des premières mises en scène de Vitez

Vitez ne croit pas aux "**phares**" (voir p. 310) donnés tels quels ... mais réinterprêtés complètement.

Ses collaborateurs constants : Yannis Kokkos (décors), Georges Aperghis (musique), Patrice Trottier (lumière).

THEATRE DES QUARTIERS D'IVRY :

1973. **Mère Courage**, de Brecht.
La pièce se déroule en 24 heures (au lieu des plusieurs années voulues par Brecht). La fameuse carriole de la cantinière Mère Courage est montrée sous la forme de deux vieilles voitures d'enfants (sa fille Catherine pousse l'une d'elles). La guerre et ses désastres sont évoqués par la décharge publique envahissant l'aire de jeu : bouteilles en plastique, vieux souliers, pneus dont l'un figurera la pièce de bœuf que le Cuisinier se prépare à cuire pour le Capitaine. Un piano, un micro : les "songs" de la Mère Courage évoquent l'ambiance d'un cabaret berlinois – années 20.

TH. DE LA PORTE St MARTIN :

Les 4

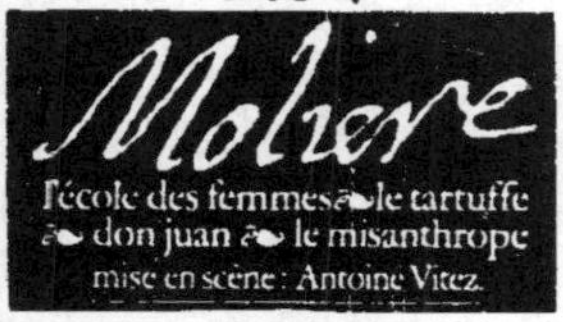

1974

Un "palais à volonté" défraîchi (de Claude Lemaire) pouvant évoquer soit une vaste salle, soit une cour intérieure, soit une place publique... une table, deux chaises, un bâton, deux candélabres, un sac de voyage... un roulement de tonnerre (le courroux du Ciel) qui sert dans les quatre pièces.

Les quatre grandes pièces de Molière considérées comme une tétralogie.
Tartuffe ? « L'Etranger qu'on n'a pas invité ; tout le monde finalement se ligue pour le tuer... Tartuffe passe, comme le Rédempteur » (!?) écrit Vitez.
Dans "Don Juan", la scène de discussion entre les deux frères d'Elvire (doivent-ils se battre – ou non – avec Don Juan qui a sauvé l'un d'eux des brigands ?), cette scène tourne à la bagarre et littéralement au match de catch !!

ON PEUT FAIRE théâtre de **tout** disait Vitez...
qui monte, à Ivry, le roman d'Aragon "Les Clôches de Bâle" sous le titre de "Catherine".

... avec **rien**. À Ivry, les moyens dont il dispose sont très faibles. Il s'attaque cependant à Brecht, Goethe, Racine.

TH. DE GENEVILLIERS

1977. **Les Burgraves** de V. Hugo
(Imaginons "Hamlet" joué dans sa totalité par... les fossoyeurs.)
Ici, sur de vieilles pierres en ruines couvertes d'échafaudages et qui prennent la forme d'une main géante... cinq clochards « modernes » interprètent les 28 personnages de la pièce "en trois époques" de Victor Hugo dont le ton est celui de l'épopée (médiévale).

Dispositif de la saison 81-82 :

◁ AU DÉBUT DE "FAUST", une grande malle est placée sur l'éperon noir. En sort, entièrement nu, Vitez-Faust qui jette en l'air des livres de poche pris dans la malle. (Le vieux savant renonce au savoir normal pour se livrer à la magie.)
Costumes modernes... celui du Dr Faust évoquera Aragon, l'ami de Vitez.

Aménagement pour les spectacles de la grande salle (1ère saison de Vitez) : un éperon au sol noir brillant devant un vaste décor (intemporel) "praticable" et hyperréaliste représentant l'orée d'un bois.
Dès la seconde saison, la scène devient (et restera ensuite) frontale. Avec une salle de 1000 pl.

CHAILLOT THEATRE NATIONAL

△
1985. **Ubu-Roi**, d'Alfred Jarry

Décor unique : un salon avec immense baie vitrée donnant... sur la Tour Eiffel. Au premier plan, des meubles (table, chaises, piano) non représentés ici. Ubu est un politicien de 1985 : costume trois pièces, pas de « gidouille ». Quant aux Palotins, ce sont simplement ses gardes du corps. Les acteurs jouent "Ubu" comme le feraient des enfants. Lorsque le Père Ubu est à la guerre avec ses troupes, les boulets de canon sont figurés par des petits-suisses s'écrasant sur la baie vitrée. Quant au Capitaine Bordure (officier félon qui s'allie au dictateur), il est joué par... une femme en robe noire vaporeuse sans aucune justification !

En 1958, Vilar monta "Ubu" de façon **civique**. Ainsi, il fit jouer le Capitaine Bordure par Jean Galland, acteur de cinéma spécialisé dans les "beaux officiers" nobles et loyaux. Son ralliement, en Bordure, à l'ignoble Père Ubu, faisait « froid dans le dos ».

1981. **Faust**, de Goethe.

Ci-dessus : le Prologue dans le Ciel, dialogue entre Dieu (en grand bourgeois moderne) dans la nacelle de son ballon et Méphistophélès (sous l'aspect d'un flic ou d'un "privé") avec son vilain imperméable ... (Comparez avec la même scène à l'Odéon/Antoine, p. 217). Quant à l'Esprit de la Terre (un visage apparaissant, pour Goethe, dans la flamme d'une lampe), Vitez le représentait sous la forme d'une mendiante enceinte et folle. Explication de Vitez : un jour, à Rome, à la terrasse d'un restaurant, il avait vu une semblable mendiante dont il avait pensé : « Cette femme, c'est l'Esprit de la Terre de Rome. »

Curieuse obsession des mains dans la décoration des pièces d'Hugo... Déjà, en 1977, dans "Les Burgraves", la main géante (p. 346). Puis, en 1985, dans "Hernani", la galerie des ancêtres de Ruy Gomez (ci-contre) dont les portraits se bornent à montrer des mains. Enfin, le roi Don Carlos (d'"Hernani"), méditant devant le tombeau de Charlemagne, est saisi par une énorme main de pierre qui sort du tombeau et l'enveloppe (ci-dessous).

THÉÂTRE NATIONAL DE CHAILLOT : 1985. **Hernani**, de Victor Hugo

HAINE DU RÉALISME, gestuelle relevant de la "théâtralité" (attitudes poussées jusqu'à la limite du possible, diction volontairement artificielle...). Presque un retour à Sarah Bernhardt ! Ajoutez des "improvisations de travail" (nées lors de l'élaboration du spectacle) placées telles quelles dans la mise en scène définitive. (Cf. "Don Juan" : page 345)

Pour "**Lucrèce Borgia**" de V. Hugo (1985), le critique Jacques Nerson écrit :

« L'amant bouscule sa bien-aimée pour démontrer qu'il y a de la haine dans l'amour, le roi embrasse fougueusement le traître sur la bouche pour démontrer qu'il y a de l'amour dans la haine, le valet fait une prise de judo à la duchesse afin de nous faire comprendre qu'il est au courant de ses secrets et qu'il pourrait au besoin la faire chanter... Passe pour l'absence de subtilité que laisse supposer ce genre de travail. Ce qui est grave, c'est que le metteur en scène ne fait visiblement plus confiance au texte, ni à l'acteur, ni à l'intelligence du spectateur. Il ne croit plus qu'à la valeur de son propre commentaire. La mise en scène devient une succession de signes, d'images-pirates qui constituent une sous-écriture. »

ODÉON

1889 **La Celestine** de Rojas

GRAND PROFESSEUR (notamment au Conservatoire National), Vitez a eu de nombreux disciples et imitateurs.

On a vu "Roméo et Juliette" de Shakespeare se déroulant entièrement dans une immense bibliothèque...

On a vu, dans "Les Brigands" de Schiller, le vieux Comte caché sous une housse de fauteuil (au lieu d'être enfermé dans un sombre cachot). Voir. p. 218.

On a vu des spectacles intitulés : "Antigone-matériau" ou "Hamlet-matériau". C'est tout dire !

THÉÂTRE PUBLIC

ON APPELLE AINSI **le théâtre subventionné :**

— <u>les Théâtres nationaux</u> (Comédie-Française, Odéon-Théâtre de l'Europe, Colline, Chaillot ... et Théâtre de Strasbourg).

— <u>les Centres Dramatiques Nationaux</u>.

Première vague (de 1946 à 1952) : on envoie, de Paris, des artistes conquérir la province. Il s'agit de répandre dans les régions le répertoire et l'esprit du Cartel. (voir p. 316) Débuts difficiles. Aide puissante des Associations de Spectateurs.

Deuxième vague (années 60) : conquête de la banlieue parisienne (où Vilar naguère avait eu l'idée de « tourner »). Province : maintenant des artistes autochtones se révèlent (ex. Planchon à Lyon).

Aujourd'hui, on en est à quelque 30 CDN + 18 CCN (Centres Chorégraphiques nationaux).

— <u>les Scènes nationales</u> (au nombre d'environ 70).

Dans les plus petites villes (Evreux, Tarbes, Le Creusot ...).

On les définit comme des « équipements artistiques autonomes ».

Ils remplacent souvent les vieux théâtres municipaux.

Leurs spectacles proviennent des CDN voisins ou de troupes « en résidence » chez eux pour une période déterminée. Ils « produisent » rarement les pièces qu'ils présentent ... (Mais c'est pourtant le cas à Evreux !)

AUTEURS. Le théâtre public a révélé relativement peu d'auteurs nouveaux. Deux exceptions cependant : Vinaver et Koltès.

Michel VINAVER

Le monde de l'entreprise, ses ambiguïtés, ses langages, ses mythes ...

Bernard-Marie KOLTÈS

« Des êtres de solitude dans des situations d'affrontement violent. »

THÉÂTRE PRIVÉ

ESSENTIELLEMENT PARISIEN.
Environ 45 salles (moyennes ou grandes) + une multitude de lieux minuscules éphémères ou plus durables.

MADELEINE

Les grands établissements ont souvent une valeur historique. (L'Etat vient d'ailleurs d'ouvrir des crédits pour améliorer leur entretien).

NE DOIT COMPTER que sur ses recettes. Un échec peut être terrible... Condamnés au succès, les directeurs du théâtre privé prennent des risques qui peuvent ruiner leur vie. Ils sont la plupart du temps, d'une grande modestie et d'un grand courage.

L'ATELIER

Heureusement, en 1965, est créé un Fonds de Soutien (interprofessionnel) alimenté essentiellement par une taxe de 3,5 % sur chaque billet vendu. Sorte d'assurance en cas de difficultés financières.

LES DIRECTEURS DU PRIVÉ souhaiteraient que l'Etat révise ses aides au théâtre pour tendre à mettre à égalité le "public" et le "privé" en ce qui concerne le prix des places.

1973

HÉBERTOT

CERTAINS D'ENTRE EUX sont parfois contraints de se rendre à Londres ou à New-York pour y "faire leur marché"! Parmi les succès théâtraux récents dans ces métropoles, il s'agit de sélectionner une pièce à (au maximum) 3 ou 4 personnages, de la faire traduire ... et d'espérer que le public parisien "aimera" lui aussi.

ANTOINE

AJOUT INDISPENSABLE: des visages connus fut-ce ceux de quelque présentateur (ou présentatrice) météo à la télé... devenus "comédiens"!

DAUNOU

FAIRE DU THÉÂTRE

IL FAUT PLUTÔT FAIRE de l'Art Dramatique !

D'abord : se "mettre en troupe". Fabriquer décors et costumes d'après les maquettes du décorateur-maison. Jouer dans un lieu familier, devant un public qui ne va jamais au théâtre ... (On dit que 93 % des Français ne le fréquentent pas !)

... Au sein, donc, d'une entreprise, d'une administration, d'un quartier, d'un village.

COMMENCER AINSI

"en amateurs" (si possible "éclairés"), c'est un début qui en vaut une autre ... Et j'ai personnellement participé à une telle expérience durant une douzaine d'années :

Imaginez une troupe de jeunes postiers (presque tous d'origine provinciale) élaborant ses spectacles dans le grenier de la Grande Poste de la rue du Louvre, à Paris.

Son public ? Les facteurs et leurs familles. (1)

Sa salle de spectacle ? Une "salle de repos" avec billard, baby-foot, table de ping-pong, etc ...

Tous ces meubles poussés contre les murs, on récupère ici et là, dans tout l'Hôtel des Postes, des sièges placés devant (ou autour) d'une scène démontable ... et évolutive. ◁

EVOLUTION DU DISPOSITIF SCÉNIQUE

qui s'épanouira, d'année en année, un peu comme une fleur.

AVANT D'ÊTRE ADMISE

dans les locaux administratifs, la troupe se produisait dans des lieux de hasard (préaux d'écoles, fêtes populaires ...) sous le nom de la "Compagnie Mercure" (le dieu antique du commerce et des voleurs qui est — avec ses ailes aux pieds — un peu le dieu des postiers !)

(1) Que nous abonnions au TNP-Vilar.

Cie ★ Mercure

<u>Ci-contre : le sigle de la compagnie.</u>

Premier spectacle : " Les Caprices de Marianne " (Musset) dans la version de 1833 ... avec ses six décors à changer rapidement pour conserver son rythme à la pièce.

– Décor à transformation pour "Les Caprices de Marianne" :

1. La rue. Maison de Claudio.

4. Terrasse du cabaret

2. Chambre de Cœlio.

5. Chambre de Marianne.

3. Jardin de Claudio.

6. Tombeau de Cœlio.

Des serviteurs de scène, en musique, modifiaient le décor à la vue du public.

— Au Répertoire :

"George Dandin" (Molière) :

En théâtre en Rond.
« Avec des divertissements inédits de Molière ». Il s'agissait de vers de Molière (traitant du cocuage) jamais utilisés par lui, mais publiés.
Un des membres de la troupe, pastichant la musique d'époque sur sa guitare, en avait fait des chansons. Elles animaient des pantomimes évoquant "la fête de demain" citée dans le texte. (Voir ci-contre p. 253).

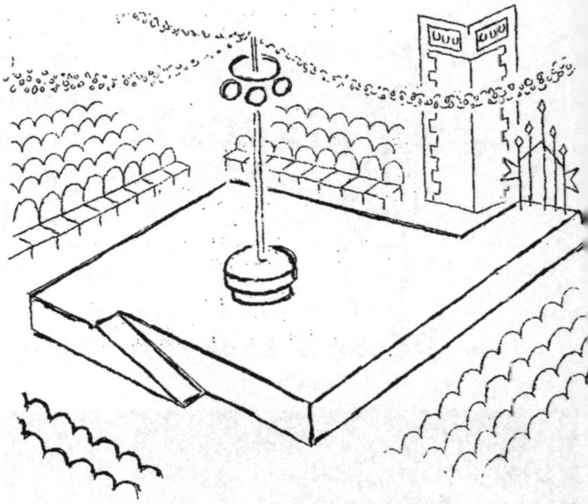

Un "Knock" unanimiste.

On jouait davantage "Le Triomphe de la Médecine" que le personnage central. Davantage le village pénétré par la Médecine que la personnalité du médecin-vedette.

"La Savetière Prodigieuse" (Fédérico Garcia Lorca).

Le "quatrième mur" supprimé, deux balcons face au public : celui du Savetier (avec les chaussures à réparer) et celui (fleuri) de la Savetière. Le proscenium figurait la rue.

"L'Ecole des Femmes" (Molière).

Un décor quelque peu "élisabéthain".
Un podium est accolé à la scène à l'italienne.
Enserré par les spectateurs, il figure comme un coin de jardin public où Arnolphe fait « prendre l'air » à sa pupille.

GEORGE DANDIN
EPILOGUE

La comédie s'achève.

DANDIN cocu, battu et confondu dit qu'il va se jeter à l'eau. COLIN le retient et lui tend sa gourde de vin. DANDIN désespéré refuse ; COLIN insiste ; DANDIN boit et reprend peu à peu goût à la vie.

Cependant COLIN va chercher VOISIN auquel il mime la triste détermination de DANDIN. Ils décident de le consoler

COLIN et VOISIN chantant :

Ah ! quelle étrange extravagance
Que la crainte d'être cocu !
La vie a plusieurs maux dont on est convaincu,
Et l'on en doit craindre la violence.
Mais craindre un mal qui n'est que dans notre croyance,
Ah ! quelle étrange extravagance !

DANDIN déjà un peu gai se met bientôt à rire et à chanter avec eux. Tous les acteurs réapparaissent deux à deux. Dansant et chantant ils terminent joyeusement la comédie de GEORGE DANDIN de

MOLIERE

◁ Costumes pour "George Dandin" (ci-contre :) Sotenville et Clitandre. — Perruques en filasse (ficelle blanche détressée). Costumes en toile de jute teinte de la couleur exacte des maquettes du décorateur de la troupe.

Temps de préparation d'un spectacle : 1 an.

Deux spectacles par saison dont l'un réservé aux enfants : "parade" avec numéros divers dont marionnettes, ciné-poèmes (films d'animation).

"**La Gerbe et le Fagot**" d'André Devaux. Théâtre en Rond.

Adaptation d'un roman (prix Edouard Herriot) qui traite de la rivalité ancestrale des bûcherons et des paysans.
Deux frères bûcherons, de nationalité belge, ayant une grande différence d'âge, viennent travailler en France où ils ont acheté un bois, dans les Ardennes, pour l'exploiter.
Ils se construisent une cabane en plein bois, y vivent à l'écart et se mettent au travail. Lorsqu'ils se rendent au village voisin pour faire leurs provisions, ils sentent à leur égard une grande hostilité : pour les paysans, les bûcherons sont des sorciers à rejeter.

La situation se corse lorsqu'une "idylle s'ébauche" puis se confirme entre le plus jeune frère et une jeune fille du village.

Et lorsque cette dernière vient habiter avec les deux bûcherons dans leur cabane, les passions se déchaînent.
Pour comble de malheur, l'aîné des deux frères, jaloux des amoureux, tente de les écraser en abattant un arbre qui détruit la cabane. L'outrance de ce comportement "attendrit" enfin le village.

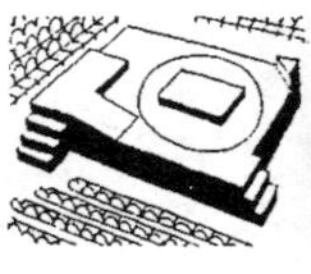

Ce drame familial (qui se résoud par la fuite du frère assassin) s'était doublé d'un drame social : les marchands de bois de la région se "donnant le mot" pour acheter au plus bas prix le bois des frères.

L'action volait sans décors d'un lieu à un autre (du conseil municipal du village à une clairière, de la cabane des bûcherons au quai d'une petite gare ...)

L'arbre écrasant la cabane était "stylisé" par la colonne lumineuse verte d'un projecteur dressée verticalement ... et s'abattant dans un grand fracas musical.

LECTURE ...

"La Gerbe et le Fagot."
– Les bûcherons

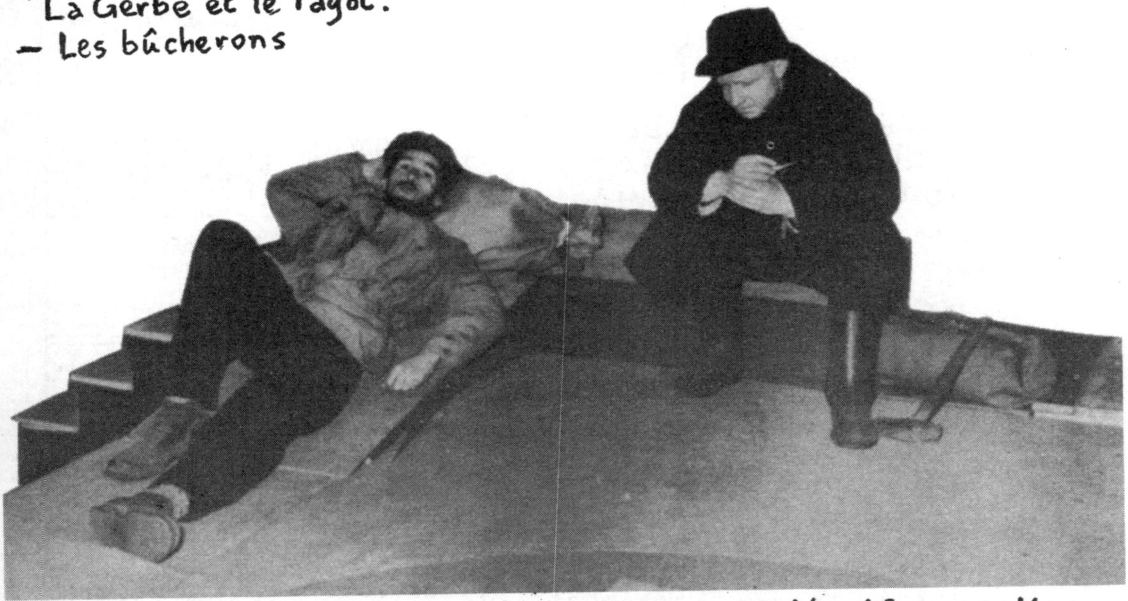

– André Devaux, l'auteur, était lui aussi un authentique postier.

Costumes pour "George Dandin."

JE SUIS JALOUX...

JE SUIS JALOUX des cinéphiles ! En effet, ces grands amateurs de Cinéma, qui en aiment passionnément les "classiques", disposent pour assouvir leur passion, de cinémathèques, de ciné-clubs, de salles d'art et d'essai... de chaînes TV de type "Ciné-Classic", d'émissions TV de type "Cinéma de Minuit" !

ET LES AMATEURS DE THÉÂTRE ? Où est la "théâtrothèque" qui permettrait de voir ainsi défiler le répertoire de tous les temps et de tous les pays ? « impossible », direz-vous ! Utopie !!... Et pourtant, une telle théâtrothèque a existé il n'y a pas si longtemps.

Savez-vous qu'entre les deux guerres, dans les années 1920 et 1930, le Théâtre Français (la Comédie-Française) et le Second Théâtre Français (l'Odéon) présentaient chacun quelque 40 spectacles par saison. Voir ci-contre l'affiche d'une semaine du mois d'octobre 1937...

À la même période, outre Corneille - Molière - Racine, on peut voir à l'Odéon des pièces de Balzac, Shakespeare, Dumas-Fils, Daudet, Ibsen, Courteline, Dickens, Lope de Vega...

IL FAUT DIRE qu'à cette époque tout Molière, par exemple, était joué à peu près dans le même décor.

Et que la tragédie classique se donnait toujours dans quelque « palais à volonté » passe-partout... Alors qu'aujourd'hui on a tendance à réinventer le Théâtre à chaque création.

On est passé d'un extrême à l'autre !

1680 COMÉDIE FRANÇAISE 1937

LUNDI 11 Octobre	Soirée 9 h	LE VIEIL HOMME
MARDI 12 Octobre	Soirée 8 h 45	GEORGE DANDIN IL NE FAUT JURER DE RIEN
MERCREDI 13 Octobre	Soirée 9 h	Le LEGATAIRE UNIVERSEL A QUOI REVENT LES JEUNES FILLES
JEUDI 14 Octobre	Matinée 2 h 30	LE CHANDELIER UN CAPRICE
	Soirée 8 h 45	GEORGE DANDIN IL NE FAUT JURER DE RIEN
VENDREDI 15 Octobre	Soirée 8 h 45	GEORGE DANDIN IL NE FAUT JURER DE RIEN
SAMEDI 16 Octobre	Soirée 9 h	LE CHANDELIER L'ECOLE DES MARIS
DIMANCHE 17 Octobre	Matinée 2 h 30	Mme SANS-GENE
	Soirée 9 h	LE SIMOUN

"Le vieil homme" (1911) est de Porto-Riche (1849-1930)
"Le Simoun" (1922) est de Henri-René Lenormand (1882-1951)

NE FAUDRAIT-IL PAS créer un TNR, un Théâtre National du Répertoire ?... « Avec quelle scénographie ? » direz-vous. La solution sans nul doute : une scène architecturée que l'on habillerait différemment, sans grands frais, pour chacune des pièces jouées. Deux exemples :

1920-1924. Le dispositif de Jouvet pour le Vieux-Colombier.

1983-1985. Le dispositif de Jacques Marillier au Th. Hébertot (Cie Jean-Laurent Cochet)

ON A DIT de la "scène à l'italienne" que c'était un dispositif souple mais mou.

Dans son cadre doré, la décoration scénique s'y présente souvent comme un tableau en deux dimensions. Chantournage du contre-plaqué, pinochage de la toile peinte ... toutes les couleurs, toutes les formes sont possibles.

Certes, de grands décorateurs modernes ont "créé" pour la scène à l'italienne, mais ils n'ont réussi pleinement que dans la mesure où ils se dégageaient de son esprit. C'est lorsqu'il s'inspire de Gordon Craig, le premier et illustre contempteur du décor trompe-l'œil, que Christian Bérard conçoit ses meilleures œuvres pour Louis Jouvet, auteur lui-même de la scène du Vieux-Colombier.

Pitoëff, Jouvet, comme Dullin et Baty étaient bien forcés d'utiliser la « boite à l'italienne »... Malgré eux. Par nécessité.

LA SCÈNE ARCHITECTURÉE, facteur d'unité entre les spectacles présentés, créerait des contraintes. Salutaires.
« Le théâtre à l'ancienne », d'Eschyle à Ionesco, c'est avant tout un texte. Elle le mettrait en valeur.

Les jeunes cinéastes sont souvent des piliers de la cinémathèque. Leurs films s'en ressentent.

S'il en était ainsi des jeunes auteurs dramatiques vis à vis du TNR, on reverrait peut-être sur le théâtre contemporain ... des scènes construites ... des caractères ... des situations qui les révèlent. Les classiques comme modèles.
À condition, bien sûr, de renoncer aux parodies du théâtre "élitaire".

LE TEMPS DES METTEURS EN SCÈNE

POINTS DE REPÈRE

1887. Le Théâtre-Libre.
1890. Le Théâtre d'Art.
1893. L'Œuvre.
1897. Le Théâtre Antoine.
    1898. Le Théâtre d'Art (Stanislavski).
1906. Antoine à l'Odéon.
1913. Le Vieux Colombier.
1920. Le Théâtre National Populaire.
    1923. Le Théâtre Meyerhold.
1927. Le Cartel des quatre.
    1928. "L'Opéra de Quat'Sous", de Brecht.
1936. Le Cartel à la Comédie-Française.
1946. La Décentralisation.
1947. La Compagnie Renaud-Barrault.
    1949. Le Berliner Ensemble.
1950. Le Théâtre de l'Absurde.
1951. Le TNP de Vilar.
1954. Le Berliner Ensemble à Paris.
1957. Le Théâtre de la Cité (Planchon à Villeurbanne).
1959. Le Théâtre de France (J.-L. Barrault).
1964. Le Festival de Nancy (Jack Lang).
1981. Vitez à Chaillot.
1988. Vitez à la Comédie-Française.

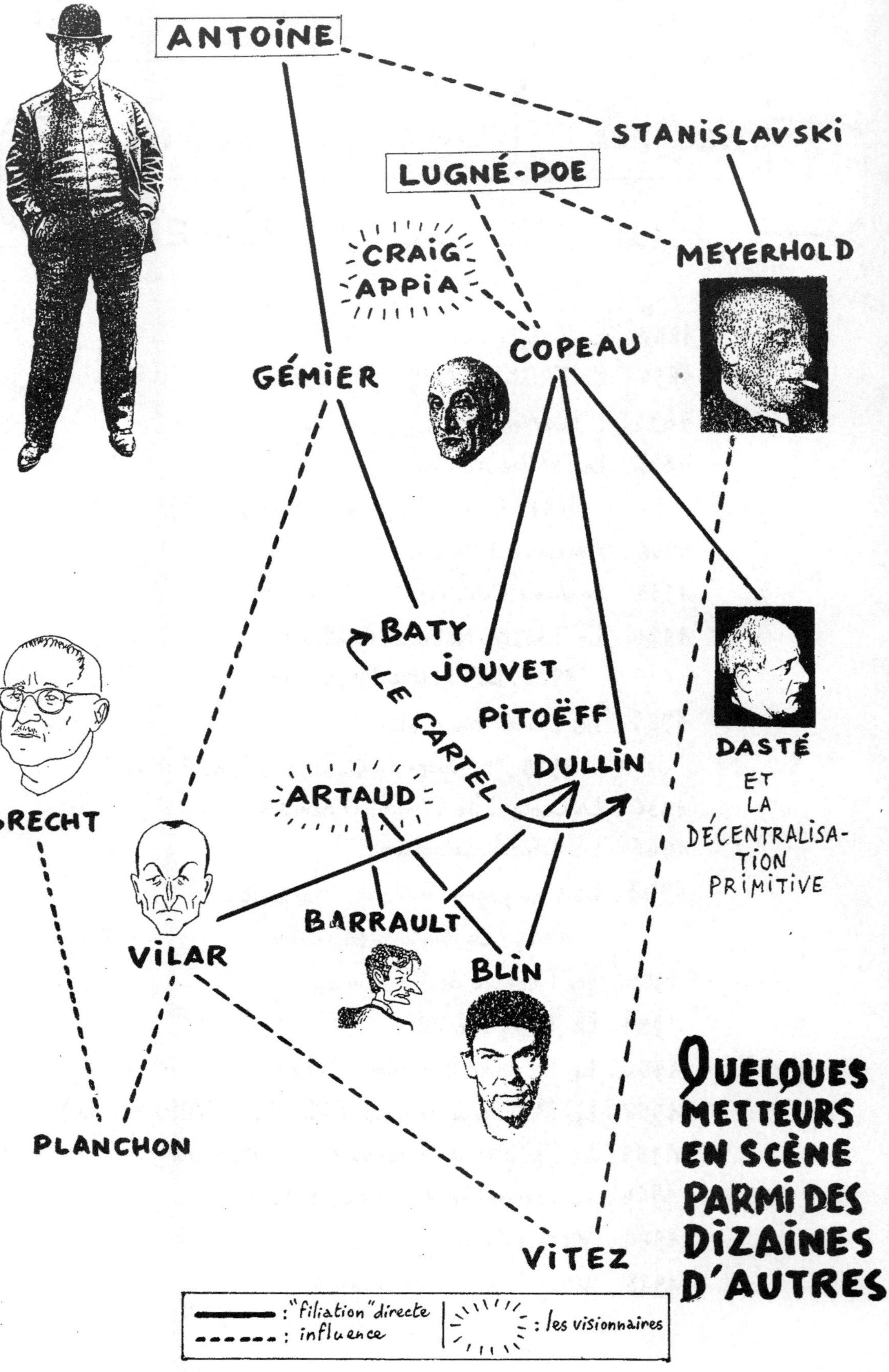
ANTOINE
STANISLAVSKI
LUGNÉ-POE
MEYERHOLD
CRAIG
APPIA
COPEAU
GÉMIER
BATY
LE CARTEL
JOUVET
PITOËFF
DULLIN
DASTÉ
ET LA DÉCENTRALISATION PRIMITIVE
ARTAUD
BRECHT
VILAR
BARRAULT
BLIN
PLANCHON
VITEZ
QUELQUES METTEURS EN SCÈNE PARMI DES DIZAINES D'AUTRES
: "filiation" directe
: influence
: les visionnaires

Les 2 courants du Th. contemporain

André ANTOINE 1858 - 1943

Le "Théâtre Libre"

NATURALISME

Auteurs Naturalistes
Courteline
Jules Renard

STANISLAVSKI ← En Russie → **MEYERHOLD**

RÉALISME

Le "Boulevard Supérieur":

Mirbeau
Bernstein
Pagnol
Guitry
Bourdet
Deval

← Le Cinéma parlant

Roussin
Yasmina Reza

Aurélien LUGNÉ POE 1869 - 1940

"L'Oeuvre"

SYMBOLISME

Maeterlinck
Jarry
Claudel

MEYERHOLD

STYLISATION

COPEAU & LE CARTEL { Jouvet, Dullin, Baty.., Pitoëff }

Romains
Giraudoux
Anouilh
Artaud
Barrault
Blin & le Th. de l'Absurde
Vilar
Gatti
Brecht
Dasté
Planchon
Vitez

Les auteurs et animateurs dont les noms "débordent" en 1ère colonne ont "un pied dans le réalisme" et sont moins "élitaires" que les autres.

"CARTE DU TENDRE" DU THÉÂTRE

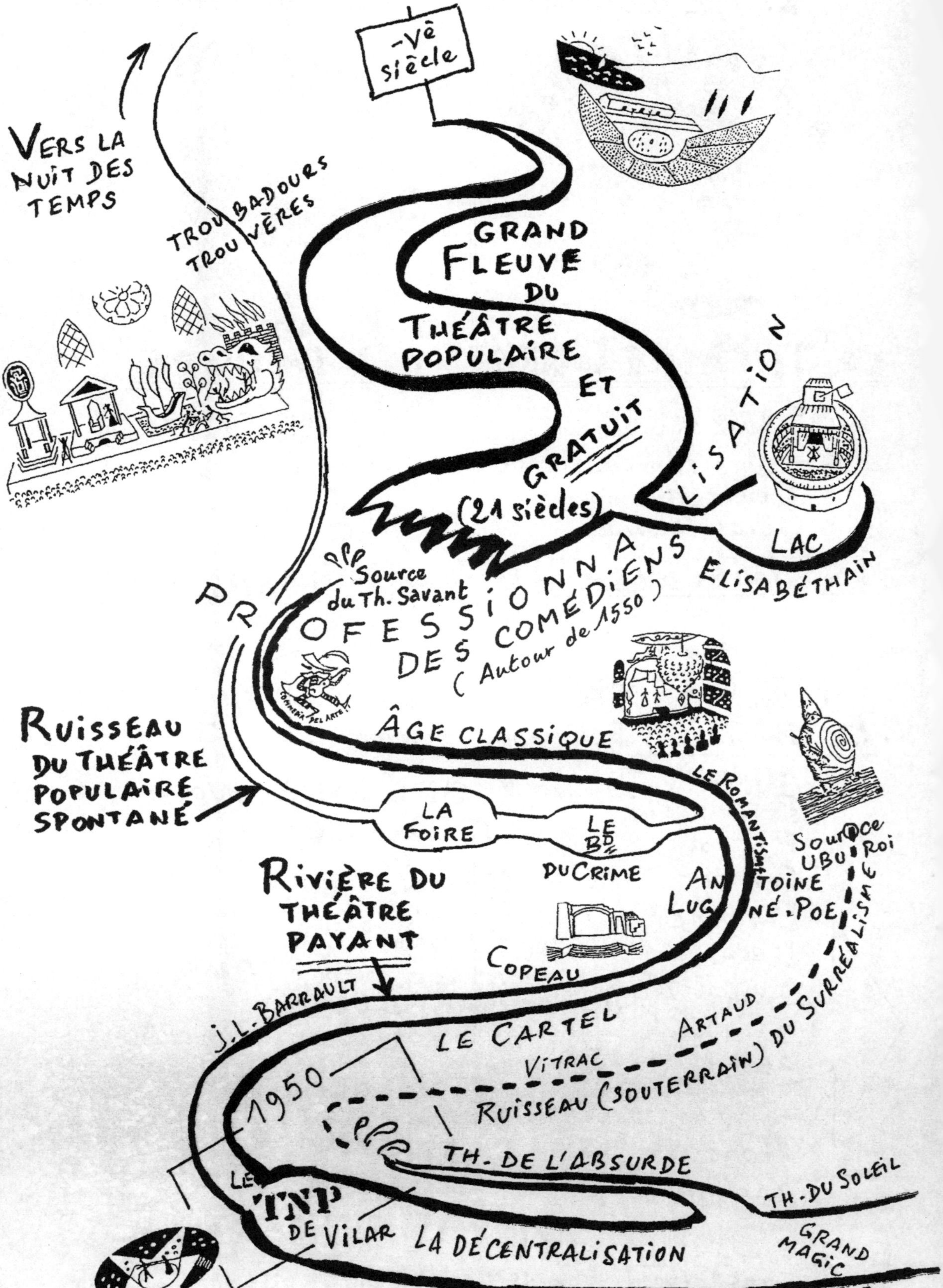

INDEX

TABLE

1960
RÉPARTITION
DES SUBVENTIONS
EN FRANCE :

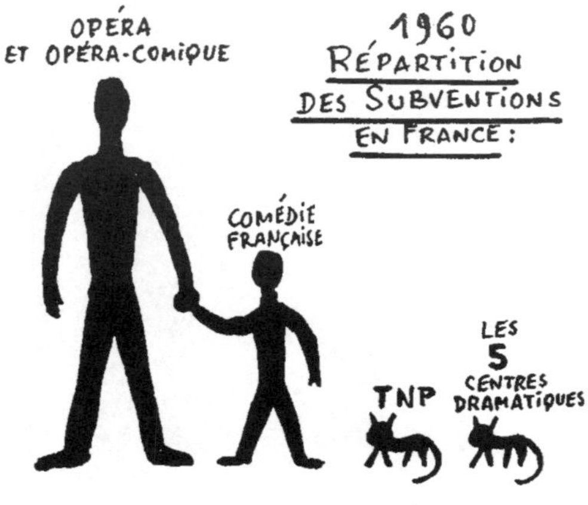

C'est le théâtre lyrique (figuré ici par un homme adulte) qui reçoit l'essentiel des subventions. Le "Français" a la taille d'un enfant de 8 ans. Quant au "théâtre populaire" (pourtant en plein essor), on ne peut le représenter que sous la forme de deux chats.

ACHEVÉ D'IMPRIMER SUR LES PRESSES
DE L'IMPRIMERIE DE LA MANUTENTION
A MAYENNE (FRANCE) EN NOVEMBRE 2011
N° D'IMPRIMEUR : 794253T

Dépôt légal : 4e trimestre 2011